U0573866

心 育 研 究 书 系

Research on the frontier issues
of mental health education

心理健康教育
前沿问题研究

俞国良◎著

北京师范大学出版集团
BEIJING NORMAL UNIVERSITY PUBLISHING GROUP
北京师范大学出版社

序

书桌上放着"老学生"俞国良教授近几年撰著的几部"新书稿",我感慨良多。

一是感慨时间过得真快,弹指一挥间,已有 26 年师生情缘,可是往事历历在目。现在,50 多岁的老学生叩请即将奔"八"的老导师命序,时不我待,于是欣然命序。应该说,俞国良教授是中国心理学界一位有学术造诣、社会影响、责任担当的心理学家。然而,为什么国良能成为这样一位颇有建树的学者呢?我想有三个原因:第一,他曾长期接受心理学的正规教育。他是原杭州大学(现浙江大学)心理系的本科生和研究生,是北京师范大学发展心理研究所的博士研究生。这充分表明了正规专业教育对国良的发展,尤其是对他的创新精神起到了一个奠基作用。第二,他善于纳新。国良于 1993 年 9 月成为我的博士生,因成绩优异而提前答辩。1995年 12 月,北京师范大学授予他博士学位。其中有一年我将他送到美国佐治亚大学进行联合培养。在这一年中,他为博士论文的创新吸收了国外大量的新材料、新文献、新研究,他把这个特点一直贯彻到了现在的研究和他对博士研究生的培养上。第三,他勤奋刻苦。国良是一个在农村长大的孩子,二十多年风风雨雨的求学生涯铸就了他勤奋刻苦的秉性。我清楚记得,他在 1990 年的第一部 31 万字的专著《校园文化导论》的后记中,反复强调自己是一位农民的儿子;在 2000 年 7 月 18 日中央电视台《东方之子》的专访中,他则多次向主持人白岩松阐述勤奋对于成长、成才的重要性。国良就是凭着这种吃苦耐劳的"拼命三郎"精神,严于自律和勤能补拙的正确心态,为日后发展打下了良好基础。

二是感慨无论做人、做事,还是做研究、做学问,"没有调查就没有发言权",

实乃至理名言。现在摆在我案头的几部新书稿，即"心育研究"系列，是国良在多年调查研究基础上形成的心理健康教育报告，其最大的亮点在于一切从调研中来，一切从实践中来；其最大的创新在于理论探索和政策研究相统一，调查研究与实验研究相结合。因而，国良在心理健康教育领域是拥有"发言权"的。与此同时，他是教育部高等学校心理健康教育专家指导委员会委员、教育部中小学心理健康教育专家指导委员会秘书长，以及国家卫生健康委员会精神卫生和心理健康专家委员会委员。可以说，他不只是拥有"发言权"，他的"发言"还是十分重要的！几部新书稿虽然内容不同，各有侧重，但互相之间交叉渗透，统一于理论与实践的相互促进之中，统一于"立德树人"的教育根本任务之中，统一于社会心理服务体系的建设之中，统一于回应新时代对心理健康教育的期待之中。据我所知，这可能是他就心理健康教育问题的一次集中"发言"。

在研究问题上，他强调学术研究与实践应用相结合。选题是开展研究的前提与基础，心理健康教育研究中既存在着学术问题，也存在着实践问题。一方面，我们需要了解心理健康的前因与后果，把握学生心理健康状况发展的一般规律，这属于心理健康教育研究中的学术问题；另一方面，我们需要在实践中预防学生心理行为问题的发生，促进学生心理素质的提高，这属于心理健康教育研究中的实践问题。国良开展的系列研究，既对心理健康教育的学科地位、理论思想、研究趋势、发展路径等一系列问题从学术上予以了回答，也对心理健康教育实践中存在的问题进行了归纳，并提出了能够指导实践的具体对策。按照他的观点，心理健康教育领域的研究是"跨学科的交叉融合式的应用基础研究"，这一属性决定了心理健康教育研究应兼具理论意义与实践关怀。

在研究视角上，他重视宏观视角与微观视角相结合。从我国心理健康教育发展的历史来看，其进步发展依靠的是自上而下的顶层设计和自下而上的实践探索之间的相互作用。国良作为教育部多个心理健康教育政策文件的起草人，能够从宏观的视角把握心理健康教育全局，从政策制定的角度探讨心理健康教育的发展。他的系列研究并不是将心理健康教育作为一个孤立的研究领域，而是在社会心理服务和思想政治教育的框架下，在"立德树人"和"幸福中国"的目标下对心理健康教育进行探讨，这种高站位让我们可以"鸟瞰"心理健康教育。另外，他的系列研究也处处体现着自下而上的微观视角，反映着教育一线的实践探索。众所周知，当前国内高校都十分重视的"5·25"大学生心理健康节，最初就是由北京师范大学率先发起的，后来将这一先进经验扩展到了全国。

在研究方法上，他追求理论研究与实证研究相结合。心理健康教育处于教育科学与心理科学的交叉点上，在研究方法上应注重理论研究与实证研究相结合。一方面，心理健康教育的研究应充分吸收心理学、教育学等相关学科的重要理论成果，在对学科发展历史进行回顾的基础上，在与国际心理健康教育发展态势的比较中，厘清心理健康教育与其他学科的关系，探讨心理健康教育的教育理念、发展路径与具体要求；另一方面，心理健康教育研究应综合运用访谈法、测量法、实验法等实证研究技术，收集心理健康教育的一手资料，突出心理健康教育研究的科学性与客观性。国良特别重视实证研究的价值，在全国范围内对学校心理健康教育现状进行了广泛而深入的调研，将大中小学校"一网打尽"，为今后的研究提供了重要参考。

在研究结论上，他探索普遍规律与特殊规律相结合。个体心理发展是连续性与阶段性的统一，这决定了在对学生进行心理健康教育的过程中，既要重视普遍规律，也要重视特殊规律。毫无疑问，心理健康教育过程中存在着普遍的教育规律，这些规律适用于所有群体。但需要注意的是，对于不同的群体来说，心理健康教育规律可能会有所区别、有所侧重。例如，他提出要以人为基本研究对象，以人的发展为研究核心，以现实教育问题为导向，运用心理学的研究方法，坚定地站在教育学的立场上，不断强化心理学与教育学研究范式的有机结合，建立跨学科的交叉融合式研究的新范式；在对学生心理健康的操作性定义进行界定时，他认为，学习、自我、人际、情绪是不同年龄阶段学生心理健康的共同维度，这是心理健康教育需要重视的"普遍规律"。但对中学生来说，社会适应已成为心理健康的重要内容；相比于初中生，高中生的心理健康教育还包含着生涯规划，这些都是心理健康教育需要强调的"特殊规律"。

我衷心希望，上述研究成果是该研究领域的一个重要标志，更是能够提供一级可供攀爬的登山梯。

现在社会上有一句老人不爱听的话，叫作"长江后浪推前浪，前浪死在沙滩上"。作为一个老学者，我却持有迥然不同的理念。我的教育理念：培养出超越自己、值得自己崇拜的学生！我希望我的学生"打倒"导师、超越导师；我也希望我学生的学生"打倒"我的学生、超越我的学生，形成"长江后浪推前浪，一浪更比一浪高"的局面。这样，我们国家的兴旺发达、中华民族的繁荣富强才有希望！否则，必然落得"黄鼠狼下崽，一代不如一代"的结局。因此，国良的研究成果足以说明，我相当一批弟子已经远远地超过了我。我十分欣赏这样的一句口头禅——"长江后浪推前浪，东流前浪捧腹笑"，愿与知我者共勉。同时，这也是一个老学者治学心路的真实写照！

是为序。

林崇德

于北京师范大学

2019 年 9 月

自 序

——————

这是"心育研究书系"之《心理健康教育前沿问题研究》。

心理健康教育，唯其"前沿"必须要有新意、要有创新。这也是我近五年来，试图立足中国国情，借鉴国外研究成果，站在前辈学者的肩膀上，在心理健康教育研究中孜孜追求、目前正在努力的方向和目标。这里，权且先从理论研究、领域研究和应用研究三个方面进行初步梳理，斗胆"毛遂自荐"。也许我的所思、所为和经验教训，对今后有志于从事心理健康教育研究的学者同人有所启迪、有所裨益。

在理论研究前沿上，我认为提倡心理健康，一定要提高站位，即站在时代和教育的制高点上。以时代而言，社会转型是新时代的核心特征，是时代的制高点；以教育而言，"立德树人，育人为本"是教育的制高点。

这就要求我们，首先，必须认真理解心理健康教育与学生"德智体美劳"全面发展的关系，即心理健康教育不仅是德育的重要组成部分、智育的前提条件，也是体育的精神基础、美育的基本内涵，并为劳动教育保驾护航。其次，要正确认识心理健康教育与创新教育、创造力培养的关系。一方面要以心理健康教育为突破口，全面培养和提高儿童青少年的创新意识与创新精神、创新思维与创新人格、创新能力与实践能力等创新素质；另一方面，必须为全社会传递一个明确、清晰的理念，即创造力培养是心理健康教育的制高点。目前已有更多的证据表明，心理健康是创造力成长的"土壤"，积极的心理健康品质可以为创造力的有效发挥提供前提与保障，而富有创造力的活动也会促进心理健康的发展。换言之，心理健康与创造力两者的关系正如车之两轮，两者互相促进、相辅相成。最后，进一步明确全面推进和深化心理健康教育的新思路、新战略，即大中小幼心理健康教育一体化。它是德育一体化的产物，无论中小学校、幼儿园还是高等学校，都应准确规范各教育阶段心理健康教育的目标和内容，循序渐进地开展心理健康教育，实现差异性与递进性的统一。关键在于建立大中小幼心理健康教育的内容体系和保障措施，确保其针对性和实效性。心理健康教育理念作为其实践基础，可以从教育使命、教育原则、教育目标三个方面加以诠释；心理健康教育内容作为其实践核心，必须达到"普遍适用标准"和"学段标准"的有机统一，前者是所有学段都需要遵循的基本内容或"统一标准"，后者是某一具体学段必须执行的基本内容或"专属标准"，形成横向符合学生年龄特征，纵向符合人格发展规律，大中小幼有效衔接的心理健康教育一体化新格局，从而真正提供适合学生发展需要的心理健康教育。

在领域研究前沿上，他山之石，可以攻玉。学习、追踪和借鉴国外研究成果为我所用，洋为中用，这是借以发展、壮大自己的一条重要路径。

一方面，心理健康问题的研究领域较为广泛，涉及学习、自我、情绪、人际、适应诸多方面。从国外发展态势看，选题越精细，研究就越深入。例如，浪漫关系中的关系攻击意味着通过操纵或损害关系以达到伤害浪漫关系伴侣的行为，它作为一种隐性的攻击行为，会导致较低的关系质量和心理健康水平，并引发身体攻击和亲密伴侣暴力；亲密关系中的权力则是指亲密关系中的一方改变另一方的思想、情感和/或行为以使其与自己的偏爱相符合的能力或潜能，以及抵抗另一方施加影响企图的能力或潜能；同胞关系即兄弟姐妹之间分享与彼此有关的知识、观点、态度、信念和感受的所有互动，对儿童青少年内外化问题行为和人际关系等具有重要影响。自我是心理健康的另一个重要研究领域，这里仅以自我抽离为例。个体对负性事件的反省会产生积极或消极的结果，而自我反省的视角能够解释不同结果的原因，以旁观者的视角审视自己过去的经历，它对身心健康、缓解负性情绪、减少基本归因错误和促进合理推理决策等具有积极作用。情绪是心理健康研究的"老课题"，已有诸多研究成果。从情绪调节理论看，早期精神分析理论，把情绪调节看作被动防御机制，情绪调节困难导致心理行为问题；情境观把情绪调节看作应对情绪情境即时的心理反应，策略使用情况与心理健康相关；过程观认为情绪调节在情绪发生过程中展开，不同阶段所采用的调节策略与心理健康相关，后又把调节过程扩展到情绪恢复到正常状态所持续的时间，时间与心理健康相关；结构观则认为情绪调节结构的差异影响心理健康。

另一方面，心理健康问题作为多学科的研究对象，诸多心理学分支学科对其贡献可圈可点。从现在的研究趋势看，这种影响正越来越大。在环境心理学中，气温与气温变化对心理健康的威胁和影响引起越来越多研究者的关注，它对情绪体验、抑郁症等情感障碍，精神分裂症、阿尔茨海默病等脑器质性精神障碍，物质滥用与依赖、自杀意念与行为等心理健康指标具有直接或间接的影响；在教育心理学中，学业特权是一种认为学生即消费者，因此即使在没有付出个人努力的情况下，依然有资格获得学业成功的主观信念，它受到个体、家庭、学校、社会文化等多方面因素的影响，并最终损害其心理健康；日常性学业弹性作为学生积极适应并成功应对日常学习中典型学业挫折、挑战和困难的能力，对学生的学业表现和心理健康具有重要影响；在社会心理学中，群体认同特指个体认为自己属于某一群体，并将群体价值观等作为自我知觉的重要维度。研究表明，不同种类群体认同、群体认同数量均会显著影响个体心理健康；群体认同通过自尊、社会支持、控制知觉、归因方式等中介因素影响个体心理健康。

在应用研究前沿上，更要有清醒的认识，心甘情愿坐"冷板凳"十年。因为在心理学家看来，对心理健康问题的研究，大多属于应用研究的范畴，要登"大雅之堂"有一定难度。据于此，我们先做了两个元分析。一是运用元分析法对1990—2012年高中生（含中职生）心理健康文献进行了研究；二是对学习困难学生和非学习困难学生的焦虑水平差异程度进行了元分析，并对可能存在的调节变量进行了探讨。接着，以中小学生为被试做了三个实证研究。第一，通过对1040名中学生施测问卷，建立了自尊、归因方式与内疚和羞耻的结构方程模型；第二，探讨了四至六年级小学生的生活压力状况，并请其班主任评价适应状况，以探讨生活压力、学业成就与适应行为的关系；第三，采用量表法、同伴提名法、访谈法，探讨了小学学习不良儿童孤独感、同伴接受性的特点及其与家庭功能的关系。然后，我们以大学生为被试又做了三个实证研究。以633名处于恋爱关系中的大学生为被试，探讨了恋爱关系质量在大学生依恋焦虑与心理健康关系中的作用；以510大学生为被试，采用无聊倾向量表、意志控制问卷和认知失败问卷考查无聊倾向对认知失败的影响机制；再以522名大一至大四学生为被试，采用问卷法考查手机成瘾倾向在无聊倾向与认知失败间的中介作用，以及独生与非独生对上述中介作用的调节作用。上述研究表明，我国青少年心理健康状况发展趋势并不理想，且存在诸多风险因素。由于以往的研究中纳入2010年以后的成果较少，而2010年之后正是智能手机开始占领市场的时代，互联网文化潮流的兴起可能是青少年心理健康的重要风险因素；社会转型是影响青少年心理健康的深层原因，文化潮流是影响青少年心理健康的直接媒介，家庭和学校在其中发挥着中介作用。

需要指出的是，本书虽说是我近五年殚精竭虑的"焦虑物"，也与课题组每周例会讨论的主题有关。其中，许多弟子在讨论中贡献了真知灼见和真才实学。特别是我的在读博士生李森、张亚利、张伟达、靳娟娟，以及已毕业的博士生侯瑞鹤、樊召锋、王浩、赵凤青、李天然和王勍，他们不但参与了讨论与资料收集，而且还参与了实验研究和部分初稿撰写，功不可没。他们既是我的入室弟子，更是我的良师益友！此外，编辑周雪梅博士也是鼎力相助。因此，本书更是团队劳动和集体智慧的结晶。

实事求是地说，要很好地把握一门学科的前沿问题或新近进展，并非易事，需要不断接受新思想，增加新知识，理解新成果；需要与时俱进，顺势而为，顺流而上，不断创新。"心理健康教育前沿问题研究"更是个"无底洞"，虽勉力为之，尽力为之，仍顾虑重重，很可能力所不逮，辜负了前辈的指导、同辈的鼓励和后辈的期盼。但"世间本没有路，路总是人走出来的"，与其永远在未知中，倒不如在未知中求已知，也是一件有意思、有意义的事情，就聊以一搏。最后，希望本书能起到抛砖引玉、筑巢引风的作用，更寄希望于后来者和新秀能奉献出该领域更好、更新、更强的大作！

俞国良

于北京西海探微斋

2020年4月18日

目录 | CONTENTS

XINYU

第一篇

理论研究前沿

加强心理健康教育，一定要坚持立场、提高站位，站在社会心理服务体系建设的立场上，站在时代和教育的制高点上。以时代而言，社会转型是新时代的核心特征，是时代的制高点；以教育而言，"立德树人，育人为本"是教育的制高点。这就要求我们必须认真理解心理健康教育与学生"德智体美劳"全面发展的关系，"培养德智体美劳全面发展的社会主义建设者和接班人"，即心理健康教育不仅是德育的重要组成部分、智育的前提条件，也是体育的精神基础、美育的基本内涵，并为劳动教育保驾护航。进一步来说，心理健康教育也是创新教育的一个重要组成部分，是创新教育的具体教育实践。我们一方面要以心理健康教育为突破口，全面培养和提高儿童青少年的创新意识与创新精神、创新思维与创新人格、创新能力与实践能力等创新素质。另一方面，我们还必须正确认识创造力和心理健康的相互关系。目前已有更多的证据表明，心理健康是创造力成长的"土壤"，积极的心理健康品质可以为创造力的有效发挥提供前提与保障，而富有创造力的活动也会促进心理健康的发展。鉴于此，我们采用"元分析"的方法对此进行了较为系统的分析与探讨。结果表明，积极的心理健康品质能够促进创造力的发挥，而创造力的自由表达也提高了个体心理健康水平。换言之，心理健康与创造力两者的关系正如车之两轮，两者互相促进、相辅相成。这充分表明了在我国普及心理健康服务、实施心理健康教育的重要价值，同时也为全面推进和进一步深化心理健康教育提供了新思路、新战略，即大中小幼心理健康教育一体化。大中小幼心理健康教育一体化是德育一体化的产物，无论中小学校、幼儿园，还是高等学校，都应准确规范各教育阶段心理健康教育目标和内容，循序渐进地开展心理健康教育，实现心理健康教育差异性与递进性的统一。从个体发展的视角看，心理健康问题的阶段性变化规律与学生本身人格发展的阶段性特征不谋而合。从幼儿阶段到大学生时期，他们都会面临不同的心理社会困境，困境的解决使个体人格不断获得发展和完善，从而保证其心理健康。实现大中小幼心理健康教育一体化，关键在于建立大中小幼心理健康教育的内容体系和保障措施，确保其针对性和实效性。心理健康教育理念作为其实践基础，可以从教育使命、教育原则、教育目标三个方面加以诠释；而心理健康教育内容作为其实践核心，必须达到"普遍适用标准"和"学段标准"的有机统一，前者是所有学段都需要遵循的基本内容或"统一标准"，后者是某一具体学段必须执行的基本内容或"专属标准"，两者都是大中小幼心理健康教育一体化的"教育内容衔接标准"；不同学段心理健康教育的实践方式或要素，应根据各级各类学校实际情况，按照"循序渐进、突出重点、按类指导、均衡发展"的原则，有的放矢地在课程、活动、辅导、筛查诸方面，选择卓有成效的一体化教育路径，形成横向符合学生年龄特征，纵向符合人格发展规律，大中小幼有效衔接的心理健康教育一体化新格局，从而提供真正适合学生发展需要的心理健康教育。

第一章

———

心理健康教育与学生全面发展

健康、心理健康是人类发展的永恒主题。提倡心理健康，加强心理健康教育，不仅在于预防各种心理障碍和心理疾病，更是立足于一个人素质的全面提高和身心的和谐发展。正所谓"学习不好是次品，身体不好是废品，品德不好是危险品，心理不健康是易爆品"，心理健康教育在学生成长过程中发挥着至关重要的作用。① 倡导心理健康，一定要坚持立场、提高站位，即坚持社会心理服务体系建设的立场，坚决站在时代和教育的制高点上。以时代制高点而言，社会转型就是新时代的核心特征，就是时代的制高点。在这个从传统型社会向现代型社会转变的发展过程中，既包括经济、政治、教育等宏观领域密集的、渐变的、根本性的社会结构性变革，也包括认知、信念、人格等微观领域显著的、普遍性的个体心理性变革。这种变革使心理健康问题及其引发的社会矛盾、冲突日益突显，导致个体心理、社会心理处于一种无序状态。因此，在社会心理服务大框架下讨论心理健康、心理健康教育，这是我们应坚持的基本立场。② 以教育制高点而言，"育人为本，立德树人"就是教育的制高点，包括政治教育、思想教育、道德教育、法制教育、爱国主义教育、劳动教育、心理健康教育等多方面的教育内容，因而对其具体实施提出了重大考验，这就要求在上述前提下强调学生的全面发展，真正实现"立德"和"树人"的宏伟目标，即"培养德智体美劳全面发展的社会主义建设者和接班人"。显然，开展心理健康教育，有利于提高学生的道德修养，培养其良好品德（德育）；有利于开发学生的智力

———

① 俞国良：《学校心理健康教育研究的回顾与展望——基于我个人 20 年研究实践的梳理与再分析》，载《中国教育科学》，2018，1(1)。
② 俞国良：《社会转型：心理健康服务与社会心理服务》，载《黑龙江社会科学》，2018(4)。

和创造力，成就一代创新型人才（智育）；有利于培养学生坚忍不拔的拼搏精神，增强其身体素质（体育）；有利于培养学生健全的人格，促进其审美能力的提高与发展（美育）；有利于学生形成良好的劳动习惯，增强其生活与社会适应能力（劳动教育）。一句话，心理健康是实现学生全面发展、可持续发展、创造性发展的不竭动力。

一、心理健康教育与德育

德育是一个有着丰富思想内涵的动态发展着的概念体系，它不仅与心理学有着本质的、天然的联系，而且与心理健康教育的关系更加紧密，心理健康教育赋予了德育全新的时代内涵。首先，传统的德育存在着"内容旧、工作层面浅"的现象，而心理健康教育拓展了传统德育的内容范围，把如何认识自我、学会学习、处理人际关系、调节和控制情绪等学生的深层次发展问题，纳入整个大德育系统中。其次，传统德育的教育方法主要以"说教、灌输"为主，其方法缺乏针对性和有效性，而心理健康教育主要以辅导、疏导为主，在尊重、信任和理解学生的基础上，与学生平等地沟通、交流，给学生创造一个自由发展的心灵空间。最后，心理健康教育是德育的基础，可以提高学生的心理承受能力，促进德育目标的实现。只有具备了健康的心理品质，学生才能准确地理解、认同思想政治教育，使其产生"内化"的教育效果。

值得庆幸的是，心理健康教育作为德育的一个重要组成部分，是我国教育政策顶层设计者的一种制度安排。实际上，在我国学校教育实践中，心理健康教育工作在很大程度上也是在德育的大框架下展开的。但两者既有区别又有联系，区别主要有以下几方面。①两者所附庸的对象不同。德育目标和内容是社会选择的结果，是人类社会的附庸；心理健康教育则是完全属于作为个体的"人"的自我完善，社会中每个正常的个体都是身和心的统一，每个个体都要求身体和心理得到健康发展，它是人的附庸。两者的理论依据不同。德育以社会主流价值观以及政治学、伦理学等学科为其主要的理论依据，其中绝大部分内容带有鲜明的政治色彩，反映了一定的价值导向，属于社会意识形态方面的内容；心理健康教育则是以心理学、生理学和医学等相关理论为其主要理论依据，属于行为科学的范畴。②两者的工作原则不同。德育坚持价值导向原则，具有公开性和群众性等特点，对学生的思想、行为做出旗帜鲜明的评价、教育和引导；心理健康教育则秉持"价值中立"的原则，强调尊重学生的心理需求，要求在充分尊重、理解学生的基础上，让学生进行自主选择。③两者的内容和任务不同。德育是对学生进行理想、信念、道德和人生观、价值观等各方面的教育，是以道德教育为主线，通过培养学生良好的道德品质，使学生成为"人"，进而实现学生的全面发展；心理健康教育则是对学生的学习、自我、情绪情感、人际关系和社会适应等方面进行教育，重视对学生的个性、情感和意志品质等方面的培养和心理潜能的开发，重点关注是否具有健康的心理状态，帮助他们实现自我、服务社会。④两者的教育途径和方法不同。德育与心理健康教育都将学校作为教育的主阵地，重视学校课程所带来的巨大作用。除显性课程外，德育还需要借助隐性课程的强大力量，包括班级环境、学校氛围、校园文化等。而心理健康教育除依靠学校显性和隐性课程对全体学生进行心理辅导、提高全体学生的心理素质外，还通过社团活动、学校心理健康中心对部分学生的心理行为问题进行预防，通过医院对个别学生进行干预和心理矫正、心理治疗。此外，仅就课堂教学而言，德育经常运用的是讲授法、讨论法、提问法、情感熏陶法等；心理健康教育运用较多的则是活动法、体验法、辅导法等。

尽管如此，德育和心理健康教育在整个教育体系中也存在着很多一致性。①二者的终极目标具有一致性。我国学校培养人才的总体目标是，使学生在"德智体美劳"诸方面得到全面发展，不管是德育还是心理健康教育，都必须服务于这一总目标，只是二者的侧重点不同而已。从本质上讲，德育是塑造学生社会人格和道德人格的过程，而使人格的生理、心理、道德、社会各要素完美地统一、平衡、协调，也是心理健康教育的价值诉求。②二者所遵循的教育规律具有一致性。它们必须以学生的生理、心理和认知发展水平为出发点，遵循由易到难、由浅入深、螺旋上升的教育规律，才能取得预期的教育效果。具体来说，德育一方面要推动学生的自由个性的发展，促进学生自我价值的实现，实现学生的自主、自我教育；另一方面要关注学生的社会化过程，培养学生的社会人格。而对心理健康而言，2001年世界卫生组织就明确提出，它是指一种健康或幸福状态，在这种状态下，个体可以实现自我、能够应对正常的生活压力、工作富有成效和成果，以及有能力对所在社会做出贡献。① 这表明，心理健康教育同样服务于个体的认知发展和社会性发展。③两者的教育内容具有部分重叠。在一些基本的文明习惯和道德规范上，如合作、理解、尊重、奉献等，德育与心理健康教育的关注点是一致的。同时，由于德育的目的之一即提高学生的生存价值，提升学生的生活质量，其中就不可避免地涉及健全人格、自我教育等相关内容，这与心理健康教育致力于帮助学生认识自我、发现自我、实现自我殊途同归。④两者的服务主体具有一致性。其服务主体都是学生，都需要充分考虑学生的主观能动性在发挥教育功能中所起到的决定性作用。

一句话，德育与心理健康教育相互联系、相互促进，两者既有共性又具个性，且互惠共生。简单把学生的问题行为归结为品德问题或心理问题，都不是科学的态度，而应该临场应对，具体分析，区别对待。比如，撒谎可以分为两种类型，一种是故意撒谎，另一种是过失性撒谎。故意撒谎是思想品德问题，而过失性撒谎则是心理行为问题。解决心理行为问题就要用心理学的办法，这才是科学的态度和做法。德育与心理健康教育之间的差异，以及二者之间的诸多内在联系，决定了它们之间不可相互替代，应该在教育实践中互惠共利。德育对学生进行道德观、人生观、价值观、世界观等方面的教育，为心理健康教育指明了方向，成为心理健康教育背后强大的思想支撑；心理健康教育对学生个性、情感和意志品质等方面的培养，则赋予了德育新的时代内涵，并且决定了德育工作的质量。因此，如何加强德育与心理健康教育的相互促进，是当前

---

① 俞国良、董妍：《我国心理健康研究的现状、热点与发展趋势》，载《教育研究》，2012，33(6)。

教育改革的重点与难点。否则，德育就很容易变成一种居高临下的说教，心理健康教育也容易走上"开方治病"的老路。鉴于此，德育应在充分关注学生个体差异、尊重学生主体的基础上，借鉴心理辅导、心理援助、心理咨询等模式，通过学生心理素质的培养来提高德育工作的实效性；心理健康教育工作者则应以正确的世界观、人生观、价值观为导向，借助德育丰富的实践活动来培养学生良好的心理素质。

二、心理健康教育与智育

顾名思义，智育就是开发智力的教育。具体而言，智育是向学生有目的、有计划、有组织地传授系统的文化科学知识和技能，发展学生智力的教育。它是全面发展教育的重要组成部分。但是，在许多人心目中，"智育第一"的观念仍占主导地位，于是就有了"知识本位""高考指挥棒"等怪现象。殊不知，在"知识大爆炸"的信息社会，仅仅依靠知识和技能还远远不够，而是应该像《OECD 学习框架 2030》所提出的，"致力于帮助每个学习者作为一个整体的人而发展，实现其潜能，并帮助塑造一个基于个体、社区和星球福祉（well-being）的共享的未来"。[1] 无论是将幸福 2030 作为总领未来教育全局的方向，将学习框架的核心概念理解为学生主动性（如动机、目的性、成长心态、自学、自我效能感），合作方（如学生—教师、学生—同龄人、学生—家长、学生—校外社区），责任，冲突解决，还是将学生的基本素养定义为读写能力、计算能力、ICT（信息与交流技术，information and communication technology）素养、数字素养、数据素养、身体/健康素养，将学生的技能、态度和价值观确定为合作/协作、批判性思维、问题解决、创造性思维、自我管理/自我控制、共情、尊重、坚持/弹性、信任、学会学习，其中的智育因素都与心理健康教育息息相关。

---

① OECD（Organization for Economic Co-operation and Development），OECD Future of Education and Skills 2030—Conceptual Learning Framework，https：//www.oecd.org/education/2030-project/teaching-and-learning/learning/skills/skills_ for_ 2030. pdf.（访问日期：2020 年 4 月）

毫无疑问，智力是智育的核心要素。长期以来，对于智力的理解，见仁见智。一般地，智力是个体顺利从事某种活动所必需的各种认知能力的有机结合，是进行学习、处理抽象概念、应对新情境和解决问题以适应新环境的能力。进一步地，智力具有内隐性，必须通过个体应对情境、解决问题的过程得以展现。其中，学校智育发挥了关键作用。智力由感知、思维、记忆、言语等成分组成，其核心成分是思维。因此，发展学生的智力应侧重于学生思维的训练。从思维的特点和发展趋势来说，要提高学生的逻辑思维能力和概括能力；从思维的层次来说，要注意培养学生的思维品质，主要是思维的敏捷性、灵活性、创造性、批判性和深刻性。此外，还包括提高学生的注意力、观察力、记忆力、想象力和创造力等相关智力品质。而心理健康教育就是在尊重个体差异的前提下，开发学生的智力和心理潜能，并以发展的眼光对不同认知水平、学习能力及智力特长的学生因材施教，为有效学习创造智能条件，以获得学生自身能力的最佳发展。① 因此，开发智力、训练思维与心理健康教育是相互联系、彼此成就的。因为心理健康的标准之一就是智力正常，提升学生的智力水平是心理健康教育的应有之义。正是通过心理健康教育，训练和强化学生的观察、记忆、思维、想象等一系列心智操作能力，学生的智力水平才得以提高。另外，智育的目标是掌握知识，发展思维能力，而掌握知识的标志便是将客观存在的知识结构转化为大脑中的认知结构，建构新的知识体系，这一过程本身就是心理活动过程，只有心理健康者才能将这一过程实现和转化。

同样，创造力是智力的核心要素。人们普遍认为，创造力是由创造性人格、创造性过程和创造性产品组成的统一体，它至少包含两个基本要素：一是具有流畅性、独创性和变通性等体现"新"的品质；二是对个人或社会是有价值的。创造力是心理健康在个体高级阶段的自我实现，心理健康为创造力的发挥提供了必要的前提，而创造力产生的结果又反作用于心理健康并促进其心理健康发展。人本主义心理学家罗杰斯（Carl Rogers）通过总结他的职业生涯经历发现，

---

① 孟万金：《积极心理健康教育：奠基幸福有成人生》，载《中国特殊教育》，2010(11)。

文学、艺术、科学等领域的许多来访者，皆因受消极情绪等心理健康问题的困扰而无法进行正常的创作，但经过心理咨询、心理治疗之后其创造力又得以再现。据此，他认为良好的心理健康水平是创造力发挥的前提条件。近年来的研究表明，紧张、焦虑等心理健康问题会影响个体的认知灵活性，而严重的心理健康问题（如抑郁症等）则会引起额叶皮质、杏仁核和海马体的功能异常;[①] 脑成像研究也发现，与对照组相比，抑郁症患者的额叶明显减小，并导致情感和认知功能的障碍。[②] 可见，一方面，心理健康为创造力提供认知结构前提；另一方面，心理健康为创造力提供非智力因素保障。也就是说，创造力非但与智力因素有关，而且受人格、动机、情绪、心理韧性等非智力因素的制约，而这些非智力因素均有赖于个体良好的心理健康状态。诚如人本主义心理学家马斯洛（A. Maslow）所言，自我实现的人是真正心理健康的人，也是内在的本性得以充分发展的人。换言之，真正的心理健康者应是具备创造能力的；而且心理越健康，其创造力也越高；创造力发展得越充分，越能提高心理健康水平。通过对心理健康与创造力两者关系的梳理与分析，我们发现，以心理健康教育促进创造力培养的学校教育改革能够起到事半功倍的效果。因此，在教育理念上应牢固树立创造力培养离不开心理健康教育这一指导思想，创造力培养应与心理健康教育相互渗透、相互促进。在切实有效实施心理健康教育的基础上，促进形成具有创新意识、创新思维、创新人格的创新型人才，让创造力培养真正成为学校心理健康教育的制高点。

显然，学生最主要的任务是学习，影响学生学习效果的除智力、创造力等因素外，还有非智力因素。非智力因素是指与智力活动有关的一切非认知的心理因素。学习是智力与非智力因素的综合效益，非智力因素贯穿于整个学习过程中，起着引导、维持和调节作用。一项对超常儿童（智商 130 以上）十几年的

---

① 宋哲、黄沛钰、申林等：《图形创造性思维脑部机制的功能磁共振研究》，载《西南师范大学学报（自然科学版）》，2012，37(4)。

② Navas-Sánchez, F. J., Alemán-Gómez, Y., Sánchez-Gonzalez, J., et al., "White Matter Microstructure Correlates of Mathematical Giftedness and Intelligence Quotient,"*Human Brain Mapping*, 2014, 35(6), pp. 2619-2631.

追踪研究和教育实验发现，个性特征与学习成绩有较高的相关，学生优良成绩的取得更多以个性特征为转移。个性倾向和特征是他们超常发展的重要内部条件。[①] 因此，端正学生的学习态度，激发学生的学习需要、动机和兴趣，提高学生的学习能力、积极应对能力，优化情绪智力，增进学生的主观幸福感，塑造积极向上的心态和人格特征，充分调动学生学习的主动性、能动性和创造性，应是智育和心理健康教育的共同追求。一句话，心理健康教育可以促进和强化学生的非智力因素，如浓厚的学习兴趣、正确的学习动机、稳定的情绪、坚强的意志、开朗的性格等良好心理品质，提高学习效率和对知识的掌握程度，进而成为智力发展的催化剂。相反，不良的心理品质和非智力因素，则可以成为智力发展的停止键，如意志薄弱、厌学自卑、动机缺乏、消极情绪等心理品质占优势，会使大脑神经活动失调，阻碍学习过程和知识的掌握，严重削弱智育的效果。因此，从心理健康教育的立场上，智育归根到底应该是智力因素与非智力因素的和谐、协调发展。

三、心理健康教育与体育

体育是全面发展教育的重要组成部分，是指传授健身知识、技能，养成锻炼身体的习惯，增强体质和机能，其本质功能是强身健体。实际上，体育还具有"健心"功能，其"育人"价值体现在"育体"与"育心"的有机结合上。"育体"注重培养学生具有强健的体魄，具有外显性，而"育心"注重培养学生顽强拼搏的意志品质和团结协作的团队精神，具有内隐性。[②] 研究表明，适度的体育活动对人的认知和意识行为有一定的激活作用，使其保持积极情绪和心理平衡状态，[③]即体育具有心理健康教育的功能。然而，传统体育仅强调了强身健体的"育

---

① 查子秀：《超常儿童心理与教育研究 15 年》，载《心理学报》，1994(4)。
② 于素梅：《一体化体育课程的旨趣与建构》，载《教育研究》，2019，40(12)。
③ 薛二庆、江宇：《体育锻炼对心理健康影响的可能机制研究的分析》，载《南京体育学院学报(社会科学版)》，2005，19(6)。

体"价值，却忽视了塑造体育精神的"育心"价值，再加上应试教育根深蒂固的模式下学科教育对体育锻炼时间的占有，使其未能真正实现促进学生健康的目标。现代体育改变了过去人们只重视体育的生物学价值，认识到体育在发展学生兴趣爱好、满足心理需要上的重要作用；强调通过适当的体育锻炼，提高学生的体质水平、机体免疫力和心理素质，增进心理健康、人格发展和使命担当，让学生在体育锻炼中更好地领悟生命的意义与价值。实际上，这更是将体育从身心二元教育提升到生存教育、生涯教育和生命教育的认识高度。鉴于此，可以毫不夸张地说，心理健康教育是体育的心理、精神基础，为体育打好扎实的基色和底色。

第一，体育有利于提高学生的身体自尊水平。学生通过参加体育活动和训练，不仅习得各项运动技能、强身健体，而且还能提升身体自尊、强化自我概念。身体自尊作为自我意识、自我概念的重要组成部分，主要包括个体自我运动能力评价、身体吸引力评价、身体抵抗力和健康状况评价。研究表明，肌肉力量与身体自尊呈正相关，也与情绪稳定性、外向性格和自信心呈正相关，并且通过力量训练可使个体的自我概念和积极程度显著提高。[1] 同时，坚持参加体育活动，可以让大脑获得充分的氧气，使脑力、体力得以迅速恢复，可以更好地认识自我、改善心态和提高学习效果。此外，在形体美成为新生活时尚的背景下，体育运动和锻炼突显了学生对形体美塑造的心理预期，有利于他们形成积极、正面的"身体自尊"，并通过对这种"身体自尊"的获得感提升自我概念，这也是体育锻炼价值"由外向内""由体向心"延伸的具体表现。

第二，体育有利于提高学生的情绪调适能力。体育对心理健康教育最显著的作用在于帮助学生调节情绪、控制情绪，使情绪达到最佳状态。研究发现，体育锻炼可以明显提升情绪调节自我效能感，[2] 而情绪调节自我效能感是反映个体是否能有效管理自身情绪状态的重要指标，其作用恰恰是缓解紧张情绪，

---

① 刘彦、高志青：《体育锻炼促进心理健康的研究综述》，载《武汉体育学院学报》，1996(1)。
② 文书锋、汤冬玲、俞国良：《情绪调节自我效能感的应用研究》，载《心理科学》，2009，32(3)。

维护情绪调节，帮助调节情绪冲动和促进心理健康。① 进一步研究表明，体育锻炼对心理健康产生直接影响，又通过情绪调节自我效能感和情绪调节策略对心理健康产生影响。② 可见，体育对于心理健康的作用显著，尤其是对于情绪的调节作用十分明显。同时，体育活动还有心理治疗的效果，有氧运动或中等强度的体育活动有助于降低轻度或中度的抑郁情绪，减轻焦虑症状。③ 研究者对体育锻炼后的受试者立即进行检测，发现体育活动对人的情绪状态具有显著的短期效应，活动后的受试者的焦虑、抑郁、紧张和心理紊乱等水平显著降低，而精力和愉快程度则显著提高。④ 这是因为学生通过体育锻炼，不仅可以释放心中积压的郁闷和不快，缓解学习压力，消除不良情绪的影响，还可以在体育活动中，在历经挫折和克服困难的过程中，通过肢体活动宣泄、释放、对抗消极情绪，并学会有效控制和调适自己的情绪状态。

第三，体育有利于培养学生坚强的意志品质。体育在培养学生的意志品质方面，具有其他学科无可比拟的独特性、优越性。体育活动、竞赛永远伴随着困难与挫折、成功与失败，学生通过参加体育运动"苦其心志、劳其筋骨"，在体育活动中既体验成功与超越带来的快乐，又经历挫折、失败带来的打击和痛苦，从而养成了坚忍不拔的信念和挑战困难的意志品质；通过自己的顽强拼搏和不懈努力，在体育活动中最终"艰难汝成"，与之而来的往往是坚定的意志力和强大的心理承受力。当然，学生的心理健康和身体健康也存在着交互作用。如果他们经常处于紧张或焦虑、挫折或失败、恐惧或愤怒等心理状态中，则会引起植物性神经功能的紊乱，导致身体不适甚至严重的疾病。可见，健康的心理寓于健康的身体之中，而健康的身体有赖于健康的心理。

---

① Lightsey, O. R., Maxwell, D. A., Nash, T. M., et al., "Self-control and Self-efficacy for Affect Regulation as Moderators of the Negative Affect-life Satisfaction Relationship," *Journal of Cognitive Psychotherapy*, 2011, 25 (2), pp. 142-154.

② 姜媛、张力为、毛志雄：《体育锻炼与心理健康：情绪调节自我效能感与情绪调节策略的作用》，载《心理与行为研究》，2018，16(4)。

③ Andrews, J. P. & Andrews, G. J., "Life in a Secure Unit: the Rehabilitation of Young People through the Use of Sport," *Social Science & Medicine*, 2003, 56(3), pp. 531-550.

④ 刘彦、高志青：《体育锻炼促进心理健康的研究综述》，载《武汉体育学院学报》，1996(1)。

第四，体育有利于培养学生的团队合作精神。体育运动、活动竞赛具有严格的纪律和规则要求，这有利于培养学生的纪律性与自制力、公平竞争与创新意识，以及团结合作、开拓进取的精神。竞争是体育的灵魂，没有竞争就没有超越、创新和发展。体育活动这种天然的竞争性激励学生发挥最强的体能、勇气和智慧，去奋勇拼搏、积极进取，勇于为集体和个人争取荣誉。当然有竞争就有合作。合作精神是一种更高级的社会情感，具有培养学生群体内聚力的自主性和能动性的重要作用。自主源于合作，团队合作意味着学生自我意识的进一步发展。同时，体育教学是面向全体学生进行的知识、技术和技能的传授过程，可以更好地培养学生遵守体育规章制度、竞赛规则，规范个人行为、激励个性发展，使学生得到全面发展。

当然，体育不能自发地成为提高学生心理健康和心理素质的载体，必须通过有意识、有目的、有组织的教学活动，才能达到预期的教育效果。研究表明，有效的体育运动、体育锻炼能够促进心理健康。[①] 另外，学生通过参加体育活动调节心理状态，形成坚强的意志品质，促使自己在活动参与、运动技能、身体健康、心理健康和社会适应五个领域得到全面发展。将心理健康教育植根于体育教学系统中，以心理规律为依据，以健康教育为依托，利用体育活动、训练、竞赛等过程，劳逸结合，使体育教育结果内化于心、外化于行，真正促进学生身心健康，从而为健康而幸福的人生奠基。此外，良好的体育教育和训练，还能提高学生的注意力、观察力、记忆力和思维能力等，从而为认知学习活动提供有效的保证。

四、心理健康教育与美育

美育借助一定的艺术手段影响和教育学生，培养学生感知美、理解美、欣赏美和创造美的能力，因而具有"入心、化人、怡情"的教育功能。美国心理学

[①] Brunet, J., Sabiston, C. M., Chaiton, M., et al, "The Association between Past and Current Physical Activity and Depressive Symptoms in Young Adults: A 10-year Prospective Study," *Annals of Epidemiology*, 2013, 23(1), pp. 25-30.

家马斯洛就认为，审美是人的高层次心理需要，它能使人不断获得最美好的高峰体验。这种高峰体验，就是心理健康的一种表现形式。因此，美育对于满足学生审美需要，净化学生心理，维护学生心理平衡，提升学生审美意识、审美能力具有重要的教育价值。古希腊哲学家柏拉图就十分强调美育对人的情绪感染和心理健康的"净化"功能和作用。他认为接受审美艺术的情绪感染，从精神上的极度狂热到心平气和，就是一种"心理净化"的过程，人们可以通过音乐或其他艺术的感染与净化，使某种过分强烈的情绪因宣泄而达到平静，从而恢复和保持心理健康。① 我国古代教育家孔子则认为，培养完善的人，就要接受艺术教育的熏陶；并特别指出培养完美的人，必经之路就是"兴于诗、立于礼、成于乐"的教育过程。可见，作为一种特殊的精神食粮、心理需要，美育对促进学生心理健康发展，具有其他教育形式无法取代的作用。因为审美活动本身就是一种心理活动，无论是感受、鉴赏还是创造美，都是心理活动的结果；况且审美教育的目的也是为了引起学生心理上的积极变化。可以说，美育本身就蕴含着心理健康教育的基本内涵。

美育对学生心理健康的影响效果，在于他们的审美心理过程。在对美好事物的观察、想象和审美过程中，感知成分由于表象的再现、组合和改造而转化为情绪体验，而认知图式让情绪从合情转为共情，即情境情绪主观化——感时"花溅泪"，别时"癫狂柳絮随风舞，轻薄桃花逐水流"。情绪伴随着对美的认知、理解而升华，作为心理活动中最活跃的因素，它广泛地渗入其他心理因素之中。同时，它又是触发其他心理因素的诱因。消极情绪不仅抑制学生的感知、想象、理解能力的发展，而且长此以往，很可能会出现心理障碍，导致心理疾病、精神崩溃。而通过审美活动的开展、深化，诱发出积极的审美情绪，才能使心理趋于平静、和谐。因为审美情绪比日常情绪包含着更为丰富、更为深刻的社会内容，它超越了现实的狭隘的个人功利。可见，积极情绪伴随主体愉悦、主观体验并与学生的心理需要紧密相连。研究表明，积极情绪能让个体瞬间思

---

① 庞跃辉：《中西美育"净化"说之比较认知分析》，载《学术研究》，2003(7)。

维活动序列扩展，能帮助个体建立需要的持久的个人资源，如身体灵活性、社会支持、乐观态度及心理弹性（resilience）。这些资源和技能为个体更好地适应环境做好准备，以应对可能发生的状况和负性情绪。[①] 即使处境不利，但有个体内部力量与外部环境资源的支持，个体就有了更多的心理能量去应对，使心理弹性的作用得到更有效的发挥。因此，无论是强调美育过程中使人心中紧张的某种基本情绪（如恐惧、愤怒等）获得调适，还是强调在美育过程中使人心中郁积的某种消极情绪（如焦虑、烦躁等）获得宣泄，都说明美育对情绪的积极调适作用。

美育最典型的形态即艺术教育活动。英国一项研究通过互联网和相关组织对有心理健康需求人群的参与艺术项目进行了调查，结果发现，艺术活动有重要的心理健康价值和社会效益。[②] 因为他们在参与艺术活动中，享有充分的自由，可以随心所欲，大胆创作，表达自己最真挚、自然的情绪情感。置身于充分发挥自主性、保持创造冲动的艺术活动氛围中，必然会强烈感受到自我生命的价值和意义，自然而然地形成并保持实现生命价值的冲动，激起对生活的浓厚兴趣和实现自我的强烈渴望。[③] 心理健康教育也强调，自我实现不但是心理健康的重要表现形式，而且也是触发个体内在蕴含的积极力量和品质的动力，这与美育有着异曲同工之处。区别在于，前者侧重激发个体的积极能量与优秀品质，从而有效提高个体的积极情绪体验以及良好的情感适应性；后者重点在于良好情感和心性的培养，以此激发人内在的积极力量和优秀品质。一言以蔽之，心理健康教育与美育都追求健全人格、完整人性和健康身心，二者本质上有着相通性和契合性。更为重要的是，艺术教育活动的常态化，更能让学生的心智持续不断地接受艺术美的熏陶、启迪，使学生能充分调节学习紧张、疲惫的心理，从而促进其心理健康、心理和谐。此外，学校作为举行艺术活动、对

---

① 刘向莉：《美学教育的积极心理学医用价值探析》，载《医学与哲学》，2012，33（8A）。
② Hacking, S., Secker, J., Kent, L., et al., "Mental Health and Arts Participation: the State of the Art in England," *Journal of the Royal Society for the Promotion of Health*, 2006, 126(3), pp. 121-127.
③ 叶太平：《以美育促进大学生心理健康》，载《清华大学教育研究》，2002(5)。

学生进行美育的主要场所，其中校园环境的影响力不可低估，它时时处处会对学生的言行举止、待人处世、行为习惯进行渗透和影响。这种特殊的美育情境，成为学生健全人格和丰富情感的根基，使整洁、优美、高雅的校容校貌成为学生舒适、安全的心灵栖居地。

美是人类近乎天性的精神追求。美好事物皆有愉悦人的心理、陶冶人的情操、优化人的个性之作用，而且更容易引起人们的兴趣和关注。特别是对于青少年学生，美好事物往往能够极大地调动他们的学习积极性，提高认知水平，促使情感兴奋，强化意志努力，并用美的标准来规范自己的行为。当他们感受到自己成为某种审美对象时，会更加乐观和自信，在潜移默化中提高心理健康水平。因此，美育具有潜在的积极心理学价值。研究发现，艺术展览等艺术媒介在改善精神疾病和心理创伤方面，作用和潜力巨大。[①] 作为美育与心理健康教育融合的最普遍的形式，艺术治疗（art therapy）则通过表达性艺术来进行心理诊断与治疗。它既是一种自发的艺术创造行为，同时也是心理咨询中用于促进个体心理健康的有效手段。[②] 艺术治疗整合了包括音乐、舞蹈、视觉艺术、文学、戏剧等活动在内的各种富有创造力的活动，给当事人营造出一种安全、无威胁的氛围，鼓励个体实现自我对话。另外，心理治疗本身就是一种创造性活动，它要求咨询师和来访者共同努力，借以实现心理健康的目标。艺术不仅可以作为焦虑者传达消极、恐惧和担忧的一种方式，还可以用来激发大脑右半球，并支持左半球实现更大的功能。目前国外盛行的音乐疗法和逐渐兴起的绘画疗法，在减少焦虑、保持心理健康等方面也取得了良好的效果。韩国的一项研究也表明，艺术治疗与家长教育相结合，对多元文化下学生的自尊（如一般自尊、社会自尊、家庭自尊和学校自尊）与社交技能（如自信、同理心、合作和自

---

① Ryan, B., Goding, M., Fenner, P., et al, "Art and Mental Health in Samoa," *Australas Psychiatry*, 2015, 23(6), pp. 55-58.

② Hanevik, H., Hestad, K. A., Lien, L., et al., "Expressive Art Therapy for Psychosis: A Multiple Case Study," *The Arts in Psychotherapy*, 2013, 40(3), pp. 312-321.

我控制)有显著影响。① 甚至有研究表明，诗歌和戏剧可以作为一种教育资源，有助于个体的批判性思维和情感的多样性，能够提高个体移情能力的发展。② 可见，充分发挥美育的积极作用，通过美育之"润物细无声"的熏陶、感染等特殊功能，可以激发学生心理调节的活力，消解其心理闭塞的情结，抑制其心理的消极冲动，最终走向心理健康的彼岸。可谓以美养心、以心筑美，一举两得。

五、心理健康教育与劳动教育

劳动是人类生存发展的基本条件，也是人本身的内在心理需要、应有的自觉行动。劳动教育则是通过开展劳动活动，有目的、有计划地培养劳动意识，学习劳动知识和技能，形成正确的劳动态度和劳动习惯的教育。其中，劳动意识作为劳动教育的要素，它是培养劳动能力和劳动习惯的前提，也是学生社会参与的重要组成部分。当然，在现实教育活动中，仅有意识还不够，还需认知、态度等因素的促进和转化，即良好的劳动态度才能将劳动意识倾向转变为劳动行为。在这个过程中，心理健康教育就显得至关重要。学生只有善于手脑结合、身心和谐，才会成为全面发展的人。我国著名教育家陶行知就明确指出，"劳动教育的目的，在谋手脑相长，以增进自立之能力，获得事物之真知，及了解劳动者之甘苦"。③ 可见，劳动教育体现了学生身心的统一发展，心理健康教育是劳动教育的逻辑起点，并为劳动教育固本强基、保驾护航。

劳动教育的关键在于培养学生的劳动素养。劳动素养是对劳动过程中与之相匹配的劳动意识和态度、知识和技能、行为和习惯诸因素的综合概括。毫无疑问，只有具备了一定的劳动意识和劳动愿望，才能产生正确的劳动观点，进

---

① 이지은, et al., "Preliminary Study on the Combined Treatment of Parent Education and Group Art Therapy for Multi-cultural Children's Mental Health," *Korean Journal of Health Psychology*, 2010, 15(4), pp. 854-864.

② Roberts, M., "Understanding the Value of the Arts in the Education of Mental Health Professionals: Georg Lukacs, Samuel Beckett and the Aesthetic Category of Specific Particularity," *Journal of Psychiatric and Mental Health Nursing*, 2013, 20(3), pp. 253-262.

③ 陶行知：《陶行知全集》(第二卷)，331~332 页，成都，四川教育出版社，1991。

而形成良好的劳动态度，表现出尊重劳动、热爱劳动的心理倾向，并具体落实到劳动行为习惯中。由于劳动教育根植于生活情境，同时又超越了日常生活的范畴，它不仅要求知识经验的积累和思维意识的发展，还要求这种身心统一的发展可以通过真实生活情境体验，破除知识表面化现象，即劳动为学生提供撬动知识活力的"支点"，促进知识的沟通与转化。① 同时，劳动技能是在一定的知识基础上，通过感知、表象、记忆、思维等心理活动，借助于骨骼、肌肉和与之相关的神经活动过程来实现，在反复地练习和实践中逐步地形成并巩固下来的能力，这种能力具有一定的稳定性。当劳动技能经过反复训练，将动作表象转化为实际操作的无意识行为时，就形成了劳动习惯。显然，良好的劳动习惯是建立在正确的劳动态度基础之上的。如果学生对劳动技能的学习有着准确的认知和兴趣，就会投入积极的情绪去学习操作，以达到精益求精的水平。心理健康教育对学生劳动态度、劳动技能和劳动习惯的培养，提供了基础性保障。让学生在体味艰辛、挥洒汗水中塑造坚强的心理素质，在艰苦奋斗、顽强拼搏中锻炼意志，从而获得受益终身的心理资本、精神财富。

劳动素养的关键在于提高学生的心理素质。通过劳动教育提高学生心理素质，归根到底是为了培养其良好的生活和社会适应能力。我们知道，心理健康的基本内涵在于"适"。这里有两层含义：一是"适应"，即对生活环境、人际关系、社会发展的适应；二是"适中"，即情绪适中，反应适度，认知、情感、行为等适合年龄特征。这种"适"，来自学生自身的心理特质。正是由于这种心理特质，个体的内部信息以与外部世界相适应的状态表达出来，这就是心理健康。与生活和社会适应相关的心理健康教育主要包括：一是培养学生正确的价值观，健康的生活和行为习惯，提高自理、自立能力；二是培养学生适应环境的能力，避免学生在新环境中出现退缩、攻击和过分敏感而反应多变的现象；三是对学生进行挫折教育，提高他们的应激心理能力，引导他们掌握积极的挫折应对策略。生活实践表明，世间的一切幸福都需要靠劳动来创造。劳动教育给人们植

---

① 刘盼倩：《教育与劳动结合可能性的教育哲学阐释》，载《教育理论与实践》，2019，39（34）。

入了实现幸福的行动基因，而且还增强了人类获取生存资料和创造美好生活的能力。① 劳动不但可以磨炼学生意志，培养其吃苦耐劳、坚忍不拔、克服困难的积极心理品质，而且有利于其生存能力、生涯能力、创造能力的发展。因为学会劳动并掌握一定的劳动技能，是每一个学生生存和发展的主要手段，也是创造幸福生活的基础。加强劳动素养的培养，就是提高学生的核心竞争力，为未来的职业生涯做准备。通过自己的诚实劳动，学生感受劳动所带来的收获和乐趣，进而形成尊重劳动、热爱劳动的劳动观念、劳动习惯以及勤俭节约、艰苦奋斗的精神，在劳动实践中磨炼意志，培养自尊、自立、自强的精神，学会自我管理、自我约束、自我教育，增强社会责任感。在劳力与劳心结合的基础上，用心制力，使蛮力变为巧力，实现以劳育人、教劳相长的教育效果。

智能时代的劳动教育面临新挑战，即需要唤醒学生对完整生活意义的追求。随着人工智能时代的到来，劳动不断升级，新的劳动技能和劳动方式为学生发展的差异性增加了可能性。信息化、智能化不但不排斥人类劳动，反而对人的劳动能力也提出了更高的要求。人工智能技术革命实现了实体物理世界与虚拟网络世界的融合，将人们从体力劳动乃至常规性的脑力劳动中解放出来，从而使人们思考、审美等的时间增多，使人们更加专注于创新能力、思考能力、审美能力的提升，必然引发价值的再次转移。② 智能时代劳动教育通过劳动唤醒个体对完整生活意义的追求，为进一步提升心理健康水平，从而实现人的全面发展提供了更大的现实性。研究者对 353 名被试的测量结果发现，从劳动经验中获得意义和目的的能力与所有精神健康结果的改善有关，即意义感与心理健康之间密切相关。③ 确实，传统、本能式的劳动是一种直接的身体活动，缺乏心理、精神意义，只有当劳动与感受、体验、反思、想象力等要素相联系时，才会产生创造性的劳动。劳动教育，一方面在教育，另一方面也在创造教育财富。新

---

① 张世豪、罗建文：《论劳动教育与新时代人的全面发展》，载《思想理论教育导刊》，2019(11)。

② 徐海娇：《意义生活的完整性：人工智能时代劳动教育何以必要与何以可为》，载《国家教育行政学院学报》，2019(11)。

③ Derek A. Giannone & Daniel Kaplin, "How Does Spiritual Intelligence Relate to Mental Health in a Western Sample?" *Journal of Humanistic Psychology*, 2017(11).

时代对知识型、技能型和创新型劳动人才的需求越来越紧迫，劳动教育应依据劳动形态的演进而与时俱进，创造条件让学生参加新形态劳动、创造性劳动，最终让学生自觉认识到技术的发展并不意味着弱化生活技能，相反，有创造力的劳动是比单纯的机械劳动更为艰苦的活动，只有更为主动地探索生活的意义、发掘这种意义可能的空间，才能应对技术将生活单向化的挑战。

综上所述，在全面发展的教育中，心理健康教育具有乘数效应，它起着"酵母"式的促发和放大作用，与德育、智育、体育、美育、劳动教育一起，共同构成了一个既相互制约、相互渗透，又辩证统一的全面发展教育体系。其中，心理健康教育为学生形成良好的思想品德、发展智力、增强体质、塑造美感和劳动素养等全面素质的提高，提供了良好的心理基础和前提条件。如果说"健康第一"是人类的总目标，那么，心理健康就是其中一个子目标；如果说"德智体美劳"是教育的总目标，那么，心理健康教育就是其具体内容和现实路径之一；如果说所有的教育归根到底都是身心健康教育，那么，它就好比是人的一只"手"，"德智体美劳"是其点石成金的五根"手指"，而心理健康教育则是"手掌"，连接着五育中的每一个要素。尽管"德智体美劳"五育都有各自的教育目的、任务、内容、规律和方法，也都处于各尽其能、各司其职的状态，但心理健康教育在五育的统领下深度融合，与五育重拳齐发，这是我国教育创新的一条重要路径，切实体现了学生由教育客体向教育主体的真正回归，以及人的全面发展对人本质的真正占有。

第二章

———

创新教育理念中的心理健康教育

目前在教育界，"创新教育"与"心理健康教育"是得到人们普遍关注的两个热点，培养和提高青少年的创新精神、创新能力已成为全社会的共识。然而，一个多世纪前，许多学者认为天才或创造力建立在心理失调的基础上。实际上，在大多数情况下，天才者是在完成杰出成果以后，才表现出心理异常的。目前的研究更明确表明，提高心理素质水平，促进心理健康和个性全面发展是培养创造力、创新能力的前提条件。因此，如何把"创新教育"和"心理健康教育"有机地结合起来，塑造出心理健康、勇于创新的新一代，这里就上述相关问题进行初探。

一、心理健康教育是创新教育本身的内涵

(一) 创新教育是一种教育理念

何谓创新？美国学者认为，创新是已有知识的重新组合；日本学者则认为创新是用已有知识去解决新问题。一般意义上的创新，是一个广义的概念，既包括新事物、新观点的提出，也包括对旧事物、旧观点的部分改造或修整。从心理学的角度来看，"创新"与"创造"两个概念基本接近，是指根据一定目的，运用一切已知信息，产生出某种新颖、独特、有社会或个人价值产品的活动，其实质是问题解决。[①]

一提到创新，许多人往往会产生误解，以为这是少数"天才"的特权，一般人

———

① 俞国良：《创造力与创新能力》，6 页，北京，华艺出版社，2000。

望尘莫及。其实，这种观点是不对的。40 多年前，卡尔文·泰勒（C. W. Taylor）就认为，创造力实际上存在于所有年龄、所有文化背景中，以及在各种程度上所有为人类工作和努力的领域中。换言之，人人都具有创新的潜力。

美国心理学家马斯洛在他的需要层次论中提出，人天生具有积极探索周围环境的需要，对周围的一切充满好奇心，即认识与理解的需要。这种认识与理解的需要是个体的一种强有力的需要，在这种需要的推动下，个体会产生一系列活动，而这些活动，就是我们所说的创新活动的基础。由此可见，创新实际上是所有个体天生即具有的一种潜在的能力。例如，人类的好奇心、想象力和求知欲等，这将贯穿于其成长与发展的始终，并在创造性实践活动中具体呈现出来。

创新教育，虽然以培养创新精神和创新能力为基本价值取向，但其根本点在于培养人的创新素质，[①] 即通过教育的手段，使个体的创新素质得到更加充分、全面的发挥。那么，如何在学校教育中体现创新教育的特点呢？在课堂上，引导学生开动脑筋，拓宽思路，就是在实施创新教育；要实施创新教育，就要改变旧的教育管理机制，建立起灵活新颖的管理制度。诸如此类观点，都可以说是创新教育在某一方面的具体表现。实际上，要在学校教育中切实有效地实施创新教育，需要涉及教育的各个侧面与层次。因此，我们认为，创新教育是一种教育的理念，它体现、渗透和贯穿在学校教育的各个方面和环节，其中包括学校心理健康教育。因为心理健康教育的关键是提高心理素质和培养社会适应能力，而这是充分挖掘人类潜能的基础，是培养创造力的前提条件，而创造力培养又是学校教育的中心任务。

（二）心理健康教育是创新教育的一个组成部分

创新教育作为一种教育理念，存在于学校教育的各个环节中。因此，创新教育目标的实现，当然离不开教育过程中各个环节的具体实践，而学校开展心

①　俞国良：《创新教育理念中的学校教育》，载《天津师范大学学报（基础教育版）》，2001，2（1）。

理健康教育，也就必然成为创新教育目标的一项具体实践。从邻国以创新教育为核心的教育改革中，我们可以清楚地看到这一特点。

20世纪80年代，日本为了提高国家的技术创新能力，培养出具有创新能力的新一代，进行了一系列深刻、持久的教育改革，其教育改革的主题就是，在"轻松愉快"中培养学生的"生存能力"，具体内容包括：承认个体间存在的差别，提倡因材施教；尊重每个学生独特的个性并使之自由发展；增强学生的自律性；培养学生与人相处、交往的能力，提高其社会适应能力；精选学习内容，精简课程，减轻学生的学习负担，缓解学生的学习压力；提高学生的生存能力；等等。从日本所实施的教育改革的内容中，我们可以清晰地看出，其中的许多方面都属于学校心理健康教育的范畴。

进入20世纪90年代后，韩国提出了以创新教育为目标的"教育革命"。在其教育改革方案中规定：中小学实行以知识记忆为主的教育向以培养创造力为重点的教育转移；大学由传授现有知识和外来知识的场所向成为科技、文化创造源的方向转移；中小学课程精简至现有的2/3；以学生为中心、以实践为中心改革教学，发展学生的创造力，培养学生主动学习的态度；减轻学生负担，消除课外补习热，在使学生愉快地生活和学习的同时，自我得到充分发展；等等。韩国实施的教育改革，也很好地印证了"心理健康教育是创新教育的具体实践"这一观点。

同样，在我国实施的"素质教育"，强调全面贯彻教育方针，以提高国民素质为宗旨，寓德育于各门课程之中，突出学生创新精神和实践能力的培养，充分体现科学精神与人文精神。以基础教育课程体系改革为例，强调课程要促进每个学生身心健康发展，培养良好品德，培养终身学习的愿望和能力；倡导学生主动参与、探究发现、交流合作，改进学习方式，使学生真正成为学习的主人。实际上，这些做法中的相当部分也要从心理健康教育入手，提高学生的心理素质，进而来培养和提高学生的整体素质，这显然与创新教育的培养目标是完全吻合的。

二、创新人才的创新素质与心理健康的关系

在知识经济时代，知识的生产、传播和利用显得尤为重要，而这一切，都有赖于大批创新人才的培养。儿童青少年作为潜在的创新人才，他们从事创造性学习和创造性活动，必须以个人的心理正常和健康为基本条件。因为现代神经生理学家认为，只有心理健康的人才会把创造潜能付诸实现，才能成为创新人才。那么，什么是创新人才，他们又具有哪些创新素质特征呢？我们认为，创新人才主要具有创新精神和创新意识、创新思维和创新人格、创新能力和实践能力三个方面的特征。① 对于中小学生，这里还要加上一点，那就是扎实的知识基础。

(一)创新人才的创新精神与心理健康

创新精神或创新意识，属于创新素质结构中的动力系统，是创新活动的发动机，主要包括好奇心理，探究的兴趣，创新的动机和需要，对新异事物的敏感，对真知的执着追求，对发现、发明、革新、开拓、进取的百折不挠的精神，这是进行创新的出发点和内在动力。那么，这股创新的动力从何而来？从马斯洛的需要层次理论中，我们也许能找到答案。

马斯洛认为，当个体的某种需要长期得不到满足时，身心就会失衡，产生心理病态。确实，任何基本需要的满足，在其他因素不变的前提下，都是向心理健康的方向迈进了一步。不断增加的需要满足，也是一系列不断增加的心理健康程度。因此，所谓个体心理的不健康，其实质就是个体心理上的某种需求（如爱与归属的需要、尊重的需要）长期匮乏，因而形成的一种心理病态。马斯洛明确指出，"需要满足的程度与心理健康的程度有确定的联系"②。自我实现

---

① 俞国良：《直面基础教育的创新教育研究》，载《光明日报》，2001-11-29。
② ［美］马斯洛：《自我实现的人》，许金声、刘锋等译，156 页，北京，生活·读书·新知三联书店，1987。

者比一般人更健康；满足了自尊、归属、安全、生理需要的人又比只满足了归属、安全、生理需要的人健康。依此类推。根据马斯洛的观点，这种较低层次需求的匮乏，会直接阻碍个体更高层次的需要（如自我实现的需要、求知和美的需要）的产生和增强，而这种更高层次的需要，恰恰是创新精神的原动力。在马斯洛看来，心理学应当研究最健康的人，而自我实现者对他来说就是最健康的人。自我实现的本质是人的潜力和创造力的发挥。换言之，人们创造性的发挥，可以说是他自我实现需要被激励时所表现的特征，是其能力发挥的最佳状态。由此可见，学校开展丰富多彩的心理健康教育，其旨在为儿童青少年创新精神和创新意识的培养提供一个支持性的环境。因为心理健康水平低下，完全可能抑制创新精神和创新意识的萌发，如图 2-1 所示。

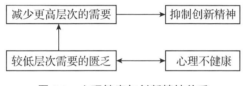

图 2-1　心理健康与创新精神关系

在这里需要说明的是，图 2-1 中，心理的不健康与个体较低层次需要的匮乏是密不可分的，但更高层次需要的降低，却是知识创新精神受到抑制的根本原因。在马斯洛的需要层次论中，还存在着独立的第二层次的需要，即认识与理解的需要，它们也可构成个体与生俱来的最原始的创新的源动力。同时，由于人的需要多种多样，心理健康的状况也因人而异，这样创新精神与创新意识的表现形式也势必多样化。但有一点是共同的：要充分发挥人的创造力，提高心理健康水平是一条重要的途径。

（二）创新人才的创新能力与心理健康

创新能力，属于创新素质结构中的认知系统，主要包括创造思维能力，创造想象能力，创造性地计划、组织与实施某种活动的能力。在思维过程中，与创新活动关系较为密切的有发散思维、直觉思维与创造思维。发散思维与辐合思维相对，是指人们沿着不同的方向思考，重新组织眼前的信息和记忆系统中存储的信息，产生出大量、独特的新思想。而直觉思维则与分析思维相对，是人们在面临新问题、新事物和现象时，能迅速理解并做出判断的思维活动，是逻辑思维的凝结或简缩。与常规思维相对，创造思维则是个体重新组织已有的知识经验，提出新的方案或程序，并创造出新的思维成果的思维方式。想象过程，尤其是创造想象，是根据一定的目的、任务，在人脑中独立地创造出新形象的心理过程。在此过程中，需要对已有的感性材料进行深入的分析、综合、加工、改造，在头脑中进行创造性的构思。另外，创新活动的实施能力，与我们通常所讲的问题解决能力有着密切的关系。

上面简单介绍了创新活动所需的各种能力，但是，这些能力与个体的心理健康有何种关系呢？

心理学家指出，具有创造力天赋的人（如莫扎特），其创造力的发挥程度，不取决于心理健康或基本需要的满足。然而对一般人的创造力而言，心理健康或基本需要的满足却起着重要的作用。例如，在进行创造性活动时，情绪就起着重要的调节作用。镇定、乐观的情绪有利于这些创造性活动的顺利进行，使联想活跃、思维敏捷、提高创造效率；而焦虑不安、悲观失望、情绪波动，都容易抑制思路，有碍于创造性活动的进行。国内外的大量研究表明，有9种不良情绪困扰着人们的创新活动和创新能力的发挥：①害怕；②不痛快；③懊悔；④孤独感；⑤无信心；⑥生气；⑦失望；⑧难过；⑨挫折感。而镇定、乐观也正是心理健康者的一个重要心理特点。吉尔福特（J. P. Guilford）的研究表明，尽管每个儿童具有巨大的创造潜能，但由于心理健康水平高的儿童比其他儿童更善于对待他人的批评和社会的压力，并对此采取更为合理的取舍，因而他们在创造力的测验中成绩更高。由此可见，健康的心理状态可以使个体的创新能力得到更好的发挥。

(三)创新人才的创新人格与心理健康

创新人格，属于创新素质结构中的个性系统，即创造性人格，主要包括独立性、批判性、灵活性、幽默感、洞察力和责任感、事业心、自信心、顽强的意志、毅力，能经受挫折、失败的良好心态，以及坚忍顽强的性格。创新型人才所具备的人格特征，在其创新活动中，起着举足轻重的作用，并且健康人格的建构本身也属于心理健康教育的范畴。

早在 20 世纪 70 年代，有学者就指出，"天才"儿童就是那些具有中等以上智力、较高的责任心和较高的创造力三方面特征的儿童。[①] 我国中科院心理所的查子秀教授经过多年的研究发现，超常儿童的心理结构通常是智力、创造力和非智力三种成分的独特组合，其中智力是发展的基础，创造力是发展的高度，而个性心理则是发展的动力和支柱。[②] 此外，研究者曾对创造力得分甚高的中小学生进行了人格测试，发现他们在智慧性、乐群性、敢为性和低紧张性等特征上得分也甚高。[③] 对于创新人格特征，有研究指出，自我实现和其他人格变量，如态度、动机、价值观、自我认识和自我控制等，可以预测具有高创造性的智力超常学生的心理健康水平。[④] 这说明创新人格特征与心理健康水平有着非常密切的关系。

但也有人认为，"天才"的心理并不健康。比如，海明威、凡·高在功成名就之前或之后，都曾出现各种心理失调或心理疾病。其实，二者之间并没有直接的因果关系。有许多有助于创造的个性特征，如对现实不满、喜欢冒险、敢于挑战、我行我素的个性特征，被社会拒绝或排斥，而那些敢于向权威挑战、"有点古怪"的"天才"们，正是长期生活在强大的压力下，才会出现各种心理失调或心理疾病。这一现象应从他们的成长背景和当时的社会文化环境去理解和解释。

由此，我们可以得到这样一个结论，对创新人才的创新人格培养，其实质

---

① Renzulli, J. S. & Reis, S. M., *The Schoolwide Enrichment Model*, Creative Learning Press, Inc., 1985, pp. 23-27.

② 查子秀：《超常儿童心理与教育研究 15 年》，载《心理学报》，1994（4）。

③ 陈国鹏、宋正国、林丽英等：《我国中小学生创造力与智力和人格相关研究》，载《心理科学》，1996，19（3）。

④ Irena Pufal-Struzik, "Self-actualization and Other Personality Dimensions as Predictors of Mental Health of Intellectually Gifted Students," *Roeper Review*, 1999, 22（1）, pp. 44-47.

就是对其进行积极有效的心理健康教育。

(四)知识积累、创新活动与心理健康

扎实的知识基础也是创新人才必备的基本素质之一。虽然在某些时候，知识中的条条框框会成为创新活动的桎梏，在一定程度上束缚了个体灵感的迸发，但几乎所有创新的发生，大到牛顿的万有引力定律、爱因斯坦的相对论，小至各种电子元件的发现，无不建立在知识经验的基础上。厚积薄发，便是这个道理。正如牛顿所说："我之所以看得远，是因为站在巨人的肩膀上。"

而丰富、系统的知识获得，又与创造性倾向与心理健康水平有着密不可分的关系。研究者(查子秀等)采用林幸台修订的威廉斯创造倾向量表(该量表包括冒险性、好奇性、想象力和挑战性四个维度)，分析了创造倾向与学业成绩的关系，结果发现，语文与挑战性有关，数学与冒险性、想象力和挑战性有关。我们(俞国良等)在对学习不良儿童的大量研究中发现，与成绩好的学生相比，成绩差的儿童的心理健康水平明显更低，如更多地感受到自卑、孤独、抑郁、焦虑、紧张、自我概念混乱、人际关系不协调、对学习厌倦和逃学等。尽管不是所有的学习不良儿童存在心理健康问题，但是其中的大部分的确比常人有更为严重的心理行为问题。人们在给学习不良者提供帮助和进行治疗时，应首先确定其心理健康方面的问题，这样在学业技能改善等方面的努力才不至于付之东流。在学习不良者的心理健康问题得到解决之前，对其学业的帮助是难以奏效的。[①] 这从反面说明，个人的心理健康状态对知识积累和学习有重要影响。据此，我们可以认为，心理的健康水平与学习成绩间存在着密切的关系，从而进一步对创新活动以间接方式产生影响，如图 2-2 所示。

[①] Price, L. A., Johnson, J. M. & Evelo, S., "When Academic Assistance is not Enough: Addressing the Mental Health Issues of Adolescent and Adults with Learning Disabilities," *Journal of Learning Disabilities*, 1994, 27(2), pp. 82-90.

图 2-2　心理健康水平、知识积累、创新活动三者间的关系

三、创新教育中心理健康教育的实践

正是由于创新素质与个体的心理健康之间存在密不可分、相辅相成的关系，因此，在学校教育工作中，要把两者有机地结合起来，在创新教育的理念指导下，积极有效地开展心理健康教育。

心理健康，实际上是指个体各种心理机能的协调和完善，以及以最佳组合发挥作用。创造力或创新素质作为人类心理机能的最高表现，其发展水平是心理健康的重要标志。概言之，心理健康是个体创造力、创新素质发展和发挥的基础。心理健康的水平为个体创造力的发展，特别是学生创新素质的发展，提供了最基本的心理条件。儿童青少年只有在其认识能力稳步发展、社会性发展正常、各种心理机能发育协调的前提下，才能发展创造力或培养创新素质。对于一个患有强迫症或精神分裂症的学生，我们是很难将其培养成一个具有高度创造力的学生的。创造力的发展为儿童青少年适应社会提供了更多的手段，使其适应社会、与人协调的能力更强，更加独立，使其能以更为充分而持续的热情投入创造活动中去，在其中不断地促进自己的心理健康水平。也正是这个原因，心理治疗家把创造力的培养看成是一种心理疗法。我们认为，为了促进儿童青少年创造力、创新素质的发展，维护和保持其心理健康，减少和避免心理疾病，可以将以下几方面作为突破口。

第一，培养儿童青少年学习和探索新事物的兴趣。

兴趣是人对某事物的特殊的认识倾向，这种兴趣促使个体去积极地学习和探索新事物，并从中得到心理满足。获得积极的情感体验，使身体和大脑协调活动，最后实现对环境的全面适应。对新事物不断学习和探索是创造性人才的共同特征，这种兴趣是其从事创造活动的心理动力之一。它有利于创造性人才智力的充分发挥，增强他们的创造性动机，提高其观察事物的敏感性和注意力的集中程度，从而提高其创造的效率。而且，学习和探索新事物的兴趣能帮助学生增强克服困难的决心和信心，激发他们的创造热情，促使其更快更好地完成创造性活动。培养学生探索新事物的兴趣，对学生创造力的发展，特别是创新精神和创新意识的培养有巨大的推动作用。

第二，促进儿童青少年自我意识的协调发展。

实现个性的全面发展，以适应社会生活，就必须很好地培养自我意识，即通过自我认识、评价来分析自己的能力，通过情绪体验和调适保持健康的生活，通过自我监督和自我监控组织良好的行为方式。学会从自我评价和外界评价中全面、客观地认识自己，树立自信心，获得自我认同感。在自我控制方面，善于为既定的目标而克服困难，迫使自己去完成应当完成的任务，善于抑制自己的冲动行为。其中，关键的是学会调节和控制自己的情绪和意志。显然，一个有创造力的学生的自我意识系统应是协调而独立的。因此，家长和老师应当鼓励学生形成自己独立的自我意识系统，这对学生创造力的发展是十分必要的。

第三，帮助儿童青少年形成良好的人际交往能力。

人际关系对创造力或创新素质的培养起着重要的促进作用。一个擅于与人交往、人际适应良好的人，能全身心地投入所从事的工作，并在与人交往中吸收别人的长处、开阔眼界和增强心理上的安全感。对此，应从认知、情感和行为三方面入手。在认知方面，正确认识自己人际关系的状况；在情感方面，建立对他人积极的情感反应和体验；在行为方面，适应各种人际关系环境，与同伴和成人进行积极的沟通。此外，建立良好的人际关系也是发挥群体智力效应的重要条件，而群体智力效应的发挥在很大程度上依赖于群体人际关系的和谐程度。要发展学生的创造力，就要帮助学生形成良好的人际适应能力，帮助他们正确地了解自己、评价自己；了解他人、尊重他人。多参加有益的社会活动，从中培养学生良好的人际交往能力。

第四，提高儿童青少年的社会适应能力。

创造性的活动是对习惯的一种挑战，难免会有人不理解，甚至受打击。而儿童青少年的年龄特征决定了他们心理承受力较弱，这就要求他们正确对待他人的批评，学会自己强化自己的创造性想法和活动，而不要因为他人的批评、嘲笑去压抑自己的创造力。要学会主动适应社会和生活的各种变化、各种环境和各种条件，提高适应各种环境的能力。其中对挫折的耐受能力是这种能力的重要表现。在帮助自己强化创造性的同时，还要学会分析他人的批评，从中发现合理的成分，加以吸收利用；同时认识到创造性工作一般不会一次成功，可能要经过多次失败，以提高对失败的承受力，培养坚强的毅力，以促进创造力或创新素质的发展。

总之，在教育观念上，要树立起创新教育离不开心理健康教育这一指导思想，把两者都摆到同等重要的地位上；在对教师培训时，使他们意识到创新教育是一种理念，这种理念的有效实施有赖于心理健康教育的积极实践。此外，学校的教育管理工作，如课程的设置、管理与评价，也应适当地渗透心理健康教育的内容，从而更好地体现出创新教育的时代特色。一言以蔽之，创新教育是一个系统工程，心理健康教育是其中的子系统。只有在心理健康教育切实有效地实施的基础上，创新教育的目标才能全面稳妥地得以实现。

第三章

———

创造力与心理健康：关系视角的诠释

随着社会转型和科技进步，越来越多悬而未决的社会问题、学术问题逐渐涌现出来。其中，培养具有创造力的创新型人才和关注国民的心理健康问题及其两者的关系，日益引起社会各界的重视。"疯狂天才"的迷思，历来被视为探讨创造力与心理健康关系的焦点，而造成这一困境的原因在很大程度上是对创造力和心理健康的误解。为了更准确地理解创造力培养和心理健康教育的内涵，有效把握两者的特点、发展规律与内在联系，我们对该领域研究成果中两者关系的研究进行了分析，以期更客观地澄清创造力与心理健康间的关系，从而为教育工作者在兼顾个体心理健康发展的同时促进创新型人才培养提供理论支撑。

一、创造力是心理健康的基本内涵与重要特征

要解决创造力与心理健康之间究竟有何关联这个理论难题，首先就要搞清楚它们各自的内涵是什么。创造力既寓于伟大，也见诸平凡。每每谈及创造力，我们都会情不自禁联想到科学、艺术、文学等不同领域的杰作。诸如苹果电脑的发明，毕加索的《格尔尼卡》油画的创作，儿童在数学学习过程中的新发现等。[①] 创造力是人类智慧花园众芳中最灿烂的一朵，中外学者为探寻其奥秘而进行艰苦卓绝的努力，在剥离芜秽对其内涵的理解上逐渐达成了共识，即创造力是由创造性人格、创造性过程和创造性产品组成的统一体，它至少包含两个

---

① Doyle, C. L., "Dimensions of the Creative Episode: Old Categories, New Perspectives," *Creativity Research Journal*, 2011, 23(1), pp.51-59.

基本要素：一是具有流畅性、独创性和变通性等体现"新"的品质，二是对个人或社会是有价值的(适切性)。① 一直以来，心理健康都是一个较难界定的概念。当前，国内外心理学研究者对心理健康的理解较为一致地指向两个连续的阶段：一是适应性(没有明显的心理疾病，人际关系良好)阶段，这是基本的前提与条件；二是发展性(个体潜能，主要是创造力的自由发挥)阶段，这是心理健康的目标。从创造力和心理健康的内涵可以发现，创造力是心理健康在个体高级阶段的自我实现，心理健康为创造力的发挥提供了必要的前提，而创造力产生的结果又反作用于心理健康并促进其心理健康发展。换言之，创造力是心理健康的基本内涵与重要特征，具体体现在适应性和发展性两个方面，这与人本主义心理学家马斯洛提出的"需要层次说"和"自我实现论"具有异曲同工之妙。

(一) 以"需要层次说"为导向的"适切性"

马斯洛将个人的需要层次归纳为七个不同的方面，并认为较低层次需要的部分或者全面满足是较高层次需要实现的必要前提。在概念界定时，切不可将最高层次的"自我实现需要"理解为仅仅具有个体价值而对社会是毫无意义的。因为价值是从人们对待满足他们需要的外物的关系中产生的，而价值观是人对价值的取向与判断，是对事物存在价值的理念、看法和态度。我们应该看到，无论是创造力还是心理健康，其评价标准都内在包含了"适切性"，也就是说它对个体或社会应该都是有价值的。世界卫生组织在2001年就明确提出，心理健康是一种健康或幸福状态，在这种状态下，个体可以实现自我、能够应对正常的生活压力、工作富有成效和成果，以及有能力对所在社会做出贡献。② 与心理健康相类似，创造力不仅是一种心智过程，同时它也是文化和社会事件，这就不能仅限于在个体层面上而要采用系统观来讨论其价值。从创造力和心理健

---

① 俞国良：《创造力心理学》，13~16页，杭州，浙江人民出版社，1996。
② 俞国良、董妍：《我国心理健康研究的现状、热点与发展趋势》，载《教育研究》，2012(6)。

康的内涵可以发现，创造力应具有的"适切性"是心理健康"需要层次"的反映与表现，它内在地要求创造力对个体或社会是有用的。首先，它是符合个体特定需要的，亦即对个体身心的适应是良好的，有利于身心健康的。其次，"适切性"还意味着它能够对个体社会适应性具有一定的意义，否则就不能称之为具有创造力，而这也是心理健康的题中应有之义。因此，从这个角度来讲，创造力应是心理健康的基本内涵。

(二) 以"自我实现论"为目标的"发展性"

马斯洛认为，人具有高于一般动物的潜能。其中，创造潜能就是人类独有的。后天的学习事实上就是使人的各类潜能由低到高逐渐形成和实现的过程，人生的最高追求就是自由创造。马斯洛通过对大学新生的投射测验发现，心理健康者是更好的认识者、知觉者，也是自我实现的基本条件。① 自由创造的实现是人的内在固有价值的实现，人性的完美就是走向自我实现。马斯洛以熟人、朋友、历史名人及大学生作为研究对象，归纳出了几条"自我实现者"的特征：现实的更有效的洞察力，对于自我、他人和自然的接受，行为的自然流露，以问题为中心，超然独立的特征，对于环境的相对独立性，欣赏的时时常新，较多的高峰体验或神秘体验，深沉的社会情感，精粹的私人关系，民主的性格结构，区分手段与目的，富有哲理、善意的幽默感，表现出创造力或独创性，以及对文化适应的抵抗等。② 通过这些特征我们可以看到，自我实现不仅具有适应性价值，而且还应涵盖发展性特征，且富有创造力也是必然要求。马斯洛本人坦言，虽然他的每一个论点都是可以加以验证的，但其研究结果仍只能称之为前科学。以马斯洛为代表的人本心理学家认为，创造潜能的发挥既受到文化和环境等因素的影响，同时也需要心理健康与精神自由。显然，创造潜能具有可塑性和敏感性，如果心理健康得不到保障，它则很容易被淹没。1968 年，马

---

① ［美］亚伯拉罕·马斯洛：《人性能达到的境界》，曹晓慧等译，76~78 页，北京，世界图书出版公司，2014。

② 张登浩：《马斯洛心理健康思想解析》，134~138 页，杭州，浙江教育出版社，2013。

斯洛在对心理治疗的研究进行总结之后坚信地说："有助于个人的心理健康，或增进人类幸福的东西都可以改变整个人性。这个更具有人性、更健康的人，也将更富有创造力。"①此外，马斯洛还认为，自我实现包括个人层面上的自我实现与超个人水平的自我实现，前者是后者实现的前提条件。高峰体验、高原体验较多地存在于超越自我实现者身上，而处于个人水平的自我实现者则较少经历这种体验。这里马斯洛用"丰满人性"（full humanness）一词，是指人的友爱、合作、求知、审美、创造等资质或潜能。这些潜能的充分发挥就是完满人性的表现，它是在超越物质需要的直接缺乏性动机之上的精神意境。自我实现不只是一种结局，而是在任何时刻、在任何程度上实现个人潜能的过程，即人要竭尽所能地利用和发展自己的天资、能力和潜能，使自己充满创造力并日趋完美。可见，马斯洛关于自我实现、潜能发挥的观点，是从内在价值论出发的。他认为，人的天性中就有寻求发展与自我实现的倾向和巨大创造潜力，这种"倾向"和"潜力"与本能有关，因而这种内在价值要求实现就是人的本性。可见，心理健康的发展包含了创造力潜能的发挥，而创造力的发挥又提高了个体心理健康水平，这两者相互促进并最终达到自我实现的目的。

二、心理健康是创造力发挥的重要前提与保障

（一）心理健康为创造力提供认知结构前提

创造力是一种复杂程度远超一般认知活动的社会心理行为，创造过程是一个协同工作的过程，而良好的心理健康状态可以为创造力提供必要的生理基础。人本主义心理学家罗杰斯通过总结他的职业经历发现，文学、艺术等领域的许多来访者皆因受消极情绪等心理健康问题的侵扰而无法进行正常的创作，但经过心理治疗之后其创造力又得以再现。② 据此，他认为良好的心理健康水平是

---

① ［美］亚伯拉罕·马斯洛：《需要与成长：存在心理学探索》，张晓玲、刘勇军译，76～79 页，重庆，重庆出版社，2018。
② 车文博：《人本主义心理学》，195～198 页，杭州，浙江教育出版社，2003。

创造力发挥的前提条件，应建立来访者和治疗者间的情感沟通，并最大限度地发挥来访者的主观能动性。近年来，现代医学和认知神经科学得到了很大发展，为进一步研究基于创造性任务的创造力脑机制提供了可能。记忆、思维和执行功能等是创造力的重要认知结构前提。研究发现，前额叶皮质是与执行功能有关的重要脑区，与多种感知觉的记忆存储、信息加工以及思维方式等创造性的认知结构密切相关；位于左右半脑的海马体是中枢神经的重要组成部分，它与人类的学习、空间定位和长时记忆等功能密切相关。[①] 焦虑、抑郁等心理健康问题会影响个体的认知灵活性，而严重的心理健康问题（如抑郁症等）则会引起额叶皮质、杏仁核和海马体的功能异常。脑成像研究发现，与对照组相比，抑郁症患者的额叶明显减小，并导致情感和认知功能的障碍。[②] 研究者采用磁共振技术对 26 名大学生被试的创造性思维的脑区活动情况的脑成像研究发现，创造性活动与左侧背外侧前额叶、左侧额下回和右侧枕叶等大部分脑区有关。胼胝体辐射线额部与胼胝体压部可能是流体推理、视觉空间工作记忆与创造力的潜在机制。[③] 纳瓦斯·桑切斯（Navas Sanchez）等采用弥散张量成像技术对智力超常儿童与同龄智力一般儿童进行实验，结果表明，智力超常儿童的胼胝体更发达，并且前额叶与基底神经节、顶叶之间的白质纤维束增强。[④]

(二)心理健康为创造力提供非智力因素保障

依据库尔特·勒温（Kurt Lewin）的"心理动力场理论"$B = f(P \times E)$，B（创造性行为）是 P（个人智力等因素）与 E（个体的内外部环境）的函数。也就是说，创造力不但与智力因素有关，而且受人格、动机、情绪、心理韧性等非智力因素的

---

① Kumaran, D., Maguire, E. A., "The Human Hippocampus: Cognitive Maps or Relational Memory" *Journal of Neuroscience*, 2005, 25(31), pp. 7254-7259.

② 孙彦、高成阁、马现仓等：《重性抑郁症首次发病患者额叶、海马磁共振质子波谱分析及其与认知功能的相关性》，载《中华精神科杂志》，2007，40(2)。

③ 宋哲、黄沛钰、申林等：《图形创造性思维脑部机制的功能磁共振研究》，载《西南师范大学学报(自然科学版)》，2012，37(4)。

④ Navas-Sánchez, F. J., Alemán-Gómez, Y., Sánchez-Gonzalez, J., et al., "White Matter Microstructure Correlates of Mathematical Giftedness and Intelligence Quotient," *Human Brain Mapping*, 2014, 35(6), pp. 2619-2631.

制约，而这些非智力因素均有赖于个体良好心理健康状态。研究表明，创造性人格特质或能力能否促成创造性的产品，在一定程度上取决于他们的动机类型和水平。[1] 动机的水平和类型在很大程度上是与"自我效能感"联系在一起的。很多研究发现，自我效能感和心理健康关系紧密，因此自我效能感也被研究者视为心理健康的一项重要指标。我们对国内文献中自我效能感和创造力关系的相关研究进行了一项元分析(共纳入 18 项，包含 34 个效应量)，结果发现，自我效能感与创造力得分呈高度正相关，相关系数 $r = 0.432$。同时，心理韧性也是影响创造力的一项重要的非智力因素，心理韧性是创造力得以发挥的保障，那些心理韧性较强的个体在创造力方面也表现得更好。研究发现，心理健康水平和个体的心理韧性呈显著正相关，也就是说，心理健康水平较高者其心理韧性也较强。[2] 情绪状态既是心理健康的一项重要指标，同时也是影响创造力的一项重要非智力因素。情绪和创造力之间的关系已被大量的研究证实。研究者通过不同形式的情绪诱发实验发现，积极情绪有利于创造力的发挥，而消极情绪则会对创造力产生负面影响。情绪的脑机制相关研究表明，腹内侧前额叶皮层不仅与执行功能有关，而且还直接参与积极与消极情绪状态的表达；杏仁核是情绪加工的中央处理站，是与海马和隔膜核、丘脑以及基底神经中枢相联系的复杂结构。[3] 临床研究也表明，杏仁核对情绪反应和情绪认知有重要作用，尤其是对不愉快刺激和害怕反应发挥作用。当前，有关抑郁症与杏仁核体积的 MRI 研究并未达成一致意见，研究结果发现既有杏仁核体积缩小的情况，也有杏仁核体积增大的情况。另外，还有研究结果显示抑郁症患者的两侧杏仁不对称。这些结果的不同可能是测量体积时解剖边界不清楚造成的。[4]

---

[1] 李海燕、胡卫平、申继亮：《学校环境对初中生人格特征与创造性科学问题提出能力关系的影响》，载《心理科学》，2010，33(5)。

[2] 艾树、汤超颖：《情绪对创造力影响的研究综述》，载《管理学报》，2011，8(8)。

[3] 冯攀、冯廷勇：《恐惧情绪加工的神经机制》，载《心理学探新》，2013，33(3)。

[4] 汤艳清、谢光荣：《抑郁症的脑结构影像学改变及其机制的研究进展》，载《中国临床心理学杂志》，2005，13(3)。

为了更客观地了解心理健康与创造力之间的关系，我们针对国内外的相关研究进行了另一项元分析。为了避免心理健康测量工具差异带来的混乱，以便于从整体上把握两者的关系，我们对心理健康采取积极指标和消极指标这两个维度进行划分，共纳入文献 82 篇，包含效应量为 95。研究结果表明，心理健康积极指标与创造力之间存在高度正相关（$r=0.411$），心理健康消极指标与创造力之间呈现中等程度的负相关（$r=-0.123$），研究结果具有跨性别和文化稳定性。根据元分析的结果，我们认为，心理健康是创造力发展和发挥的重要前提和保障。创造力的发展有赖于个体内部心理状况，良好的内部心理状况能够有效地促进创造力的发展，反之则会阻碍创造力的发展。诚如人本主义心理学家马斯洛所言，自我实现的人是真正心理健康的人，也是内在的本性得以充分发展的人。也就是说，真正的心理健康者应是具备创造能力的，而且心理越健康，其创造力也越高；创造力发展得越充分，越能提高心理健康水平。

三、创造力与心理健康互为因果、相互促进

与心理健康相一致，创造力是个体适应性的需求，也是个体的自我实现。虽然它在改变我们的世界，但我们对其知之甚少。正如希瑟·斯图基（Heather L. Stuckey）等所说的那样，我们越了解创造性表达和治疗之间的关系，我们就越能发现艺术的治疗能力。① 创造力和心理健康之间是互为因果、相互促进的，其最终目的都是更积极、更高层次的自我实现。罗杰斯认为，每个人都有自我发展、自我实现的本能倾向，也正是这一倾向促使人们挖掘心理潜能，并不断地焕发出创造力。创造力的展现必须具备一定的条件。罗杰斯强调，创造力存在于自我评价背景之中而非别人对自己的评价，创造性的个体必须对自己的工

① Stuckey, H. L., Nobel, J., "The Connection between Art, Healing, and Public Health: A Review of Current Literature," *American Journal of Public Health*, 2010, 100(2), pp. 254-263.

作进行内部评价。[①] 马斯洛也清晰地阐释了与罗杰斯相似的观点。他指出，自我实现者的创造力既不是被成功驱使，也不是像心理分析学派所主张的那样"通过对被禁止的冲动和愿望的退行性控制而起作用"的结果。他认为，人性中存在自我实现的本能，而人的创造力的发挥则是这种必然性趋势的具体表征。[②] 从一定意义上说，心理健康与创造力的最终目标是殊途同归的，创造力与心理健康两者互为因果且相互促进。当前，在心理辅导、心理咨询中所采用的咨询方法既有利于提高个体的心理健康水平，同时也能促进其创造力的发挥。同样，创造性的活动与训练也促进了心理健康水平的提高。

越来越多的研究证据表明，创造性活动对心理健康是具有积极意义的，从自我表达和自尊的发展到社会交往和参与的机会，乃至提供一种意义感和改善生活质量。"表现性心理治疗"或称"表达艺术治疗"，既是一种自发的艺术创造行为，同时也是心理咨询中用于促进个体心理健康的有效的手段。[③] 表达艺术是人类情绪释放的本能。早在原始社会，人类就用刻画在石壁上的图形与符号来表达其对自然的敬畏。随着近代心理学的发展，艺术表达逐渐由创造力的领域引用到心理治疗中来。这其中尤以精神分析学派为甚。弗洛伊德采用绘画的方式来进行释梦，荣格采用在画圈内进行艺术创造的方式以促进心理治疗。艺术治疗整合了包括音乐、舞蹈、视觉艺术、文学、戏剧等活动在内的各种富有创造力的活动，给来访者营造出一种安全、无威胁的氛围，鼓励个体实现自我对话。另一方面，心理治疗本身就是一种创造性过程，它要求咨询师和来访者共同努力，借以实现心理健康的目标。艺术不仅可以作为焦虑者传达消极恐惧和担忧的一种方式，还可以用来激发大脑右半球，并支持左半球实现更大的功能。艺术心理治疗学家经常使用曼陀罗作为自我意识、冲突解决的工具，并作

---

① 赵甲明：《马斯洛自我实现说评析》，载《清华大学学报（哲学社会科学版）》，1992，7（1）。
② 王天力：《马斯洛"自我实现论"的创造观及其启示》，载《高等教育研究学报》，2015，38（4）。
③ Hanevik, H., Hestad, K. A., Lien. L., et al., "Expressive Art Therapy for Psychosis: A Multiple Case Study," *The Arts in Psychotherapy*, 2013, 40（3）, pp. 312-321.

为各种情况下各种其他艺术心理治疗技术的基础。① 咨询师要求来访者进行曼陀罗的创作和着色活动，以达到增进其心理洞察，最终实现促进他们的心理健康发展的目标。研究者金·杨(Kim Duong)等发现，曼陀罗在心理咨询和心理辅导中可以作为来访者焦虑的镇静剂和一个创造性的情感出口，它让精神和心灵的对话成为可能。② 在开展心理健康教育和心理辅导、心理咨询的过程中，还经常会使用到冥想疗法，这种方式和创造力训练的自由联想有着异曲同工之妙。冥想疗法鼓励个体进行自由的想象，使身心得以放松与解脱，从而有利于心理健康的提升。心理辅导、心理咨询中经常会运用到冥想训练以达到缓解焦虑、消除焦虑促进心理健康的目的。冥想训练的关键在于鼓励个体进行自由联想，促进个体对其情绪和情感进行调节和疏导。在冥想的过程中，个体的创造性思维也得以很好的发展。相关的脑成像研究发现，长期冥想练习者的右侧额叶皮层灰质密度和右海马体积(参与情绪调节与控制反馈的脑区)显著比正常人大。③ 这也从认知神经科学的角度有效地回应了冥想练习者在积极情绪的培养与稳定性保持方面表现良好的问题。还有研究发现，冥想训练能够使大脑处于放松和平静状态，在此种情境下个体对外界情绪刺激体验的评估更为客观，使得其对情绪的认知更加积极、理性、平和，从而有助于减少焦虑和抑郁体验并对改善睡眠质量起到积极作用。④ 当前，心理咨询中经常使用的认知疗法，也是一种基于冥想训练的心理辅导方式。大量的临床实验结果表明，认知疗法能够在有效改善个体的焦虑、抑郁症状，缓解压力，治疗慢性失眠症等方面表现

---

① Baker. F. A. , Metcalf, O. , Varker, T. , et al. , "A Systematic Review of the Efficacy of Creative Arts Therapies in the Treatment of Adults with PTSD," *Psychological Trauma: Theory, Research, Practice, and Policy*, 2018, 10 (6), pp. 643-651.

② Duong, K. , Stargell, N. A. & Mauk, G. W. , "Effectiveness of Coloring Mandala Designs to Reduce Anxiety in Graduate Counseling Students," *Journal of Creativity in Mental Health*, 2018, 13(3), pp. 318-330.

③ Luders, E. , Toga, A. W. , Lepore, N. , et al. , "The Underlying Anatomical Correlates of Long-term Meditation: Larger Hippocampal and Frontal Volumes of Gray Matter," *Neuroimage*, 2009, 45(3), pp. 672-678.

④ 陈晓、王昆明：《正念冥想训练对大学生心理健康和睡眠质量的干预作用》，载《中国健康心理学杂志》，2017, 25(2)。

出良好的效果。① 此外，创造性的写作或诗歌疗法也被用于心理健康的治疗与康复之中。诗歌疗法是有意使用书面和口头的词来治疗和促进个人成长的。诗歌、文学和歌词帮助人们充分了解自己，并及时体验到自己隐藏的一面。在一个训练有素的辅导人员的指导下，诗歌治疗参与者对文学的唤起做出情感上的反应，其中互动过程是不可或缺的。为回应所选文献而撰写自己的诗歌或日记条目的过程是治愈和自我整合的重要催化剂。当诗歌治疗参与者通过诗歌、歌曲和期刊讲述自己的故事时，它为治疗过程提供了重要的素材。找到他们自己的声音是一个自我肯定的步骤，之后往往是宣泄释放，强化自我意识，产生新的见解，萌发新的希望！

四、创新人才培养是实施心理健康教育的制高点

20 世纪初，美国心理学家刘易斯·麦迪逊·推孟（Lewis Madison Terman）对 800 名男性进行了 30 年的追踪研究，结果发现取得较大成就的前 20% 与后 20% 的人相比，最主要的差距不在于智力而是个体的心理素质。随后，心理健康在人才培养中的价值逐步被人们认识。国外心理健康教育历经多年的发展，已经形成相对完善的体系，并在促进创新型人才培养的过程中发挥了重要作用。在我国，心理健康教育在创造力培养中的价值却相对受到了忽视。事实上，小到一个人日常生活中的情绪状态或人际适应，大到一个国家的社会心理服务或社会心态建设，无不与心理健康息息相关。心理健康不仅是个体创造性人格与创造力发展和发挥的心理前提与保障，同时它也是一个国家与民族保持积极向上的精神面貌、迸发创造活力的一个关键要素。2019 年 2 月 22 日，《中国国民心理健康发展报告（2017—2018）》发布，结果显示，处于青少年阶段（12～18 岁）的个体，其心理健康状况随年龄增长而显现出下降趋势，七年级学生的心理健

---

① 李冲、陈佐明、杜好瑞等：《认知行为疗法治疗慢性失眠症对照研究》，载《中国行为医学科学》，2005，14（6）。

康水平最高，高中学生最低。① 这就给中小学心理健康教育工作者敲响了警钟。我们认为，在今后的心理健康教育工作中，要牢固树立以创新人才的培养为实施心理健康教育"制高点"的教育理念。

目前，我国正处于社会转型的特殊历史发展时期，创新人才培养和社会心态建设是社会发展的当务之急，积极提供适应中小学生发展需要的心理健康教育已经摆到了更加重要的位置。为了促进中小学生创造力发展并有效地维护其心理健康水平，可以从培养中小学生学习和探索新事物的兴趣、促进其自我意识的协调发展、帮助其形成良好的人际交往能力和社会适应能力这四个方面实现突破。② 兴趣的培养，自我意识、人际关系及社会适应性的发展不仅是心理健康的体现，而且也能够促进学生克服困难的信心与坚韧性等积极心理品质的发展，同时还能激发其创造热情，从而更好地进行创造性活动。通过对心理健康与创造力两者关系的梳理与分析，我们发现，以心理健康教育促进创造力培养的教学改革能够起到事半功倍的效果。因此，在教育观念上应牢固树立创新人才培养离不开心理健康经验这一指导思想，让创新人才培养与心理健康教育相互渗透。从理论角度，我们可以从认知、情感、意志和行为四个方面予以考虑。首先，在认知方面，要培养中小学生对自己的清晰自我认知，并能够正确认识自己的同伴关系、师生关系和亲子关系；其次，在情感方面，要引导中小学生不断调节情绪，并能够对他人的情感给予及时且积极的反应；再次，在意志方面，通过磨砺坚忍的意志、建立健全的人格，最终能够实现创造力的充分发挥；最后，在行为方面，要强调中小学生行为的协调适度，实现学校适应和社会适应良好。在具体教育实践中，要树立"大心理健康教育观"，中小学心理健康教育应以创新型人才培养为制高点，在切实有效地实施心理健康教育的基础上，促进形成具有创新意识、创新思维、创新人格的创新型人才。进一步说，

---

① 傅小兰、张侃：《中国国民心理健康发展报告（2017—2018）》，1~55 页，北京，社会科学文献出版社，2019。

② 俞国良：《创造力与创新能力》，3~8 页，北京，华艺出版社，2000。

心理健康包括个体层面和人际层面。从个体层面上讲，心理健康表现为自尊和自信，是自我效能感的体现。在人际层面上，心理健康的个体在人际交往中能够表现出理性平和、积极向上的心态。我们认为，创新型人才的培养，积极促进心理健康课程改革是心理健康教育和创造力培养的关键，因此，必须积极促进有利于中小学生心理健康和创造力共同发展的教学改革。首先，在课程设置上应当具有针对性，不宜搞"一刀切"，要依据中小学生不同年龄阶段、不同性别、人格特征、心理状况与认知水平的差异而区别对待。其次，在心理健康教育的过程中还应注意形式的多样化，诸如采用心理情景剧、曼陀罗涂色、创造性诗歌写作等富有创造力同时也具有心理辅导价值的活动，也是一条行之有效的办法。此外，为了给学生提供良好的心理健康教育保障，努力完善心理咨询与辅导机制也是至关重要的。建立和完善心理咨询和辅导机制，是积极关注中小学生心理健康、培养创新型人才的过程中的重要一环。结构良好的心理咨询和辅导机制在制度上应能够及时了解学生心理需求，为学生疏导、解惑、指路。心理辅导可以通过团体心理辅导和心理主题班会的形式予以展现。在内容上，可以采用更加贴近生活与学习的，如人际交往、情感问题、学习困难等有助于个人发展的主题。在形式上，可以采用演讲、社会实践、心理测评与训练、心理情景剧等多种形式，积极引导并促进中小学生自我实现。

如果将心理健康比作供给创造力之花生长的土壤，那么，创造力之花的绽放也使心理健康的价值得到更多的体现。毫无疑问，若要满园鲜花自由地绽放，肥沃的土壤是关键。而肥沃的土壤，也有赖于"落花成泥"的无私奉献。

第四章

———————

创造力与心理健康：证据和研究展望

如前所述，创造力（creativity）是指提出或产生新异独特、适切有用产品的能力。受牛顿、凡·高等科学或艺术领域天才伴随精神疾病个案的影响，加之创造力概念的模糊性，致使其本身笼罩着神秘色彩，因此，心理疾病被视为有创造力的标志已屡见不鲜。同时，这也给那些患有心理疾病又讳疾忌医者找到了似乎合理的借口。一直以来，研究者在心理健康与创造性的关系问题上争执不下。伦布罗索（Cesare Lombroso）和精神分析学派的艾森克（Hans J. Eysenck）认为，科学或艺术领域的天才往往会表现出高水平的精神分裂症状，他们身上本我与超我之间的严重冲突，而这便是其创造力的源泉所在。尽管这种观点因取样偏差、观点偏激等缺陷而饱受非议，但还是在很大程度上潜移默化地滋长了人们对创造力与心理健康之间关系的迷思。与之相异的是，人本主义心理学家普遍认为，创造力与心理健康之间是呈正相关的。马斯洛认为，心理健康的人是其内在本性发展得最为充分的自我实现者；罗杰斯把心理健康看作"机能充分发挥"；弗洛姆认为，心理健康即有创造力。托兰斯（E. P. Torrance）认为，绝大多数的个体都需要通过创造性活动得到满足，否则，就会导致各种身心疾病，创造性问题的解决可以和心理治疗有效地结合起来。尽管这些研究的范式和侧重各有不同，但其结果均在不同程度上论证了创造力和心理健康之间存在着某种程度的正相关。

一、创造力与心理健康：历史争议的悬念

为了更客观地分析与探究创造力和心理健康间的关系，就先要对这两个概念进行科学、规范的界定。创造力是指个体产生的符合特定需求，具有新颖性、实用性的产品的能力。[①] 相较于其社会价值和个人价值，研究者对之投入的关注度差距甚远。创造力作为人类的一种高级脑机制，其产生过程复杂程度是不言自明的。鉴于此，研究者在创造力的探索过程中一度求而不得。在失望之余，或诉诸神秘化或望而却步。19 世纪后期，高尔顿首度提出了用科学的方法对创造力进行测量与研究，并发表了《人类才能及其发展的研究》(1883)和《遗传的天才》(1896)等著作，但由于时代背景和技术手段的局限性，创造力的科学研究还是被搁置下来。1950 年，吉尔福特在美国心理学会主席演讲上重提创造力，研究者对创造力研究再度产生了浓厚的兴趣。对创造力进行研究，首先要回答两个问题：一是创造力是什么；二是如何对创造力进行测量。针对第一个问题，吉尔福特从创造性思维的角度做出了解释。他认为，个体创造力具体表现为创造性思维，而其核心就是发散思维。艾森克提出，创造力是指一个人的思维具有独创性，并且这样的思维结果是有意义的。创造力是把两个及以上过去没有被整合到一起的观念，在当前的情境中整合到一起。随着理论探讨和实证研究的深入开展，中外学者对创造力的认识达成了共识：创造力是根据一定目的和任务，运用一切已知信息，开展能动思维活动，产生出既具备"新颖性"（前所未有的、破旧立新的）同时又兼顾"适用性"（有个人或社会价值的、适合特定情境需求的）产品的能力。[②]

那么，什么是心理健康呢？根据世界卫生组织提出的标准，心理健康不仅

[①] Lubart, T., *Cross-cultural Perspectives on Creativity*, The Cambridge Handbook of Creativity, 2010, pp. 265-278.

[②] Lubart, T., *Cross-cultural Perspectives on Creativity*, The Cambridge Handbook of Creativity, 2010, pp. 265-278.

指没有心理疾病，个体社会生活适应良好，还包括人格的完善和心理潜能的充分发挥；同时，也表现为在一定的客观条件下将个人心境发挥到最佳状态。据此，心理健康的标准应该包括社会适应性标准和发展性标准。前者如我国大部分学者指出的心理健康的标准：认识功能正常、情绪反应适度、意志品质健全、自我意识客观、个性结构完善、人际关系协调、社会适应良好、人生态度积极、行为表现规范、活动效能符合年龄特征。后者指全面提高人的心理素质，充分发挥人的潜能和创造性，培养高尚美好的品德，塑造完善的个性，使人生价值在一定的时代和环境下能够完全得到体现。我们认为，心理健康是指一种生活适应良好的状态，它理应包括两层含义：一是无心理疾病，这是心理健康的基本条件，心理疾病包括各种心理与行为异常的情形；二是具有一种积极发展的心理状态，即能够维持自己的心理健康，主动减少问题行为和解决心理困扰。①

毫无疑问，创造力属于认知范畴，心理健康则是影响认知活动的非智力因素，它能够对个体的认知系统及行为调控系统产生重要影响。诸多研究发现，创造力与心理健康存在着密切关系。艾森克通过对个案研究发现，许多天才都曾经受心理疾病的困扰。据此，他得出了神经质倾向和高创造力间可能有着某种联系，但同时他也谨慎地指出神经质倾向并不等同于精神疾病，它不是病理性的症状。贝克研究发现，并没有直接证据说明精神病对创造性思维有积极意义。此外，艾希鲍姆（W. L. Eichbaum）等认为，许多天才是在完成其创造性成果之后才患有精神疾病的。② 杰森等人还发现，"疯狂天才悖论"可能是一个因果倒置的命题，即高创造力是精神病的因，而非其结果。这些研究结果或观点也与中国古代传统文化中关于超凡者往往会"曲高和寡"，并因此导致内心抑郁孤独等理念相一致。因此，"疯狂天才"的论断是值得存疑的。尽管这种观点本身并无确凿的科学依据，但其在标新立异、粉饰精神疾病污名以寻求受众的同时，

① 俞国良：《现代心理健康教育：心理卫生问题对社会的影响及解决对策》，3~9页，北京，人民教育出版社，2007。

② 罗晓路、俞国良：《青少年创造力、心理健康发展特点及相互关系》，载《中国教育学刊》，2010(6)。

很可能会混淆视听并阻碍心理疾病患者主动寻求治疗的信念。人本主义心理学（humanistic psychology）则从另一个角度提出截然不同的观点。马斯洛以"尖端样本统计学"为评价依据对心理健康的"众数原则"发起了批评。他指出，该评判标准下的人格并非是健全人格，在当前应该采纳"精英原则"。该原则指出，真正健康的个体应该是富有创造力的。总结以往对创造力与人格特征关系的研究，我们发现"精英原则"下的心理健康标准与高创造力者的人格特征具有高度一致性。但有关创造力的精神病理学研究表明，这两者间相关的强度与方向是有待商榷的。这其中主要受到精神病理的具体症状、创造力类别与测量工具等相关因素的影响。① 研究者发现这两者之间是呈负相关的。换言之，那些不具有严重神经病理症状的个体其创造力水平也很高。创造力不仅是一种文化或社会建构，同时，它还是一种心理和认知过程。当前，有关创造力的脑机制研究较为一致的结论主要有如下几点：其一，较之创造力水平一般的个体，高创造力者在开放性创造活动过程中额叶皮层的 α 波唤醒度更高；② 其二，创造力与默认网络（DMN）的功能连接有关，高创造力水平的 DMN 的腹内侧前额叶（mPFC）与后扣带回（PCC）的功能连接活性显著高于创造力水平一般者；其三，额叶是参与情绪调节和认识的重要脑区，额叶的病变非但会引起记忆、认知等与创造力相关活动的障碍，而且会导致情绪失调、精神疾病等心理健康问题。③ 此外，研究者还发现，厌恶性暗示和消极情绪可能会削弱思维的发散性和灵活性。

通过对这些研究的分析可以发现，多数结果较为一致地指向心理健康水平高的个体也更具有创造力，这也与我们的基本研究设想相符。从国内外对创造力与心理健康关系的已有研究来看，研究对象的不同文化背景、心理健康测量工具、创造力取向及被试群体的选择等因素，均会对研究结果造成不同程度的

---

① Taylor, C. L. , "Creativity and Mood Disorder: A Systematic Review and Meta-Analysis,"*Perspectives on Psychological Science*, 2017, 12(6), pp. 1040-1076.

② Rominger, C. , Papousek, I. , Perchtold, C. M. , et al. , "The Creative Brain in the Figural Domain: Distinct Patterns of EEg Alpha Power during Idea Generation and Idea Elaboration ,"*Neuropsychologia*, 2018(118), pp. 13-19.

③ Que, J. , Lu, L. & Shi, L. , "Development and Challenges of Mental Health in China,"*General Psychiatry*, 2019, 32(1), pp. 1-4.

影响。在文化心理学范畴中，文化一般是指社会成员间共享的价值、规范、思维方式、行为及文化产品。文化作为人类社会活动深层的心理结构，理解文化对创造力与心理健康关系的影响至关重要。① 实验心理学之父冯特认为不通过文化和历史的方法来研究心理学是不完善的，其中，语言是文化的重要载体。他提出，可以通过对语言的解析来探究思维。通过对早期跨文化创造力研究文献的回顾发现，西方的创造性概念更多地集中在产品上，而东方的创造性概念涉及个人成就的状态等或内在本质或最终实现的表达。依据霍夫斯泰德对文化的维度划分，当前影响最大的是个人主义/集体主义（individualism/collectivism）。有关个人主义/集体主义的含义比较普遍的理解是：在以东方为代表的集体文化环境中，强调人的互依性、社会嵌入性以及对内群体的义务与忠诚。而在个人主义文化盛行的西方国家，突出个体的独立自由及独特性。一般情况下，研究者通常将个人主义和集体主义视为一种复杂的文化综合征（cultural syndrome），这其中包含了社会的主流价值规范，社会结构与制度，个体的偏好、态度、认知、决策等心理特征与行为。②

近年来，围绕创造力与心理健康两者的关系，国内外学者采用不同的研究工具与范式对创造力与心理健康的关系进行了实证研究，但所得结果差异较大，r 值从负相关、零相关到正相关均有报告，这可能是取样偏差、不同测量工具的使用、文化背景差异等因素造成的。这样变动不一的研究结果，非但没有澄清创造力与心理健康的关系，反而使之更加扑朔迷离，让研究者落入"疯子即天才"的陷阱。为解决这一困境，更客观、准确地探究心理健康与创造力之间的关系，我们在综述以往研究结果的基础上，采用了元分析的方法，对国内外对创造力与心理健康关系的研究进行了梳理与分析，以期为现有结论提供更加客观的信息。

---

① 张文娟、常保瑞、钟年等：《文化与创造力：基于 4p 模型的探析》，载《北京师范大学学报（社会科学版）》，2016（2）。

② Michael，E.，Grossman Igor，Daniela，et al.，"Holism in a European Cultural Context：Differences in Cognitive Style between Central and East Europeans and Westerners," *Journal of Cognition & Culture*，2008，8（3），pp. 321-333.

二、创造力与心理健康的关系：一项元分析的证据

（一）创造力与心理健康的测量工具

根据创造力的定义并参照以往的分类方式我们对创造力采用了人格和结果两种取向。所纳入的创造力测量工具主要有两种。一种是威廉姆斯创造力倾向量表（Williams Prefer Measurement Forms，WPMF）。WPMF 因其具有简单实用、省时省力且能够比较全面的测量创造力等优点，成为当前应用较为广泛的创造力测量工具。另一种是美国明尼苏达大学的托兰斯等编制的创造性思维测验（Torrance Test of Creative Thinking，TTCT），是目前应用最广泛的创造力测验，包括词汇和绘图两部分。为了全面、客观地刻画个体的心理健康水平，在对心理健康状态进行测评时，应该借鉴心理健康"双因素模型"，从积极和消极状态两个维度进行。其中，包括症状自评量表（SCL-90）、状态—特质焦虑问卷（STAI）、心理健康诊断测验（MHT）、十六种人格因素问卷（16PF）等综合性问卷，也包括贝克焦虑量表（BAI）和贝克抑郁量表（BDI）、正负性情绪量表（PA-NAS）等单维度量表。

（二）理论与假设

本研究提出如下六条假设：

假设 1：心理健康积极指标与创造力存在正相关。

假设 2：心理健康消极指标与创造力存在负相关。

假设 3：心理与创造力的关系受文化的影响。

假设 4：心理与创造力的关系受性别的影响。

假设 5：心理与创造力的关系受测量工具的影响。

假设 6：心理与创造力的关系受被试类别的影响。

(三)研究方法

1. 文献检索和筛选

本研究参照了齐晓栋、张大钧等和邓小平、张向葵对心理健康和创造力元分析中所选取的指标,对中文与外文两部分文献依次进行检索。首先,在中国知网(CNKI)、万方、维普数据库中,对关键词"创造力"分别与"心理健康"(SCL-90、MHT、GHQ 等综合指标)、"焦虑""抑郁""压力""消极情感""自尊""生活满意度""主观幸福感""社会适应性""自我效能感"的匹配依次进行检索;其次,在 EBSCO、Web of Science 核心合集、PubMed、Elsevier Science Direct、ERIC、ProQuest、Taylor & Francis、Springer Online Journals 数据库中,依次将关键词:"creativity"或"creative ability"或"innovation"或"divergent thinking"与"self-esteem"或"self-efficacy"或"psychological well-being"或"positive affect"或"anxiety"或"depression"或 "mental disorder"组合,并以篇名为条件进行搜索;然后,对上述文献进行回溯,以保证纳入尽可能完备的数据。文献搜索截止日期为 2019 年 3 月。

2. 文献筛选与纳入标准

本研究的文献遵照如下标准进行筛选。①必须是一项实证研究且对测量工具有明确报告。②文献必须报告了创造力与心理健康的相关系数,若只报告了结构方程模型或回归系数等不便于计算效应量(effect size),则不纳入。③为了避免重复偏倚,若遇到运用同一样本重复发表的实证研究,则仅纳入其一。反之,若在同一篇文章中对几个样本依次分析,则每一次分析都被视为一项单独的研究。④在所选文献中,心理健康的测量指标可以只报告消极或积极方面,也可以同时包含两个不同的维度。

3. 文献编码

本研究中两名评分者的一致性达到了较高的水平。对最后纳入元分析的文献的研究特征进行编码,包括被试性别、出版类别、心理健康测量工具、创造力取向等。该过程由 2 名研究者各自独立完成，最终获得两份编码结果，然后依据原始文献进行修正与汇总。

4. 元分析过程

（1）效应量计算

本研究使用 Excel 2016 录入原始文献的零阶相关系数（zero-order correlations），若原始文献报告了心理健康各指标与创造力总分相关系数 r 值，则按照 Fisher Z-r 转换表，先将其分别转化为 Fisher Z 分数再求其平均分，然后再转换为相关系数进行录入；采用相关系数 r 作为效果量指标，将每项研究的 r 值转换为对应的 Fisher Z 分数，然后再将 Z 值加权转换为相关系数，最终得到总体效应值。

（2）模型选定与异质性检验

目前元分析主要采用固定效应模型或随机效应模型。本研究发现，创造力与心理健康的关系可能受年龄、测量工具等因素的影响，因而采用随机效应模型进行元分析。此外，通过异质性检验（Heterogeneity Test），验证随机效应模型选择的适切性。检验方法主要有 Q 检验和 I^2 检验。I^2 是依据 Q 建立起来的，其中，$Q = \sum_{i=1}^{k} \left(\frac{Yi - M}{Si} \right)^2$，$I^2 = \frac{Q - df}{Q} \times 100\%$。k 为相应的研究数，M 为纳入研究的平均效应量，W_i 为第 i 个研究的权重值，Y_i 为第 i 个纳入研究的效应量，df 为自由度。Q 服从 χ^2 分布，可以据此计算出相应的 p 值。Q 统计量和对应的 p 值可作为检验显著性标准而并不代表真实的方差，其中，Q 值反映了总离散程度（WSS），若 Q 值对应的 $p < 0.05$ 则可以认定研究间异质性显著。I^2 反映可信区间的重合程度，即异质性部分在效应量总变异中所占的权重，它受研究数目和效应量的大小与分布的影响较小。I^2 的取值范围为 0～100%，值越大则表明推测方差的来源是有意义的。依据霍金斯（Higgins）等提出的标准，当 $I^2 > 75\%$ 时，可视为达到高异质性。当异质性显著时，宜选择随机效应模型，反之，则选用固定效应模型进行元分析。①

(3)发表偏倚检验

发表偏倚(publication bias)意味着被发表的文献不能系统全面地代表该领域已经完成的研究总体。它会影响元分析结果的可靠性,规避途径之一是尽可能将那些结果不显著的或未发表的学位论文、个人手稿等纳入元分析。本研究不仅尽可能收集了未发表的研究资料,还通过漏斗图(funnel plot)、Egger's检验,并结合更新的 p-curve 技术进行发表偏倚检验。漏斗图本质上是一个散点图,横轴为效果量大小,纵轴为样本量多少。如不存在偏倚则图形中的各点应汇集成一个大致对称的(倒置的)漏斗;Egger线性回归的结果不显著,则视为不存在发表偏倚;p-curve检验,如果某一研究的效应量是存在的,那么 p 值分布应该呈右偏态,也就是说 p 值在 $0 \sim 0.025$ 的数量会超过其在 $0.025 \sim 0.050$ 的数量,反之,则存在发表偏倚。

(4)数据处理与分析

运用 CMA3.0 软件进行元分析的主效应检验和调节效应检验。其中,调节效应检验采用亚组分析及元回归分析,随机效应模型采用无约束极大似然法或矩量法。当调节效应不显著时,则进一步使用 JASP 7.5 进行贝叶斯分析,可在同时考虑 H_0 和 H_1 的情况下以检验结果是否支持 H_0。

(四)研究结果

1. 创造力与心理健康消极指标的效应量检验

本元分析纳入创造力与心理健康消极指标研究 27 篇,包括中文文献 18 篇、英文文献 9 篇,共含 36 个独立样本,样本量 11 325 人,研究对象包括小学、中学生、大学生和职员。

---

① 郑昊敏、温忠麟、吴艳:《心理学常用效应量的选用与分析》,载《心理科学进展》,2011,19(12)。

（1）效应值分布和同质性检验

依据霍金斯等提出的标准，本研究的 Q 检验结果为 255.03（$p < 0.001$），I^2 值为 86.28%，大于 75%。这说明异质性部分在效应值的总变异中有高度比重，宜选用随机效应模型。

表 4-1 效应值的同质性检验结果（Q 统计）

模型	研究数目	同质性				异质性			
		Q 值	$df(Q)$	p	I^2	Tau^2	SE	方差	Tau
随机效应	36	255.03	35	0.000	86.28	0.02	0.01	0.00	0.12

（2）发表偏倚检验

漏斗图（图 4-1）显示，效应值皆集中于图形上方且均匀分布在总效应的两侧；Egger 线性回归的结果不显著，$t = 1.04$，95% 置信区间为［－1.28，3.94］，$p = 0.307$；p-curve 检验的结果（图 4-2）表明曲线呈右偏态分布。进一步检验发现，20 个样本连续性检验的结果显著（$Z = -16.82$，$p < 0.001$）。这表明本研究不存在严重发表偏倚，元分析的结果较为稳定可靠。

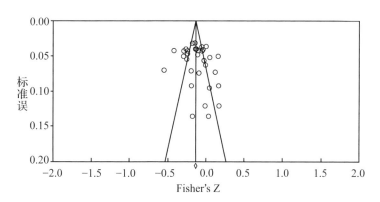

图 4-1 效应值分布漏斗图

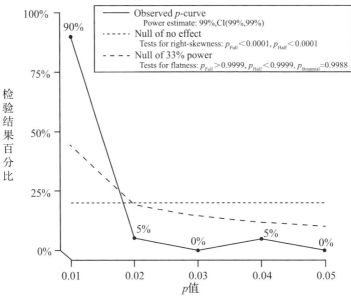

注意：观测到的p曲线包括20个统计显著的重要结果（p < 0.05），其中19个是p < 0.025，16个结果不包括在p曲线内，因为它们是p > 0.05。

图4-2　p曲线分布

（3）主效应检验

采用随机效应模型综合探讨心理健康消极指标与创造力的整体性关联程度，结果显示两者的相关系数为 - 0.13，效果量的95%的置信区间为［- 0.17，-0.09］，不包括0。根据利普西和威尔逊（Lipsey & Wilson）的评价准则，本研究获得的效果量高于0.1，可以认为二者存在中等程度的负相关。如表4-2所示。

表4-2　心理健康消极指标与创造力关系随机模型分析

模型	研究数目	N	效应值及95%的置信区间			双尾检验	
			点估计	下限	上限	Z	p
随机效应	36	11 325	-0.13	-0.17	-0.09	-5.64	0.000

（4）调节效应检验

调节效应分析的结果如表4-3所示：①性别对创造力与心理健康关系的调

节作用不显著。元回归分析显示，男性比例对两者关系的预测未达到显著水平（$b=-0.06$，$Z=-0.81$，95%的置信区间为$[-0.19, 0.08]$）。贝叶斯回归分析显示（表4-4），贝叶斯因子BF_{10}为0.37，根据胡传鹏等提出的判定标准，这说明有中等程度的证据认为自尊与社交焦虑的关系不存在性别差异。②文化背景对创造力与心理健康关系的调节作用不显著。元回归分析显示，男性比例未能显著预测两者的关系（$Q=1.38$，$p>0.05$）。贝叶斯回归分析显示，贝叶斯因子BF_{10}为0.53，根据判定标准，这说明有较弱程度的证据支持创造力与心理健康的关系不存在性别差异。③心理健康测量工具对创造力与心理健康关系的调节效应显著。亚组分析结果显著，其Q值（组间）为11.37，$p<0.005$。④被试人群对创造力与心理健康关系的调节效应显著。亚组分析显示其Q值（组间）为9.91，$p<0.05$。①

表4-3 相关因素对心理健康消极指标与创造力关系的调节效应检验

调节变量	异质性检验			类别	K	N	95%的置信区间			双侧检验	
	Q_B	df	p				点估计	下限	上限	Z	p
工具	11.37	5	0.04	CAN	2	128	0.10	−0.07	0.28	1.16	0.25
				CDI	2	128	−0.09	−0.26	0.09	−1.01	0.31
				MHT	2	795	0.02	−0.13	0.18	0.30	0.77
				PANAS	4	1078	−0.12	−0.28	0.05	−1.43	0.15
				SCL-90	7	3051	−0.15	−0.26	−0.04	−2.68	0.01
				SDS	2	1563	−0.22	−0.35	−0.08	−3.11	0.00
人群	9.91	3	0.02	小学生	3	1018	−0.21	−0.29	−0.13	−4.97	0.00
				中学生	9	2947	−0.07	−0.16	0.01	−1.68	0.09
				大学生	15	7722	−0.19	−0.25	−0.12	−5.72	0.00
				职员	9	3538	−0.06	−0.15	0.03	−1.24	0.22

注：K代表独立效果量的个数；N代表样本量，Q_B代表异质性检验统计量，95%的置信区间为亚组效果量r的95%的置信区间。

---

① 胡传鹏、孔祥祯、Eric-Jan Wagenmakers 等：《贝叶斯因子及其在 JASP 中的实现》，载《心理科学进展》，2018，26(6)。

表 4-4　贝叶斯回归分析

模型	P(M)	P(M∣data)	BF_M	BF_{10}	%error
虚模型	0.50	0.73	2.73	1.00	——
男性比例	0.50	0.27	0.37	0.37	0.00

2. 创造力与心理健康积极指标的效应量检验

本元分析共纳入 55 篇研究论文(中文 31 篇,英文 24 篇),含 59 个独立样本,样本量 18 288 人。研究对象涉及小学生、中学生、大学生和职员。

(1)效应值分布和同质性检验

本研究的 Q 检验结果为 1007.48($p<0.001$),I^2 值为 94.84%,超过了 75%,可以认定影响各项研究效应值大小的因素存在高度异质性,即各研究在创造力与心理健康关系的关注点不同,故采用随机效应模型进行元分析。由于每项研究的效应值均受其在元分析中真实效应的变化和研究误差的影响,因此对每项研究的相关性进行了 Fisher 转换,每项研究都根据其计算的权重贡献了平均相关。如表 4-5 所示。

表 4-5　效应值的同质性检验结果(Q 统计)

模型	研究数目	同质性				异质性			
		Q 值	$df(Q)$	p	I^2	Tau^2	SE	方差	Tau
随机效应	53	1007.48	52	0.000	94.84	0.05	0.01	0.00	0.23

(2)发表偏倚检验

漏斗图(图 4-3)显示,效应值皆集中于图形上方且均匀分布在总效应的两侧;Egger 线性回归的结果不显著,$t=0.05$,95%的置信区间为[-4.00,3.77],$p=0.960$。p 曲线检验的结果(图 4-4)表明,52 个样本的连续性检验结果显著($Z=-38.100$,$p<0.001$),纳入的研究不存在严重发表偏倚,元分析的结果较为稳定可靠。

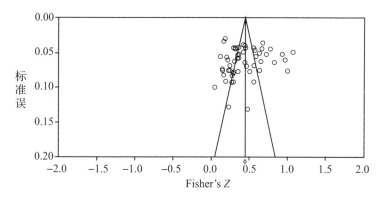

图 4-3　效应值分布漏斗图

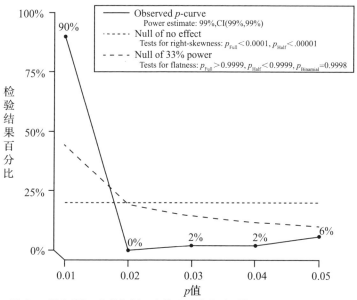

注意：观测到的 p 曲线包括52个统计显著的重要结果（ $p<0.05$ ），其中47个是 $p<0.025$ ，有1个额外结果但不包含在 p 曲线内，因为它是 $p>0.05$ 。

图 4-4　 p 曲线分布

（3）主效应检验

采用随机效应模型综合探讨心理健康积极指标与创造力的整体性关联程度，结果显示两者的相关系数为 0.42，效果量的 95% 的置信区间为 [0.36，0.47]，不包括 0。根据利普西和威尔逊的评价准则，可以认为心理健康的积极指标与创造力间存在高度的正相关。如表 4-6 所示。

表 4-6 心理健康积极指标与创造力关系随机模型分析

模型	研究数目	N	效应值及 95% 的置信区间			双尾检验	
			点估计	下限	上限	Z	p
随机效应	53	18 288	0.42	0.36	0.47	13.44	0.000

（4）调节效应检验

调节效应分析的结果表明：①性别对创造力与心理健康关系的调节作用不显著。选取矩量法（method of moment）进行元回归分析，结果显示男性比例对两者关系的预测未达到显著水平（$b=0.25$，$Z=4.99$，95% 的置信区间为［0.15，0.35］）。贝叶斯回归分析显示（表 4-8），贝叶斯因子 BF_{10} 为 0.34，说明有较弱程度的证据支持创造力与心理健康的关系不受性别差异的影响。②心理健康测量工具能够对创造力与心理健康的关系产生显著的调节作用。亚组分析结果显示，Q 值（组间）为 12.55，$p<0.001$。③研究群体的类别对创造力与心理健康关系的调节作用显著。亚组分析显示，Q 值（组间）为 70.39，$p<0.001$。如表 4-7 所示。

表 4-7 相关因素对心理健康积极指标与创造力关系的调节效应检验

调节变量	异质性检验			类别	K	N	95% 的置信区间			双侧检验	
	Q_B	df	p				点估计	下限	上限	Z	p
工具	12.31	2	0.002	PANAS	13	5083	0.43	0.36	0.50	10.55	0.000
				SE	36	12 323	0.43	0.36	0.50	10.32	0.000
				SES	10	2701	0.30	0.240	0.35	9.65	0.000
人群	70.39	3	0.000	小学生	3	2513	0.27	0.20	0.34	6.88	0.000
				中学生	6	3064	0.19	0.15	0.22	10.47	0.000
				大学生	8	2315	0.39	0.32	0.45	10.91	0.016
				职员	14	11 095	0.49	0.42	0.55	12.66	0.000

注：K 代表独立效果量的个数；N 代表样本量，Q_B 代表异质性检验统计量，95% 的置信区间为亚组效果量 r 的 95% 的置信区间。

表 4-8 贝叶斯回归分析

模型	P(M)	P(M丨data)	BF_M	BF_{10}	%error
虚模型	0.50	0.75	2.92	1.00	
男性比例	0.50	0.26	0.34	0.34	0.00

综上，心理健康与创造力关系的元分析结论有如下几点：①心理健康消极指标与创造力存在中等程度的负相关，消极心理品质不利于创造力的表达；②心理健康积极指标与创造力存在中等程度的正相关，心理健康水平高的个体其创造力水平也相对更高；③心理健康测验工具可显著调节创造力与心理健康的关系，心理健康对创造力影响具有跨性别和文化的稳定性。

三、创造力与心理健康的关系研究：未来展望

以往，横亘在创造力研究中最大的困难是创造力的神秘化，唯其如此，创造力的研究被认为是无从入手的。事实上，创造力并不是一种神秘的现象，而是心理健康状况良好的个体所具备的一种重要品质。上述研究结果证实了心理健康积极指标与创造力之间的关系，即个体心理健康状况可为创造力的发挥提供良好的前提。这既为创造力的发展提供了参考，同时也为心理健康积极指标的培养提供了一条行之有效的方案。我们的研究结果较好地回应了高创造力者必然伴随心理疾病的谬误，并对倡导积极心理品质以促进创造力的培养有着先导性作用。然而，由于研究技术和方法的限制，我们当前对于创造力与心理健康关系的认识与理解好比是盲人摸象一般，还远没有一个清晰且全面的认识，而在这样认识指导下的研究可以被看成是"试误"的过程。为了能够进一步探明创造力与心理健康的关系，我们依据元分析的结果，从以下三点对心理健康与创造力关系的研究进行展望。

（一）创造力与心理健康的主效应
依据上述元分析的结果，心理健康消极指标与创造力呈中等程度的负相关，

而积极指标则与创造力呈高度的正相关，即心理健康水平较高的个体其创造力水平也更高。该结果与国内外多项相关研究结果一致，也验证了本研究提出的假设 1 和假设 2。该结果符合人本主义心理学家马斯洛提出的"精英原则"关于心理健康水平的提高有利于创造力发展的说法，并与现代有关创造力的脑科学研究结果相呼应。有关创造力的脑机制研究发现，当个体处于静息态时，其大脑仍处于思维漫游和记忆的自发回忆等工作状态，此时大脑消耗的氧气占个体总耗氧量的 20%，而这其中以自发神经活动（spontaneous neural-activity）消耗能量的比重最大。创造力的神经基础不能简单地定义为某些特定脑区的"激活"或"失活"。同样，创造力和创造性思维也不能局限于特定的大脑区域，它可以被视为是复杂神经网络的大脑区域之间的功能相互作用的结果，这其中涉及各种认知过程，如语义相关信息的处理及记忆等。"创造"作为一种高级的认知心理活动，所需的认知资本必然存在一定的"阈限"值。个体的心理健康问题将会消耗其心理资本，并将影响创造力的产生；而健康、良好的心理品质可以为创造活动提供必要的心理环境并减少认知资源的消耗，从而有利于创造力的发挥。①

当前，临床医学和认知神经科学已取得了长足的发展，它有效地打破了以往创造力与心理健康关系的研究过多依赖于历史测量学的研究范式，并使得研究结果更加精确化、直观化、科学化。但是，由于创造力和心理健康的抽象性与复杂性，其工作机制的研究仍处于初步探索阶段。在未来的研究中，临床医学和脑科学将成为打开创造力与心理健康关系"潘多拉盒子"的关键密码。采用功能性磁共振成像（fMRI）、功能近红外光谱方法（fNIRS）、事件相关电位（ERP）、正电子发射断层扫描技术（PET）等技术对个体静息态的大脑活动与创造性任务关系的研究仍将继续深入开展。今后在此类研究中，有以下三点是值得考虑的。第一，在实验样本的选择上，应特别关照具有高创造力水平的个体。依据考夫曼（Kaufman）等提出的创造性模型，将创造性由低到高依次划分为

---

① Fink, A. & Benedek, M., "EEG Alpha Power and Creative Ideation," *Neuroscience & Biobehavioral Reviews*, 2014, 44(100), pp. 111-123.

mini-C、little-C、pro-C 和 big-C。其中，前两者是较为常见的，而后两者则并不
是所有个体均具有的。若是仅考虑创造力水平较差或一般的个体，则会导致研
究本身的意义大打折扣。因此，我们在相关研究的样本采择中应该避免高创造
力个体的缺失以保证研究的全面性。第二，在实验设计与数据采集过程中，在
保证实验任务有效性、可靠性的同时，采取多模态的形式也是一个重要趋势。
当前，实验研究存在的主要问题有两点。一是让被试进行较为单调的创造性任
务（如物体的非常规用途测试等），这就导致了研究结果的解释力度不足；二是
仅就各个脑区活动情况的单一指标进行记录。我们知道，心理健康的指标是多
维度的，如果仅采用单模态进行数据的收集则会损失大量的信息。在今后的研
究中，考虑采取多任务、多模态实验来同时收集多种电生理指标数据，能够有
效地提高实验的经济性和可靠性。第三，个案研究的价值应得到足够的重视。
创造力的魅力正是在于它的新颖性、独特性，而且，每个人的心理特征也是不
同的。在实验操作的统一化、实验结果的平均化过程中，个体的差异受到了极
大的抹杀，这就导致了研究价值很大程度地丧失。因此，在心理健康与创造力
关系的研究中个体差异理应得到更多的关注。

（二）心理健康与心理健康相关的调节效应

除了心理健康与创造力关系的主效应，性别、文化、人群类别等因素的调
节效应也是不可忽视的。有关性别的差异已经在众多的研究中得以证实，而文
化作为一种既难以把握、又切实存在的要素，也是研究所必须予以考虑的。通
常情况下，文化被解释为人类在社会历史发展过程中所创造的物质财富和精神
财富的总和，特指精神财富，如文学、艺术、教育、科学等，也包括社会认知、
社会行为、社会风俗和社会规范等。东西方文化代表了不同的价值取向，西方
文化更热衷于宣扬个人主义、个性化、独立自由等品质，而东方文化则更加信
奉集体主义、尊重权威、合作精神。在不同文化主导下的个体，其创造力的取
向也是不一致的。因此，一般而言研究者会对"性别"与"文化"造成的结果有不

同的期许。然而，我们的元分析结果显示，性别与文化对创造力与心理健康关系的调节作用不显著。之后，我们采用贝叶斯回归分析，其结果也进一步证实仅有较弱的证据认为创造力与心理健康的关系受性别与文化的影响。因此，假设3与假设4均未得到证实，即创造力与心理健康的关系具有跨性别和文化的稳定性。这表明，心理健康对创造力的影响是普遍存在的，这两者的关系受性别和文化的影响较弱。这一研究结果说明在心理健康作用于创造力方面，无论是对于男生还是女生都具有促进作用，东西方文化在这一方面也体现出了"默契"的一面。该研究结果使得创造力与心理健康之间的关系更具普遍性，这对于关注心理健康教育、促进创新型人才培养是具有积极意义的。

我们的研究中关于性别差异的不显著性的发现也与部分研究结果相一致。波兰学者通过交叉序列设计研究发现，从客观测量的结果来看，男性除了创造力变异更大之外，和女性的平均创造力水平并无显著差别。另有研究表明，自我报告的创造力水平和自尊水平呈正相关，而男性自我报告的平均自尊水平高于女生。这说明，男性可能具有更高的创造力自我效能感，而非更高的创造能力。这些研究结果在一定程度上肯定了男生和女生在认知层面的"共性"部分，避免研究者过度强调差异性的倾向。同样，我们研究的结论并不能支持性别差异的调节作用，但是这很可能是由于统计结果的平均化所致。为了能够进一步了解性别在创造力与心理健康这对关系中所起的作用，在今后的研究中有必要涉及创造力的不同维度及不同表征形式等因素。

我们的研究发现，文化背景对创造力与心理健康的关系调节作用不显著，这与考夫曼等的研究结果一致。人们关于创造性个体关键特征的"内隐理论"具有部分跨文化一致性。例如，都具备特定的认知技能(包括建立联结的能力、提问、想象力、思维灵活性等)，都有一些共同的人格特质(如独立性、自信、果断)和动机水平(冒险、热情)。不同的文化环境均为创造力的发展和创新型人才的培养提供了必要的土壤，东西方文化都孕育出了灿烂的花朵。东西方文化并不是格格不入的，相反，它们在很多方面是融合、互通的，这一结论已经被许多不同领域的研究证实。在创造力培养中，我们既要从中华民族的优秀文化中汲取养料，同时也要注重摄取外来文化中的有益成分。要学会融合中西文化，不能因噎废食，不因西方文化中的不适应部分而拒绝接受其精华。[①]

进一步的元回归分析结果还发现，不同心理健康测量工具测得的创造力与心理健康的相关系数具有显著差别，这一研究发现验证了假设5。不同的心理健康测量工具偏重于对个体的不同心理健康指标进行评价，这实际上反映了不同的心理健康问题会对创造力产生的影响也不一致。因此，在今后的研究中，那些对创造力影响更大的心理健康指标尤其应引起研究者更多的关注。此外，基于对中学生、大学生、职员等不同群体进行元回归分析还发现，被试类型对创造力与心理健康关系的调节效应显著，这一结果验证了假设6的猜想。一方面，这可能与脑机制的终身发展有关。创造力需要以新的方式结合现有的心理表征，并部分依赖于海马体（hippocampus）。海马体的功能依次受到众多因素的影响，这一结果被发表在《自然医学》（*Nature Medicine*）上的研究得到证实。该研究发现健康的成年人的海马体仍然可以产生新的神经元，而在阿尔茨海默病患者中新生神经元在减少。另一方面，这可能与个体所处的环境氛围有关。依据布朗芬布伦纳的生态系统理论，个体处于多层次、相互嵌套的环境系统之中，个体与环境间是交互作用的。因此，环境会对个体心理健康状况与其创造力的产生及表达产生重要影响。个体的发展一直是生理学和心理学等领域研究者关注的焦点，而生态系统理论的引入使得这一过程变得更为精彩。个体总是处于一定的社会环境之下的，并时刻受到其内外部因素变化的影响。当研究者研究不同群体中个体差异的时候，不仅要考虑年龄的差异，同时也不能忽视个体所处环境造成的差异，而后者往往更为复杂。在今后研究创造力这一极具个性化的人格特质和过程时，应主动避免实验设计和数据分析的趋同化、平均化。

我们研究心理健康与创造力的关系，归根结底还是为了能够在促进两者共

---

① 林崇德、胡卫平：《创造性人才的成长规律和培养模式》，载《北京师范大学学报（社会科学版）》，2012（1）。

同发展的基础上实现创造性人才培养这一目标。为了更好地完成创新型人才培养，就要针对当前有关这两者关系研究的结论、存在的问题来提出改进方案。首先，我们的主要发现是心理健康的积极指标与创造力之间是高度正相关的，心理健康的消极指标与创造力存在中等程度的负相关，这一研究结论为创造性人才的培养提供了一条新思路。国外已有研究通过创造性构图、创造性写作和涂色等具有创造性的活动来促进心理疾患的恢复，这些成功的实践经验为我们打通心理健康教育和创新型人才培养之间的通道提供了借鉴。① 其次，我们的研究也存在一些不足，针对这些问题在今后的研究中可以进一步完善。一是，我们纳入的文献均为横断研究，其结果无法揭示创造力与心理健康间的因果关系，未来研究可以通过历史测量学方法、同感评估技术、创造活动传记调查等形式，开展有关创造力与心理健康关系的纵向研究，从而进一步揭示这两者间的因果关系。二是，当前有关创造力与心理健康关系的跨文化研究的数量相对匮乏，且主要集中于中美等少数国家，这也将是未来研究的一个方向。

---

① Duong, K., Stargell, N. A. & Mauk, G. W., "Effectiveness of Coloring Mandala Designs to Reduce Anxiety in Graduate Counseling Students," *Journal of Creativity in Mental Health*, 2018(13), pp. 318-330.

第五章

———

大中小幼心理健康教育一体化：理论的视角

早在 2005 年，教育部发布的《关于整体规划大中小学德育体系的意见》就明确指出，"使大中小学德育纵向衔接、横向贯通、螺旋上升"，"使小学、中学、大学各教育阶段的德育课程形成由低到高、由浅入深、循环上升、有机统一的体系"。此后，学术界关于大中小学德育一体化的研究不断增多，既丰富了德育一体化的理论，也指导了德育一体化的实践。① 随着该项工作的推进和深化，心理健康教育作为德育和思想政治教育的重要组成部分②，其"一体化"问题自然也摆到了议事日程上。然而，令人感到遗憾的是，直到现在，几乎没有学者对心理健康教育一体化进行系统研究。这就进一步导致了大中小学心理健康教育缺乏整体规划和顶层设计，在实际教育教学过程中存在无的放矢、教育内容与心理发展阶段脱节等现象。

可喜的是，心理健康教育政策与顶层设计走在了研究与实践的前面，《中小学心理健康教育指导纲要》（2012 年修订）和《高等学校学生心理健康教育指导纲要》成为全面指导我国中小学心理健康教育工作和高等学校心理健康教育工作的纲领性文件。前者强调，"根据中小学生生理、心理发展特点和规律，把握不同年龄阶段学生的心理发展任务，运用心理健康教育的知识理论和方法技能，培养中小学生良好的心理素质，促进其身心全面和谐发展"；后者要求"根据学生身心发展规律和心理健康教育规律，科学开展心理健康教育工作"。实际上，这都是要求推进实现大中小学心理健康教育一体化。这里，我们主要对

———

① 高德毅：《实施大中小德育课程一体化建设的现实需求》，载《社会主义核心价值观研究》，2017,3(2)。
② 俞国良、谢天：《大心理健康教育观：背景、内涵和路径》，载《教育科学研究》，2019(1)。

大中小学心理健康教育一体化的内涵、学理基础、主要内容和保障措施进行探讨。

一、对"大中小学心理健康教育一体化"的理解

诚如前述，心理健康教育是德育和思想政治教育的重要组成部分，对心理健康教育一体化的内涵进行探讨，必须要在上述框架下进行，充分借鉴德育一体化领域的已有研究成果。研究者认为，德育一体化可以分为纵向与横向两个方面。[①] 纵向的德育一体化主要指大中小学德育的衔接，实现小学、中学、大学三个阶段德育的"由低到高、由浅入深、循环上升、有机统一"；横向的德育一体化则主要强调运用多种手段，全方位开展德育。与此相对应，心理健康教育一体化也可以分为纵向和横向两个方面，纵向的心理健康教育一体化强调大中小学心理健康教育的衔接，以发展心理学的心理社会性发展理论为主要理论基础；横向的心理健康教育一体化强调环境中各个因素的心理健康教育意义，以社会心理学的生态系统理论为主要理论基础。[②] 这里所关注的"大中小学心理健康教育一体化"是纵向的一体化，强调大中小学心理健康教育的衔接，指小学、中学和大学各学段必须遵循学生心理发展特点，准确规范不同年龄教育阶段心理健康教育的目标和内容，循序渐进地开展心理健康教育，实现心理健康教育的年龄差异性与内容递进性的统一。

大中小学心理健康教育一体化，其目标可以从宏观、中观和微观三个层面进行理解。

从宏观国家层面来看，推进实现大中小学心理健康教育一体化，其根本目标是落实"立德树人"根本任务，培养德智体美劳全面发展的社会主义建设者和接班人。研究者认为，心理健康教育是"立德树人"根本任务的实现路径，是实

---

① 吕晓霞：《大中小德育一体化保障体系研究》，硕士学位论文，上海师范大学，2017。
② 俞国良、李建良、王勍：《生态系统理论与青少年心理健康教育》，载《教育研究》，2018，39(3)。

现"中国梦"的重要依托。① 构建心理健康教育工作体系，必须要做到因材施教、差异指导，只有这样，才能促进学生全面发展。这一目标内涵与大中小学心理健康教育一体化的内涵相一致。

从中观社会层面来看，推进实现大中小学心理健康教育一体化的目标是落实"健康第一"的教育理念。学生的健康发展，并不仅仅指身体健康，同时还包含心理健康。实现大中小学心理健康教育一体化，能够更好地服务于学生心理的健康发展。另外，推进实现大中小学心理健康教育一体化也能够为加强社会心理服务体系建设构建基础。我们认为，心理健康服务是社会心理服务的基础，而心理健康服务模式区别于心理健康教育模式的一个重要方面就是强调尊重学生的心理发展规律和成长需要②，提供适合学生发展需要的心理健康教育。

从微观个人层面来看，推进实现大中小学心理健康教育一体化的目标就是提高学生心理健康水平。根据心理健康的双因素模型，个体心理健康包括心理疾病和幸福感两个维度。③ 因此，推进实现大中小学心理健康教育一体化，一方面要做好学生心理疾病的防治工作，另一方面要致力于培育学生的积极心理品质。

推进实现大中小学心理健康教育一体化的核心任务，是建立大中小学心理健康教育的内容体系。这一体系应涵盖心理辅导制度、心理健康课程、心理辅导与咨询诸领域，实现小学、中学、大学心理健康教育内容的衔接。

第一，要保障大中小学心理健康教育的差异性，这是由心理发展的阶段性决定的。对于心理健康教育的年龄阶段差异，我们认为应该按照心理学特点与规律，区分不同年龄阶段的心理健康教育内容，体现不同年龄阶段心理健康教育内容的差异性。

---

① 杨路：《加强和改进大学生身心健康教育的战略意义及对策》，载《辽宁大学学报（哲学社会科学版）》，2016，44（1）。

② 俞国良、侯瑞鹤：《论学校心理健康服务及其体系建设》，载《教育研究》，2015，36（8）。

③ Suldo, S. M. & Shaffer, E. J., "Looking Beyond Psychopathology: The Dual-Factor Model of Mental Health in Youth," *School Psychology Review*, 2008, 37（1）, pp. 52-68.

第二，要保障大中小学心理健康教育的递进性，这是由心理发展的连续性决定的。个体心理的发展过程在差异性中存在着连续性，要通过科学规划，使大中小学心理健康教育由浅入深、循序渐进、相互衔接，顺应学生心理发展趋势。

第三，要保障大中小学心理健康教育的分类指导，这是由心理发展的特殊性决定的。学生心理发展的年龄特点是共性，同一年龄阶段中不同个体的心理发展水平也存在特殊性，因此，要在总体把握学生群体心理特点的同时，考虑心理发展的个体差异。要注意相同年龄阶段学校类型和不同学习层次的区分，根据其各自心理特点进行分类指导。这点在高等教育中表现得尤为明显。比如，重点大学的学生，学业是主要压力源；普通本科院校，就业和考研是主要压力源；高职院校学生的自卑心理则是需要特别关注的问题。

需要指出的是，大中小学心理健康教育一体化的主要特征是心理健康教育内容的衔接，但两者仍存在区别。第一，心理健康教育一体化的关注层次更加宏观，是在心理健康教育观的立场上对各学段心理健康教育进行顶层设计；第二，心理健康教育一体化强调各学段心理健康教育的系统性，其主要任务是构建大中小学心理健康教育内容体系。而心理健康教育的衔接较为微观，是实现心理健康教育一体化的具体途径和主要抓手。

二、大中小学心理健康教育一体化的学理基础

从哲学观点来看，事物的发展是量变与质变的统一。同样，个体心理发展是心理发展阶段性与连续性的统一。实现大中小学心理健康教育一体化，就是要适应学生的心理发展需要，在教育内容设计上体现差异性，在逻辑关系上体现递进性。其主要学理基础可以从发展心理学、发展精神病理学和教育学原理三个视角来进行阐述。

(一)发展心理学的视角

发展心理学认为，人的身心发展是一个连续的过程，但不同学龄阶段的学生会表现出不同的心理特点。按照埃里克森的观点，人的一生可以划分为八个不同的阶段，每个阶段都有需要解决或完成的心理冲突和主要任务。与学龄密切相关的有5个阶段：幼儿园涉及学龄前期(2~4岁)和学龄初期(4~7岁)；小学阶段涉及学龄期(7~12岁)；初中、高中阶段涉及青少年期(12~18岁)；本科和研究生阶段涉及成年早期(18~25岁)。

学龄期是个体心理发展的第四个阶段，这一阶段的主要任务是勤奋对自卑，能够获得的成功品质是能力。勤奋意味着拥有坚持于一项任务的兴趣、技能以及动机，并在自我调节方面获得进步。在这一阶段，儿童需要掌握所在文化环境中的重要技能，并逐渐意识到自己拥有哪方面的天赋。[1] 如果儿童能够获得好的学习成绩，并能够使同伴、教师和其他成年权威人物满意，则会获得勤奋感。这样，在他们的支持和鼓励下，儿童就能够尝试完成任务，并追求新的兴趣与挑战。另外，如果儿童被过度批评，感到自己的能力没有达到标准，则会产生自卑感。[2] 因此，在小学阶段，心理健康教育的重点工作应是帮助学生学会学习，激发学习兴趣，端正学习动机，使学生从学习中感受到勤奋感，不因成绩差而感到自卑。

青少年期是个体心理发展的第五个阶段。随着青少年期的到来，个体的自我得到新的发展。这一阶段的主要发展任务是自我同一性对角色混乱，能够获得的成功品质是忠诚。自我同一性是埃里克森理论的一个核心概念，指个体对过去、现在、将来"自己是谁"及"自己将会怎样"的主观感觉和体验[3]，强调个体自身内在的不变性和连续性。埃里克森认为，每一个青少年都将面临"我是

---

[1] Dunkel, C. S. & Harbke, C. A., "Review of Measures of Erikson's Stages of Psychosocial Development: Evidence for a General Factor," *Journal of Adult Development*, 2017, 24(1), pp.58-76.

[2] Green, C., Kalvaitis, D. & Worster, A., "Recontextualizing Psychosocial Development in Young Children: A Model of Environmental Identity Development," *Environmental Education Research*, 2016, 22(7), pp.1025-1048.

[3] 周红梅、郭永玉：《自我同一性理论与经验研究》，载《心理科学进展》，2006, 14(1)。

谁"这一问题，当个体能够感受到自我的不变性和连续性时，这一问题就能够得到积极解决。[1] 因此，在中学阶段，心理健康教育的重点在于帮助他们树立正确的自我意识，能够客观地认识自己、评价自己，并学会悦纳自己。

成年早期是个体心理发展的第六个阶段，这一阶段的主要发展任务是亲密对孤独，能够获得的成功品质是爱。随着青少年向成年过渡，发展亲密关系的问题就变得越来越突出。当个体的同一性逐渐形成时，就能够与他人分享自己的同一性，从而发展出成功的亲密关系。理想情况下，亲密关系双方会在维持各自原有的同一性的基础上建立关于关系的新的同一性。如果个体在没有清晰的自我同一性的情况下建立亲密关系，就存在着只用关系来定义自己的危险。一旦关系破裂，就会对个体产生较大的消极影响。研究者认为，在大学和研究生阶段，学生自我同一性的发展具有波动性，对情感、职业、世界观的关注不断得到深化。[2] 因此，在大学阶段，心理健康教育的重点在于帮助学生适应从高中向大学的转变，促进学生进一步探索自我，为他们在恋爱关系、职业发展等方面提供支撑。

埃里克森认为，每个阶段的心理发展任务如果没有解决好，就会在后面的阶段中爆发出来。可以预见，如果前面小学和中学阶段的心理健康教育不到位，大学和研究生阶段就会集中爆发。推进实现大中小学心理健康教育一体化，加强心理健康教育内容的顶层设计，能够明确各学段心理健康教育的主要任务与具体内容，将大中小学心理健康教育统一在一个系统的体系之内，形成有机衔接的心理健康教育格局，保障学生接受心理健康教育不脱节、不停滞、不越位，从而更好地满足学生心理发展需要。

(二) 发展精神病理学的视角

如果说发展心理学从心理正常发展的角度，为推进实现大中小学心理健康

---

[1] Dunkel, C. S. & Harbke, C. A., "Review of Measures of Erikson's Stages of Psychosocial Development: Evidence for a General Factor," *Journal of Adult Development*, 2017, 24(1), pp. 58-76.

[2] 弓思源、胥兴春：《始成年期自我同一性发展特点及影响因素》，载《心理科学进展》，2011, 19(12)。

教育一体化提供了理论支撑，那么，发展精神病理学则是从心理异常发展的角度对此予以支撑。从发展精神病理学的视角来看，不同的心理与精神问题有各自的发病年龄。例如，研究者发现，焦虑障碍与冲动控制障碍的发病年龄较早，发病年龄的中位数为 11 岁，而药物滥用发病年龄的中位数为 20 岁，心境障碍发病年龄的中位数为 30 岁。① 从具体的学习阶段来看，对于小学生而言，注意缺陷多动障碍（ADHD）、学校恐怖症发病的概率较高；对于中学生而言，神经性厌食症、精神分裂症开始发病；到了大学阶段，双相障碍、恐怖症、抑郁症、酒精依赖等精神疾病开始出现。② 因此，推进实现大中小学心理健康教育一体化，对于预防学生心理疾病的发生，及时开展心理疏导与心理危机干预同样具有十分重要的意义。

研究者认为，心理异常同样是发展的结果。在发展的过程中，个体的心理状态并不仅仅是基因与环境的共同作用，与此同时还受到既往适应史的影响。从发展的视角看，行为与情绪问题的产生实际上反映了适应的连续，因而之前的适应过程是至关重要的，这种适应是与正常心理的发展过程相一致的。③ 因此，如果学校心理健康教育工作能够保证学生各个学段的心理发展都受到保护，则会有更大的可能使学生得到较好的心理健康结果。

心理弹性是发展精神病理学的一个重要概念，指"曾经或正经历严重压力/逆境的个体，身心功能未受到明显消极影响，甚或发展良好的现象"④，也是心理健康的重要指标，强调经历压力、挫折、创伤后机能的维持。心理弹性使个体能够在面对挑战时保持条理性，在面对压力的情况下积极应对并保持积极期

---

① Kessler, R. C., Berglund, P., Demler, O., et al., "Lifetime Prevalence and Age-of-Onset Distributions of DSM-IV Disorders in the National Comorbidity Survey Replication," *Archives of General Psychiatry*, 2005, 62（6）, pp. 593-602.

② Kay, J., "The Rising Prominence of College and University Mental Health Issues," in Kay, J. & Schwartz, V., *Mental Health Care in the College Community*, Chichester: John Wiley & Sons, 2010, pp. 1-20.

③ Sroufe, L. A., "Psychopathology as an Outcome of Development," *Development and Psychopathology*, 1997, 9（2）, pp. 251-268.

④ 吕梦思、席居哲、罗一睿：《不同心理弹性者的日常情绪特征：结合体验采样研究的证据》，载《心理学报》，2017, 49(7)。

待。在发展的视角下，心理弹性也并不是简单的某一个体本身就拥有很强或很弱的弹性问题，其形成同样是一个发展的过程。具体而言，心理弹性是个体在与环境的相互作用中经历一系列的成功适应所逐渐获得的，这一能力并不是静止不变的，而是不断地受到环境的持续影响。① 研究者认为，个体心理弹性的发展、心理与精神问题的发生都是风险因素与保护性因素共同作用的结果。需要强调的是，在不同的心理发展阶段，心理与精神疾病的风险因素以及适合的预防性措施都是不同的。② 心理健康教育与心理辅导对于学生而言是重要的保护性因素，在大中小学心理健康教育一体化的框架下，提供适合学生心理发展需要的心理健康教育，能够较大限度地防止心理与精神问题的发生，促进学生心理弹性的积极发展。

(三)教育学原理的视角

提供适合学生发展需要的教育，是学校教育的一条重要原则。研究者认为，适合的教育应合乎人性、符合学生群体特征、适合个体独特性。③ 也有研究者指出，在班级教学中，学生以集体的形式存在，因而很难做到提供适合的教育。④ 我们认为，教育适合学生所在年龄阶段与教育适合每一个学生并不是完全矛盾的，教育只有适合了学生的年龄和发展阶段，才有可能在此基础上适合每一个学生。推进实现大中小学心理健康教育一体化，其实质是将心理健康教育做深、做细，保障学生在心理健康教育中的主体地位，满足学生的发展需要。这是推进实现自主自助式心理健康教育的重要举措，也是心理健康教育从教育模式转向服务模式的一种具体体现。

---

① Sroufe, L. A., "Psychopathology as an Outcome of Development," *Development and Psychopathology*, 1997, 9 (2), pp. 251-268.

② Arango, C., Díaz-Caneja, C. M., McGorry, P. D., et al., "Preventive Strategies for Mental Health," *The Lancet Psychiatry*, 2018, 5(7), pp. 591-604.

③ 冯建军、刘霞：《"适合的教育"：内涵、困境与路径选择》，载《南京社会科学》，2017(11)。

④ 马健生、李洋：《为每个学生提供适合的教育：何以不可能或何以可能——基于课程的教育功能的分析》，载《北京师范大学学报(社会科学版)》，2016(6)。

当前，我国学校心理健康教育正在从教育模式向服务模式过渡，构建学校心理健康服务体系包括心理健康自评和他评评价系统、心理健康课程与教学系统、心理辅导与咨询服务系统、心理疾病预防与危机干预系统四个方面。[①] 第一，完善心理健康自评和他评评价系统需要做到详细、准确地收集服务对象信息。实现大中小学心理健康教育一体化，有助于学生信息的收集与维护。第二，完善心理健康课程与教学系统需要提供适合学生心理发展需要的精品课程。实现大中小学心理健康教育一体化，有助于学生系统学习符合年龄阶段的心理健康知识与心理保健技能。第三，完善心理辅导与咨询服务系统需要为学生提供长期的、持续的心理辅导与心理咨询。实现大中小学心理健康教育一体化能够防止学生接受的心理健康服务因学校的更换而终止。第四，完善心理疾病预防与危机干预系统需要对有心理危机或潜在心理危机的学生予以重点关注。实现大中小学心理健康教育一体化能够确保在学生升学时，新升入学校能够及时获知学生的心理健康状态，并采取相应的保护措施，保护学生健康成长。总之，实现大中小学心理健康教育一体化是构建心理健康服务模式的重要举措。

三、大中小学心理健康教育一体化的主要内容和保障措施

当前，由心理行为问题引发的大中小学生、研究生自杀事件时有发生，给各个家庭带来了不幸。实际上，各级学校心理健康教育工作者已经做出了巨大努力，建构了大学生心理健康教育的工作机构与机制，并且与辅导员工作相结合形成了强大合力。尽管如此，极端恶性事件仍时有发生的一个重要原因是，许多学生在中小学阶段就没有发展出良好的心理品质，没有接受及时的心理健康教育与心理辅导，积攒下来的问题直到高中、大学才集中爆发出来。这一现象我们形象地称之为"煮饺子"效应。另外一个原因是，学生在中小学阶段就已经出现了心理与精神疾病，但家长并没有将学生情况及时告知高一级学校，小

[①] 俞国良、侯瑞鹤：《论学校心理健康服务及其体系建设》，载《教育研究》，2015(8)。

学与初中、初中与高中、高中与大学之间也没有畅通、安全的沟通机制。为了解决上述问题，我们认为，推进实现大中小学心理健康教育一体化，就需要明确这项工作的主要内容和具体保障措施。

大中小学心理健康教育一体化的主要内容包括制度一体化、课程一体化和心理辅导与咨询一体化等教育要素。

首先，制度一体化。心理辅导制度的建立与完善，能够保障学校心理健康教育工作的推进与落实；推进心理辅导制度一体化建设是实现大中小学心理健康教育一体化的根本前提。《中小学心理健康教育指导纲要（2012年修订）》对中小学心理健康教育各阶段的教学内容予以规定，这可以看成是对中小学心理健康教育一体化的初步探索，对于中小学心理健康教育的衔接具有一定的指导意义。然而，当前并没有具体的制度对大学和中小学心理健康教育之间如何衔接进行规定，使得大学和中小学心理健康教育存在各自为营、各自为战的现象。特别是，大学生虽然和高中生年龄相近，但却面临着生活中的很多转变，如离开家庭、建立长期的恋爱关系等，这些都需要在推进实现心理健康教育一体化的过程中予以统筹考虑。

其次，课程一体化。心理健康教育课程一体化是大中小学心理健康教育一体化的核心内容。当前的心理健康教育存在三种不良倾向：一是大中小学心理健康教育课程互相重复，大学生、中学生、小学生接受的心理健康课程部分内容没有差异；二是存在课程错位，即学生接受的心理健康教育课程不符合学生心理发展阶段的特点，讲授的内容不能适应学生实际的心理需要；三是各学段之间的心理健康教育存在脱节。例如，一些学生可能在中小学阶段并没有接受过怎样与同伴交往的课程，到大学阶段直接讲授关于恋爱交往的知识，这样效果就会大打折扣。因此，心理健康教育一体化应充分借鉴德育课程一体化的研究结论，在制定科学、统一的课程大纲、课程标准、课程教材方面下功夫。①

最后，心理辅导与咨询一体化。大中小学心理辅导与咨询一体化，是防止

---

① 汤玉华：《大中小学德育课程内容一体化建设思考》，载《教育评论》，2017(10)。

因心理行为问题导致极端恶性事件发生的重要保障。在当前的教育实践中，学生在大学阶段和研究生阶段出现的心理行为问题往往在中小学阶段就已埋下"伏笔"。因此，中小学阶段的心理健康教育教师要真正做到防患于未然，对于存在心理行为问题的学生要及时进行心理辅导，帮助其获得心理成长，以更好地应对未来人生中的挑战。另外，一些学生在小学、初中或高中阶段就曾出现过心理或精神问题，但到上高一级学校时，却因担心造成不良影响而不告知学校相关部门，这极不利于学生的心理健康，甚至会危及学生生命。因此，实现心理辅导与咨询一体化的一项重要内容就是探索如何在保护学生隐私的前提下，实现不同学段学生心理健康相关信息的有效衔接，从而建立心理辅导与咨询的追踪机制。

大中小学心理健康教育一体化的保障措施包括开展科学研究、组织经验交流、推进家校联合等具体手段。

①开展科学研究。毫无疑问，以前我们对大中小学心理健康教育一体化的研究还较少，对什么是心理健康教育一体化、怎样推进实现心理健康教育一体化等问题，也知之甚少。鉴于此，需要开展科学研究。第一，心理健康教育研究工作者要充分总结、归纳大中小学心理健康教育领域的研究，对不同学段心理健康教育的现状、问题及要求进行对比，通过文献梳理和理论分析，就心理健康教育的规章制度、课程标准、实施办法等提出建议。第二，心理健康教育管理部门要组织力量开展实证研究，逐步尝试试点工作，考察适合各年龄阶段学生的心理健康教育方法与途径，总结并推广实践经验。第三，要将理论研究与实践研究相结合，通过反复论证修改，逐步形成较为成熟的大中小学心理健康教育一体化体系。

②组织经验交流。要改变大中小学心理健康教育教师各自为战的现状，除了通过制度建设明确各学段心理健康教育的目标、内容、任务外，还应积极组织各学段一线教师进行经验交流、研讨。一方面，这种交流有助于心理健康教育教师了解其他学段心理健康教育工作的困难和心理健康教育教师的诉求，从

而改进自己的工作，避免"盲人摸象"式教育的存在。另一方面，这种交流能够提高心理健康教育教师的"一体化意识"，促使一线教师主动思考，提高站位，将自己当前的工作与学生全程心理健康教育结合起来，从而推动大中小学心理健康教育一体化体系的形成。

③推进家校联合。在构建大中小学心理健康教育一体化格局的过程中，要充分重视家庭的作用，深入开展家校联合。首先，家庭是学生心理健康的重要影响因素，良好的家庭氛围对学生心理健康水平有正向预测作用。因此，在构建大中小学心理健康教育一体化时应将家庭考虑其中，对家长进行心理健康教育，帮助其营造和谐的家庭氛围，使家庭配合学校的心理健康教育工作，促进学生心理的健康发展。其次，推进实现大中小学心理健康教育一体化需要得到家长的理解。家长作为学生的监护人，他们对心理健康是否理解将影响着学校能否顺利地开展心理健康教育工作。尤其是在学生心理健康信息的衔接上，如果不能得到家长的支持，则可能会困难重重。可以说，家庭能否理解、参与、配合学校心理健康教育工作对于实际教育成效是至关重要的。

第六章

─────

大中小幼心理健康教育一体化：人格的视角

随着社会发展、科技进步与时代变迁，大中小幼各类学生在发展过程中面临的成长压力和心理负担不断加码、与日俱增。与此同时，他们在不同年龄发展阶段出现心理健康问题的概率也大大增加了。[①] 我们的元分析研究结果发现，自 1990 年以来，我国中学生的心理健康水平并未呈现良好发展的势头，甚至在个别地区和个别时期，他们的心理健康水平表现出了局部恶化的趋势，相关风险因素也越来越大。[②③] 因此，不同学段学生的心理健康问题已成为心理学、教育学、社会学、公共卫生与预防医学等诸多领域关注的重要议题，有关心理健康问题的研究数量也呈现直线攀升的趋势。

毫无疑问，各类学生群体的心理健康水平，不仅关乎其自身的健康成长与发展，也左右着国家和民族未来的发展活力和国际竞争力。因此，这个问题也受到了国家的高度重视，近年来相继制定了多项政策，通过加强对心理健康问题的预防和监控，为儿童青少年身心健康发展保驾护航。[④] 这些政策的颁布，使得儿童青少年心理健康问题的上升势头得到了一定程度的抑制，但在实施过程中亦存在一定的问题，留有较大的改进空间。尤其需要引起重视的是，心理健康教育是一项系统工程，"大中小幼"各年龄阶段虽然均有开展该项工作的必要，但具体内容和实施方法应该各有侧重，相互衔接，绝不应该"千篇一律"，更不应该"越俎代庖"。从个体发展的视角来看，典型性心理健康问题的出现，

─────

① 俞国良：《学校心理健康教育的回顾与展望——基于我个人 20 年研究实践的梳理与再分析》，载《中国教育科学》，2018，1(1)。
② 俞国良、李天然、王勍：《高中生心理健康的横断历史研究》，载《教育研究》，2016，37(10)。
③ 王勍、俞国良：《初中生心理健康的横断历史研究》，载《中国特殊教育》，2017(11)。
④ 俞国良、琚运婷：《我国心理健康教育政策的历史进程分析与启示》，载《中国教育学刊》，2018(10)。

经历了一个由量变到质变的"煮饺子"过程，整体上呈现出阶段性爆发的特点，不同学段的个体面临的突出问题不尽相同。从人格发展的观点看，心理健康问题的阶段性变化规律与个体人格发展的阶段性特点不谋而合。埃里克森认为，与个体生理发展的年龄特征类似，人格的发展和完善也不是一蹴而就的，而是按照一定的成熟程度分阶段向前推进的，同样存在明显的年龄特征。他将个体毕生的人格发展划分为八个阶段，每个阶段皆有发展的主要任务与目标，均要经历一场心理社会困境的考验。困境会导致发展危机的出现，也意味着发展机遇的来临，危机的成功解决会使个人和社会之间产生平衡，发展出积极的心理品质，进而顺利进入下一阶段；反之，则容易导致一系列心理问题的出现，不利于个体的健康成长和良性发展。因此，学校心理健康教育工作应遵循学生身心发展规律，以个体人格发展的整体性、独特性、稳定性、社会性为核心，把握不同学段学生的心理社会性发展任务，形成"大中小幼"心理健康教育一体化新格局，促进其身心全面、协调、有序发展。

一、幼儿人格发展与心理健康教育

幼儿通常指 3~6 岁的学龄前儿童，该阶段是个体心理机能的快速发展时期，也是人格系统发展和完善的开端。幼儿在与外界环境的交互影响中逐步展现出个性或人格的"花纹"，其中最明显的是自我意识的发展。[①] 从整体来看，幼儿自我意识的各个方面随着年龄的增长是逐渐成熟的。首先是自我概念。幼儿的认知水平处于具体形象阶段，他们对自己的描述仅限于躯体特征、性别、年龄以及喜欢的物件，还不会描述内部的心理特征，对内在的心里体验和外在的物理体验是不加区分的。其次是自我评价。自我评价能力在 3 岁时已初露端倪，尔后快速发展，到 5 岁时绝大多数幼儿已经初步具备自我评价的能力。但总体而言，幼儿的自我评价能力还很差，评价时往往依据外部的线索而非独立

---

① 林崇德：《发展心理学（第 3 版）》，210~247 页，北京，人民教育出版社，2018。

判断，聚焦于个别方面而非多个方向，主要涉及外部行为而非内心品质，具有强烈的情绪色彩而非理性思考。再次是自我体验。4 岁以后的幼儿才会出现明显的自我体验，但同时又容易受到外界的暗示。幼儿自我情绪体验中最明显的是自尊的发展，它不仅仅是个体发展过程中的一种基本心理需求，更是衡量心理健康的重要标准。此类需求被满足后，个体才会体验到自我价值，产生积极的自我认同。3 岁时只有少数幼儿能体验到自尊，4 岁是幼儿自尊心和自信心发展的关键年龄，到 6 岁时绝大多数幼儿均能体验到自尊，但容易受到家长教养方式和重要他人评价的影响。最后是自我控制。总体而言，幼儿的自控能力偏弱，在活动过程中容易表现出冲动性并缺乏坚持性，到幼儿晚期个体才具备一定的自控能力。此时幼儿的情绪具有明显的外露性和不稳定性，并且延迟满足能力不强，经常选择即时性报酬而不是耐心等待，这些方面都与他们的心理保健和健康密切相关。此外，幼儿的社会适应性也获得了初步的发展。从亲社会性来看，整个幼儿期呈现二次函数的增长趋势，且女孩比男孩更具亲社会性，但发展速度并不存在差异。[①] 3~4 岁时幼儿正处于"复制式"心理理论发展的重要阶段，通过成人获得社会规则性知识，倾向于按照教师传授的道德原则去行事。因此，在教师的影响下亲社会性能获得快速发展。随着年龄的增长，幼儿的亲社会情感和行为变得更具主动性和社交性，同时也变得更合群，更懂得与人交往的社会规范，羞耻感等内在道德情感也慢慢发展出来。就协作或合作性来看，多数幼儿园小班幼儿还不能较好地进行合作，需要成人的提示和指导才能勉强进行协作和分工；中班幼儿开始主动与人合作，合作意图增强，目标也逐渐明确，但整个合作过程自由松散，处于一种自发性协同状态；大班幼儿能够相互配合，围绕目标合作和行动，但双方行动尚未组织化，完全依靠幼儿自觉地相互适应来维持合作，因而难以持久。[②]

---

① 杨丽珠、张金荣、刘红云等：《3~6 岁儿童人格发展的群组序列追踪研究》，载《心理科学》，2015，38(3)。

② 杨丽珠：《儿童青少年人格发展与教育》，1~13 页，北京，中国人民大学出版社，2014。

基于幼儿的人格发展特点，埃里克森指出该阶段幼儿发展的主要目标是获得"主动感"，体验"目的"的实现，否则个体就会在自由发展的过程中遭遇创伤和挫折，导致心理危机的出现，进而引发一系列心理健康问题。幼儿心理健康问题常见于两类：一类是外化问题，如过分依赖、爱发脾气、易哭泣、不良习惯等；另一类是内化问题，如焦躁、胆怯、任性、孤僻等。幼儿处于心理快速发展阶段初期，一旦出现心理健康风险，将给后期的心理发展带来无穷后患。古典精神分析理论更是掷地有声地指出，成人的心理异常在很大程度上根源于童年时期的创伤经历或不良体验。因此，在该阶段科学地开展心理健康教育，不仅是必要的也是必然的。在该阶段要依据幼儿的人格发展特点并围绕发展的主要任务，着重培养幼儿积极稳定的情绪情感，帮助幼儿树立自尊和自信，培养幼儿良好的行为习惯以及基本的社会适应能力。① 第一，家园双方应同心协力，创设良好的环境氛围来培养幼儿的自尊心和自信心。② 小班幼儿处于对幼儿园生活的适应阶段，也是幼儿获得自尊、自信的关键期，教师应创造条件，激发幼儿表现，使幼儿在获得能力的同时体验到成功的快乐。中班阶段是各种能力迅速提升的时期，教师在活动中应促进幼儿不断认识自己的能力，通过完成不同的任务获得自信。对于大班幼儿，教师可以组织一些具有挑战性的活动，鼓励幼儿积极主动地展示自己的奇思妙想，让其通过努力能够获得成功，并且成功后有针对性地对其良好表现予以肯定、强化。第二，要塑造幼儿的情绪稳定性。③ 家长和教师不仅要创造温馨、自在的成长氛围，让幼儿获得安全感和信任感，如以欣赏的态度对待幼儿，接纳他们的个体差异并以积极愉快的情绪影响幼儿，对犯错的幼儿理性对待、不严厉呵斥，等等，还要引导他们恰当地表达情绪，如对幼儿的表面情绪要"明察秋毫"，及时减少和消除不良情绪，同时鼓励幼儿与成人合理表达、主动分享自己的内心感受和情绪体验，并及时给

① 中华人民共和国教育部：《3~6岁儿童学习与发展指南》，28~42页，北京，首都师范大学出版社，2012。
② 中华人民共和国教育部：《3~6岁儿童学习与发展指南》，28~42页，北京，首都师范大学出版社，2012。
③ 马振、杨丽珠：《小学生健全人格培养研究》，第十九届全国心理学学术会议，西安，2016。

予恰当的引导等。第三，要培养幼儿良好的行为习惯。[1] 家长和教师要以身作则，实施榜样教育，在潜移默化中激发幼儿的责任心，并且要创造机会让幼儿学会对自己的行为负责；还要通过悉心指导和耐心说教，培养幼儿的规则意识和遵守规则的能力，逐渐学会抵制诱惑、提升延迟满足的能力；此外，家庭和幼儿园应共同努力，让幼儿在良好的教养和文化熏陶中，学会诚实礼貌待人，与人交往时言行举止彬彬有礼，尊重他人，不撒谎。[2] 成人除了要给幼儿树立良好的榜样行为外，还要通过适当的形式引导幼儿做出恰当的行为，对礼貌行为予以及时强化，对说谎行为正确分辨并及时纠正。第四，提高幼儿的基本社会适应能力。很多幼儿为独生子女，在家中备受关爱，这容易形成以自我为中心、任性、自私等性格特征，因此需要着重培养幼儿进行合作。不仅要培养幼儿对合作的兴趣，还要利用榜样和强化的策略引导合作的行动，让其体会到群体互动的乐趣，感受到安全感、归属感，不断适应新环境，扣好心理健康的第一粒"纽扣"，为日后的心理健康发展夯实基础。

二、小学生人格发展与心理健康教育

随着身体、生理的发育和社会活动范围的扩展，构成儿童人格的各个成分在不断发展和稳定的同时也在进一步地丰富。在该阶段，儿童的主要活动场所从原来的家庭过渡到学校，主要活动由原来的游戏过渡到学习。活动空间的拓展、交往对象的增加、行动规范的习得，进一步推动了儿童人格的发展。自我意识作为人格的核心，仍然是小学生人格发展的重要方面。总体来看，小学生对自身的认识是一个不断加深的过程，但并不是直线发展的，表现为渐变上升的趋势。小学一至三年级处于上升期，而后发展趋势并不明显，五年级又开始进一步发展。他们对自己的认识逐渐丰富和深化，不再仅仅依靠外部线索来评

---

① 刘易、符芳：《促进幼儿自主性与规则意识协调发展的教育策略》，载《学前教育研究》，2016(1)。
② 刘艳：《幼儿心理健康问题及其影响因素分析与应对》，载《学前教育研究》，2015(3)。

价自我，也不简单地从单一角度来进行评价，逐渐依据内部的标准，评价的中心也逐渐转向内在的品质。[①] 首先，从自我概念来看，小学生的自我概念产生了分化，由原来对个人的整体认识转向具体领域的认识，如对自己社会能力、认知能力的认识等。此外，小学生对自我的描述也由原来的具体化、显性化逐渐拓展为抽象化。他们能够意识到自己独特的感受和想法，并从个性特征来描述自己。其次，从自我评价能力来看，小学生开始更多地使用内在特质评价自己，但这仅是一个发展趋势，即便小学高年级学生也仍然很难进行抽象性评价和内心世界的评价；小学生自我评价的独立性和稳定性也获得进一步发展，随着年龄的增长，自我评价的依赖性逐渐降低，有了更多的独立性见解，评价的稳定性也进一步加强。再次，从自我情绪体验来看，小学生的自我情绪体验逐渐深刻而复杂，且与自我评价的发展密切相关。自尊依然是小学生重要的情绪体验，主要分化为学业自尊、躯体自尊和社交自尊。自尊在该阶段的发展呈现二次函数的增长趋势，10岁半前呈现增长而后出现下降趋势，这可能是小学高年级学生面临的考试压力和考试挫折降低了自我效能感所致。自尊对个体开展活动起着推动和组织的作用，自尊水平较低的小学生往往会产生自卑感和懈怠心理。最后，从自我控制来看，小学生自控能力的发展从低年级向高年级呈现线性增长趋势，且女生的自控水平在初始状态和后续的发展速度上均高于男生。[②] 小学生的自我控制内涵与幼儿略有不同，它不像幼儿期一样强调对规则的服从和遵守，而是更注重其是否能够主动调节自己以适应外在环境，并在学习和活动中很好地控制自己的行为，一般表现为认真尽责、行为控制、情绪调节、计划有序等。此外，小学生人格系统中的亲社会性在该阶段也获得了进一步发展，大致呈现二次增长的变化规律，在3~7岁时发展最为迅速，而后增长变缓，11岁之后开始下降。这可能与小学生的道德判断和同伴关系的成熟以及面临的升学压力有关。与幼儿阶段不同的是，小学生社会性的起始水平和发展

---

① 林崇德：《发展心理学（第3版）》，279~333页，北京，人民教育出版社，2018。
② 杨丽珠、马振、张金荣等：《6~12岁儿童人格发展的群组序列追踪研究》，载《心理科学》，2016，39(5)。

速率在性别上不存在显著差异。①

　　小学生的人格发展延续了幼儿阶段的渐进趋势，进步与发展明显。在该阶段，小学生同样面临着新的发展任务，发展目标在于获得"勤奋感"。如果小学生能够得到同伴和教师的支持与认可，则其勤奋感会进一步加强，并会体验到能力的实现；反之，则会形成自卑、焦虑等消极心理感受和问题行为，影响其健康成长。小学生的主要活动是学习，不再是幼儿时期的游戏。因此，该阶段心理健康教育工作的载体和环境与幼儿阶段均存在着差别，我们应注重在学习活动中和课堂情境下根据小学生人格发展特点开展心理健康教育。一方面，应该继续引导小学生形成良好的自我意识。② 首先，要引导他们恰当地认识自己，做出客观的自我评价。例如，通过指导小学生与同龄人比较、与过去的自己比较等策略，来客观分析自己，全面认识自我。③ 其次，要培养小学生的自尊和自信，引导他们正确悦纳自我。太过自我或没有自我都是心理不健康的表现。前者会使小学生狂妄自大，听不进他人任何批评；后者会使小学生觉得自己毫无价值，产生自卑、抑郁等各种消极感受。因此，教师要引导小学生认识自己的优缺点和兴趣爱好，做到扬长避短；还要创造各种有利条件，尤其是在课堂上让小学生彰显自我的能力，体验到更多的成功，从而增强其自信心；尤其要引导小学生积极对待困难和挫折，提高解决问题的底气和自信。④ 再次，要增强自我控制能力。自控能力表现在多个方面，如遵守规则、调节情绪、抵制诱惑等。因此，家长和教师应该引导小学生认识学习和生活环境中的基本规则，培养小学生的自律精神；还可以教给他们正确的归因策略和情绪调节技巧，着力提高其情绪调节能力，为培养理性平和的心态播撒良种；还要身体力行或正确运用奖惩措施，引导小学生学会抵制诱惑，避免游戏成瘾和社交媒体依赖等

---

　　① 杨丽珠、马振、胡金生：《6-12岁小学生健全人格培养研究》，113页，大连，大连海事大学出版社，2017。

　　② 中华人民共和国教育部：《中小学心理健康教育指导纲要（2012年修订）》，4页，北京，北京师范大学出版社，2013。

　　③ 陈黎明：《小学生自我评价能力的培养》，载《教学与管理》，2011(23)。

　　④ 杨丽珠、马振、胡金生：《6-12岁小学生健全人格培养研究》，132页，大连，大连海事大学出版社，2017。

现象的出现。① 另外，要注重提高小学生的社会适应性，包括学习适应、人际适应和生活适应等。②③ 首先，在学习适应方面，家长和教师应因势利导，注重培养小学生的学习兴趣，端正其学习态度，激发小学生的成长主动性，预防厌学和嫉妒现象出现；同时要指导小学生树立正确的学习观，用积极乐观的心态应对学习压力；教给小学生高效的学习策略和良好的学习习惯，帮助他们制定学习目标、合理规划学习时间、有条理地完成各种活动和任务。其次，在人际适应方面，应倡导小学生在人际交往中坦诚相见、宽以待人、理解互助；鼓励他们在互相信任和尊重的基础上，主动与老师和家长进行沟通，获得良好的社会支持。最后，还要提升小学生的生活自理能力。鉴于学校是他们学习和玩耍的主要场所，教师应帮助小学生适应新环境、新集体和新的校园生活。

三、中学生人格发展与心理健康教育

青少年时期恰好与中学阶段相对应，这是人一生中非常重要而又特殊的一个时期，也被称为"危机期""暴风骤雨期"。这一时期伴随着生理、心理上的剧烈变化，中学生的人格发展也呈现出新的特点，主要表现在自我意识、情绪稳定性、社会适应性、价值观和品德等方面。④ 首先依然是自我意识的发展。青春期是自我意识发展的第二个飞跃期，其发展呈现出曲折波动的特点。七至八年级呈现急剧下降的趋势，而后变化逐渐平稳，到高中末期自我意识开始出现回弹，并且在整个发展过程中自我认识水平要高于自我体验和自我控制。⑤⑥ 从自我概念来看，与小学生不同，中学生除了对自己的外貌特征产生极大的兴趣

---

① 李凤杰、石婧：《小学生自我控制的发展特点及启示》，载《上海教育科研》，2014(6)。
② 俞国良：《现代心理健康教育：心理卫生问题对社会的影响及解决对策》，136~171 页，北京，人民教育出版社，2007。
③ 俞国良、陈烈：《心理健康教育教学参考（小学）》，183~185 页，北京，北京师范大学出版社，2017。
④ 俞国良：《现代心理健康教育：心理卫生问题对社会的影响及解决对策》，136 页，北京，人民教育出版社，2007。
⑤ 邓晓红、严瑜：《学校心理咨询与辅导》，36~38 页，武汉，华中科技大学出版社，2011。
⑥ 聂衍刚、曾雨玲、李婉瑶：《青少年自我意识的发展特点研究》，载《教育导刊》，2014(2)。

外，更加关注"自身形象"和内部世界，常常在反省中体味、评价自己的内心活动；从自我评价来看，随着年龄增加、年级升高，他们逐渐摆脱了童年期对成人评价准则的依赖，评价的独立性越来越明显，稳定性也越来越强；从自我体验来看，中学生的自尊、自信以及成人感都获得了明显的提升。他们开始要求成人尊重自己的言行和人格独立性，反对成人把他们当成"孩子"，寻求获得成人的信任与信赖，给他们一定的自由发展空间；从自我控制来看，中学生自我调控能力明显增强，但发展的过程大致呈现 V 字形趋势，从七至九年级呈现快速下降趋势，而后开始逐渐缓慢上升，且男生的自控水平低于女生。其次，中学生情绪稳定性的发展亦是人格发展的关键方面。该阶段中学生的情绪变化较大，呈现出动荡不定、易冲动、易走极端的特点。整个中学时期，情绪稳定性的发展大致呈现出 V 字形趋势，经历了一个先下降后上升的过程，后期为转折点。女生的情绪稳定性要显著低于男生，这表明女生的情绪起伏更大。① 再次，中学生意志品质在该阶段也获得了长足发展。中学生的自觉性和独立性同小学生相比都有了很大提升，能在一定程度上独立确定目标、制订计划和调节自己的行动；中学生行事的果断性到高一前后也出现了明显提高，但有时行动常常带有盲目性和冒险性；中学生的自制力和坚韧性也比小学生有很大的进步。② 最后，中学生的亲社会性人格特质在该阶段维持着平稳状态，外倾性在七年级之后呈下降趋势，到高中时期出现缓慢回升。这可能是青少年初期，他们更多地关注自身的变化，表现出"以自我为中心"的倾向，与人交往存在闭锁性，缺乏与人沟通所致。③

　　中学生人格发展所呈现的诸多标志性特点，预示着青少年新的发展任务的到来，青少年在该阶段需要形成自我认同感，防止角色混乱。要建立自我认同感，就必须对内部的自我和外部的环境有充分的认识，否则就极易产生自我认

---

① 索淑艳：《我国青少年心理发展与健康教育研究》，78 页，北京，九州出版社，2017。
② 邓晓红、严瑜：《学校心理咨询与辅导》，32~35 页，武汉，华中科技大学出版社，2011。
③ 孙远刚、刘嵩晗、杨丽珠：《12~15 岁初中生健全人格培养研究》，441 页，大连，大连海事大学出版社，2017。

同感危机，导致诸多心理困扰和生活适应问题。因此，面向全体学生的心理健康教育目标之一是使中学生进一步认识自我。中学生只有正确认识自己的优缺点和能力水平，明确自己的理想、客观地接纳自己，才能实现心理和谐，达到心理健康，进而成长、成才。具体而言，教师和家长可以从生理、心理和社会三个层面帮助他们全方位地了解青春期的自己，加深自我认知。① 其中"生理我"包括体貌、穿着等；"心理我"包括性格、兴趣等；"社会我"包括社会角色、权利、责任等。在帮助中学生了解自己的基础上，应进一步帮助他们正视自己的现状，扬长避短，接纳自己并欣赏自己，进一步提升自尊、自信等积极自我体验。尤其需要注意的是，青春期是中学生人生观、世界观、价值观形成的重要阶段，此时对其进行正确的价值引导和教育正当时。青春期还应该着重提升中学生的自控能力。② 自控水平关系行为习惯的养成，是个体完成学业并追求自我发展、协调人际关系并成功适应社会的必要条件。自控力差的中学生容易形成散漫、拖延、任性、成瘾等不良习惯，还容易出现攻击、早恋等冲动行为。教师和学校除了可以制定清晰的规章制度，对中学生的自我控制进行客观要求外，还可以教给学生利用正念等策略形成积极的校园风气和班级氛围，强化他们的自控行为。其次，该阶段还要培养中学生积极向上的心态，提高情绪的稳定性。③ 教师要引导他们勇敢面对自身的情绪，尤其是消极情绪（如考试焦虑、学习倦怠等），学会分析情绪的来源，寻找有效的办法排除不良情绪，避免不良情绪的恶性循环。教师还可以指导中学生学会技术性地发泄不良情绪，或适当地延后情绪爆发的时间来进行情绪调控。再次，要重视中学生意志品质的塑造。④ 不仅要帮助中学生理解学习目标的意义和结果，在教学中鼓励他们制定目标、制订计划、实施计划，提升自主性和自觉性；还要设置困难情境，鼓励

---

① 俞国良：《现代心理健康教育：心理卫生问题对社会的影响及解决对策》，132 页，北京，人民教育出版社，2007。
② 索淑艳：《我国青少年心理发展与健康教育研究》，92 页，北京，九州出版社，2017。
③ 孙远刚、刘嵩晗、杨丽珠：《12~15 岁初中生健全人格培养研究》，156 页，大连，大连海事大学出版社，2017。
④ 邓晓红、严瑜：《学校心理咨询与辅导》，178 页，武汉，华中科技大学出版社，2011。

他们通过自己的意志力克服困难，提高抗逆力。最后，要重点从人际、学习、生活等方面，进一步提升中学生的社会适应性。[①] 在人际适应方面，要引导中学生树立正确的交往理念、掌握正确的交往规则，促进和谐人际关系的建立，防止社交焦虑、不良同伴交往和校园欺凌现象的出现。尤其要引导中学生正确进行异性交往，在交往中把握分寸，防止早恋现象的出现；在学习方面，要帮助初入学的初中生、高中生做好入学适应工作，在教学过程中要着力培养中学生的创造性思维能力、批判性思维能力，还要培养中学生尤其是中职生的生涯规划意识，帮助他们初步建立职业生涯规划和人生奋斗目标，为真正意义上的成长、成才奠定基础。

四、大学生人格发展与心理健康教育

大学阶段是学生由"疾风怒涛"状态向相对平稳状态过渡的时期。大学生活，意味着第一次真正意义上离开家庭、父母，大部分学生可能会经历"心理断乳期"，但这也为其心理发展与成熟带来新的契机。此阶段的大学生在同伴、家庭、学校和社会多方面作用的影响下，人格发展呈现出独特的积极态势，自我系统和社会系统逐渐发展成熟并统一于个体发展过程中。首先，个体的自我意识逐渐成熟，但并不完善。具体而言，大学生的自我认知和评价更加全面和客观。随着独立生活的开始，大学生有了更多的自由活动和交流的空间，比较标准和参照对象也存在明显差别。于是，大学生开始了更加深入和丰富的自我探索与发现，对自己的认识和评价也变得更加客观，但有时仍有盲目性、肤浅性和片面性。同时，大学生的自尊和自我效能感相较于中学生也有所提升，对他人涉及自我的言行和态度极其敏感，容易产生强烈的情绪体验。积极的情绪体验使他们充满活力，消极的情绪体验使他们沮丧失望。大学生自我调控的自觉

---

① 中华人民共和国教育部：《中小学心理健康教育指导纲要（2012 年修订）》，4 页，北京，北京师范大学出版社，2013。

性和主动性也比中学生要好，年级越高自控能力越强。他们能够有意识地对自己的心理活动和行为实施控制，但并非十分稳定，持久性不够。① 其次，大学生的情绪稳定性也比中学生有所提升，情绪日趋稳定，但与成年人相比仍会有大起大落、动荡不安的时候。大学生正值精力、体力旺盛的时期，他们血气方刚、激情四射，情绪反应易受暗示或环境氛围的影响。有时，他们的情绪状态甚至在积极和消极之间快速摆动。② 再次，大学生的意志品质也获得了发展，表现得更加成熟。大部分大学生已经能够逐步自觉地确定明确、富有社会意义的目标或理想，并据此制订并实施计划，克服困难朝着目标迈进，但仍表现出一定的惰性、依赖性、冲动性和波动性。③ 最后，大学生的社会适应性也得到了发展和完善，随着年级上升而提高。就人际适应性而言，大学生已经具备了与他人亲密相处的能力，包括与同性朋友建立牢不可破的友谊，与异性朋友相知、恋爱。然而，许多大学生对社交关系的追求往往理想主义色彩较浓，导致高期望值与高挫折感并存。另外，大学生已经能够意识到自身对他人和社会的意义和责任，能够尊重他人，求同存异，互帮互助。就学习适应性而言，大多数学生能够快速地融入大学环境，适应新的学习领域和学习节奏，能够结合自身的兴趣特长，树立努力奋斗的目标，做出较为清晰的人生规划。他们的探索创新能力得到进一步强化，已经具备质疑精神，能够辩证地看待某些见解和观点，同时也具备了举一反三的能力，有发散思维和丰富的想象力。④

尽管大学生的人格发展逐步趋于完善，但大学生即将面临学业、社交、恋爱、职业选择等一系列人生重大课题，容易给大学生的心理健康带来新的危机。该阶段个体面临的主要任务是建立良好的社会关系以获得"亲密感"，但由于大学生人格发展仍然存在一定的不足，他们难免会出现人际交往问题（如社会排斥、社交回避和苦恼等），陷入孤独感之中。因此，该阶段心理健康教育的首要

---

① 瞿珍：《大学生心理健康》，1~30 页，上海，华东理工大学出版社，2018。
② 陈小梅：《大学生心理健康教育》，60~76 页，厦门，厦门大学出版社，2019。
③ 路星星：《大学生意志品质培养研究》，硕士学位论文，辽宁师范大学，2017。
④ 郑航月、夏小林：《大学生心理健康教育》，86~114 页，重庆，重庆大学出版社，2018。

任务是着力提升大学生的人际交往能力。教师应帮助大学生学习人际喜欢与吸引策略，鼓励他们主动、积极地提升自身魅力，构建健康的人际网络，收获良好的社会支持。同时，要提醒大学生谨慎使用线上交往方式，防止出现过度沉溺而忽视现实交往的情况；帮助大学生正确认识群和己的关系，合理利用身边的人际资源，提高合作意识和奉献精神，在成长过程中实现互利共赢；还要指导大学生消除导致沟通障碍的不利因素（如刻板印象），在人际交往中遵循真诚、平等、互惠、信任的原则，避免人际冲突的发生，让友谊更长久、更稳定。教师要帮助大学生正确审视恋爱关系，指导他们端正恋爱动机，提升爱的能力，承担爱的责任，为走进婚姻和为人父母做好准备。[1] 其次，大学阶段处于延缓偿付期，大学生暂时不用承担社会责任，也没有生活负担，但这表明青春期的动荡在时间上延长了，因此，大学阶段同样面临着自我意识的整合问题。教师应指导大学生正视理想自我与现实自我的差距，积极地悦纳自我，避免过高或过低地评价自我；要鼓励他们提高自我控制能力，牢固树立正确的人生观、价值观、义利观，制定切合实际的奋斗目标，并坚定不移地为之努力。[2] 再次，教师要帮助大学生学会高效学习，为成才奠基；帮助大学生结合自身的专业兴趣，选好努力的方向，开展自主性、探索性、合作性学习，避免学业无聊和学业倦怠现象出现；指导大学生科学地管理闲暇时间，合理地使用学习策略，让学习更有效，获得事半功倍的效果，避免学业焦虑的出现；还要帮助学生树立职业理想，做好生涯规划，实现人生价值。[3] 最后，要提高大学生的情绪智力水平。教师不仅要教会大学生正确地识别并接纳自身的情绪状态，保持理性平和，还要教给他们恰当地表达和宣泄情绪的技巧，避免消极情绪的积压导致情绪障碍的出现；提高大学生情绪管理和调节的方法和策略，培养乐观开朗的性格，增强心理弹性，保持积极向上的心态，让积极情绪领航人生发展。[4] 总之，

---

① 俞国良：《大学生心理健康》，156 页，北京，北京师范大学出版社，2018。
② 牛丽丽：《以提升自我意识为核心的大学生心理健康教育》，载《中国成人教育》，2014（18）。
③ 俞国良、王浩：《大中小学心理健康教育一体化：理论的视角》，载《教育研究》，2019，40（8）。
④ 陈小梅：《大学生心理健康教育》，193 页，厦门，厦门大学出版社，2019。

大学生心理健康教育要在人格发展趋于成熟的基础上，充分发挥大学生的主观能动性，帮助他们了解心理健康知识，并学会做自己心灵的"保健医师"。

五、研究启示

一言以蔽之，大中小幼心理健康教育一体化格局的构建，从人格发展的视角考察是有规律可循的，发展心理学的"人格发展观"是实施大中小幼心理健康教育一体化的理论基础。人格虽有多种成分和特质，如需要、动机、态度、兴趣、理想、信念、气质、性格、能力、价值观和行为习惯等，但在一个活生生的人身上它们不是孤立存在的，而是一个相互联系、相互影响的有机整体。特别是随着年龄增长，人格的发展呈现出连续性和阶段性的特点，处于特定年龄阶段的人格特征都是围绕着一个特定优势主题或发展任务而组织起来的，小学阶段和中学阶段的人格特征及其表现形式是有差别的，如同样是焦虑，在小学生中表现为同学、同伴关系紧张，在中学生中则更多表现为缺乏学业信心，而人格发展的完备程度又在一定程度上左右了个体的心理健康水平。因此，心理健康教育可以参照人格发展的一般规律，针对不同年龄段学生面临的发展任务和心理困境，促进积极心理品质的协调发展，帮助他们妥善解决心理矛盾，对可能出现的心理困扰和行为问题进行积极的预防和指导。但心理健康教育一体化工作在当下仍然面临着诸多挑战。

首先，从关注的对象来看，长期以来，由于大学阶段心理健康问题爆发式地出现，使得该阶段的心理健康教育开展得如火如荼，而中小学生乃至学龄前儿童的心理健康教育工作，却未受到应有的重视。殊不知，成年期诸多心理健康问题均会打有童年期的烙印。因此，如同智育培养的连贯体系一样，心育的过程也应该形成大中小幼一体化教育新模式，心理健康教育工作同样需要从娃娃抓起。因为这个时期的社会依恋是其日后形成一切人际关系的基础。其次，从心理健康的内容来看，各学段心理健康教育工作的内容安排还不尽合理，存在着内容缺失、要素不全、倒挂和重复等问题，这大大降低了心理健康教育工作的针对性和实效性，未能充分发挥心理健康对促进个体健康成长的应有作用。因此，未来应针对特定年龄阶段人格发展的关键期顺势而为，提出更为合理的培养、促进方案。同时，针对特定年龄阶段人格发展不足之处，有针对性地进行预防和控制。显然，抓住主要矛盾，有的放矢地开展心理健康教育，才能提高该项工作的效率和质量，更好地促进不同年龄阶段学生的全面健康成长。最后，从心理健康教育工作的统筹实施来看，虽然国家颁布的相关政策中明确规定教育行政部门要积极开展心理健康教育工作，但始终缺乏专门的机构和组织来统一领导、协同规划、分级实施、动态评价该项工程的实施效果，这使得心理健康教育一体化工作在基础教育、职业教育、高等教育三个领域，出现各自为政、各管一段、各守一摊的散乱、断裂的局面。因此，未来应加强心理健康教育工作在政策层面上的统筹规划和统一领导，统一研制学校心理健康教育一体化工作的方案或实施办法。

总之，心理健康教育工作是实现"立德树人"教育目标的重要保障，是保证各类学生可持续发展的重要补给源。未来心理健康教育工作任重而道远，需要整体规划各年龄阶段心理健康教育的具体目标和详细内容，形成横向符合学生年龄特征、纵向符合人格发展规律、大中小幼各阶段有效衔接的心理健康教育一体化新格局。

第七章

大中小幼心理健康教育一体化：实践的视角

大中小幼各学段的心理健康教育，是学校德育和思想政治教育工作的重要组成部分，而大中小幼心理健康教育的一体化，则是学校德育一体化的产物，更是其不可分割的重要组成部分。[①] 大中小幼学生正处于身心发展的重要阶段，是人生观、价值观、世界观形成的关键时期。随着生理的发育、心理心智的成熟，知识经验、社会阅历的增加与思维方式、行为方式的变化，特别是面对新时代即社会转型期滋生的诸多矛盾冲突，作为一个承载国家、社会、家庭高期望值的特殊群体，他们在学习生活、成人、成才和自我意识、情绪调控、人际关系、社会适应等方面，极容易出现各种各样的心理困惑和心理行为问题，急需疏导和调节。对此，习近平总书记在全国卫生与健康大会上强调，要加大心理健康问题基础性研究，做好心理健康知识和心理疾病科普工作，规范发展心理治疗、心理咨询等心理健康服务。为深入贯彻落实党和政府关于加强和改进学生思想政治教育的一系列政策文件精神，在新形势下落实"立德树人"根本任务，促进儿童青少年人格健全和身心健康发展，切实把心理健康教育作为学生成才保障和德智体美劳全面发展的重要抓手，加强顶层设计，创新内容载体，采取有力措施，增强工作实效，科学规范和高效推进不同学段学生的心理健康教育工作，须从教育理念、教育内容和教育途径等实践的视角，真正把大中小幼心理健康教育一体化落到实处、抓到痛处、收到实效。

---

① 中华人民共和国教育部：《关于整体规划大中小学德育体系的意见》，2005。

一、大中小幼心理健康教育一体化的实践基础：教育理念

教育理念是教育者在教育思维活动与教学实践活动中形成的对"教育应然"的理性观念和主观认知。毫无疑问，教育理念应该走在教育教学实践前面。作为大中小幼心理健康教育一体化的必要条件，心理健康教育理念可以从教育使命、教育原则、教育目标三个方面加以认识和理解。这是所有学段心理健康教育都必须遵循的基本准则。

从心理健康教育的教育使命看，必须把社会使命、学校使命和个人使命统一起来。在宏观层面的社会使命上，不同学段的心理健康教育，必须以习近平新时代中国特色社会主义思想为指导，深入贯彻党的十九大和全国教育工作会议精神，全面落实党的教育方针，学习践行社会主义核心价值观；坚持育人为本，育德与育心统一，以提高学生的心理素质为目标，以加强人文关怀和心理疏导为重点，促进学生全面发展和健康成长，切实提高学校思想政治教育工作的时代感、针对性和吸引力。在中观层面的学校使命上，坚持以辩证唯物主义和历史唯物主义为指导，防止唯心主义、封建迷信和伪科学的干扰，确保学校心理健康教育的正确政治方向；坚持重在建设、立足教育、为国育才的基本要求，加强学校心理健康教育的基础理论建设、制度规范建设、课程阵地建设和教师队伍建设，真正建好大中小幼心理健康教育"大厦"各层的衔接基石，推进其科学化、制度化、规范化进程，建立具有中国特色的学校心理健康教育服务和危机干预体系。在微观层面的个人使命上，坚持面向全体学生，坚持正面教育，根据不同学段学生身心发展特点和教育教学规律，聚焦不同年龄阶段学生的主要心理社会性发展任务，灵活运用心理辅导、心理咨询的理论知识和方法技能，培养他们良好的人格特质和心理品质，不断提高他们适应社会生活的能力；引导他们正确认识义和利、群和己、成和败、得和失，培育自尊自信、理性平和、积极向上的健康心态，实现心理素质与思想道德素质、科学文化素质

协调发展，成为德智体美劳全面发展的社会主义建设者和接班人。

从心理健康教育的教育原则看，必须坚持"立德树人"，强调"四个突出"。一是坚持针对性与实效性相结合，突出"时效性"。要根据新时代不同年龄阶段学生身心发展的特点和心理健康教育的规律，有的放矢地开展心理健康教育；坚持心理健康教育与思想政治教育相结合，既要帮助学生优化心理素质，又要帮助他们培养积极进取的价值观、人生观；既要注重心理健康教育的实践性与实效性，学以致用，重心下移，又要坚持解决心理行为问题与解决实际生活问题相结合，全面提高全体学生的心理素质和心理健康水平。二是坚持教育与服务、教育与发展、预防和危机干预相结合，突出"服务性"。逐步实现从心理健康教育向心理健康服务的转轨，强化家、校、社区育人合力，立足教育和发展的基点，坚持服务为主、预防为主，强化学生的积极心理品质，挖掘开发学生的心理潜能，在日常学习生活中及时预防和解决他们发展过程中的心理行为问题；对有较严重心理障碍的学生予以重点关注，并根据心理状况及时加以疏导和咨询，在应急和突发事件中及时进行危机干预，做好心理危机事件善后等心理健康服务工作。三是坚持面向全体学生和关注个别差异、有教无类与因材施教相结合，突出"健康观"。大中小幼全体师生都要树立"身体第一""健康第一"的观念，普及心理健康知识，增强心理健康意识，根据不同学段、不同学校学生的现状和特点开展心理健康教育和心理辅导、心理咨询；坚持普及教育与个别咨询相结合、课程教学与课外活动相结合、教师的主导性与学生的主体性相结合。四是提供适合学生发展需要的心理健康教育，突出"自主观"。要注重调查研究，在深入了解不同学段学生发展特点和成长需求的基础上，不断探索和创新心理健康教育的途径和方法；坚持教育与自我教育相结合，在班主任、辅导员、专兼职心理健康教师的指导下，既要充分发挥全体教师、党团少先队组织的教育引导作用，又要充分唤醒和调动全体学生的主体性、积极性，让他们主动关注自身的心理状态与心理健康，培养他们自主自助、同辈互助、师生互助的意识和能力，最终实现自我管理、自我服务、自我教育和自我成长。

从心理健康教育的教育目标看，应有"顶层思维"和"底线思维"的主导。所谓"顶层思维"，就是确定心理健康教育的总目标，即遵循思想政治教育和不同学段学生心理发展规律，引导学生努力践行正确的人生观、世界观、价值观，培养理性平和、自我接纳、情绪乐观、人格健全的积极心理品质，充分开发他们的健康潜能，提高社会适应能力、抗挫折能力和自我调适能力，提高全体学生的心理素质，促进他们身心和谐、创造性发展与可持续发展，为成长成才和幸福人生固本强基。所谓"底线思维"，就是心理健康教育的具体目标，即加强心理健康教育，强化心理健康服务，提高心理辅导与心理咨询绩效，完善心理调节、调适能力，锤炼良好人格特质与心理品质；使学生明确心理健康的内涵、标准及意义，增强自我心理保健意识和心理危机干预、求助意识；初步掌握并有效应用心理健康理论知识和方法技能，培养自我觉知能力、交往沟通能力、情绪调节能力；提高学习成才技能、环境适应技能、压力管理技能、问题解决技能、自我管理技能、人际交往技能和生涯规划技能；使学生学会学习和生活、健康和娱乐，正确认识自我、接纳自我，提高自我管理和自我教育能力，提高调控情绪情感、承受困难挫折、适应社会环境、适应职业生涯的能力；对有心理冲突、困扰或心理行为问题的学生，进行有的放矢的心理辅导、心理咨询，准确、及时给予必要的危机干预，全面提高其心理素质和心理健康水平。从更为具体的工作目标考察，要努力构建课堂教学、活动体验、辅导咨询、预防干预"四位一体"的大中小幼一体化的心理健康教育工作新格局。树立系统思维，促进学段衔接，坚持分层分类，推进资源整合，规范工作流程，形成学校、家庭、社会共同参与的心理健康教育与心理健康服务体系。根据不同学段学生的身心特点，学习、宣传普及心理健康知识，通过多种形式的心理健康活动和体验，帮助他们理解和掌握心理保健的方法和技能；增强心理健康意识，强化积极心理品质，提高心理调适能力和社会适应能力，预防、减少和杜绝心理行为问题；了解并掌握增进心理保健的方法和技能，帮助他们培养良好的心理品质和自尊、自信、自律、自强的优良品格，培养创新精神和实践能力；正确处理好学习、人际沟通、环境适应、自我管理、异性交往、求职择业、人格发展和情绪调节等方面的困惑；要面向全体学生，做好心理辅导和心理咨询工作，为他们提供及时、有效、高质量的心理健康指导与服务；努力构建和完善不同学段学生心理行为问题高危人群预警机制，做到心理障碍和心理疾病及早发现、及时预防、有效干预。建立从学生骨干、辅导员、专兼职教师到班级、年级、院系、部门、学校的快速危机反应机制，建立健全从心理健康教育机构到专业医院、专业精神卫生机构的快速危机干预通道。

二、大中小幼心理健康教育一体化的实践核心：教育内容

心理健康教育，要根据学生身心发展阶段性与连续性的规律和特点，通过教育内容的具体设置和学段对接，课堂教学的有效呈现和活动展示，逐步实现大中小幼心理健康教育的一体化。教育内容作为大中小幼心理健康教育一体化的实践核心，必须达到"普遍适用标准"和"学段标准"的有机统一。

"普遍适用标准"，是所有学段都需要遵循的基本内容或"统一标准"，也是大中小幼心理健康教育一体化衔接的主要"评价标准"，包括学习心理健康知识，树立心理健康意识，认识心理异常现象；提升心理健康素质，提高社会适应能力，开发自我心理潜能；运用心理调节方法，掌握心理保健技能，提高心理健康水平三个层面。其重点是认识自我、学会学习、人际交往、情绪调节、升学择业以及生活和社会适应等方面的内容。一是学习心理健康知识，夯实心理健康意识。学习心理健康基础知识，使学生认识自身的心理活动与个性特点；宣传、普及心理健康知识，使学生认识到心理健康的重要作用，特别是心理健康对成长、成才的重要意义，树立牢固的心理健康意识；认识与识别心理异常现象，使学生了解常见心理行为问题的表现、类型及其成因，初步掌握心理保健常识，以科学的态度对待各种心理行为问题。二是提升心理健康素质，提高社会适应能力。针对新生的心理健康教育重点放在适应新环境和认识新同伴等

内容上，帮助他们尽快完成不同学段的转变与适应；针对童年期的心理健康教育的重点是普及心理健康知识、掌握生活技能以及处理好认识自我、人际交往、情绪调节、人格发展等方面；针对青少年期的心理健康教育除上述教育内容外，要配合学习、升学、就业指导工作，帮助他们正确认识自身特点和职业特点，客观分析自我职业倾向，开发自我心理潜能，做好就业创业的心理准备。特别要重视留守、流动、单亲家庭、经济困难等群体学生的心理健康教育工作。三是运用心理调节方法，掌握心理保健技能。不断提高心理调节的技能，提供维护心理健康和提高心理素质的方法，使学生学会运用心理调节方法，有效消除心理困惑，及时调节负性情绪；使学生养成良好的学习与生活习惯，健康的生活方式，掌握科学、有效的心理保健技能，培养创新精神和实践能力；使学生树立正确的人生态度，培养积极的心理品质，坚韧不拔的意志品质和艰苦奋斗的精神，提高承受和应对挫折的能力。

"学段标准"，是某一具体学段必须执行的基本内容或"专属标准"，具有特殊性。

(一) 幼儿园阶段

心理健康教育要从孩子抓起。教育部颁布的《幼儿园教育指导纲要（试行）》（教基〔2001〕20 号）就明确指出："幼儿园必须把保护幼儿的生命和促进幼儿的健康放在工作的首位，树立正确的健康观念，在重视幼儿身体健康的同时，要高度重视幼儿的心理健康。"[1]帮助幼儿适应幼儿园的学习生活环境，培养科学、规律的日常生活习惯，遵守基本的社会规范，形成正确的规则意识；尊重幼儿的独立意识与自主选择意识，逐步培养正确的自我意识和性别角色；科学解释生命的起源，提升幼儿感受爱的能力及安全感。培养广泛的学习兴趣，保护其好奇心，激发其求知欲，提升阅读兴趣，开发幼儿的思维能力和创造性；培养幼儿的人际交往能力，学会沟通、合作与分享。幼儿身心发展的特点、规律和

---

① 中华人民共和国教育部：《幼儿园教育指导纲要（试行）》，北京，北京师范大学出版社，2001。

现实需要制约着幼儿心理健康教育的全过程，因此，幼儿心理健康教育必须遵循幼儿的心理特点才能顺利地完成教育教学活动，取得良好的教育效果。首先，要给幼儿营造良好的心理氛围，建立民主和谐的师生关系，创设自由宽松的活动环境。尊重幼儿，关注幼儿，满足幼儿的心理需要，尽力给每个幼儿创设成功的机会，满足他们成就感的需要。其次，应将幼儿的心理健康教育融入教学活动中，渗透到日常生活中，扩展到游戏中，适时地进行心理健康教育。最后，要对所有幼儿进行心理健康教育，而不只是针对有心理行为问题症状的幼儿。心理健康教育的目的是奠定基础，提高全体幼儿的心理素质，而不仅仅是解决目前所面临的心理行为问题。

(二) 中小学阶段

中小学阶段是开展心理健康教育的关键期、决策期。教育部 2002 年颁布的《中小学心理健康教育指导纲要》(教基〔2002〕14 号) 明确规定，"城镇中小学和农村中小学的心理健康教育，必须从不同地区的实际和学生身心发展特点出发，做到循序渐进，设置分阶段的具体教育内容"[1]。十年后修订的《中小学心理健康教育指导纲要》(教基〔2012〕15 号) 再次强调，"心理健康教育应从不同地区的实际和不同年龄阶段学生的身心发展特点出发，做到循序渐进，设置分阶段的具体教育内容"[2]。可见，中小学心理健康教育一体化已具有政策依据，并且对各个阶段的教育内容也有明确规定，这里，我们进行综合梳理并简要分析。

1. 小学低年级

在自我层面，使学生有安全感和归属感，初步学会情绪的自我控制；在学习层面，激发学生初步感受到学习知识的兴趣，快乐学习，重点是学习习惯的培养与训练；在人际关系层面，培养学生礼貌友好的交往品质，乐于与老师、

---

[1] 中华人民共和国教育部：《中小学心理健康教育指导纲要》，北京，人民教育出版社，2002。
[2] 中华人民共和国教育部：《中小学心理健康教育指导纲要（2012 年修订）》，北京，北京师范大学出版社，2013。

同学交往，在谦让、友善的交往中感受友情；在社会适应层面，帮助学生认识学校、班级、日常生活环境和基本规则，适应新环境、新集体和新的学习生活，树立纪律意识、时间意识和习惯意识。其核心是帮助该阶段学生适应新环境下的学习生活，建立规则、规范意识以及良好的同学关系、师生关系。

2. 小学中年级

在自我层面，帮助学生了解自我、认识自我、接纳自我；在学习层面，有意识地逐步培养学生的学习能力，激发他们的学习动机和学习兴趣，树立学习自信心，乐于学习；在人际关系层面，引导学生树立集体意识，善于与同学、老师交往，培养自主参与各种活动的能力，以及开朗、合群、自立的健康人格；在情绪调节层面，帮助学生在学习生活中体验解决各种困难的乐趣，学会识别情绪并合理表达情绪；在社会适应层面，培养学生对不同社会角色的适应，增强自我管理意识，帮助学生正确处理学习与爱好、兴趣之间的矛盾。该学段重点强调帮助学生学会学习，初步认识自我和调节情绪，为人格发展奠定基础。

3. 小学高年级

在自我层面，帮助学生正确认识自己的特点、优缺点和兴趣爱好，在各种集体活动中悦纳自己；在学习层面，着力培养学生良好的学习兴趣、学习态度和学习能力，端正学习动机，调整学习心态，正确对待成绩，体验学习成功的快乐；在人际关系层面，引导学生进行恰当的异性交往，建立和维持良好的异性同伴关系，积极扩大人际交往的范围；在情绪调节层面，帮助学生克服厌学情绪，学会恰当地、正确地体验情绪和表达情绪；在社会适应层面，积极促进学生的亲社会行为，逐步认识自己与社会、国家和世界的关系，培养学生分析问题和解决问题的能力，为初中阶段学习生活做好准备。重点要关注学生的学习兴趣与自信心，提高集体意识和健全人格，正确对待各种困难和挫折，培养面临毕业升学的进取态度。

4. 初中年级

在自我层面，帮助学生增强自我意识，客观地认识自己、评价自己，正确认识青春期的生理特征和心理特征；在学习层面，引导学生逐步适应初中阶段的学习环境和学习要求，培养正确的学习观念，发展学习能力，改善学习方法，提高学习效率；在人际关系层面，帮助学生积极与老师、父母进行有效沟通，把握与异性交往的尺度，建立良好的师生关系、亲子关系和同伴关系；在情绪调节层面，鼓励学生进行积极的情绪体验与表达，并对自己的情绪进行有效管理，正确处理厌学心理，抑制冲动行为；在社会适应层面，把握升学选择的方向，培养职业规划意识，树立早期职业发展理想与目标，逐步适应生活、家庭和社会的各种变化，着重培养应对失败和挫折的能力。该学段的关键是科学认识青春期的身心特征，在自我认识和有效学习的基础上，学会调控情绪情感，正确处理异性交往，培养抗挫折能力，积极适应生活和环境的变化。

5. 高中年级(普高阶段)

在自我层面，帮助学生树立客观的、积极的自我意识，树立远大的人生理想和信念，形成正确的世界观、人生观和价值观；在学习层面，强化培养学生的创新精神和创新能力，掌握学习方法与学习策略，挖掘学习潜能，提高学习效率，积极应对考试压力，克服考试焦虑；在人际关系层面，帮助学生正确认识自己的人际交往状况，着力培养人际沟通能力，促进人际间的积极情感反应和体验，正确对待和异性同伴的交往，知道友谊和爱情的界限；在情绪调节层面，帮助学生进一步提高承受失败和应对挫折的能力，形成良好的情绪品质和坚强的意志品质；在社会适应层面，引导学生在充分了解自己的兴趣、能力、性格、特长和社会需要的基础上，确立自己的职业志向，实施职业生涯规划，培养职业道德意识，为升学、就业准备，提高社会担当意识和社会责任感。该学段的重点是开发学习潜能，提高批判性与创造性思维能力，在正确的自我意识的基础上，进一步发展良好的人际关系和异性同伴关系，提高承受困难和应对挫折的能力，形成坚强的意志品质。

需要特别指出的是，与普高阶段对应的是职高阶段，两者虽有年龄和教育内容上的相似性，但职高阶段学生又具有与普高学生不同的特性。职高学生随着学习生活由普通教育向职业教育的转变，发展方向由升学为主向就业为主转变，以及将直接面对社会和职业的选择，他们在自我意识、人际交往、求职择业以及成长、学习和生活等方面难免产生各种各样的心理困惑或问题。他们虽没有普高学生面临的高考压力，但他们面临的社会压力要比普高学生大，所受的失败与挫折也会比普高学生多。因此，教育部专门颁布的《中等职业学校学生心理健康教育指导纲要》（教职成〔2004〕8号）强调指出，"必须根据学生不同年龄阶段身心发展的特点和职业发展的需要，分阶段、有针对性地设置心理健康教育的具体内容"。① 其重点是帮助学生增强心理健康意识，培养乐观向上的积极心理品质，提高心理调节能力和生活适应能力；帮助学生正确认识自我，增强自信心，学会合作与竞争，培养学生的职业兴趣和敬业乐群的心理品质，提高应对挫折、匹配职业、适应社会的能力；帮助学生解决在成长、学习和生活中遇到的心理困惑和心理行为问题，并给予科学有效的心理辅导与咨询，提供必要的心理援助。

（三）大学阶段

大学阶段是人的社会化或心理社会性发展的重要阶段。这一阶段，大学生经历着从青少年向成年人的角色转变，而心理健康是他们顺利从未成年人向成年人过渡的心理基础。近年来，我国大学生心理健康教育工作得到了国家的高度重视，各高等学校心理健康教育工作蓬勃开展、有声有色，并取得了很大成效。然而，人际关系、学业压力、社会适应、就业愿景等方面的困扰，仍然使大学生成为各类心理行为问题的易感人群，且严重性有递增趋势，由心理行为问题引发的自残、自杀等极端事件也屡见不鲜。因此，如何在社会转型的特殊历史时期，有效地预防大学生心理行为问题，进一步解决大学生日益增长的心理健康需要与发展不平衡、不充分之间的矛盾，就需要构建生态型的大学生心理健康教育与服务体系。为此，教育部党组在2018年8月颁布的《高等学校学

---

① 中华人民共和国教育部：《中等职业学校学生心理健康教育指导纲要》，2004。

生心理健康教育指导纲要》(教党〔2018〕41 号，以下简称《纲要》)，再次重申"心理健康教育是提高大学生心理素质、促进其身心健康和谐发展的教育，是高校人才培养体系的重要组成部分，也是高校思想政治工作的重要内容"[①]。凭借对《纲要》的深入解读与诠释，其心理健康教育内容，已清晰呈现。

1. 本科院校

帮助大学生正确认识和处理好学习成才、择业交友、健康生活方式等方面的具体问题。树立终身教育、终身学习的理念，激发学习动机与学习动力，掌握学习方法与学习策略，挖掘、开发学习潜能，提高学习效率，积极应对学业压力，克服考试焦虑，为成才和创新精神、创新能力的培养奠定基础；客观评价自己的人际交往与人际关系状况，尊师爱友孝亲助人，提高人际沟通能力，促进人际间的积极情感反应和体验，正确对待和异性同伴的交往，认识友谊和爱情的界限，建立正确的恋爱观、婚姻观，为建立家庭和为人父母做准备；帮助大学生进一步调控和管理自我情绪，进一步提高克服困难、承受失败和应对挫折的能力，形成良好的情绪品质和意志品质；关注社会、服务社会，积极参与社会公共生活，自觉培养亲社会行为和志愿者行为，不断提高自己的社会适应能力；培养积极心理品质，优化人格特征，增强自我调节、自我教育能力，培养自尊、自爱、自律、自强的优良品格，促进自我与人格的和谐发展，使他们真正成为人格健全的创新型和自我提升型人才；在充分认识自己的特点特长、兴趣爱好、智慧能力、气质性格和社会发展需要的基础上，树立自己的职业理想、确定职业目标和职业生涯规划，培养职业道德意识，为升学或就业做准备，培养责任意识、担当意识和主人翁精神。

2. 高职院校

帮助高职学生正确认识和处理成长、学习、情绪和职业生活中遇到的心理行为问题，促进自强意识、成才意识、创业意识和自我价值感。让他们了解激发学习兴趣和动机的方法，理解终身学习概念的新内涵，培养自己的学习信心

---

① 中华人民共和国教育部：《高等学校学生心理健康教育指导纲要》，2018。

和兴趣，体验学习过程中的积极感受和体验，树立终身学习和在职业实践中学习的理念；让他们正确认识人际交往和社会适应障碍的成因，理解和谐人际关系、快乐生活的意义，热爱职业，劳动光荣，崇尚人际交往中的尊重、平等、谦让、友善和宽容，追求健康的生活方式，不断提升自己的生活质量；关注自己性生理和性心理发展的特点，从而能主动进行心理调适、情绪管理，做积极、乐观、善于面对现实的人；使他们了解自己的性格特征、行为方式和成长规律，积极接纳自我，学会欣赏自我，敢于接受职业的挑战，追求自己的人生价值，直面成长中的心理行为问题。特别是让他们享受成功的体验，增强职业意识，培养职业兴趣，提高职业选择能力，做好职业心理准备；了解职业心理素质的重要性，正确对待求职就业与创业中可能出现的心理行为问题，勇于面对职业压力和职业倦怠，认同职业角色规范，不懈追求创业和创新，提高职业适应能力，在职业体验和实践中提高职业心理素质，做一个身心健康的高素质劳动者。

3. 研究生院

根据研究生年龄大、文化水平高、民主参与意识突出、自我管理能力强，以及面临学业、就业、经济、婚恋等实际困难及压力，有序开展研究生(包括硕士研究生和博士研究生)心理健康状况普查普测、心理健康教育活动、心理咨询和心理危机干预等工作。要开展有针对性的个体服务和团体辅导项目，帮助他们处理好与导师的师生关系，重点解决好情绪调节、环境适应、人格发展、人际交往、交友恋爱、择业就业等方面的困惑，以及树立正确的择业观、就业观和创业观，增强心理调适能力，提高心理健康水平。促进研究生学术科研能力和心理健康素质同步提高，培养他们不畏艰难的科学作风、严谨求实的优良学风、求新探异的创新意识、艰苦奋斗的创业品格、合作沟通的团队精神，把心理健康教育全面、全员、全程渗透到研究生培养和教育管理的各个环节，贯穿到研究生培养和教育管理的各个阶段，做到思想政治教育、心理健康教育与专业业务水平紧密结合，为研究生自我教育、自我成长、自我服务搭建可持续发展的平台。

三、大中小幼心理健康教育一体化的实践要素：教育途径

教育途径是促进受教育者获得发展的渠道、方式的总称。一般而言，心理健康教育的途径主要有：教学活动、实践活动、体验活动、社会活动、群体活动以及心理辅导、角色扮演、心理情景剧等。[①] 教育途径虽有主与次、一般与特殊之分，但每一个被教育实践肯定的途径都有其特点和功能，不同学段可以根据学校实际情况选择心理健康教育途径，但首先必须遵循"循序渐进、突出重点、按类指导、均衡发展"的基本原则。

第一，循序渐进。要认真学习、普及和宣传心理健康知识，牢固树立心理健康意识，巩固现有心理健康教育成果，继续深化心理健康教育领域改革和创新，循序渐进、按部就班地全面、全员、全程推进心理健康教育工作。积极拓展不同学段的心理健康教育渠道，逐步建立学校、家庭和社区心理健康教育网络体系和联动机制，普遍建立起合理、规范、科学的心理健康服务体系。

第二，突出重点。加强不同学段心理健康教育的规范制度建设、课程资源建设、心理辅导（咨询）中心建设和专兼职教师队伍建设。以课程教学建设为突破口，全面、系统地深化和创新心理健康教育；加强心理辅导（咨询）中心建设，切实发挥其在教育、筛查、预防和解决学生心理行为问题方面的中流砥柱作用；加强心理健康教育专兼职师资队伍建设，特别是大力加强班主任、辅导员的培训力度，建立一支科学化、专业化、专兼职结合的心理健康教育教师队伍。

第三，按类指导。对于心理健康教育条件和资源较好的学校，要在普遍开展心理健康教育工作的基础上，及时总结和梳理，继续深化和创新心理健康教育工作模式，努力提高教育质量和工作绩效，率先建立成熟、可推广的心理健康服务体系；心理健康教育条件有待改善、资源有待丰富的学校，要尽快建立

---

① 中华人民共和国教育部：《中小学心理健康教育特色学校争创计划》，2014。

和健全心理健康教育工作机制、体制，建立心理辅导（咨询）中心和稳定的心理健康专业教师队伍，充实兼职教师队伍，普遍展开、有效推进心理健康教育工作。

第四，均衡发展。加大力度推动大中小幼不同学段优质心理健康教育资源共享和心理健康教育公平，深入推进不同区域和不同学校之间心理健康教育的均衡发展，逐步完善各级各类学校心理健康教育服务体系。坚持并继续保证公共教育资源和优质教育资源向中小学校倾斜、向贫困地区和农村山区倾斜、向中西部学校倾斜，不断加强支持指导和帮扶力度，逐步缩小东西部和区域之间心理健康教育的发展差距，推动心理健康教育全面、协调、均衡发展，着力提高大中小幼心理健康教育工作实效。

在实际工作中，除了继续加强对心理健康教育工作的领导和管理、强化心理健康教育师资队伍建设和培训、重视教师自身心理健康教育和评估督导，以及加强心理健康教育的条件保障和科学研究外，更重要的是把心理健康教育工作视为一项系统工程、民生工程、"良心工程"，有的放矢地选择最适合自己的教育方式和教育路径。要以心理健康课堂教学、课外活动体验为主要渠道和基本环节，形成学校与部门、班级与年级、课内与课外、教学与辅导、咨询与自助、自助与他助有机结合的心理健康教育网络和体系。要主动占领手机、App、互联网心理健康教育新阵地，使教育信息化成为弘扬主旋律、开展心理健康教育的重要手段，着力建设融思想性、知识性、趣味性、服务性于一体的心理健康教育网站和网页，牢牢把握新时代网络心理健康教育的大方向和主动权。

从课程途径上，开设专门的心理健康教育课程。心理健康教育课程是集知识传授、心理活动体验与行为训练为一体的课程。各级各类学校应根据教育部心理健康教育政策要求，积极挖掘潜力、创造条件，开设以活动课程、体验课程为主的心理健康教育专门课程，可以采取多种教学形式，包括知识传授、专题讲座、同辈辅导、团体辅导、心理训练、问题辨析、情境设计、角色扮演、游戏辅导、心理情景剧等。同时，构建大中小幼相互衔接、螺旋上升的心理健康教育课程内容体系，并将其纳入各级各类学校整体教学计划，实现大中小幼心理健康教育课程无缝全覆盖；研发不同学段学生心理健康教育课程标准，编写系统化、权威性示范教材。教育部已明确规定大学阶段要对新生开设 2 学分心理健康教育公共必修课，倡导面向全体大学生开设心理健康教育类选修课程。我们建议高中阶段(含中职或职高)心理健康教育课程不低于 36 课时，初中阶段不低于 54 课时，小学阶段不低于 72 课时。在此过程中，不断创新心理健康教育教学手段，建立大中小幼心理健康教育一体化课程资源共享平台，提供网络课程、教学案例、教学辅助课件、教学经验分享、教学研究前沿动态等内容；组织不同学段心理健康教学技能比赛，提升教学水平。通过线上线下、课上课下、课内课外、校内校外等多种课程路径，激发不同年龄阶段学生的学习兴趣，提高课堂教学效果。需要指出的是，大中小幼心理健康教育课程均须防止科普化、学科化倾向，避免将其作为心理学知识的普及和心理学理论的教育，要注重引导不同学段学生运用心理健康知识，正确处理自身面临的心理行为问题，最大限度地预防他们在发展过程中可能出现的心理障碍和心理疾病。

从活动途径上，将心理健康教育始终贯穿于大中小幼各级各类学校教学的全过程。不同学段学校的全体教职员工，特别是各学科专任教师要牢固树立心理健康教育意识和"健康第一"观念，将适合不同学段学生特点的心理健康教育内容渗透到日常教学活动、专业教学中；注重发挥自身人格魅力和为人师表的模范表率作用，塑造良好、民主、平等、相互尊重的师生关系。班主任、辅导员、党团少先队工作者和心理健康专兼职教师要将心理健康教育与德育工作、班级工作、党团活动、校园文化活动、社会实践活动、志愿者服务活动等有机结合，充分利用互联网等现代信息技术手段，多种路径、多种途径开展心理健康教育。统筹协调大中小幼不同学段的各种优势教育资源，建立大手拉小手协同创新机制，打造适合不同学段的品牌活动，增强心理健康教育的吸引力和感染力，如每年春季可举办"5·25"心理健康节，秋季举办特色心理文化活动；定期开展班级心理文化主题活动，建立学生心理健康教育社团或兴趣小组，支持开展心理健康教育自助互助活动；加强社团联动，鼓励大学生到中小学校、幼儿园开展阳光心理志愿服务，充分发挥大学学科优势，协助中小学校、幼儿园开展心理健康教育特色校园建设等活动，定期举办不同学段、不同区域间的心理文化活动经验交流与展示。

从辅导与咨询途径上，应切实建立和加强心理辅导室或心理咨询中心建设。① 这是专业人员或心理健康教育专兼职教师开展个别辅导和团体辅导，有的放矢地帮助学生解决在学习生活和成长成才中出现的心理行为问题，排解心理困扰和心理障碍的特殊场所。各级各类学校要积极创造条件，建立心理健康教育工作体制、服务体系，开展常规性的心理辅导或心理咨询工作。心理辅导或心理咨询工作要以发展性辅导或发展性咨询为主，面向全校学生，通过个别面询咨询、团体心理辅导、心理行为训练、书信电话咨询、手机网络咨询、远程联网咨询等多种形式，有针对性地向不同地区、不同学校、不同学段学生提供经常、及时、有效的心理健康指导与服务。心理辅导或咨询机构要科学地把握学生心理健康教育工作的任务和内容，严格区分心理辅导或咨询中心与专业精神卫生机构所承担工作的性质、任务和目标。在心理辅导或咨询中，如发现有严重心理障碍和心理疾病的学生，要及时采取干预措施，并转介到专业医院或专业精神卫生机构治疗。要建立和完善学生心理危机干预转介和治理机制之间的联动，切实提高预防和干预突发事件的应对能力。心理辅导或心理咨询是一项伦理性、科学性、专业性很强的特殊工作，大中小幼各级各类学校应加强心理辅导制度建设，建立和健全心理辅导或心理咨询的值班、预约、重点反馈等规章制度，定期开展心理辅导、心理咨询个案的研讨与督导活动，不断提高心理辅导或心理咨询的专业化和科学化水平。在筛查途径上，要根据受筛查学生的具体学情和现实状况，规范地、有选择地运用具有较高信度与高效度、适合我国国情的心理健康评估工具，为不同学段学生心理行为问题的早期发现、及时干预和跟踪服务提供科学参考，从而提高心理健康教育工作的科学性和实

---

① 中华人民共和国教育部：《中小学心理辅导室建设指南》，2015。

效性。要积极、稳妥地推广使用教育部推荐的、符合中国风格、反映中国文化和中国学生特点的心理健康筛查量表。制定和完善不同学段学生心理危机预防与干预工作制度，建立健全学校、院系、班级、宿舍"四级"预警防控体系，开展针对全员的心理危机预防与干预培训，提高危机识别能力。开展不同学段新生心理健康普测，准确把握他们的心理健康状况及变化规律。做好日常及特殊时期、关键节点的心理危机排查工作，加强对重点关注和危机学生的精准帮扶和跟踪服务。强化医校合作，建立精神专科医院与学校危机干预合作协议，有条件的学校，要在校医院配备精神科医生，及时解决学生的就诊需求。成立市、区(县)两级学生心理危机预防与干预专家督导组，组织心理危机个案分析研讨，总结危机发生规律。此外，开展心理辅导或心理咨询以及心理健康测评，必须严格遵守职业伦理规范，决不能有讨价还价的余地，并在学生知情同意、自愿参加的基础上进行，严格遵循保密原则，认真保护学生的隐私，谨慎使用心理测评量表或其他测评手段，严禁使用任何可能损害学生心理健康的工具、仪器和设备，坚决反对学校心理健康教育的医学化倾向、"贴标签"倾向。

从资源融合途径上，强调校内外心理健康教育资源的交叉融合。各种心理健康教育资源要"择优录取"，合理利用，使其效益、绩效最大化。在校内途径上，充分利用校内教育资源开展心理健康教育。使用学校黑板、广播、电视、校园网、校刊校报、橱窗板报等宣传媒体，多渠道、多形式地正面宣传、普及心理健康和心理疾病知识。在信息化时代，各级各类学校要格外重视心理健康教育网络平台建设，开办专题网站，充分开发利用网上教育资源进行心理健康教育。要加强校园文化建设，营造积极、健康、高雅的环境氛围，陶冶学生的情操；通过同辈自助、朋辈互助、心理情景剧表演等形式，增强学生之间、同伴之间相互关怀与支持的意识。大力开展有益于学生心理健康的社会实践活动、研学游学活动、第二课堂活动、音乐艺术鉴赏活动，要积极支持学生成立心理健康教育方面的社团、兴趣小组，通过举办生动活泼、丰富多彩、事半功倍的各种活动，增强学生的自觉参与、主动参与意识，强化学生学习心理健康知识的兴趣和动力，及时解决他们在学习、成长、生活和社会适应中产生的各种心理困扰和行为问题，达到自助与助人的目的。要针对不同学段学生，构建适合其生理、心理发展水平的心理辅导、心理咨询与生涯规划指导服务体系，把解决思想问题、道德问题、生活问题、行为问题与积极心理品质培养有效结合起来。在校外途径上，积极、有效地利用校外一切相关的教育资源开展心理健康教育。各级各类学校要加强与卫生机构、医疗机构、科研院所、社会团体、企事业单位、公共文化机构、街道社区以及青少年校外活动场所等的联系和合作，组织开展各种有益于大中小幼学生身心健康的文体娱乐活动和心理素质拓展活动，拓宽心理健康教育的范围、路径和方式方法。同时，要加强家校合作、互动，帮助家长树立正确的教育观念，加强亲子沟通，以积极、健康、和谐的家庭氛围影响孩子；建立学校、家庭与社区的联动机制，成立家长学校，加强对家长的心理辅导，为家长提供促进学生心理发展的指导意见，协助他们共同解决不同学段学生在发展过程中的心理行为问题，形成心理健康教育合力，共同促进学生的健康成长。

第二篇

领域研究前沿

心理健康问题的研究领域较为广泛，涉及学习、自我、情绪、人际、适应诸多方面。从目前发展趋势看，它越细分研究越深入。以人际为例，不仅可细分为同伴关系、亲子关系、师生关系，而且同伴关系又可细分为浪漫关系、亲密关系、同胞关系等。浪漫关系中的关系攻击指通过操纵或损害关系以达到伤害浪漫关系伴侣的行为，可以分为直接攻击和间接攻击、主动性攻击和反应性攻击等，这是一种隐性的攻击行为，并具有冲突解决策略的性质，在浪漫关系中往往具有相互性，会导致较低的关系质量和心理健康水平，并引发身体攻击和亲密伴侣暴力；未来研究中应关注浪漫关系中关系攻击的动机，澄清关系攻击发起与受害之间的关系，并加强理论建构与干预研究。亲密关系中的权力则是指亲密关系中的一方改变另一方的思想、情感和/或行为以使其与自己的偏爱相符合的能力或潜能，以及抵抗另一方施加影响的能力或潜能；社会影响模型和权力的关系阶段模型是关于亲密关系中的权力的最新理论进展；自评法、观察编码法和实验操纵法是对亲密关系中的权力进行测量的基本方法；在未来的研究中应注意从社会关系的角度看待亲密关系中的权力，并探讨亲密关系中的权力与一般权力的关系、亲密程度对亲密关系中权力效应的影响，以及关系阶段对亲密关系中权力影响策略的影响。同胞关系即兄弟姐妹之间分享与彼此有关的知识、观点、态度、信念和感受的所有互动，具有平等互惠性和补充性，其关系质量可划分为同胞温暖与冲突、界限黏结与解离、积极与消极同胞关系；同胞关系对于儿童青少年内外化问题行为和人际关系等具有重要影响；未来应关注特殊儿童青少年同胞关系的特点，深入探讨同胞关系对儿童青少年社会性发展的作用机制和干预措施，加强本土化研究自我也是心理健康的一个重要研究领域，这里仅以自我抽离加以说明。个体对负性事件的反省会产生积极或消极的结果，而自我反省的视角能够解释不同结果的原因，以旁观者的视角审视自己过去的经历，即从自我抽离的视角进行反省是一种适应性的反省；可从建构水平理解自我抽离视角的适应价值，它对身心健康、缓解负性情绪、减少基本归因错误和促进合理推理决策等具有积极作用；未来研究应重点探讨自我抽离视角的文化差异以及应用边界。情绪是心理健康的另一个重要研究领域，已有诸多研究成果。这里也仅以情绪调节与心理健康的关系为切入口，对情绪调节理论进行阐述：早期精神分析理论把情绪调节看作被动防御机制、情绪调节困难导致心理问题；情境观把情绪调节看作为应对情绪情境即时的心理反应，策略使用情况与心理健康相关；过程观认为情绪调节在情绪发生过程中展开，不同阶段所采用的调节策略与心理健康相关，后又把调节过程扩展到情绪恢复到正常状态所持续的时间，这个时间与心理健康相关；结构观认为情绪调节结构的差异影响心理健康。

心理健康问题作为多学科的研究对象，诸多心理科学分支学科对其贡献功不可没。从现在的研究趋势看，这些分支学科的影响越来越大。在环境心理学中，气温与气温变化对心理健康的威胁和影响引起越来越多研究者的关注。气温及气温变化对情绪体验、抑郁症等情感障碍、精神分裂症、阿尔茨海默病等脑器质性精神障碍、物质滥用与依赖、自杀意念与行为等心理健康指标具有直接或间接的影响；气象情绪效应、棕色脂肪组织理论和血清素理论，从生理角度解释气温影响心理健康的机制，健康保持行为理论则从行为角度解释气温与心理健康的关系；气温变化对心理健康的影响还存在性别、年龄、社会经济地位等方面的差异，儿童青少年、老年人、工人是易感人群；未来研究应进一步区分不同的气温指标，增加对低温与心理健康关系的关注，控制其他因素对气温与心理健康关系的干扰，并揭示群体间的差异。在教育心理学中，学业特权是一种认为学生即消费者，因此即使在没有付出个人努力的情况下，依然有资格获得学业成功的主观信念；它受到个体、家庭、学校、社会文化等多方面因素的影响，并最终损害其心理健康；未来研究应进一步厘清学业特权的概念与结构，加强理论模型的建构，不断完善与拓展学业特权的测评工具和研究方法，并在不同年龄、不同文化的被试群体中，进一步探索影响学业特权的可能因素和减弱学业特权消极影响的方法。日常性学业弹性作为学生积极适应并成功应对日常学习中典型学业挫折、挑战和困难的能力，其"弹性"体现为学生的学习投入、应对方式和学习坚持性三个方面的动态作用过程；对日常性学业弹性具有重要催化作用的因素主要包含积极的学习动机、适应性的情绪和人格特征，以及良好的师生和同伴关系，它对学生的学业表现和心理健康具有重要影响；未来应在研究内容、研究方法上，进一步探讨日常性学业弹性的概念内涵、作用机制和神经生理基础，关注其促进因素和抑制因素的共同作用，并采取针对性的干预与提升措施。在社会心理学中，群体认同特指个体认为自己属于某一群体，并将群体价值观等作为自我知觉的重要维度。研究表明，不同种类群体认同、群体认同数量均会显著影响个体心理健康；群体认同与个体心理健康之间关系的影响因素主要包括群体认同动机和个体对群体的评价，群体认同通过自尊、社会支持、控制知觉、归因方式等中介因素影响个体心理健康；未来应继续挖掘群体认同与个体心理健康关系的影响因素与作用机制，并加强实验法等方法的应用。

第八章

————

浪漫关系中的关系攻击

在对于浪漫关系中攻击的研究中，研究者大多关心显性攻击（overt aggression）或身体攻击（physical aggression），而对于隐性攻击（covert aggression）的关注较少。但实际上，浪漫关系中隐性攻击发生的频率要高于显性攻击，并且其危害程度并不亚于显性攻击。浪漫关系中的关系攻击（relational aggression in romantic relationship）作为一种隐性的攻击类型，近年来也开始受到研究者的关注。本章将对浪漫关系中关系攻击的概念及内涵、测量方法和相关研究进行梳理与回顾。

一、浪漫关系中关系攻击的概念与内涵

（一）浪漫关系中关系攻击的概念界定

关系攻击这一概念的提出，最初是为了对儿童的攻击行为进行研究，许多关于关系攻击的研究都关注了学校情境中的儿童和青少年早期群体。[1] 在学校情境中，关系攻击通常被定义为通过故意操纵和损害同伴关系以伤害他人的行为。[2] 具体的例子包括，将其他儿童排除在同伴群体之外，散播关于他们的流言，或者收回对他们的友谊等。[3] 随着个体的心理发展，浪漫关系在青少年晚

---

[1] Wright, E. M. & Benson, M. L., "Relational Aggression, Intimate Partner Violence, and Gender: An Exploratory Analysis," Victims and Offenders, 2010, 5(4), pp. 283-302.

[2] Crick, N. R. & Grotpeter, J. K., "Relational Aggression, Gender, and Social-psychological Adjustment," Child Development, 1995, 66(3), pp. 710-722.

[3] Grotpeter, J. K. & Crick, N. R., "Relational Aggression, Overt Aggression, and Friendship," Child Development, 1996, 67(5), pp. 2328-2338.

期和成年早期变得更为重要，在重要程度上超过家庭关系和同伴关系，因此，一些研究者也开始对浪漫关系中的关系攻击予以关注。①

浪漫关系中的关系攻击指通过操纵或损害关系以达到伤害浪漫关系伴侣的行为，也有研究者称之为"浪漫关系攻击"（romantic relational aggression）。②③ 尽管研究发现浪漫关系中的关系攻击会导致个体及关系层面的一系列消极后果④⑤，并且这种攻击类型在浪漫关系中是非常普遍的⑥⑦，然而，与更为显性的攻击形式相比，我们对于浪漫关系中的关系攻击这一隐性攻击的了解还较少。⑧

有研究者⑨认为，对浪漫关系中关系攻击的研究较少的原因有以下两点。第一，从关系攻击研究的历史背景来看，关系攻击的研究最初关注小学儿童和青少年早期⑩⑪，而浪漫关系并不存在于这些群体之中。当对于关系攻击的研究逐渐扩展到更大年龄群体的时候，研究者并没有对浪漫关系中的关系攻击给予

① Woodin, E. M., Sukhawathanakul, P., Caldeira, V., et al., "Pathways to Romantic Relational Aggression through Adolescent Peer Aggression and Heavy Episodic Drinking," *Aggressive Behavior*, 2016, 42(6), pp. 563-576.

② Linder, J. R., Crick, N. R. & Collins, W. A., "Relational Aggression and Victimization in Young Adults' Romantic Relationships: Associations with Perceptions of Parent, Peer, and Romantic Relationship Quality," *Social Development*, 2002, 11(1), pp. 69-86.

③ Murray-Close, D., Holland, A. S. & Roisman, G. I., "Autonomic Arousal and Relational Aggression in Heterosexual Dating Couples," *Personal Relationships*, 2012, 19(2), pp. 203-218.

④ Burk, W. J. & Seiffge-Krenke, I., "One-sided and Mutually Aggressive Couples: Differences in Attachment, Conflict Prevalence, and Coping," *Child Abuse and Neglect*, 2015(50), pp. 254-266.

⑤ Ellis, W. E., Crooks, C. V. & Wolfe, D. A., "Relational Aggression in Peer and Dating Relationships: Links to Psychological and Behavioral Adjustment," *Social Development*, 2009, 18(2), pp. 253-269.

⑥ Carroll, J. S., Nelson, D. A., Yorgason, J. B., et al., "Relational Aggression in Marriage," *Aggressive Behavior*, 2010, 36(5), pp. 315-329.

⑦ Stappenbeck, C. A. & Fromme, K., "The Effects of Alcohol, Emotion Regulation, and Emotional Arousal on the Dating Aggression Intentions of Men and Women," *Psychology of Addictive Behaviors*, 2014, 28(1), pp. 10-19.

⑧ Prather, E., Dahlen, E. R., Nicholson, B. C. & Bullock-Yowell, E., "Relational Aggression in College Students' Dating Relationships," *Journal of Aggression, Maltreatment & Trauma*, 2012, 21(7), pp. 705-720.

⑨ Goldstein, S. E., "Relational Aggression in Young Adults' Friendships and Romantic Relationships," *Personal Relationships*, 2011, 18(4), pp. 645-656.

⑩ Crick, N. R. & Grotpeter, J. K., "Relational Aggression, Gender, and Social-Psychological Adjustment," *Child Development*, 1995, 66(3), pp. 710-722.

⑪ Grotpeter, J. K. & Crick, N. R., "Relational Aggression, Overt Aggression, and Friendship," *Child Development*, 1996, 67(5), pp. 2328-2338.

及时的关注。第二，从社会认可的角度看，对浪漫关系中的关系攻击研究相对较少的原因是，关系攻击由于并不涉及身体攻击和心理虐待，因此并没有引起家庭冲突与攻击领域研究者的广泛注意。

(二) 浪漫关系中关系攻击的类型

1. 直接攻击与间接攻击

浪漫关系中的关系攻击包括直接攻击和间接攻击两种形式。直接形式的关系攻击指面对面发生的攻击；间接形式的关系攻击指和第三方秘密发起的攻击。在浪漫关系中，研究者认为关爱收回(love withdraw)和社会破坏(social sabotage)是两种主要的关系攻击类型。关爱收回是一种直接的关系攻击形式，指浪漫关系中的一方在冲突中收回情感和支持。社会破坏是一种间接的关系攻击形式，指浪漫关系中的一方散播另一方的流言或八卦，或者说服局外人在两人的冲突中偏袒自己。[1] 浪漫关系中的个体可能同时使用两种亚类型的关系攻击形式，也可能在起初阶段只使用关爱收回。如果关爱收回并没有收到很好的效果，则会使用社会破坏来伤害对方。因此，关爱收回是一种比较普遍的、非极端形式的攻击类型，只涉及关系双方，所造成的伤害也更容易得到消除。而社会破坏代表了关系攻击的极端形式，意味着浪漫关系中的一方主动地转向关系外的他人以操纵和破坏他人的名誉和当前的关系。由于社会破坏涉及了关系外的其他人，这就可能导致这种行为对浪漫关系产生持续的影响。因此，社会破坏更像是一种背叛，因为浪漫关系的一方已经越过了浪漫关系的范围去讨论个人的信息。[2]

2. 主动性攻击与反应性攻击

攻击行为可以划分为主动性攻击(proactive aggression)和反应性攻击(reac-

① Carroll, J. S., Nelson, D. A., Yorgason, J. B., et al., "Relational Aggression in Marriage," *Aggressive Behavior*, 2010, 36(5), pp. 315-329.
② Coyne, S. M., Nelson, D. A., Carroll, J. S., "Relational Aggression and Marital Quality: A Five-year longitudinal study," *Journal of Family Psychology*, 2017, 31(3), pp. 282-293.

tive aggression），这种分类方式同样适用于浪漫关系中的关系攻击。主动性关系攻击是指为了达到某一目的而发起的关系攻击，也可被称为工具性关系攻击（instrumental relational aggression）。反应性关系攻击是指由被激怒而引发的关系攻击，通常伴随着愤怒等消极情绪，也可被称为冲动性关系攻击（impulsive relational aggression）。① 主动性关系攻击和反应性关系攻击尽管都是关系攻击的亚类型，但存在着很大的区别。主动性关系攻击通常可以用社会学习理论（social learning theory）进行解释，即在浪漫关系中发起关系攻击是为了获得预期的益处。而反应性关系攻击则用挫折—攻击理论（frustration-aggression theory）进行解释更为恰当，也就是说，浪漫关系中的关系攻击是对挫折的敌意性反应。② 当前的研究更多关注的是主动性关系攻击，强调了通过关系攻击以达到某一目的，而忽视了关系攻击所具有的防卫性和报复性反应的功能。③

3. 浪漫关系中关系攻击与心理攻击的区别

浪漫关系中常见的攻击形式包括身体攻击、心理攻击（psychological aggression）、关系攻击等。其中，身体攻击的含义最为容易理解，即故意使用武力以伤害对方的攻击行为，包括温和的身体攻击和严重的身体攻击，前者如推搡、划伤对方等，后者如令其窒息、用拳击打、使用武器攻击等。④ 然而，浪漫关系中心理攻击和关系攻击之间的界限就没有如此明显了。心理攻击同样是浪漫关系中的一种常见攻击形式⑤，指不直接指向对方身体的强制性

① Czar, K. A., "*Regional Differences in Relational Aggression: The Role of Culture*," (Unpublished doctorial dissertation), The University of Southern Mississippi, Hattiesburg, 2012.

② Clifford, C. E., *Testing the Instrumental and Reactive Motivations of Romantic Relational Aggression*. (Unpublished doctorial dissertation), Kansas State University, Manhattan, 2016.

③ Clifford, C. E., *Testing the Instrumental and Reactive Motivations of Romantic Relational Aggression*. (Unpublished doctorial dissertation), Kansas State University, Manhattan, 2016.

④ Burk, W. J., & Seiffge-Krenke, I., "One-sided and Mutually Aggressive Couples: Differences in Attachment, Conflict Prevalence, and Coping," *Child Abuse and Neglect*, 2015(50), pp. 254-266.

⑤ Jose, A. & O'Leary, K. D., "Prevalence of Partner Aggression in Representative and Clinic Samples," in K. D. O'Leary & E. M. Woodin (Eds.), *Psychological and Physical Aggression in Couples: Causes and Interventions*, Washington: American Psychological Association, 2009, pp. 15-35.

的言语和非言语行为。① 心理攻击本身就是一个较为宽泛的概念，缺少一致的操作性定义。在研究中，心理攻击往往代表着言语攻击、情感攻击以及不直接侵犯他人身体的其他攻击形式②，包括但不限于人身攻击、破坏伴侣财产、监视伴侣的活动与社交网络、威胁、故意拖延等。③ 有研究者曾将心理攻击划分成 17 个不同的类别④，尽管如此，对于心理攻击的研究仍无法穷尽心理攻击的所有要素，因此，我们甚至无从知晓心理攻击究竟是多因素结构还是单因素结构。⑤⑥

由于心理攻击所包含的攻击形式非常广泛，因此研究者认为，心理攻击可以看成是关系攻击的一个子类型。⑦ 尽管浪漫关系中的心理攻击和关系攻击存在一些重叠，但两者是存在区别的，这主要体现在攻击的目标上。⑧ 具体而言，心理攻击指任何能够对他人造成情感伤害的非身体伤害行为，其攻击目标并不只限定于人际关系，也可以是认知、思想、情感或行为。举例而言，心理攻击包含着骂人、摔东西等行为，但这些行为并没有直接对人际关系造成伤害。而对关系攻击而言，无论是言语的还是非言语的，直接的还是间接的，其攻击目

---

① Murphy, C. M. & O'Leary, K. D., "Psychological Aggression Predicts Physical Aggression in early Marriage," *Journal of Consulting and Clinical Psychology*, 1989, 57(5), pp. 579-582.

② Wright, E. M. & Benson, M. L., "Relational Aggression, Intimate Partner Violence, and Gender: An Exploratory Analysis," *Victims and Offenders*, 2010, 5(4), pp. 283-302.

③ Tougas, C., Péloquin, K. & Mondor, J., "Romantic Attachment and Perception of Partner Support to Explain Psychological Aggression Perpetrated in Couples Seeking Couples Therapy," *Couple and Family Psychology: Research and Practice*, 2016, 5(4), pp. 197-211.

④ Follingstad, D. R., Coyne, S. & Gambone, L., "A Representative Measure of Psychological Aggression and its Severity," *Violence and Victims*, 2005, 20(1), pp. 25-38.

⑤ Carroll, J. S., Nelson, D. A., Yorgason, J. B., et al., "Relational Aggression in Marriage," *Aggressive Behavior*, 2010, 36(5), pp. 315-329.

⑥ Coyne, S. M., Nelson, D. A., Carroll, J. S., et al., "Relational Aggression and Marital Quality: A Five-year Longitudinal Study," *Journal of Family Psychology*, 2017, 31(3), pp. 282-293.

⑦ Coyne, S. M., Nelson, D. A., Carroll, J. S., et al., "Relational Aggression and Marital Quality: A Five-year Longitudinal Study," *Journal of Family Psychology*, 2017, 31(3), pp. 282-293.

⑧ Linder, J. R., Crick, N. R. & Collins, W. A., "Relational Aggression and Victimization in Young Adults' Romantic Relationships: Associations with Perceptions of Parent, Peer, and Romantic Relationship Quality," *Social Development*, 2002, 11(1), pp. 69-86.

标总是关系本身。[1][2] 关系攻击是一个独特的攻击类型也已得到实证研究的证明。[3]

4. 浪漫关系中关系攻击的内涵

第一，浪漫关系中的关系攻击是一种隐性的攻击行为。攻击行为指意在伤害他人的行为，可以表现为多种形式。[4] 浪漫关系中的关系攻击作为发生于浪漫关系这一特定人际关系中的一种攻击形式，无疑属于攻击行为的范畴。然而与身体攻击或言语攻击等较为显性的攻击行为不同，浪漫关系中的关系攻击是一种隐性的攻击行为[5]，较显性的攻击更加难以识别，却同样可以对浪漫关系造成很大的伤害。[6] 研究者认为，相比于身体攻击，关系攻击更为直接地涉及个体的核心依恋需要，如人际关系的需要或归属需要等。[7][8]

第二，浪漫关系中的关系攻击具有冲突解决策略（conflict resolution strategy）的性质。冲突解决策略指应对分歧的人际行为，可以被划分为建设性风格和非建设性风格两类。[9] 在对浪漫关系中的关系攻击进行研究时的一个关键问题是，关爱收回与社会破坏究竟是一种攻击行为还是一种冲突解决策略。研究者认为，

---

① Goldstein, S. E., "Relational Aggression in Young Adults' Friendships and Romantic Relationships," *Personal Relationships*, 2011, 18(4), pp. 645-656.

② Wright, E. M. & Benson, M. L., "Relational Aggression, Intimate Partner Violence, and Gender: An Exploratory Analysis," *Victims and Offenders*, 2010, 5(4), pp. 283-302.

③ Crick, N. R., Werner, N. E., Casas, J. F., et al., "Childhood Aggression and Gender: A New Look at an Old Problem," in D. Bernstein (Ed.), *Gender and Motivation*, Lincoln, University of Nebraska Press, 1999, pp. 75-141.

④ Murray-Close, D., Ostrov, J. M., Nelson, D. A., et al., "Proactive, Reactive, and Romantic Relational Aggression in Adulthood: Measurement, Predictive Validity, Gender Differences, and Association with Intermittent Explosive Disorder," *Journal of Psychiatric Research*, 2010, 44(6), pp. 393-404.

⑤ Martin, M. P., Miller, R. B., Kubricht, B., et al., "Relational Aggression and Self-Reported Spousal Health: A Longitudinal Analysis," *Contemporary Family Therapy*, 2015, 37(4), pp. 386-395.

⑥ Madsen, C. A. *The Impact of Marital Power on Relational Aggression.* (Unpublished doctorial dissertation), Kansas State University, Manhattan, 2012.

⑦ Carroll, J. S., Nelson, D. A., Yorgason, J. B., et al., "Relational Aggression in Marriage," *Aggressive Behavior*, 2010, 36(5), pp. 315-329.

⑧ Oka, M., Brown, C. C. & Miller, R. B., "Attachment and Relational Aggression: Power as a Mediating Variable," *The American Journal of Family Therapy*, 2016, 44(1), pp. 24-35.

⑨ Bonache, H., Ramírez-Santana, G. & Gonzalez-Mendez, R., "Conflict Resolution Styles and Teen Dating Violence," *International Journal of Clinical and Health Psychology*, 2016, 16(3), pp. 276-286.

与冲突解决策略相一致的是，浪漫关系中的关系攻击也可能存在着工具性的意图，即浪漫关系中的一方试图通过关系攻击以应对困难的情境或者促使伴侣改变他们的权力位置或者修复他们的关系。① 因此，浪漫关系中的关系攻击也具有冲突解决策略的性质，体现了一种不健康的关系动力(dynamics)。②③ 在具体研究中，有研究者④就曾使用青少年恋爱关系冲突问卷(Conflict in Adolescent Dating Relationships Questionnaire)对浪漫关系中的关系攻击进行测量，将浪漫关系中的关系攻击看成是一种非建设性的冲突解决策略。从发展的视角看，个体在成年早期能否习得建设性的冲突解决策略，以非攻击性的策略应对人际冲突是非常重要的。尽管很多在成年早期建立的浪漫关系最终破裂了，但是个体在这些关系中习得的交往模式却会对后来长期的关系以及个体在关系中的行为产生影响。⑤

　　第三，浪漫关系中的关系攻击往往具有相互性，浪漫关系中关系攻击的发起者(perpetrator)有可能同时成为关系攻击的受害者(victim)。对同伴关系中关系攻击的研究表明，同伴关系攻击发起与同伴关系攻击受害都与孤独、抑郁和同伴拒绝存在关联。⑥⑦ 浪漫关系中的攻击往往是相互的，研究⑧表明，大约50%的青少年处于相互攻击之中，浪漫关系一方的攻击行为

① Coyne, S. M., Nelson, D. A., Carroll, J. S., et al., "Relational Aggression and Marital Quality: A Five-Year Longitudinal Study," *Journal of Family Psychology*, 2017, 31(3), pp. 282-293.

② Carroll, J. S., Nelson, D. A., Yorgason, J. B., et al., "Relational Aggression in Marriage," *Aggressive Behavior*, 2010, 36(5), pp. 315-329.

③ Willoughby, B. J., Carroll, J. S., Busby, D. M., et al., "Differences in Pornography Use among Couples: Associations with Satisfaction, Stability, and Relationship Processes," *Archives of Sexual Behavior*, 2016, 45(1), pp. 145-158.

④ Burk, W. J. & Seiffge-Krenke, I., "One-Sided and Mutually Aggressive Couples: Differences in Attachment, Conflict Prevalence, and Coping," *Child Abuse and Neglect*, 2015, 50, pp. 254-266.

⑤ Goldstein, S. E., "Relational Aggression in Young Adults' Friendships and Romantic Relationships," *Personal Relationships*, 2011, 18(4), pp. 645-656.

⑥ Crick, N. R. & Grotpeter, J. K., "Relational Aggression, Gender, and Social-Psychological Adjustment," *Child Development*, 1995, 66(3), pp. 710-722.

⑦ Grotpeter, J. K. & Crick, N. R., "Relational Aggression, Overt Aggression, and Friendship," *Child Development*, 1996, 67(5), pp. 2328-2338.

⑧ Menesini, E., Nocentini, A., Ortega-Rivera, et al., "Reciprocal Involvement in Adolescent Dating Aggression: An Italian-Spanish Study," *European Journal of Developmental Psychology*, 2011, 8(4), pp. 437-451.

会引发另一方的攻击行为。① 浪漫关系中的关系攻击发起和关系攻击受害也存在着很强的关联，两者也都与反社会人格和边缘型人格存在联系。② 在许多研究中，浪漫关系中的关系攻击发起和关系攻击受害都存在着显著的正相关。③④

二、浪漫关系中关系攻击的测量

使用最为广泛的对浪漫关系中的关系攻击进行测量的工具是从攻击与受害自评量表（Self-measure of Aggression and Victimization）中抽取的两个分量表，即浪漫关系攻击（romantic relational aggression）和浪漫关系受害（romantic relational victimization），分别测查个体对对方的关系攻击以及对方对个体的关系攻击。每个分量表各包含 5 个题目，每个题目按照李克特 7 点量表进行评分。如果被试当前处于浪漫关系之中，则按当前的关系进行回答；如果被试当前不处于浪漫关系之中，则按照最近的一段关系进行回答。浪漫关系攻击的题目如"我会拿分手威胁我的恋人，让他按我说的做"；浪漫关系受害的题目如"我的恋人会试图让我嫉妒来报复我"。⑤

有研究者在攻击与受害自评量表的基础上发展出的夫妇关系攻击与受害量

① Murray-Close, D., "Autonomic Reactivity and Romantic Relational Aggression among Female Emerging Adults: Moderating Roles of Social and Cognitive Risk," *International Journal of Psychophysiology*, 2011, 80(1), pp. 28-35.

② Saini, S., & Singh, J. "Gender Differences in Relational Aggression and Psychosocial Problems in Romantic Relationships among Youths," *Journal of the Indian Academy of Applied Psychology*, 2008, 34(2), pp. 279-286.

③ Goldstein, S. E., Chesir-Teran, D. & McFaul, A., "Profiles and Correlates of Relational Aggression in Young Adults' Romantic Relationships," *Journal of Youth and Adolescence*, 2008, 37, pp. 251-265.

④ Schad, M. M., Szwedo, D. E., Antonishak, J., et al., "The Broader Context of Relational Aggression in Adolescent Romantic Relationships: Predictions from Peer Pressure and Links to Psychosocial Functioning," *Journal of Youth and Adolescence*, 2008, 37(3), pp. 346-358.

⑤ Linder, J. R., Crick, N. R. & Collins, W. A., "Relational Aggression and Victimization in Young Adults' Romantic Relationships: Associations with Perceptions of Parent, Peer, and Romantic Relationship Quality," *Social Development*, 2002, 11(1), pp. 69-86.

表（Couples Relational Aggression and Victimization Scale，CRAVS），共包含关爱收回和社会破坏两个维度，更适合对已婚浪漫关系中的关系攻击进行测量。关爱收回维度共包含5个题目，用以测查个体所知觉到的对方在冲突中收回情感和支持的程度，如"当我伤害了我爱人的感情时，他会对我沉默相待"。社会破坏维度共包含6个题目，用以测查个体所知觉到的对方在冲突中使用社会攻击的程度，如"当我惹我的爱人生气时，他会试图令我在众人面前感到尴尬或看起来很愚蠢"。和攻击与受害自评量表不同，这一测量工具只是测量个体对伴侣关系攻击的知觉。①

还有研究者将浪漫关系中的关系攻击看成是一种冲突解决策略，使用冲突解决策略量表中的分量表对其进行测量。例如，有研究者使用青少年恋爱关系冲突问卷对青少年浪漫关系中的关系攻击进行测量，其中关系攻击分量表共包含9个项目，如"我不和他说话"，"我威胁他说我要结束关系"，等等。②

如前所述，浪漫关系中的关系攻击可以划分为直接攻击和间接攻击，也可以划分为主动性攻击和反应性攻击。在当前针对浪漫关系中关系攻击的测量工具中，夫妇关系攻击与受害量表已能够对直接关系攻击和间接关系攻击进行区分，但尚未有量表能够对浪漫关系中主动性关系攻击和反应性关系攻击进行区分。唯一的例外是克利福德③编制了浪漫关系攻击动机量表（Romantic Relational Aggression Motivation Scale，RRAM），将关爱收回维度进一步分为工具性量表和反应性量表两个分量表。然而这一量表暂未得到广泛使用，其信效度仍需要更多研究的检验。

① Carroll，J. S.，Nelson，D. A.，Yorgason，J. B.，et al.，"Relational Aggression in Marriage,"*Aggressive Behavior*，2010，36（5），pp. 315-329.

② Burk，W. J. & Seiffge-Krenke，I.，"One-Sided and Mutually Aggressive Couples：Differences in Attachment，Conflict Prevalence，and Coping,"*Child Abuse and Neglect*，2015（50），pp. 254-266.

③ Clifford，C. E.，*Testing the Instrumental and Reactive Motivations of Romantic Relational Aggression*，（Unpublished doctorial dissertation），Kansas State University，Manhattan，2016.

三、浪漫关系中关系攻击的后果

(一)关系质量

关系攻击的研究最早起源于儿童早期。对于儿童来说,在同伴群体中发起关系攻击和接受关系攻击都会导致同伴拒绝。[①] 对于大学生来说,发起同伴关系攻击也与同伴拒绝存在关联。[②] 在浪漫关系中,林德等人(Linder et al.)的研究表明,浪漫关系中关系攻击发起与受害都与关系质量存在着密切联系。在浪漫关系中更多发起关系攻击的个体在关系中有更低的信任水平和更高的沮丧、嫉妒和过度依赖水平。关系攻击受害除了与这些因素存在关联外,还与自恃存在正相关,与亲密寻求存在负相关。回归分析发现,关系攻击受害和关系攻击发起都能够对关系质量的变异进行解释。卡罗尔等[③]的研究表明,浪漫关系中的关系攻击与低水平的关系质量和高水平的关系不稳定性存在关联。科因等[④]的纵向研究表明,男性的关爱收回能够预测男性和女性所知觉的关系质量的降低,女性的关爱收回能够预测男性所知觉的关系质量的降低,但并不能对女性所知觉的关系质量产生预测作用。女性的社会破坏对双方所知觉的关系质量均无影响,男性的社会破坏能够预测女性所知觉的关系质量的降低。

(二)心理健康

在浪漫关系中的关系攻击与心理健康的关系上,首先,浪漫关系中关系攻击受害会影响个体的心理健康。例如,埃利斯等[⑤]的研究表明,浪漫关系中的

[①] Crick, N.R. & Grotpeter, J.K., "Relational Aggression, Gender, and Social-Psychological Adjustment," *Child Development*, 1995, 66(3), pp. 710-722.

[②] Werner, N.E. & Crick, N.R., "Relational Aggression and Social-Psychological Adjustment in a College Sample," *Journal of Abnormal Psychology*, 1999, 108(4), pp. 615-623.

[③] Carroll, J.S., Nelson, D.A., Yorgason, J.B., et al., "Relational Aggression in Marriage," *Aggressive Behavior*, 2010, 36(5), pp. 315-329.

[④] Coyne, S.M., Nelson, D.A., Carroll, J.S., et al., "Relational Aggression and Marital Quality: A Five-Year Longitudinal Study," *Journal of Family Psychology*, 2017, 31(3), pp. 282-293.

[⑤] Ellis, W.E., Crooks, C.V. & Wolfe, D.A., "Relational Aggression in Peer and Dating Relationships: Links to Psychological and Behavioral Adjustment," *Social Development*, 2009, 18(2), pp. 253-269.

关系攻击受害能够对青少年的抑郁和焦虑产生预测作用，但这一预测作用只存在于女性身上。其次，在浪漫关系中发起关系攻击也与个体的心理健康存在负向关联。例如，针对大学生的研究发现①，浪漫关系中的关系攻击发起与孤独、抑郁症状、酒精与药物使用存在正向关联，对女生来说，浪漫关系中的关系攻击发起还与社交焦虑存在关联。也有一些研究者同时考查了浪漫关系中关系攻击发起和受害与心理健康的关系。谢德等②的研究发现，浪漫关系中的关系攻击发起与关系攻击受害都与抑郁症状和酒精使用存在关联。戈尔茨坦等③的研究发现，发起关系攻击和接受关系攻击的个体都会报告更高水平的抑郁和焦虑症状。在两者对心理健康的预测程度上，有研究者认为，浪漫关系中关系攻击受害与抑郁的关联要强于关系攻击发起与抑郁的关联。④ 另外，在心理健康之外，有研究表明，无论男性还是女性，接受社会破坏都会导致个体身体健康水平的下降，男性发起关爱收回还会导致自身身体健康水平的降低。⑤

（三）身体攻击与亲密伴侣暴力

以往研究表明，亲密伴侣暴力（intimate partner violence，IPV）与浪漫关系中的非身体攻击存在密切联系。浪漫关系中的关系攻击作为一种非身体的、恶意的、蓄意的攻击形式，由于能够使对方感到不被爱或不被需要，能够直接对关系质量产生影响，因此，浪漫关系中的关系攻击也是身体攻击和亲密伴侣暴力的重要预测因素。⑥

---

① Bagner, D. M., Storch, E. A. & Preston, A. S., "Romantic Relational Aggression: What About Gender?" *Journal of Family Violence*, 2007, 22(1), pp. 19-24.

② Schad, M. M., Szwedo, D. E., Antonishak, et al., "The Broader Context of Relational Aggression in Adolescent Romantic Relationships: Predictions from Peer Pressure and Links to Psychosocial Functioning," *Journal of Youth and Adolescence*, 2008, 37(3), pp. 346-358.

③ Goldstein, S. E., Chesir-Teran, D. & McFaul, A., "Profiles and Correlates of Relational Aggression in Young Adults' Romantic Relationships," *Journal of Youth and Adolescence*, 2008, 37, pp. 251-265.

④ Cramer, C. M., *Relational Aggression/Victimization and Depression in Married Couples*, (Unpublished doctorial dissertation), Brigham Young University, Provo, 2015.

⑤ Martin, M. P., Miller, R. B., Kubricht, B., et al., "Relational Aggression and Self-reported Spousal Health: A Longitudinal Analysis," *Contemporary Family Therapy*, 2015, 37(4), pp. 386-395.

⑥ Wright, E. M. & Benson, M. L., "Relational Aggression, Intimate Partner Violence, and Gender: An Exploratory Analysis," *Victims and Offenders*, 2010, 5(4), pp. 283-302.

赖特和本森①的研究发现，浪漫关系中的关系攻击与家庭暴力和受害都存在关联，无论男性还是女性，浪漫关系中的关系攻击都能够对家庭暴力的发起产生预测作用，也能够对家庭暴力的受害产生预测作用。研究②考查了浪漫关系中的关系攻击对身体攻击的影响，结果表明，浪漫关系中男性的关系攻击能够对男性和女性的身体攻击产生预测作用，女性的关系攻击只能够对男性的身体攻击产生预测作用。

四、浪漫关系中关系攻击的影响因素

(一)性别

在浪漫关系中，人们一般认为男性是攻击的发起者，女性是攻击的受害者，然而最近的研究也开始强调女性攻击者的作用。③ 研究表明，关系攻击对于女性来说更为突出，与男性相比，女性更多地运用关系攻击并更多地受到关系攻击的困扰，认为关系攻击会对关系造成更大的影响，并会花更多的时间思考和讨论它。④ 在儿童同伴关系中，女孩更容易对其他女孩发起关系攻击行为，而男孩更容易对其他男孩发起显性攻击或身体攻击。⑤⑥ 在浪漫关系中，林德等⑦的研究发

① Wright, E. M. & Benson, M. L. "Relational Aggression, Intimate Partner Violence, and Gender: An Exploratory Analysis,"*Victims and Offenders*, 2010, 5(4), pp. 283-302.

② Oka, M., Sandberg, J. G., Bradford, A. B., et al., "Insecure Attachment Behavior and Partner Violence: Incorporating Couple Perceptions of Insecure Attachment and Relational Aggression,"*Journal of Marital and Family Therapy*, 2014, 40(4), pp. 412-429.

③ Murray-Close, D., "Autonomic Reactivity and Romantic Relational Aggression among Female Emerging Adults: Moderating Roles of Social and Cognitive Risk,"*International Journal of Psychophysiology*, 2011, 80(1), pp. 28-35.

④ Salmivalli, C. & Kaukiainen, A., "'Female Aggression' Revisited: Variable-and Person-Centered Approaches to Studying Gender Differences in Different Types of Aggression,"*Aggressive Behavior*, 2004, 30(2), pp. 158-163.

⑤ Crick, N. R. & Grotpeter, J. K., "Relational Aggression, Gender, and Social-Psychological Adjustment,"*Child Development*, 1995, 66(3), pp. 710-722.

⑥ Grotpeter, J. K. & Crick, N. R., "Relational Aggression, Overt Aggression, and Friendship,"*Child Development*, 1996, 67(5), pp. 2328-2338.

⑦ Linder, J. R., Crick, N. R. & Collins, W. A., "Relational Aggression and Victimization in Young Adults' Romantic Relationships: Associations with Perceptions of Parent, Peer, and Romantic Relationship Quality,"*Social Development*, 2002, 11(1), pp. 69-86.

现，男性和女性报告了相同的关系攻击发起水平，但男性报告了更高的关系攻击受害水平。戈尔茨坦等[1]的研究发现，女性报告了更高的关系攻击发起水平，男性报告了更高的关系攻击受害水平。戈尔茨坦[2]的研究结果同样表明，女性在浪漫关系中会较男性表现出更多的关系攻击行为。然而，有些研究并没有发现女性在浪漫关系中表现出更多的关系攻击行为。例如，相关研究[3][4]发现，男性和女性报告了相同的关系攻击水平。还有一项来自印度的研究表明，男性较女性报告了更高的关系攻击水平，研究者认为这可能与文化差异有关。[5]

(二) 依恋

当个体在关系中感到不安全时，他们的关系就更有可能出现问题。[6] 当不安全依恋的个体知觉到关系受到威胁，为了维持在关系中的安全感，他们就可能产生功能失调型愤怒，并进而转换成对伴侣的攻击。[7] 有研究者[8]认为，依恋焦虑的个体希望和伴侣保持彻底的亲密。然而，由于他们对自我价值有着过度关注，因而他们会对被抛弃有一种慢性的恐惧。因此，他们更有可能对伴侣使用心理攻击以告知对方自己在关系中的亲密需要没有得到满足。依恋回避的个体公开表达愤怒的可能性较低，但他们为了与伴侣保持距离和回避亲密同样会

---

① Goldstein, S. E., Chesir-Teran, D. & McFaul, A., "Profiles and Correlates of Relational Aggression in Young Adults' Romantic Relationships," *Journal of Youth and Adolescence*, 2008(37), pp. 251-265.

② Goldstein, S. E., "Relational Aggression in Young Adults' Friendships and Romantic Relationships," *Personal Relationships*, 2011, 18(4), pp. 645-656.

③ Czar, K. A., Dahlen, E. R., Bullock, E. E., et al., "Psychopathic Personality Traits in Relational Aggression among Young Adults," *Aggressive Behavior*, 2011, 37(2), pp. 207-214.

④ Bagner, D. M., Storch, E. A. & Preston, A. S., "Romantic Relational Aggression: What about Gender?" *Journal of Family Violence*, 2007, 22(1), pp. 19-24.

⑤ Saini, S. & Singh, J., "Gender Differences in Relational Aggression and Psychosocial Problems in Romantic Relationships among Youths," *Journal of the Indian Academy of Applied Psychology*, 2008, 34(2), pp. 279-286.

⑥ Goldstein, S. E., Chesir-Teran, D. & McFaul, A., "Profiles and Correlates of Relational Aggression in Young Adults' Romantic Relationships," *Journal of Youth and Adolescence*, 2008, 37, pp. 251-265.

⑦ Mayseless, O., "Adult Attachment Patterns and Courtship Violence," *Family Relations*, 1991, 40(1), pp. 21-28.

⑧ Péloquin, K., Lafontaine, M.-F. & Brassard, A., "A Dyadic Approach to the Study of Romantic Attachment, Dyadic Empathy, and Psychological Partner Aggression," *Journal of Social and Personal Relationships*, 2011, 28(7), pp. 915-942.

对伴侣进行心理攻击。关系攻击作为心理攻击的一个子类型，其与依恋的关联也与心理攻击与依恋的关联模式一致。奥卡等[1]的研究表明，对于男性和女性来说，不安全依恋能够显著预测他们在浪漫关系中的关系攻击。奥卡等[2]的研究表明，报告自己在关系中有更高不安全依恋水平的个体也会报告从伴侣处接受了更多的关系攻击。这些研究表明，不安全依恋与浪漫关系中关系攻击的发起与受害均存在密切联系。正如有研究者[3][4]发现，不安全依恋的两个维度，依恋焦虑和依恋回避都与关系攻击的发起与受害存在显著相关。

(三) 浪漫关系中的权力

浪漫关系中的权力能够对个体的认知、情绪情感和行为产生影响[5]，在权力不平衡的浪漫关系中会发生更多的相互攻击[6]。研究者认为，在浪漫关系中权力较低者往往希望通过隐性的或胁迫的方式以增加自己在浪漫关系中的权力。关系攻击作为一种胁迫技术，应与个体在浪漫关系中权力较小存在关联，这可能也是女性更多使用关系攻击的原因。然而，研究结果表明，无论男性还是女性，在浪漫关系中的权力越大，则越有可能使用关系攻击。[7] 奥卡等[8]的研究同样表明，个体在浪漫关系中的权力越小，就越有可能受到来自对方的关系攻击。这些研究结果与浪漫关系中的低权力者会更多地使用胁迫技术的研究结果相矛

---

① Oka, M., Sandberg, J. G., Bradford, A. B., et al., "Insecure Attachment Behavior and Partner Violence: Incorporating Couple Perceptions of Insecure Attachment and Relational Aggression," *Journal of Marital and Family Therapy*, 2014, 40(4), pp. 412-429.

② Oka, M., Brown, C. C. & Miller, R. B., "Attachment and Relational Aggression: Power as a Mediating Variable," *The American Journal of Family Therapy*, 2016, 44(1), pp. 24-35.

③ Goldstein, S. E., Chesir-Teran, D. & McFaul, A., "Profiles and Correlates of Relational Aggression in Young Adults' Romantic Relationships," *Journal of Youth and Adolescence*, 2008(37), pp. 251-265.

④ Seiffge-Krenke, I. & Burk, W. J., "The Dark Side of Romantic Relationships: Aggression in Adolescent Couples and Links to Attachment," *Mental Health and Prevention*, 2015, 3(4), pp. 135-142.

⑤ 王浩、俞国良：《亲密关系中的权力认知》，载《心理科学进展》，2017，25(4)。

⑥ Viejo, C., Monks, C. P., Sanchez, V., et al., "Physical Dating Violence in Spain and the United Kingdom and the Importance of Relationship Quality," *Journal of Interpersonal Violence*, 2016, 31(8), pp. 1453-1475.

⑦ Madsen, C. A., *The Impact of Marital Power on Relational Aggression*, (Unpublished doctorial dissertation), Kansas State University, Manhattan, 2012.

⑧ Oka, M., Brown, C. C. & Miller, R. B., "Attachment and Relational Aggression: Power as a Mediating Variable," *The American Journal of Family Therapy*, 2016, 44(1), pp. 24-35.

盾。研究者认为，这可能是因为在最初阶段，浪漫关系中的低权力者会将关系攻击作为提高权力的手段，但他们在获得权力之后会依然使用关系攻击以维持自己在浪漫关系中的权力。[①]

（四）同伴关系中的关系攻击

研究者认为，朋友关系是社交和人际技能的训练场，青少年在朋友关系和恋爱关系中往往会拥有相似的体验。如果个体能够在同伴关系中掌握适当的社交技能，就能为他们获得成功的浪漫关系做好准备。相反，有同性同伴互动不良历史的儿童可能会将这些适应不良的模式运用到浪漫关系之中。[②] 伍丁等[③]的研究表明，青少年早期的同伴关系攻击和身体攻击能够对成年早期浪漫关系中的关系攻击产生预测作用，其原因就是青少年会将在同伴关系中的失调行为倾向带入新的浪漫关系情境之中。有研究者[④]的研究同样证实了同伴关系中的关系攻击对浪漫关系中关系攻击的预测作用。他们认为，与在同伴关系中一样，个体会在浪漫关系中工具性地使用关系攻击以维持自己的地位或主导、控制他们的伴侣；也可能是因为，在同伴关系中的关系攻击体验能够提高个体对在浪漫关系中使用关系攻击的容忍度。总之，理解从青少年期到成年早期浪漫关系中关系攻击的发展对于防止攻击模式的恶化和固化，以及避免产生消极的关系和心理健康结果非常重要。[⑤]

① Madsen, C. A., *The Impact of Marital Power on Relational Aggression*. (Unpublished doctorial dissertation), Kansas State University, Manhattan, 2012.

② Ellis, W. E., Crooks, C. V. & Wolfe, D. A., "Relational Aggression in Peer and Dating Relationships: Links to Psychological and Behavioral Adjustment," *Social Development*, 2009, 18(2), pp. 253-269.

③ Woodin, E. M., Sukhawathanakul, P., Caldeira, V., et al., "Pathways to Romantic Relational Aggression through Adolescent Peer Aggression and Heavy Episodic Drinking," *Aggressive Behavior*, 2016, 42(6), pp. 563-576.

④ Leadbeater, B. J., Sukhawathanakul, P., Holfeld, B., et al., "The Effects of Continuities in Parent and Peer Aggression on Relational Intimate Partner Violence in the Transition to Young Adulthood," *Prevention Science*, 2017, 18(3), pp. 350-360.

⑤ Woodin, E. M., Sukhawathanakul, P., Caldeira, V., et al., "Pathways to Romantic Relational Aggression through Adolescent Peer Aggression and Heavy Episodic Drinking," *Aggressive Behavior*, 2016, 42(6), pp. 563-576.

五、研究展望

（一）关注浪漫关系中关系攻击的动机

有研究者认为，冲突并不是能够很好解释浪漫关系结果的一个变量，因此，应将关注的重点转移到其他变量。对浪漫关系中攻击行为的关注直接反映了浪漫关系伴侣之间所交换的行为，体现了伴侣在应对冲突时的相互作用模式。[1]然而，需要认识到的是，在不同动机的驱使下，浪漫关系中的关系攻击所带来的后果可能会截然不同。研究者认为，浪漫关系中关系攻击的背后可能存在两种动机。第一，浪漫关系中的关系攻击可能反映了在沟通被冒犯的情况下，浪漫关系中的一方向对方表达失望的间接意图。第二，浪漫关系中的关系攻击可能是浪漫关系中的一方要求对方按自己的要求去做的操纵性的、间接的方式。[2]在未来的研究中，应对浪漫关系中关系攻击的动机予以区分。

（二）澄清关系攻击发起与关系攻击受害之间的关系

研究表明，浪漫关系中的关系攻击发起和关系攻击受害之间往往存在着显著相关[3][4]，并且关系攻击发起与受害也都与一系列的消极后果存在关联。[5][6]

---

[1] Carroll, J. S., Nelson, D. A., Yorgason, J. B., et al., "Relational Aggression in Marriage," *Aggressive Behavior*, 2010, 36(5), pp. 315-329.

[2] Meng, K. N., *Couple Implicit Rules for Facilitating Disclosure and Relationship Quality with Romantic Relational Aggression as a Mediator*, (Unpublished doctorial dissertation), Brigham Young University, Provo, 2013.

[3] Goldstein, S. E., Chesir-Teran, D. & McFaul, A. "Profiles and Correlates of Relational Aggression in Young Adults' Romantic Relationships," *Journal of Youth and Adolescence*, 2008(37), pp. 251-265.

[4] Schad, M. M., Szwedo, D. E., Antonishak, J., et al., "The Broader Context of Relational Aggression in Adolescent Romantic Relationships: Predictions from Peer Pressure and Links to Psychosocial Functioning," *Journal of Youth and Adolescence*, 2008, 37(3), pp. 346-358.

[5] Goldstein, S. E., Chesir-Teran, D. & McFaul, A., "Profiles and Correlates of Relational Aggression in Young Adults' Romantic Relationships," *Journal of Youth and Adolescence*, 2008(37), pp. 251-265.

[6] Linder, J. R., Crick, N. R. & Collins, W. A., "Relational Aggression and Victimization in Young Adults' Romantic Relationships: Associations with Perceptions of Parent, Peer, and Romantic Relationship Quality," *Social Development*, 2002, 11(1), pp. 69-86.

然而，对于浪漫关系中关系攻击发起与关系攻击受害存在关联的机制是什么仍没有得到充分解释。在之前的很多研究中，研究者往往只对关系攻击发起和关系攻击受害其中之一进行考察，而对两者关系缺少深入探讨，这也就无法明确究竟是关系攻击发起还是关系攻击受害更能够对心理健康、关系质量等变量产生影响。① 在一项对青少年同伴关系攻击的研究中，研究者②发现，关系攻击发起往往与外化问题存在关联，关系攻击受害往往与内化问题存在关联。今后对浪漫关系中关系攻击的研究，也应对关系攻击发起与关系攻击受害之间的关系进行更为深入的探讨。

(三)加强浪漫关系中关系攻击的理论建构与干预研究

当前对于浪漫关系中关系攻击的研究多浮于表面，尽管较多的研究考查了浪漫关系中关系攻击的相关变量，但并没有围绕浪漫关系中的关系攻击进行更深层次的理论建构。例如，浪漫关系中的关系攻击与依恋存在关联③，那么，这是否表明浪漫关系中的关系攻击是个体处理浪漫关系中不安全感的一种方式？与此同时，在浪漫关系中的高权力也会导致高关系攻击④，这是否又反映了浪漫关系中高权力者对对方的影响与控制？对这些问题进行回答都需要我们对浪漫关系中关系攻击的本质进行更为深入的理论思考。另外，据笔者所知，当前并没有针对浪漫关系中关系攻击进行的干预研究。浪漫关系中的关系攻击与个

① Cramer, C. M., *Relational Aggression/Victimization and Depression in Married Couples*, (Unpublished doctorial dissertation), Brigham Young University, Provo, 2015.

② Prinstein, M. J., Boergers, J. & Vernberg, E. M., "Overt and Relational Aggression in Adolescents: Social-Psychological Adjustment of Aggressors and Victims," *Journal of Clinical Child Psychology*, 2001, 30(4), pp. 479-491.

③ Oka, M., Sandberg, J. G., Bradford, A. B. & Brown, A., "Insecure Attachment Behavior and Partner Violence: Incorporating Couple Perceptions of Insecure Attachment and Relational Aggression," *Journal of Marital and Family Therapy*, 2014, 40(4), pp. 412-429.

④ Madsen, C. A., *The Impact of Marital Power on Relational Aggression*, (Unpublished doctorial dissertation), Kansas State University, Manhattan, 2012.

体早期的同伴关系攻击存在关联[1][2]，并且会在浪漫关系中保持相对稳定，浪漫关系双方会拥有使用关系攻击的较为稳定的模式。[3] 如何通过有效干预，打破浪漫关系中关系攻击的稳定模式，提高浪漫关系质量同样成为心理学理论与实践工作者需要深入研究的一个问题。

---

[1] Leadbeater, B. J., Sukhawathanakul, P., Holfeld, B., et al., "The Effects of Continuities in Parent and Peer Aggression on Relational Intimate Partner Violence in the Transition to Young Adulthood," *Prevention Science*, 2017, 18 (3), pp. 350-360.

[2] Woodin, E. M., Sukhawathanakul, P., Caldeira, V., et al., "Pathways to Romantic Relational Aggression through Adolescent Peer Aggression and Heavy Episodic Drinking," *Aggressive Behavior*, 2016, 42(6), pp. 563-576.

[3] Coyne, S. M., Nelson, D. A., Carroll, J. S., et al., "Relational Aggression and Marital Quality: A Five-year Longitudinal Study," *Journal of Family Psychology*, 2017, 31(3), pp. 282-293.

第九章

————

亲密关系中的权力认知

在封建社会，"夫为妻纲"是亲密关系中的行为准则，认为妻子必须服从丈夫。随着社会的发展，对女性有极大束缚的封建观念逐渐被人们摒弃，夫妻平等成了社会对亲密关系新的期待。这种转变实际体现着亲密关系中权力关系的变化。然而，亲密关系中的权力模式并不是完全一致的，对不同的情侣或夫妻来说，亲密关系中的权力是否平衡、男女双方谁拥有更大的权力并不能一概而论。即使是在夫权至上的封建社会，一些女性也可能在亲密关系中拥有更大的权力。例如，在小说《红楼梦》中，薛蟠和夏金桂经过一段时间的争斗，终使"金桂越发长了威风，薛蟠越发软了气骨"。可以看出，亲密关系中的权力有其不同于一般权力的独特特点。近年来，心理学对亲密关系中权力的研究不断增多，本章将对亲密关系中的权力的概念界定、理论进展、测量方法以及对其他变量的影响进行梳理，并对未来的研究方向进行展望。

一、亲密关系中权力的概念

(一)亲密关系中权力的概念界定

权力(power)在人们的社会交往过程中发挥着重要作用，因此，权力受到了研究者的广泛关注。但不同的研究者对权力的定义不尽相同。有的定义关注权力产生的权力基础①，有的定义认为权力是对他人的影响或控制②，还有研究者从需要的角度对权力进行定义，认为权力是满足生存需要的手段。③ 从总体上来看，研究者大都认为亲密关系中的权力是影响、改变或控制另一方的能力或潜能。④

随着对权力概念探讨的不断深入，一些研究者认为权力不仅意味着对别人的影响与控制，还意味着能够抵抗他人对自己的影响。⑤⑥ 拉默斯（Lammers）等把能够对他人进行控制的权力称为社会权力（social power），把能够忽视他人对自己的影响并使自己保持独立的权力称为个人权力（personal power），两种类型的权力能够产生平行的效应。有研究者⑦对权力的概念进行了梳理，认为权力的概念有 3 个本质特征，即行动的自主权（discretion）、手段（means）以及实施意志（enforce will），其中行动的自主权强调的就是权力拥有者所能利用的行为界限。由此研究者提出，亲密关系中的权力就是亲密关系中的一方改变另一方的思想、情感和/或行为以使其与自己的偏爱相符合的能力或潜能，以及抵抗另一方施加影响企图的能力或潜能。⑧⑨

---

① French, J. R. P., Jr. & Raven, B. H., "The Bases of Social Power,"in D. Cartwright (Ed.), *Studies in Social Power*, Oxford, England, University of Michigan Press, 1959, pp. 150-167.

② Fiske, S. T., "Controlling other people: The Impact of Power on Stereotyping,"*American Psychologist*, 1993 (48), pp. 621-628.

③ Pratto, F., Lee, I., Tan, J. Y., et al., "Power Basis Theory: A Psycho-Ecological Approach to Power,"in D. Dunning (Ed.), *Social Motivation*, New York: Psychology Press, 2011, pp. 191-222.

④ Simpson, J. A., Farrell, A. K., Oriña, M. M., et al., "Power and Social Influence in Relationships,"in M. Mikulincer, P. R. Shaver, J. A. Simpson, et al. (Eds.), *APA Handbook of Personality and Social Psychology*, Volume 3: *Interpersonal Relations*, Washington, American Psychological Association, 2015, pp. 393-420.

⑤ Lammers, J., Stoker, J. I. & Stapel, D. A., "Differentiating Social and Personal Power: Opposite Effects on Stereotyping, but Parallel Effects on Behavioral Approach Tendencies,"*Psychological Science*, 2009(20), pp. 1543-1549.

⑥ Simpson, J. A., Farrell, A. K., Oriña, M. M., et al., "Power and Social Influence in Relationships,"in M. Mikulincer, P. R. Shaver, J. A. Simpson, et al. (Eds.), *APA Handbook of Personality and Social Psychology*, Volume 3: *Interpersonal Relations*, Washington, American Psychological Association, 2015, pp. 393-420.

⑦ Sturm, R. E. & Antonakis, J., "Interpersonal Power: A Review, Critique, and Research Agenda,"*Journal of Management*, 2015(41), pp. 136-163.

⑧ Farrell, A. K., Simpson, J. A. & Rothman, A. J., "The Relationship Power Inventory: Development and Validation,"*Personal Relationships*, 2015(22), pp. 387-413.

⑨ Simpson, J. A., Farrell, A. K., Oriña, M. M., et al., "Power and Social Influence in Relationships,"in M. Mikulincer, P. R. Shaver, J. A. Simpson, et al. (Eds.), *APA Handbook of Personality and Social Psychology*, Volume 3: *Interpersonal Relations*, Washington, American Psychological Association, 2015, pp. 393-420.

(二)亲密关系中的权力与一般权力的关系

有些研究者将权力视为一种结构变量,也就是说,权力是依赖于一定的社会事实而发生的。[1] 例如,社会权力理论[2]认为权力就是对他人施加影响的潜力,而并不关心他人是谁;并将奖赏权力(reward power)、强迫权力(coercive power)等6种权力基础作为权力的来源。由于社会权力理论关注的并非关系中的个体,因此这一结构变量取向下的权力理论并没有对权力在关系中是怎样运行的进行探讨。[3]

社会中各种层级的存在的确能够导致权力的结构性差异。[4] 例如,在组织中,老板对于员工而言通常是具有权力的,可以利用奖赏权力和强迫权力通过奖赏和惩罚对员工产生影响。然而,随着权力研究的不断深入,权力的二元观点被研究者广泛接纳。也就是说,权力并不是一个绝对概念,而是一个相对概念,即应从与他人关系的视角看待权力[5],权力会随着关系的不同而发生变化。[6] 因此,相对权力(relative power),即一方较另一方拥有更大权力的程度[7]更受到研

---

[1] Galinsky, A. D., Gruenfeld, D. H. & Magee, J. C., "From Power to Action," *Journal of Personality and Social Psychology*, 2003(85), pp. 453-466.

[2] French, J. R. P., Jr. & Raven, B. H., "The Bases of Social Power," in D. Cartwright (Ed.), *Studies in Social Power*, Oxford, England: University of Michigan Press, 1959, pp. 150-167.

[3] Simpson, J. A., Farrell, A. K., Oriña, M. M., et al., "Power and Social Influence in Relationships," in M. Mikulincer, P. R. Shaver, J. A. Simpson, et al. (Eds.), *APA Handbook of Personality and Social Psychology, Volume 3: Interpersonal Relations*, Washington, American Psychological Association, 2015, pp. 393-420.

[4] Rucker, D. D., Galinsky, A. D., & Dubois, D., "Power and Consumer Behavior: How Power Shapes Who and What Consumers Value," *Journal of Consumer Psychology*, 2012(22), pp. 352-368.

[5] Dunbar, N. E., "Theory in Progress: Dyadic Power Theory: Constructing a Communication-Based Theory of Relational Power," *Journal of Family Communication*, 2004(4), pp. 235-248.

[6] Karney, B. R., Hops, H., Redding, C. A., et al., "A Framework for Incorporating Dyads in Models of HIV-Prevention," *AIDS and Behavior*, 2010, 14(2), pp. 189-203.

[7] Righetti, F., Luchies, L. B., van Gils, S., et al., "The Prosocial Versus Proself Power Holder: How Power Influences Sacrifice in Romantic Relationships," *Personality and Social Psychology Bulletin*, 2015(41), pp. 779-790.

究者的重视。①②③④

因此，从本质上说，权力是一个人际的概念⑤，它存在于各种社会关系之中，也包括亲密关系。尽管人们越来越希望亲密关系中的双方能够拥有平等的权力⑥，并且研究发现，在亲密关系中拥有平等的权力能够产生更高质量的关系⑦⑧⑨，但实际上，亲密关系中的权力差异是普遍存在的。⑩⑪ 这为我们对亲密关系中的权力进行研究提供了现实基础。

亲密关系中的权力和一般权力存在着密切的联系。亲密关系中的权力是权力在亲密关系领域的具体体现，一般权力的相关理论同样适用于亲密关系领域。例如，权力的社会距离理论⑫所提出的权力会使人工具化地知觉他人、使人同理心降低，权力的情境聚焦理论⑬所提出的权力促进个体的目标追求、使人做出与

① Dunbar, N. E. & Burgoon, J. K., "Perceptions of Power and Interactional Dominance in Interpersonal Relationships," *Journal of Social and Personal Relationships*, 2005(22), pp. 207-233.

② Kuehn, M. M., Chen, S. & Gordon, A. M., "Having a Thicker Skin: Social Power Buffers the Negative Effects of Social Rejection," *Social Psychological and Personality Science*, 2015(6), pp. 701-709.

③ Overall, N. C., Hammond, M. D., McNulty, J. K., et al., "When Power Shapes Interpersonal Behavior: Low Relationship Power Predicts Men's Aggressive Responses to Low Situational Power," *Journal of Personality and Social Psychology*, 2016(111), pp. 195-217.

④ VanderDrift, L. E., Agnew, C. R., Harvey, S. M., et al., "Whose Intentions Predict? Power over Condom Use within Heterosexual Dyads," *Health Psychology*, 2013(32), pp. 1038-1046.

⑤ 韦庆旺、俞国良：《权力的社会认知研究述评》，载《心理科学进展》，2009，17(6)。

⑥ Donnelly, K., Twenge, J. M., Clark, M. A., et al., "Attitudes toward Women's Work and Family Roles in the United States, 1976-2013," *Psychology of Women Quarterly*, 2016(40), pp. 41-54.

⑦ Lee, L. A. & Sbarra, D. A., "The Predictors and Consequences of Relationship Dissolution: Breaking Down Silos," in C. Hazan & M. I. Campa (Eds.), *Human Bonding: The Science of Affectional Ties*, New York, Guilford Press, 2013.

⑧ Sprecher, S., "Inequity Leads to Distress and a Reduction in Satisfaction: Evidence from a Priming Experiment," *Journal of Family Issues*, 2016, 39(1).

⑨ Sprecher, S., Schmeeckle, M. & Felmlee, D., "The Principle of Least Interest: Inequality in Emotional Involvement in Romantic Relationships," *Journal of Family Issues*, 2006(27), pp. 1255-1280.

⑩ Bentley, C. G., Galliher, R. V. & Ferguson, T. J., "Associations among Aspects of Interpersonal Power and Relationship Functioning in Adolescent Romantic Couples," *Sex Roles*, 2007(57), pp. 483-495.

⑪ Ponzi, D., Klimczuk, A. C. E., Traficonte, D. M., et al., "Perceived Dominance in Young Heterosexual Couples in Relation to Sex, Context, and Frequency of Arguing," *Evolutionary Behavioral Sciences*, 2015(9), pp. 43-54.

⑫ Magee, J. C. & Smith, P. K., "The Social Distance Theory of Power," *Personality and Social Psychology Review*, 2013(17), pp. 158-186.

⑬ Guinote, A., "Behaviour Variability and the Situated Focus Theory of Power," *European Review of Social Psychology*, 2007(18), pp. 256-295.

目标一致的行为等观点都能对亲密关系中权力的效应进行解释。特别是，从关系的视角来看，亲密关系中的权力同样也是一种相对权力。亲密关系中的权力是一种二元的关系特征，而不仅仅是两个个体的个人特征。①②③ 亲密关系中的双方可能对对方都有较大程度的影响或控制，但如果程度相当，则在亲密关系中存在着较高的互依性（interdependence），但并不存在着权力不对称④，而体现关系中权力不对称性的相对权力才是研究者的重点关注所在。⑤

然而，亲密关系双方的互依程度要高于一般的人际关系，这导致了亲密关系中的权力也与一般人际关系中的权力存在区别。亲密关系有着更高的承诺水平和更长期的关系导向⑥。亲密关系中的个体倾向于将伴侣概念合并于自我概念之中⑦。研究发现，权力会使个体更加关注权力相关信息，并做出与目标相一致的行为。⑧ 在亲密关系中，个体除了拥有自身的目标以外，还将关系的维持作为一个重要目标⑨⑩，从而使得亲密关系中的权力具有特殊性。尽管亲人关系、朋

① Simpson, J. A., Griskevicius, V. & Rothman, A. J., "Consumer Decisions in Relationships," *Journal of Consumer Psychology*, 2012(22), pp. 304-314.

② Simpson, J. A., Farrell, A. K., Oriña, M. M., et al., "Power and Social Influence in Relationships," in M. Mikulincer, P. R. Shaver, J. A. Simpson, et al. (Eds.), *APA Handbook of Personality and Social Psychology*, Volume 3: *Interpersonal Relations*, Washington, American Psychological Association, 2015, pp. 393-420.

③ VanderDrift, L. E., Agnew, C. R., Harvey, S. M., et al., "Whose Intentions Predict? Power over Condom Use within Heterosexual Dyads," *Health Psychology*, 2013(32), pp. 1038-1046.

④ Kelley, H. H. & Thibaut, J. W., *Interpersonal Relations: A Theory of Interdependence*, New York, Wiley, 1978.

⑤ Righetti, F., Luchies, L. B., van Gils, S., et al., "The Prosocial Versus Proself Power Holder: How Power Influences Sacrifice in Romantic Relationships," *Personality and Social Psychology Bulletin*, 2015(41), 779-790.

⑥ Rusbult, C. E., Agnew, C. & Arriaga, X. "The Investment Model of Commitment Processes," in P. A. M. van Lange, A. W. Kruglanski & E. T. Higgins (Eds.), *Handbook of Theories of Social Psychology*, Thousand Oaks, CA, Sage Publications Ltd, 2012, pp. 218-231.

⑦ Aron, A., Lewandowski, G. W., Jr., et al., "The Self-Expansion Model of Motivation and Cognition in Close Relationships," in J. A. Simpson & L. Campbell (Eds.), *The Oxford Handbook of Close Relationships*, New York, Oxford University Press, 2013, pp. 90-115.

⑧ Guinote, A., "Power and Goal Pursuit," *Personality and Social Psychology Bulletin*, 2007(33), pp. 1076-1087.

⑨ Karremans, J. C. & Smith, P. K., "Having the Power to Forgive: When the Experience of Power Increases Interpersonal Forgiveness," *Personality and Social Psychology Bulletin*, 2010(36), pp. 1010-1023.

⑩ Righetti, F., Luchies, L. B., van Gils, S., et al., "The Prosocial Versus Proself Power Holder: How Power Influences Sacrifice in Romantic Relationships.," *Personality and Social Psychology Bulletin*, 2015(41), pp. 779-790.

友关系同样具有较高的互依性[1]，但在亲密关系中还存在着对伴侣的着迷、性的愿望以及关系的排他性[2]，这是亲人关系和朋友关系中所不具备的。法雷尔（Farrell）等[3]认为亲密关系中的权力是不同于亲人关系和朋友关系中的权力的，这是因为亲人关系中的权力差异是规范的和相对稳定的，在朋友关系中，权力也并不像在亲密关系中这样显著。

除了亲密关系中存在的高度互依性以外，权力来源也决定了亲密关系中的权力与一般权力存在区别。其他人际关系中的权力，如组织中的权力，多为实质性权力[4]，权力的来源较为单一，职权可能是唯一的权力基础。[5] 尽管也有观点认为，组织中的权力除了职位权力以外还包括个人权力[6]，但人们仍倾向于认为权力是存在于领导者自身的，领导者的权力是高于下属的。[7] 而亲密关系中的权力来源多样，权力基础复杂，在不同领域中可能有着不同的权力分配。[8] 接下来，我们将对亲密关系中权力的来源进行详细讨论。

（三）亲密关系中权力的来源

拉克（Rucker）等[9]提出，权力的前因可以归为结构因素（structural factors）、认知因素（cognitive factors）和物理因素（physical factors）。例如，社会角色、语

---

① Dunbar, N. E., "Theory in Progress: Dyadic Power Theory: Constructing a Communication-Based Theory of Relational Power," *Journal of Family Communication*, 2004(4), pp. 235-248.

② Furman, W. & Shomaker, L. B., "Patterns of Interaction in Adolescent Romantic Relationships: Distinct features and Links to Other Close Relationships," *Journal of Adolescence*, 2008(31), pp. 771-788.

③ Farrell, A. K., Simpson, J. A. & Rothman, A. J., "The Relationship Power Inventory: Development and Validation," *Personal Relationships*, 2015(22), pp. 387-413.

④ 段锦云、卢志巍、沈彦晗：《组织中的权力：概念、理论和效应》，载《心理科学进展》，2015，23(6)。

⑤ Righetti, F., Luchies, L. B., van Gils, S., et al., "The Prosocial Versus Proself Power Holder: How Power Influences Sacrifice in Romantic Relationships," *Personality and Social Psychology Bulletin*, 2015(41), pp. 779-790.

⑥ Bass, B. M., *Leadership, Psychology, and Organizational Behavior*, Oxford, Harper, 1960.

⑦ Gordon, R., "Leadership and power", in A. Bryman, D. Collinson, K. Grint, et al. (Eds.), *The SAGE Handbook of Leadership*, Los Angeles, SAGE, 2011, pp. 195-202.

⑧ Simpson, J. A., Farrell, A. K., Oriña, M. M. & Rothman, A. J., "Power and Social Influence in Relationships," in M. Mikulincer, P. R. Shaver, J. A. Simpson, et al. (Eds.), *APA Handbook of Personality and Social Psychology*, Volume 3: *Interpersonal Relations*, Washington, American Psychological Association, 2015, pp. 393-420.

⑨ Rucker, D. D., Galinsky, A. D. & Dubois, D., "Power and Consumer Behavior: How Power Shapes Who and What Consumers Value," *Journal of Consumer Psychology*, 2012(22), pp. 352-368.

义启动或身体的位置都能导致人际间的权力差异。也就是说，权力来源于多种多样的权力基础，这些权力基础可以是物质性的，也可以是社会性的。[①] 同样，亲密关系中权力的来源也是多样的，如经济收入[②]、土地拥有权[③]、专业知识[④]等都会对亲密关系中的权力动态产生影响。

　　亲密关系中多样的权力来源导致了亲密关系双方在不同领域中往往有着不同的权力分配。[⑤] 亲密关系中的一方可能由于经济收入较高而在家庭支出领域拥有较大权力，而另一方可能由于拥有教育儿童的专业知识而在养育子女领域拥有较大权力。由于亲密关系双方的互动领域非常多，多种权力来源共同对亲密关系中的权力产生影响，这就导致对亲密关系中的权力动态进行分析是非常复杂的。要对亲密关系中的权力动态进行准确而全面的估计，就必须要了解亲密关系双方在所有重要领域中的权力分配。法雷尔(Farrell)等[⑥]通过归纳与演绎的方法得出了影响亲密关系中权力动态的 10 个重要领域：家庭与朋友、资产、未来的计划、怎样共度时光、养育子女、购物、关系议题、宗教、假期、何时/多久在一起。举例来说，亲密关系中的一方在资产领域(如怎样投资)更有权力，而另一方在假期领域(如去哪里度假)更有权力，最终的权力动态则是由所有领域共同决定的。但最终权力动态并不是所有领域权力的简单相加，各领域对亲密关系双方的重要程度也需要加以考虑。比如，亲密关系中的双方认为资产领域的权力非常重要，而假期领域的权力并不那么重要，那么在资产领域更有权力

　　① 谭洁、郑全全：《目标追求过程中的权力效应》，载《心理科学进展》，2010，18(11)。

　　② Inesi, M. E., Gruenfeld, D. H. & Galinsky, A. D., "How Power Corrupts Relationships: Cynical Attributions for Others' Generous Acts," *Journal of Experimental Social Psychology*, 2012(48), pp. 795-803.

　　③ Grabe, S., Grose, R. G., & Dutt, A. "Women's Land Ownership and Relationship power: A Mixed Methods Approach to Understanding Structural Inequities and Violence against Women," *Psychology of Women Quarterly*, 2015 (39), pp. 7-19.

　　④ French, J. R. P., Jr. & Raven, B. H., "The Bases of Social Power," in D. Cartwright (Ed.), *Studies in Social Power*, Oxford, England, University of Michigan Press, 1959, pp. 150-167.

　　⑤ Simpson, J. A., Farrell, A. K., Oriña, M. M., et al., "Power and Social Influence in Relationships," in M. Mikulincer, P. R. Shaver, J. A. Simpson, et al. (Eds.), *APA Handbook of Personality and Social Psychology*, Volume 3: *Interpersonal Relations*, Washington, American Psychological Association, 2015, pp. 393-420.

　　⑥ Farrell, A. K., Simpson, J. A. & Rothman, A. J., "The Relationship Power Inventory: Development and Validation," *Personal Relationships*, 2015(22), pp. 387-413.

的一方在亲密关系中就拥有更大的权力。也就是说，双方拥有权力的领域数量和各领域的重要程度共同决定着最终的权力动态。

在众多的权力来源中，相对情感卷入程度作为影响亲密关系双方权力差异的一个重要因素尤其受到研究者的重视。[1][2][3] 根据最少兴趣原则（the principle of least interest），对亲密关系有较少兴趣的人会拥有更大的权力。斯普雷彻（Sprecher）等[4]通过实证研究对此进行了验证，在亲密关系中相对情感卷入程度较低的人拥有更大的权力。尤其是在未婚的亲密关系中，相对情感卷入程度与亲密关系中的权力有着更强的关联。[5][6]

亲密关系是一种心理关系，情感卷入程度差异能够影响亲密关系中的权力差异；与此同时，亲密关系也是社会关系的产物，亲密关系中的权力差异也必然要受到社会关系的制约和影响。人是一切社会关系的总和，生产关系是一切社会关系的基础。恩格斯由此指出，"妇女解放的第一个先决条件是一切女性重新回到公共的劳动中去"[7]，这意味着女性参与生产是实现男女平等的一条具体途径。我国研究者的调查数据表明，认为在家庭中"丈夫更有权""妻子更有权"和"差不多"的人数百分比分别为29.09%、15.44%、40.27%，有15.2%的人未婚、离异、丧偶或数据缺失。[8] 这一数据表明，对一些家庭来说，

---

① Dunbar, N. E., "A Review of Theoretical Approaches to Interpersonal Power," *Review of Communication*, 2015(15), pp. 1-18.

② Galliher, R. V., Rostosky, S. S., Welsh, D. P., et al., "Power and Psychological Well-Being in Late Adolescent Romantic Relationships," *Sex Roles*, 1999(40), pp. 689-710.

③ Sprecher, S. & Felmlee, D., "The Balance of Power in Romantic Heterosexual Couples Over Time from "His" and "Her" Perspectives," *Sex Roles*, 1997(37), pp. 361-379.

④ Sprecher, S., Schmeeckle, M. & Felmlee, D. "The Principle of Least Interest: Inequality in Emotional Involvement in Romantic Relationships," *Journal of Family Issues*, 2006(27), pp. 1255-1280.

⑤ Edwards, G. L., Barber, B. L. & Dziurawiec, S., "Emotional Intimacy Power Predicts Different Sexual Experiences for Men and Women," *The Journal of Sex Research*, 2014(51), pp. 340-350.

⑥ Tschann, J. M., Adler, N. E., Millstein, S. G., et al., "Relative Power Between Sexual Partners and Condom Use Among Adolescents," *Journal of Adolescent Health*, 2002(31), pp. 17-25.

⑦ 参见恩格斯：《家庭、私有制和国家的起源》，中共中央马克思、恩格斯、列宁、斯大林著作编译局译，北京，人民出版社，1972。

⑧ 刘爱玉、佟新：《性别观念现状及其影响因素——基于第三期全国妇女地位调查》，载《中国社会科学》，2014(2)。

夫妻权力是平等的；而在夫妻权力不平等的家庭中，女性也可能拥有更大的权力。我们认为，这是和女性能够通过劳动实现维持自己生存的物质生产分不开的。在心理学的研究中，格罗斯（Grose）和格雷伯（Grabe）[1]就将女性是否参加工作作为亲密关系中权力的一个指标；格雷伯等[2]发现，女性拥有土地能够提高她们在亲密关系中的权力，并认为这是由于拥有土地提高了她们的社会地位导致的。

面对亲密关系中复杂多样的权力来源，研究者通常在互依理论框架下对亲密关系中的权力进行分析。[3][4] 根据互依理论（interdependence theory）[5]，对有价值资源的控制是权力产生的基础，如果一方拥有对对方而言很有价值的资源，另一方就会产生对他的依赖，他则拥有了对另一方的权力。亲密关系中的权力大小与依赖程度是相反的，对另一方依赖程度较低的人拥有更大的权力。在互依理论基础上提出的关系承诺的投资模型（investment model）认为满意度、替代性、投入度是影响依赖程度的 3 个重要因素[6]，对关系拥有较低满意度、在关系以外有高质量替代者、对关系有较少投入度的个体会拥有更大的权力。

① Grose, R. G. & Grabe, S., "The Explanatory Role of Relationship Power and Control in Domestic Violence a-gainst Women in Nicaragua: A Feminist Psychology Analysis," *Violence against Women*, 2014(20), pp. 972-993.

② Grabe, S., Grose, R. G. & Dutt, A., "Women's Land Ownership and Relationship Power: A Mixed Methods Approach to Understanding Structural Inequities and Violence against Women," *Psychology of Women Quarterly*, 2015 (39), pp. 7-19.

③ Lemay, E. P., Jr. & Dobush, S., "When Do Personality and Emotion Predict Destructive Behavior during Rela-tionship Conflict? The Role of Perceived Commitment Asymmetry," *Journal of Personality*, 2015(83), pp. 523-534.

④ Lennon, C. A., Stewart, A. L. & Ledermann, T., "The Role of Power in Intimate Relationships," *Journal of Social and Personal Relationships*, 2013(30), pp. 95-114.

⑤ Kelley, H. H. & Thibaut, J. W., *Interpersonal Relations: A Theory of Interdependence*, New York, Wiley, 1978.

⑥ Rusbult, C. E., Agnew, C. & Arriaga, X., "The Investment Model of Commitment Processes," in P. A. M. van Lange, A. W. Kruglanski, & E. T. Higgins (Eds.), *Handbook of Theories of Social Psychology* (Vol. 2), Thousand Oaks, CA, Sage Publications Ltd, 2012, pp. 218-231.

二、亲密关系中权力的理论进展

研究者针对权力提出了一系列重要理论①②③，但这些理论所关注的都是一般人际关系中的权力，而没有强调亲密关系的独特性。一些权力理论或将权力看成是个人的特征，如社会权力理论④，或没有涉及权力的影响过程与结果，如资源理论（resource theory）。⑤ 尽管互依理论⑥至今仍有很大的影响力，但这一理论对权力影响过程的讨论同样不够充分。一方面，亲密关系中的权力是一个二元概念，因此需要在考虑亲密关系二元特征的基础上探讨权力的影响过程；另一方面，亲密关系不同阶段的特点也会对权力的影响过程产生影响，对亲密关系中的权力进行研究不能忽视亲密关系的发展阶段。辛普森（Simpson）等⑦从这两个方面出发提出了二元权力——社会影响模型（the dyadic power-social influence model，DPSIM）和权力的关系阶段模型（relationship stage model of power，RSMP），从而为我们更好地理解亲密关系中的权力提供了理论视角。

---

① Guinote, A., "Behaviour Variability and the Situated Focus Theory of Power," *European Review of Social Psychology*, 2007(18), pp. 256-295.

② Keltner, D., Gruenfeld, D. H. & Anderson, C., "Power, Approach, and Inhibition," *Psychological Review*, 2003(110), pp. 265-284.

③ Magee, J. C. & Smith, P. K., "The Social Distance Theory of Power," *Personality and Social Psychology Review*, 2013(17), pp. 158-186.

④ French, J. R. P., Jr. & Raven, B. H., "The Bases of Social Power," in D. Cartwright (Ed.), *Studies in Social Power*, Oxford, England, University of Michigan Press, 1959, pp. 150-167.

⑤ Blood, R. O. & Wolfe, D. M., *Husbands and Wives: The Dynamics of Married Living*, New York, Free Press, 1960.

⑥ Kelley, H. H. & Thibaut, J. W., *Interpersonal Relations: A Theory of Interdependence*, New York, Wiley, 1978.

⑦ Simpson, J. A., Farrell, A. K., Oriña, M. M., et al., "Power and Social Influence in Relationships," in M. Mikulincer, P. R. Shaver, J. A. Simpson, et al. (Eds.), *APA Handbook of Personality and Social Psychology*, *Volume 3: Interpersonal Relations*, Washington, American Psychological Association, 2015, pp. 393-420.

（一）二元权力—社会影响模型

权力可以被划分为权力基础（power bases）、权力过程（power processes）和权力结果（power outcomes）三个方面。[1] 之前的权力理论多关注权力的前因变量或者说权力基础。研究者普遍认可社会权力理论所提出的 6 种权力基础，并通过互依理论对亲密关系中权力的相对大小进行分析。但这些理论很少讨论亲密关系中的权力对权力结果是否有影响、何时产生影响以及怎样影响，而二元权力—社会影响模型则将已有理论中的核心要素整合进一个理论框架之中，从权力的二元视角对权力的影响过程进行了探讨。该模型是在综合前人理论与概念的基础上，针对权力的三个方面提出的关于亲密关系中权力的更为整合的模型，阐明了亲密关系中权力的前因、双方的影响策略以及亲密关系及双方所获得的结果。[2] 如图 9-1 所示，二元权力—社会影响模型包含了 4 个部分，分别代表了亲密关系中的个人特征和二元特征、双方潜在拥有或可以使用的权力、双方可以运用的影响策略以及双方在影响企图发生后所能获得的结果。图中的平行线代表行动者效应（actor effect），非平行线代表对象效应（partner effect），分别表示行动者和对象的特征对权力基础、影响策略和权力结果的影响。

关于亲密关系中的权力基础，二元权力—社会影响模型[3]接受了弗伦奇（French）和雷文（Raven）[4]所划分的 6 种权力基础，并认为亲密关系双方所拥有的权力基础不仅是由双方的个人特征决定的，亲密关系的二元特征，即双方个人特征的交互作用也决定着双方的权力基础。在亲密关系中权力的影响策略上，

[1] Dunbar, N. E., "A Review of Theoretical Approaches to Interpersonal Power," *Review of Communication*, 2015 (15), pp. 1-18.

[2] Simpson, J. A., Farrell, A. K., Oriña, M. M., et al., "Power and Social Influence in Relationships," in M. Mikulincer, P. R. Shaver, J. A. Simpson, et al. (Eds.), *APA Handbook of Personality and Social Psychology*, Volume 3: *Interpersonal Relations*, Washington, American Psychological Association, 2015, pp. 393-420.

[3] Simpson, J. A., Farrell, A. K., Oriña, M. M., et al, "Power and Social Influence in Relationships," in M. Mikulincer, P. R. Shaver, J. A. Simpson & J. F. Dovidio (Eds.), *APA Handbook of Personality and Social Psychology*, Volume 3: *Interpersonal Relations*, Washington, American Psychological Association, 2015, pp. 393-420.

[4] French, J. R. P., Jr. & Raven, B. H., "The Bases of Social Power," in D. Cartwright (Ed.), *Studies in Social Power*, Oxford, England, University of Michigan Press, 1959, pp. 150-167.

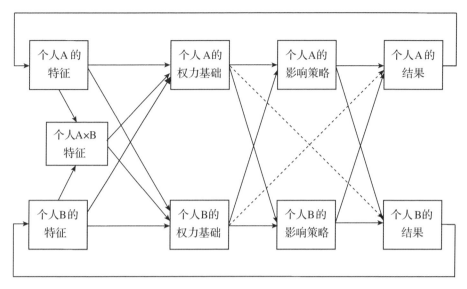

图 9-1 二元权力—社会影响模型（Simpson et al.，2015）

该模型沿用了奥弗劳①提出的权力影响策略的"直接（direct）—间接（indirect）"和"积极（positive）—消极（negative）"两个维度，认为由此所形成的 4 种影响策略是亲密关系中权力影响的 4 种途径；并且，该模型认为，影响策略不一定是必需的，在亲密关系中拥有权力的个体也可能在不使用影响策略的情况下得到想要的结果（如图 9-1 中虚线所示）。针对亲密关系中权力的结果，该模型认为，亲密关系中的权力既会影响短期的和长期的关系结果，也会对双方个体的认知、情感与行为倾向产生影响；此外，权力—影响过程所产生的个人结果和关系结果又会对个人特征产生影响。

我们以处于亲密关系中的小明和小红为例来对二元权力—社会影响模型进行说明。假设小红的经济收入一般，而小明拥有非常高的经济收入，那么两人在经济收入上的差异就导致了小明在亲密关系中更有权力。当需要进行某一决策

---

① Overall，N. C.，Fletcher，G. J.，Simpson，J. A.，et al.，"Regulating Partners in Intimate Relationships：The Costs and Benefits of Different Communication Strategies," *Journal of Personality and Social Psychology*，2009（96），pp. 620-639.

时，小明会使用上文提及的 4 种影响策略对小红进行影响以达到自己想要的结果。但是否能够得到理想的结果，还取决于许多因素，如小明权力影响策略使用的程度、小红的坚持程度等。如果小红已习惯于预期并遵从小明的偏好，那么小明则可以在不使用任何策略的情况下获得想要的结果。小红由于在亲密关系中的权力较低，在很多情况下她可能都要服从于小明的决策。但在一些领域，小红也可能拥有权力。比方说，小红是一名优秀的教育工作者，那么她可能在孩子的抚养上拥有权力。随着关系的发展，这种特殊领域的权力可能会改变关系双方的特征，使得小红在亲密关系中的整体权力增加。

(二) 权力的关系阶段模型

二元权力—社会影响模型将权力理论中所涉及的三个核心要素——权力基础、权力过程和权力结果——整合到一个二元框架中，具体阐明了亲密关系双方的特征与权力基础之间存在怎样的关联，尤其讨论了双方的权力基础怎样产生影响，以及在影响下获得怎样的结果，从而为我们理解亲密关系中权力的影响过程提供了理论架构。然而，在亲密关系的不同阶段，亲密关系中的双方将面临不同类型的挑战与问题，这将对权力的使用、影响过程和最终的结果产生重要影响。因此，辛普森等[①]在考虑亲密关系阶段特点的基础上提出了权力的关系阶段模型。该模型认为，对亲密关系中的权力进行探讨不能忽视亲密关系阶段的作用。该模型将亲密关系划分为 3 个阶段，分别是初建关系阶段(the fledgling relationship stage)、确定关系阶段(the established relationship stage)和变迁阶段(transitional stage)。在不同的阶段，亲密关系双方将面对不同的关键挑战，这些关键挑战会对权力与影响的显著性、决策过程、共有对交换倾向及不同领域的角色分化造成影响(如表 9-1 所示)。

---

① Simpson, J. A. , Farrell, A. K. , Oriña, M. M. , et al. , "Power and Social Influence in Relationships," in M. Mikulincer, P. R. Shaver, J. A. Simpson, et al. (Eds.), *APA Handbook of Personality and Social Psychology*, *Volume 3*: *Interpersonal Relations*, Washington, American Psychological Association, 2015, pp. 393-420.

表 9-1 关系阶段与权力和影响的关联

阶段	关键挑战	权力与影响显著性	决策过程	共有对交换倾向	跨领域分化
初建关系阶段	建立满意的权力结构	高	需要努力的	交换	否
确定关系阶段	维持权力结构的平衡和稳定	低	自动的	共有	是
变迁阶段	再平衡权力结构	相关领域较高	需要努力的	交换（特别是在相关领域）	是（但是变化的）

资料来源：Simpson et al.（2015）. Power and social influence in relationships（415）. In M. Mikulincer, P. R. Shaver, J. A. Simpson, J. F. Dovidio（Eds.）, *APA handbook of personality and social psychology*, *Volume* 3：*Interpersonal relations*（pp. 393-420）. Washington：American Psychological Association.

初建关系阶段是指亲密关系中的双方刚开始了解对方的阶段。在这一阶段，亲密关系所面临的关键挑战是建立满意的权力结构。信任感的建立对这一阶段关系中权力动态的形成起着至关重要的作用，并且是使亲密关系进入确定关系阶段的关键。确定关系阶段是指亲密关系中的双方尝试进一步发展并且维持两人关系的阶段。在这一阶段，亲密关系所面临的关键挑战是维持权力结构的平衡和稳定，影响企图的交互作用变得非常常规化。变迁阶段是指资源或其他权力相关情形发生变化的阶段以及在关系中增加或移除决策领域的阶段。在这一阶段，亲密关系所面临的关键挑战是再平衡权力结构。[①]

再回到小明和小红的例子。在初建关系阶段，权力结构尚未建立，双方都会持有交换倾向，决策过程是需要努力的。因此当小明在对小红进行权力影响时更易形成公平交换的策略。而随着双方信任感的建立，两人进入确定关系阶段，双方会更多地持共有倾向，并以更为自动化的、不需努力的方式进行决策。这时，小明和小红会按照已经建立起的权力结构采取行为。例如，小明决定是否

---

① Simpson, J. A., Farrell, A. K., Oriña, M. M., et al., "Power and Social Influence in Relationships," in M. Mikulincer, P. R. Shaver, J. A. Simpson, et al.（Eds.）, *APA Handbook of Personality and Social Psychology*, *Volume* 3：*Interpersonal relations*, Washington, American Psychological Association, 2015, pp. 393-420.

要进行商业投资，小红则决定孩子进入哪所学校读书。在变迁阶段，相关领域中的权力结构需要得到再次平衡。比如，小明由于健康原因无法继续工作，其经济收入极大减少，那么在家庭经济支出上的权力结构可能会发生变化。

三、亲密关系中权力的测量

(一) 自评法

一些研究只使用一个或少数几个题目来对亲密关系中的权力进行测量，这些题目具有很高的表面效度，但缺乏理论依据。这些题目多是直接询问被试谁在亲密关系中有更大的权力、谁对另一方的影响或控制更大、谁拥有更大的决定权。[1][2][3] 还有一些研究通过对某一相关变量的测量来代表其在亲密关系中的权力，如经济收入[4]、情感投入[5]、承诺[6]等。

鉴于使用简单条目对亲密关系中的权力进行测量的局限性，一些研究者编制了正式量表以对亲密关系中的权力进行测量。性关系权力量表(Sexual Relationship Power Scale，SRPS)[7]，包括关系控制和决策主导两个分量表。由于这一量表中包含了许多关于性的条目，因此，尽管这一量表能够对亲密关系中的权力进行测量，

① Gordon, A. M. & Chen, S., "Does Power Help or Hurt? The Moderating Role of Self-other Focus on Power and Perspective-taking in Romantic Relationships,"*Personality and Social Psychology Bulletin*, 2013(39), pp. 1097-1110.

② Kuehn, M. M., Chen, S. & Gordon, A. M., "Having a Thicker Skin: Social Power Buffers the Negative Effects of Social Rejection,"*Social Psychological and Personality Science*, 2015(6), pp. 701-709.

③ Righetti, F., Luchies, L. B., van Gils, S., et al., "The Prosocial Versus Proself Power Holder: How Power Influences Sacrifice in Romantic Relationships,"*Personality and Social Psychology Bulletin*, 2015(41), pp. 779-790.

④ Inesi, M. E., Gruenfeld, D. H. & Galinsky, A. D., "How Power Corrupts Relationships: Cynical Attributions for Others' Generous Acts,"*Journal of Experimental Social Psychology*, 2012(48), pp. 795-803.

⑤ Edwards, G. L., Barber, B. L. & Dziurawiec, S., "Emotional Intimacy Power Predicts Different Sexual Experiences for Men and Women,"*The Journal of Sex Research*, 2014(51), pp. 340-350.

⑥ Lemay, E. P., Jr. & Dobush, S., "When Do Personality and Emotion Predict Destructive Behavior during Relationship Conflict? The Role of Perceived Commitment Asymmetry,"*Journal of Personality*, 2015(83), pp. 523-534.

⑦ Pulerwitz, J., Gortmaker, S.L. & DeJong, W., "Measuring Sexual Relationship Power in HIV/STD Research,"*Sex Roles*, 2000(42), pp. 637-660.

但有研究者认为，它仍然只是测量亲密关系某一特定领域中权力的量表。[①]

安德森(Anderson)、约翰(John)和凯尔特纳(Keltner)[②]认为，权力是一个社会关系的概念，只有把权力放在与其他个体或群体的关系中才能理解权力。尽管权力具有关系的特异性，但研究者认为，在不同的关系中个人权力感具有一致性。在此基础上，研究者编制了权力感量表(Sense of Power Scale)。该量表共包含 8 个项目，从 4 个特定领域对个人权力感进行测量。有研究者使用这一量表对亲密关系中的权力进行测量，但需要使用适当的指导语，以测查个体在亲密关系这一特定领域中的权力。[③④]

法雷尔等[⑤]以二元权力—社会影响模型为理论基础，认为对亲密关系中权力的测量应包含以下几个关键特征：①决定权力的相关特征会由于决策领域的不同而发生变化；②权力和影响有多种表现形式，可以分为结果权力和过程权力；③对象效应是权力过程中的重要部分；④权力不仅包含影响另一方的能力，还包含抵抗另一方对自己影响的能力。以这些观点为基础，研究者编制了"关系权力量表"(Relationship Power Inventory, PRI)。该量表包含自我—结果、伴侣—结果、自我—过程、伴侣—过程四个维度，只适用于亲密关系中权力的测量，而不适用于其他的关系类型。该量表分为两个版本，即关系领域版(Relationship Domains Version)和整体版(Overall Version)。两个版本的区别之处在于前者能对亲密关系中不同领域的权力进行区分，后者只是对整体的权力进行测量。

---

① Simpson, J. A., Farrell, A. K., Oriña, M. M., et al., "Power and Social Influence in Relationships" in M. Mikulincer, P. R. Shaver, J. A. Simpson, et al. (Eds.), *APA Handbook of Personality and Social Psychology*, *Volume* 3: *Interpersonal Relations*, Washington, American Psychological Association, 2015, pp. 393-420.

② Anderson, C., John, O. P. & Keltner, D., "The Personal Sense of Power," *Journal of Personality*, 2012 (80), pp. 313-344.

③ Kifer, Y., Heller, D., Perunovic, W. Q. E., et al., "The Good Life of the Powerful: The Experience of Power and Authenticity Enhances Subjective Well-Being," *Psychological Science*, 2013(24), pp. 280-288.

④ Wang, Y. N., "Power, Communion and Satisfaction: Authenticity as a Common Mediator in China," *Asian Journal of Social Psychology*, 2015(18), pp. 76-82.

⑤ Farrell, A. K., Simpson, J. A. & Rothman, A. J., "The Relationship Power Inventory: Development and Validation," *Personal Relationships*, 2015(22), pp. 387-413.

(二) 观察编码与实验操纵

除了自评法以外，一些研究还使用观察编码法对个体在亲密关系中的权力予以测量。这种测量方法通常要求亲密关系中的双方在实验室中就某一问题进行讨论。例如，邓巴 (Dunbar) 和伯贡 (Burgoon)[1] 要求被试讨论怎样花费 1000 美金；加利尔 (Galliher) 等[2] 要求被试就 20 年后的生活和一系列两难问题进行讨论；里盖蒂 (Righetti) 等[3] 则要求被试讨论他们的关系使他们发生了什么变化。在讨论之后，观察者要对被试在讨论过程中谁表现出更大的权力进行编码，并以此作为亲密关系中权力的测量指标。

另外，通过实验操纵启动被试的权力感在权力研究中已经较为普遍。[4] 一些研究者也通过实验操纵使被试拥有较高或较低的亲密关系中的权力，进而将被试分为高权力组和低权力组。例如，要求被试写下一次在亲密关系中拥有比另一方较高或较低权力的经历[5]；或者赋予被试相应的角色，如让亲密关系中的一方充当"领导者"，而让另一方充当"被管理者"。[6]

(三) 亲密关系中权力测量的不足与展望

第一，之前对亲密关系中权力的测量多关注一方对另一方的影响和控制，而较少关注权力使人能够抵抗来自另一方的影响和控制，今后的研究可以考虑对亲密关系中的个体不受对方影响的程度进行测量。第二，对亲密关系中整体权力或某一领域权力进行测量在体现亲密关系中权力动态的全貌上存在局限性。观察编

---

① Dunbar, N. E. & Burgoon, J. K. , "Perceptions of Power and Interactional Dominance in Interpersonal Relationships,"*Journal of Social and Personal Relationships*, 2005(22), pp. 207-233.

② Galliher, R. V. , Rostosky, S. S. , Welsh, D. P. , et al. , "Power and Psychological Well-Being in Late Adolescent Romantic Relationships," *Sex Roles*, 1999(40), pp. 689-710.

③ Righetti, F. , Luchies, L. B. , van Gils, S. , et al. , "The Prosocial Versus Proself Power Holder: How Power Influences Sacrifice in Romantic Relationships,"*Personality and Social Psychology Bulletin*, 2015(41), pp. 779-790.

④ 魏秋江、段锦云、范庭卫：《权力操作范式的分析与比较》，载《心理科学进展》，2012，20(9)。

⑤ Gordon, A. M. & Chen, S. , "Does Power Help or Hurt? The Moderating Role of Self-Other Focus on Power and Perspective-Taking in Romantic Relationships,"*Personality and Social Psychology Bulletin*, 2013(39), pp. 1097-1110.

⑥ Gordon, A. M. & Chen, S. , "Does Power Help or Hurt? The Moderating Role of Self-Other Focus on Power and Perspective-Taking in Romantic Relationships,"*Personality and Social Psychology Bulletin*, 2013(39), pp. 1097-1110.

码法通常要求双方在某一领域内做出决定，一些自评量表也是对特定领域中的权力进行测量，而单一领域中的权力差异并不能代表亲密关系中整体的权力动态。[①] 尽管实验操纵法能够考查亲密关系中的权力与其他变量之间的因果关系，但其实际上是对个体的心理状态进行操纵[②]，并没有涉及亲密关系双方在真实情境中各领域的权力分配。[③] 在今后的研究中应注意考查不同领域的权力差异是怎样的，以及对不同的变量会产生怎样的影响。第三，尽管许多研究者将依赖和承诺的不平衡作为权力差异的指标，并认为这是导致亲密关系中权力差异的原因，但有研究者认为权力的差异是承诺不平衡的前因。[④] 虽然这不影响将承诺不平衡作为权力差异的测量指标，但两者之间的关系究竟是怎样的仍然需要进一步探讨。

四、亲密关系中权力的效应

(一)亲密关系中的权力对认知的影响

关于权力与观点采择之间关系的研究发现，权力能够降低观点采择，[⑤][⑥] 但也有研究认为，在某些情形下权力能够提高观点采择。[⑦][⑧] 然而，这些研究所关注的都是一般权力而不是亲密关系中的权力。戈登(Gordon)和陈(Chen)[⑨]考查

① Farrell, A. K., Simpson, J. A. & Rothman, A. J., "The Relationship Power Inventory: Development and Validation," *Personal Relationships*, 2015(22), pp. 387-413.

② Galinsky, A. D., Gruenfeld, D. H. & Magee, J. C., "From Power to Action," *Journal of Personality and Social Psychology*, 2003(85), pp. 453-466.

③ Sturm, R. E. & Antonakis, J., "Interpersonal Power: A Review, Critique, and Research Agenda," *Journal of Management*, 2015(41), pp. 136-163.

④ Lennon, C. A., Stewart, A. L. & Ledermann, T., "The Role of Power in Intimate Relationships," *Journal of Social and Personal Relationships*, 2013(30), pp. 95-114.

⑤ Blader, S. L., Shirako, A. & Chen, Y.-R., "Looking out from the Top: Differential Effects of Status and Power on Perspective Taking," *Personality and Social Psychology Bulletin*, 2016(42), pp. 723-737.

⑥ Galinsky, A. D., Magee, J. C., Inesi, M. E., et al., "Power and Perspectives not Taken," *Psychological Science*, 2006(17), pp. 1068-1074.

⑦ Côté, S., Kraus, M. W., Cheng, B. H., et al., "Social Power Facilitates the Effect of Prosocial Orientation on Empathic Accuracy," *Journal of Personality and Social Psychology*, 2011(101), pp. 217-232.

⑧ Schmid Mast, M., Jonas, K. & Hall, J. A., "Give a Person Power and He or She Will Show Interpersonal Sensitivity: The Phenomenon and Its Why and When," *Journal of Personality and Social Psychology*, 2009(97), pp. 835-850.

⑨ Gordon, A. M. & Chen, S., "Does Power Help or Hurt? The Moderating Role of Self-Other Focus on Power and Perspective-Taking in Romantic Relationships," *Personality and Social Psychology Bulletin*, 2013(39), pp. 1097-1110.

了亲密关系中的权力与观点采择的关系，并将 3 个自我—他人关注(self-other focus)变量(感激、关系自我建构、社会价值取向)作为调节变量。结果发现，对自我关注的人来说，在亲密关系中的权力越大，他们对另一方进行观点采择的倾向和观点采择的准确性就越低；对他人关注的人来说，亲密关系中的权力对他们的观点采择倾向和观点采择准确性的影响均不显著。这一结果表明，他人关注能够减弱权力对观点采择的负向影响。

除了观点采择以外，有的研究关注了亲密关系中的权力对归因方式的影响。在伊内丝(Inesi)等①的研究中，研究者以婚姻中的双方为被试，考查了亲密关系中的权力对工具性归因和承诺的影响。结果发现，亲密关系中权力较大的人对另一方的慷慨行为有更高的工具性归因倾向，并且有着较低的承诺水平；工具性归因在亲密关系中的权力与承诺之间发挥着中介作用。这表明，亲密关系中权力较高的个体更容易对对方的好意产生怀疑，将对方的好意看成是想从自己身上得到资源的手段。

(二)亲密关系中的权力对情绪、情感的影响

一些研究关注了亲密关系中的权力对个体情绪的影响。由于权力能够导致更大的社会距离②，因此，高权力个体在遭遇拒绝后可能会产生较少的消极情绪。库恩(Kuehn)等③认为来自对方的敌意中包含着拒绝，他们运用日记法考查了亲密关系中的权力对遭遇对方敌意后所产生的消极情绪的缓冲作用。在 2 周的日记中，被试需要记录每天所知觉到的亲密关系中的权力、知觉到的对方的敌意以及自己的消极情绪。研究发现，当被试知觉到另一方比平时更有敌意时，知觉到自己的权力对消极情绪有显著的负向预测作用；而当被试知觉到另一方

---

① Inesi, M. E., Gruenfeld, D. H. & Galinsky, A. D., "How Power Corrupts Relationships: Cynical Attributions for Others' Generous Acts," *Journal of Experimental Social Psychology*, 2012(48), pp. 795-803.

② Magee, J. C. & Smith, P. K., "The Social Distance Theory of Power," *Personality and Social Psychology Review*, 2013(17), pp. 158-186.

③ Kuehn, M. M., Chen, S. & Gordon, A. M., "Having a Thicker Skin: Social Power Buffers the Negative Effects of Social Rejection," *Social Psychological and Personality Science*, 2015(6), pp. 701-709.

比平时有更少敌意时，知觉到自己的权力对消极情绪的预测作用不显著。因此，研究者认为在亲密关系中拥有较高权力能够缓解由对方的敌意而带来的消极情绪。

还有一些研究关注了亲密关系中的权力对幸福感或关系满意度的影响。加利尔(Gallier)等[1]以青少年晚期个体为被试的研究发现，在亲密关系中有较低权力的人拥有更多的心理症状，并且这种关联对女性来说更为明显。本特利(Bentley)等[2]同样以青少年为被试，对亲密关系中权力的 4 项指标进行了测量，并以此考查了亲密关系中的权力对关系满意度的影响。结果表明，亲密关系中的权力指标与关系满意度之间存在关联，但关联的模式存在性别差异。基弗(Kifer)等[3]则进一步考查了真实性在权力与幸福感、关系满意度之间的作用。结果表明，一般权力对幸福感有显著的正向预测作用，亲密关系中的权力对亲密关系满意度有显著的正向预测作用，一般真实性和角色真实性分别在其中发挥着中介作用。研究者认为，这是由于高权力的人并不需要通过依赖别人而获得满意的结果，因此他们的行为表现会与真实意愿一致，进而提高其幸福感与满意度水平。王(Wang)[4]以中国人为被试同样得到了与该研究相似的结果。但是，克肖(Kershaw)等[5]却发现亲密关系中的权力与关系满意度、生活质量之间的相关均不显著。

① Galliher, R. V. , Rostosky, S. S. , Welsh, D. P. , et al. , "Power and Psychological Well-Being in Late Adolescent Romantic Relationships," *Sex Roles*, 1999(40), pp. 689-710.

② Bentley, C. G. , Galliher, R. V. , et al. , "Associations Among Aspects of Interpersonal Power and Relationship Functioning in Adolescent Romantic Couples," *Sex Roles*, 2007(57), pp. 483-495.

③ Kifer, Y. , Heller, D. , Perunovic, W. Q. E. , et al. , "The Good Life of the Powerful: The Experience of Power and Authenticity Enhances Subjective Well-Being," *Psychological Science*, 2013(24), pp. 280-288.

④ Wang, Y. N. , "Power, Communion and Satisfaction: Authenticity as a Common Mediator in China," *Asian Journal of Social Psychology*, 2015(18), pp. 76-82.

⑤ Kershaw, T. , Murphy, A. , Divney, A. , et al. , "What's Love Got to Do with It: Relationship Functioning and Mental and Physical Quality of Life among Pregnant Adolescent Couples," *American Journal of Community Psychology*, 2013(52), pp. 288-301.

(三)亲密关系中的权力对亲社会行为的影响

关于权力与亲社会行为之间关系的研究表明,权力既可能促进亲社会行为,也可能抑制亲社会行为。[1] 由此,里盖蒂等[2]针对亲密关系中的权力对行为的影响提出了两个相反的假设,即自私假设和亲社会假设。为了对这两个假设进行验证,他们考查了亲密关系中的权力对牺牲的影响。他们的研究表明,亲密关系中的权力与牺牲倾向呈负相关,支持了自私假设。并且,承诺和自我包含他人对两者关系的调节作用不显著。这表明无论亲密关系的质量如何,个体在亲密关系中的权力越大,其做出牺牲的可能性就越低。

然而,有的研究却支持了权力的亲社会假设。卡尔雷姆斯(Karremans)和史密斯(Smith)[3]的研究发现,亲密关系中的权力与人际宽恕成正向相关关系,并且这种关系在有高承诺的关系中表现得更为明显。斯夸尔斯(Squires)[4]的研究也发现,在另一方的不忠行为后,亲密关系中的权力对宽恕具有正向的预测作用。有研究者认为,可以通过目标的显著性程度对权力的亲社会倾向和自私倾向的差异进行解释。[5] 当个体面临是否要宽恕对方的情境时,会更多地担心关系是否会破裂,因此维持亲密关系这一目标的显著性得到凸显;而当个体面临是否要为对方做出牺牲的情境时,亲密关系的维持并未受到威胁,因此个人目标的显著性程度高于维持关系的目标。在两种情况下,高权力个体分别按照维持亲密关系的目标和个人目标进行行动[6],这是导致研究结果差异的原因。

---

[1]　蔡頠、吴嵩、寇彧:《权力对亲社会行为的影响:机制及相关因素》,载《心理科学进展》,2016,26(1)。

[2]　Righetti, F., Luchies, L. B., van Gils, S., et al., "The Prosocial versus Proself Power Holder: How Power Influences Sacrifice in Romantic Relationships," *Personality and Social Psychology Bulletin*, 2015(41), pp. 779-790.

[3]　Karremans, J. C. & Smith, P. K., "Having the Power to Forgive: When the Experience of Power Increases Interpersonal Forgiveness," *Personality and Social Psychology Bulletin*, 2010(36), pp. 1010-1023.

[4]　Squires, E. C., *Moving Beyond Betrayal: How Meaning-Making and Power Promote Forgiveness Following Infidelity* (Unpublished doctorial dissertation), Carleton University, Ottawa, 2014.

[5]　Righetti, F., Luchies, L. B., van Gils, S., et al., "The Prosocial versus Proself Power Holder: How Power Influences Sacrifice in Romantic Relationships," *Personality and Social Psychology Bulletin*, 2015(41), pp. 779-790.

[6]　Guinote, A., "Power and Goal Pursuit," *Personality and Social Psychology Bulletin*, 2007(33), pp. 1076-1087.

(四)亲密关系中的权力对攻击行为的影响

研究表明,亲密关系中权力的平等程度越高,则建立深情关系的可能性越大;权力的不平等程度越高,则建立暴力关系的可能性越大。[1] 在权力不平衡的亲密关系中会发生更多的相互攻击。[2][3] 亲密关系中高权力的个体不仅更容易发起身体攻击[4],同时也更易发起关系攻击。[5][6] 女性在亲密关系中拥有的权力越大,则遭遇攻击行为的可能性越小。[7][8][9] 勒梅(Lemay)和多布什(Dobush)[10]以亲密关系中承诺的不对称作为权力差异的指标,考查了亲密关系中的权力在人格特质、情绪状态与敌意行为之间的调节作用。结果发现,总体上看,对亲密关系中高权力的一方来说,人格特质、情绪状态对敌意行为有显著的预测作用,对低权力的一方来说,人格特质、情绪状态对敌意行为的预测作用不显著。这一结果表明,亲密关系中的高权力能促进人格特质和情绪状态的表达,而低权力能增强对敌意行为的抑制。

---

[1] Handwerker, W., "Why Violence? A Test of Hypotheses Representing Three Discourses on the Roots of Domestic Violence," *Human Organization*, 1998(57), pp. 200-208.

[2] Menesini, E., Nocentini, A., Ortega-Rivera, F. J., et al., "Reciprocal Involvement in Adolescent Dating Aggression: An Italian-Spanish Study," *European Journal of Developmental Psychology*, 2011(8), pp. 437-451.

[3] Viejo, C., Monks, C. P., Sánchez, V., et al., "Physical Dating Violence in Spain and the United Kingdom and the Importance of Relationship Quality," *Journal of Interpersonal Violence*, 2016(31), pp. 1453-1475.

[4] Pulerwitz, J., Gortmaker, et al., "Measuring Sexual Relationship Power in HIV/STD Research," *Sex Roles*, 2000(42), pp. 637-660.

[5] Madsen, C. A., *The Impact of Marital Power on Relational Aggression* (Unpublished doctorial dissertation), Kansas State University, Manhattan, 2012.

[6] Oka, M., Brown, C. C. & Miller, R. B., "Attachment and Relational Aggression: Power as a Mediating Variable," *American Journal of Family Therapy*, 2016(44), pp. 24-35.

[7] Grabe, S., Grose, R. G. & Dutt, A., "Women's Land Ownership and Relationship Power: A mixed Methods Approach to Understanding Structural Inequities and Violence against Women," *Psychology of Women Quarterly*, 2015(39), pp. 7-19.

[8] Grose, R. G. & Grabe, S., "The Explanatory Role of Relationship Power and Control in Domestic Violence against Women in Nicaragua: A Feminist Psychology Analysis," *Violence against Women*, 2014(20), pp. 972-993.

[9] Jewkes, R. K., Dunkle, K., Nduna, M., et al., "Intimate Partner Violence, Relationship Power Inequity, and Incidence of HIV Infection in Young Women in South Africa: A Cohort Study," *The Lancet*, 2010(376), pp. 41-48.

[10] Lemay, E. P., Jr. & Dobush, S., "When Do Personality and Emotion Predict Destructive Behavior during Relationship Conflict? The Role of Perceived Commitment Asymmetry," *Journal of Personality*, 2015(83), pp. 523-534.

(五)亲密关系中的权力对性行为的影响

关于亲密关系中的权力对性行为影响的研究大多集中于避孕套的使用上。范德德里夫特等人(VanderDrift et al.)[①]考查了亲密关系中的权力对个体避孕套使用意图、双方避孕套使用联合意图、实际避孕套使用的影响。结果发现,对亲密关系中权力较小的一方来说,另一方的意图对自己的意图有显著的预测作用;相比于权力较小一方的意图,权力较大一方的意图对双方联合意图的预测作用更强;权力较大一方的意图对实际避孕套使用的预测作用要强于权力较低一方的意图和双方的联合意图。爱德华兹等人(Edwards et al.)[②]研究发现,对想使用避孕套的人来说,无论是男性还是女性,在亲密关系中的权力越大,实际的避孕套使用频率越高。此外,他们的研究还关注了亲密关系中的权力与压力性行为的关系。结果发现,对女性来说,亲密关系中的权力对压力性行为的预测作用不显著;而对男性来说,亲密关系中的权力越大,反而会体验到更多的压力性行为。研究者认为,这一方面是由于压力性行为可能会使男性认为自己在亲密关系中有更大的权力,男性将是否有压力性行为作为知觉自己在亲密关系中权力大小的基础;另一方面可能是因为当女性发现对方在亲密关系中的情感投入较少时,她可能将性作为提升奖励的手段,进而表现为强制对方和自己发生性行为。

(六)小结

通过文献梳理可以看出,当前关于亲密关系中权力效应的研究多关注亲密关系中的权力对某一个或几个变量的影响,从而导致这些研究处于较为零散的状态。实际上,在亲密关系中同样存在着目标追求的过程,亲密关系中的权力能

① VanderDrift, L. E., Agnew, C. R., Harvey, S. M., et al., "Whose Intentions Predict? Power Over Condom Use within Heterosexual Dyads," *Health Psychology*, 2013(32), pp. 1038-1046.

② Edwards, G. L., Barber, B. L. & Dziurawiec, S., "Emotional Intimacy Power Predicts Different Sexual Experiences for Men and Women," *The Journal of Sex Research*, 2014(51), pp. 340-350.

够对双方的目标追求造成影响，并进而导致不同的效应。① 因此，我们可以从目标追求的视角对亲密关系中权力的效应进行理论解释。根据权力的情境聚焦理论，高权力的个体有着更有效的目标追求，研究者通常认为这是高权力者有着更强的自我调节能力导致的。②③④ 亲密关系中的个体在目标追求的过程中不仅拥有个人目标，同时还要将关系的维持作为一个目标。⑤⑥⑦ 因此，亲密关系中高权力者会根据情境需求激活不同的目标，即关系目标或个人目标。研究发现，亲密关系中高权力个体在遭遇敌意后会产生较少的消极情绪⑧，更容易宽恕对方的不忠行为。⑨⑩ 这表明当发生威胁亲密关系维持的事件后，高权力个体会更多地激活关系目标，并实施相应的策略以得到维持关系的结果。而当亲密关系的维持未受到威胁时，高权力个体则会选择个人目标，并采取与个人目标相一致的行为，如表现出较少的亲社会行为⑪或较多的攻击行为⑫等。总之，亲密关系的维持是否受到威胁能够对亲密关系中高权力个体的目标激活产生影响。

---

① Laurin, K., Fitzsimons, G. M., Finkel, E. J., et al., "Power and the Pursuit of a Partner's Goals," *Journal of Personality and Social Psychology*, 2016(110), pp. 840-868.

② 谭洁、郑全全:《目标追求过程中的权力效应》，载《心理科学进展》，2010，18(11)。

③ Guinote, A., "Power and Goal Pursuit," *Personality and Social Psychology Bulletin*, 2007(33), pp. 1076-1087.

④ Laurin, K., Fitzsimons, G. M., Finkel, E. J., et al., "Power and the Pursuit of a Partner's Goals," *Journal of Personality and Social Psychology*, 2016(110), pp. 840-868.

⑤ Gordon, A. M. & Chen, S., "Does Power Help or Hurt? The Moderating Role of Self-Other Focus on Power and Perspective-Taking in Romantic Relationships," *Personality and Social Psychology Bulletin*, 2013(39), pp. 1097-1110.

⑥ Karremans, J. C. & Smith, P. K., "Having the Power to Forgive: When the Experience of Power Increases Interpersonal Forgiveness," *Personality and Social Psychology Bulletin*, 2010(36), pp. 1010-1023.

⑦ Righetti, F., Luchies, L. B., van Gils, S., et al., "The Prosocial versus Proself Power Holder: How Power Influences Sacrifice in Romantic Relationships," *Personality and Social Psychology Bulletin*, 2015(41), pp. 779-790.

⑧ Kuehn, M. M., Chen, S. & Gordon, A. M., "Having a Thicker Skin: Social Power Buffers the Negative Effects of Social Rejection," *Social Psychological and Personality Science*, 2015(6), pp. 701-709.

⑨ Karremans, J. C. & Smith, P. K., "Having the power to forgive: When the experience of power increases Interpersonal Forgiveness," *Personality and Social Psychology Bulletin*, 2010(36), pp. 1010-1023.

⑩ Squires, E. C., *Moving Beyond Betrayal: How Meaning-Making and Power Promote Forgiveness Following Infidelity* (Unpublished doctorial dissertation), Carleton University, Ottawa, 2014.

⑪ Righetti, F., Luchies, L. B., van Gils, S., "The Prosocial versus Proself Power Holder: How Power Influences Sacrifice in Romantic Relationships," *Personality and Social Psychology Bulletin*, 2015(41), pp. 779-790.

⑫ Lemay, E. P., Jr. & Dobush, S., "When Do Personality and Emotion Predict Destructive Behavior during Relationship Conflict? The Role of Perceived Commitment Asymmetry," *Journal of Personality*, 2015(83), pp. 523-534.

五、研究展望

(一) 从社会关系的角度看待亲密关系中的权力

研究者认为，大多数的主流心理学研究仍是从微观层面对个体进行研究，隔断了个体与所处社会背景的联系，忽视了对社会结构的关注。[1][2] 我们在前文中从社会关系的角度对亲密关系中权力的来源进行了分析，为亲密关系中权力的研究提供了一个新的视角。事实上，一些心理学研究已经从就业状况、经济收入、受教育水平等方面对亲密关系中的权力进行了分析[3][4]，在一定程度上反映了社会关系的作用，但在未来仍需要更多宏观层面的理论建构。尤其对中国而言，社会经历了30余年的快速转型，生产力快速发展，社会的各个方面都发生了巨大变化，这无疑会对亲密关系中权力的形成产生影响。而在关于亲密关系中权力的已有研究中，以中国人为被试的研究还较少，宏观层面上中国社会的独特特点会对微观层面上亲密关系中的权力产生哪些影响仍需要进一步探索。在未来的研究中，应该重视社会背景的作用，尤其是关注社会转型与文化变迁对亲密关系中权力的影响。

(二) 探讨亲密关系中的权力与一般权力的关系

亲密关系中的权力与一般权力既有区别，又有联系。在已有研究中，研究者很少对亲密关系中的权力与其他人际关系中的权力的差别进行探讨。在未来的

---

① Cortina, L. M., Curtin, N. & Stewart, A. J., "Where is Social Structure in Personality Research? A Feminist Analysis of Publication Trends," *Psychology of Women Quarterly*, 2012(36), pp. 259-273.

② Grabe, S., Grose, R. G. & Dutt, A., "Women's Land Ownership and Relationship Power: A Mixed Methods Approach to Understanding Structural Inequities and Violence against Women," *Psychology of Women Quarterly*, 2015 (39), pp. 7-19.

③ Grose, R. G. & Grabe, S., "The Explanatory Role of Relationship Power and Control in Domestic Violence against Women in Nicaragua: A Feminist Psychology Analysis," *Violence against Women*, 2014(20), pp. 972-993.

④ Inesi, M. E., Gruenfeld, D. H. & Galinsky, A. D., "How Power Corrupts Relationships: Cynical Attributions for Others' Generous Acts," *Journal of Experimental Social Psychology*, 2012(48), pp. 795-803.

研究中，应进一步考查亲密关系中权力的独特特点，尤其是与亲人关系和朋友关系中权力的相区别之处。在这一点上，法雷尔[①]认为由于亲密关系中的权力具有特殊性，因此亲密关系中的高权力者可能会较其他人际关系中的高权力者更难表现出独断、攻击和冷漠的特点。然而前文提及的一些研究表明，亲密关系中的权力也可能会产生与一般权力相似的效应。因此，在对亲密关系中的权力和一般权力做进一步区分的同时，我们也需要看到两者之间的密切联系。我们在对亲密关系中权力的效应进行小结时，就是以权力的情境聚焦理论这一一般权力理论为基础，从目标追求的视角出发对亲密关系中权力的效应进行分析。在今后进一步发展亲密关系中的权力理论时应注意将亲密关系的特点与一般权力理论进行更为紧密的结合。

（三）探讨亲密程度对亲密关系中权力效应的影响

前文已经指出，关系维持是否受到威胁能够对亲密关系中权力的效应产生影响。除此之外，在目标激活的过程中，亲密关系自身的特点可能也发挥着重要作用。菲茨西蒙斯（Fitzsimons）等[②]提出，关系中的双方会形成一个交互目标系统（transactive goal system），关系双方的目标同样是互依的。自我扩张模型认为，亲密关系的实质是将伴侣融入了自我概念之中，亲密关系中的个体更倾向于将自己看成是二元关系中的一部分，而不是独立的个体。[③] 因而，个体自我概念中包含伴侣的程度可能也会影响着个体的目标激活。研究发现，自我—伴侣相关

---

① Farrell, A. K., *Behavioral, Affective, Cognitive, and Physiological Consequences of Relational Power during Conflict* (Unpublished doctorial dissertation), University of Minnesota, Minneapolis, 2016.

② Fitzsimons, G. M., Finkel, E. J. & van Dellen, M. R., "Transactive Goal Dynamics," *Psychological Review*, 2015(122), pp. 648-673.

③ Aron, A., Lewandowski, G. W., Jr., Mashek, D., et al., "The Self-Expansion Model of Motivation and Cognition in Close Relationships," in J. A. Simpson & L. Campbell (Eds.), *The Oxford Handbook of Close Relationships*, New York, Oxford University Press, 2013, pp. 90-115.

变量对亲密关系中权力的效应具有调节作用。①② 可以认为，个体自我概念中包含伴侣的程度越高，其关系目标越容易得到激活；亲密关系中高权力者自我概念中包含伴侣的程度越高，就更有可能放弃个人目标，而选择关系目标。然而有些研究却发现，自我—伴侣相关变量对亲密关系中权力效应的调节作用不显著。③在未来研究中，应进一步探讨亲密程度会对亲密关系中权力的效应产生怎样的影响。

（四）探讨关系阶段对亲密关系中权力影响策略的影响

权力的关系阶段模型④指出，亲密关系不同阶段的特点会影响双方的权力影响策略。在初建关系阶段，亲密关系所面临的关键挑战是建立满意的权力结构，关系双方持交换倾向，因此更易形成公平交换的权力影响策略，以保证关系双方被公平对待；而在确定关系阶段，亲密关系所面临的关键挑战是维持权力结构的平衡和稳定，关系双方持共有倾向，权力与影响策略的显著性下降，这使得亲密关系中的双方会以自动化的方式进行决策；在变迁阶段，亲密关系双方则要面对再平衡权力结构这一挑战，因此在某些领域会持有交换倾向。然而，当前关于亲密关系中权力的研究很少考虑到关系阶段的作用，在今后的研究中应该重视探讨关系阶段对亲密关系中权力影响策略的影响。另外，权力关系阶段模型的提出更多是源于理论推导，而较少有实证研究的支持，在今后的研究中也应对这一模型进行进一步的验证。

---

① Gordon, A. M. & Chen, S., "Does Power Help or Hurt? The Moderating Role of Self-Other Focus on Power and Perspective-Taking in Romantic Relationships," *Personality and Social Psychology Bulletin*, 2013(39), pp. 1097-1110.

② Karremans, J. C. & Smith, P. K., "Having the Power to Forgive: When the Experience of Power Increases Interpersonal Forgiveness," *Personality and Social Psychology Bulletin*, 2010(36), pp. 1010-1023.

③ Righetti, F., Luchies, L. B., van Gils, S., et al., "The Prosocial Versus Proself Power Holder: How Power Influences Sacrifice in Romantic Relationships," *Personality and Social Psychology Bulletin*, 2015(41), pp. 779-790.

④ Simpson, J. A., Farrell, A. K., Oriña, M. M., et al., "Power and Social Influence in Relationships," in M. Mikulincer, P. R. Shaver, J. A. Simpson, et al. (Eds.), *APA Handbook of Personality and Social Psychology*, *Volume 3: Interpersonal Relations*, Washington, American Psychological Association, 2015, pp. 393-420.

第十章

同胞关系与儿童青少年社会性发展

同胞关系是家庭系统中最直接、最持久的人际纽带，是儿童青少年社会性发展的重要背景。[①] 我国自古以来就非常重视同胞关系，如《诗经》中的"兄弟阋于墙，外御其侮"，《史记·五帝本纪》中的"兄友弟恭"，《七步诗》中的"本自同根生，相煎何太急"。自十八届三中全会决定启动实施"单独二胎"政策之后，十八届五中全会进一步决定全面实施一对夫妇可生育两个孩子的政策。在这一人口与生育政策鼓励之下，未来更多儿童青少年将从独生子女进入同胞关系。媒体对这一时期头胎儿童青少年抵触情绪的报道进一步使得"生不生二胎"成为当前社会热议的焦点话题。[②] 如何处理子女间关系也将成为父母所面临的最大养育挑战之一。因此，对我国儿童青少年同胞关系的研究具有重要的历史和现实意义。

自 20 世纪 70 年代以来，同胞、同胞关系及其与儿童青少年社会性发展的关系在西方文化背景下得到了深入探讨[③]。与独生子女相比，拥有 1~2 个兄弟姐妹能够增强儿童的社会情绪理解能力、同伴交往能力，增加其亲社会行为，

[①] Dunn, J. "Siblings and socialization," in J. E. Grusec & P. D. Hastings（Eds.），*Handbook of Socialization：Theory and Research*，New York，US，Guilford Press，2007，pp. 309-327.

[②] 陈斌斌、王燕、梁霁等：《二胎进行时：头胎儿童在向同胞关系过渡时的生理和心理变化及其影响因素》，载《心理科学进展》，2016，24(6)。

[③] Dirks, M. A., Persram, R., Recchia, H. E., "Sibling Relationships as Sources of Risk and Resilience in the Development and Maintenance of Internalizing and Externalizing Problems during Childhood and Adolescence," *Clinical Psychology Review*，2015(42)，pp. 145-155.

降低其外化问题行为①②③，但兄弟姐妹数量的增加并不必然提高儿童青少年的社会性发展水平，同胞关系质量是一个更重要的影响指标。整体来看，积极的同胞关系对于儿童青少年的社会性发展具有重要意义，是其应对外界风险的保护性因素；而消极的同胞关系往往会导致儿童青少年产生各种内化问题和外化问题行为，是影响其社会性发展的危险性因素。④⑤ 然而，由于东西方文化中的家庭主义观念存在差异，不同文化背景下同胞关系的特点及同胞关系对儿童青少年社会性发展的影响也不同。⑥ 近年来，同胞关系作为影响儿童青少年发展的研究新视角，也逐渐受到国内研究者的关注。⑦ 基于此，本章首先介绍了同胞关系的概念和理论，其次梳理了积极和消极同胞关系对儿童青少年社会性发展的影响及其作用机制，最后对同胞关系的研究现状进行思考，以期为未来研究提供启发和参考。

一、同胞关系

(一) 同胞

同胞，即同父母所生，也称作"兄弟姐妹""手足""同胞手足"。同胞最初用来指核心家庭中具有相同生身父母的人。然而，随着社会文化的发展、家庭结

---

① Downey, D. B. & Condron, D. J., "Playing Well with Others in Kindergarten: The Benefit of Siblings at Home," *Journal of Marriage and Family*, 2004, 66(2), pp. 333-350.

② Fabes, R. A., Hanish, L. D., Martin, C. L., "Young Children's Negative Emotionality and Social Isolation: A Latent Growth Curve Analysis," *Merrill-Palmer Quarterly*, 2002, 48(3), pp. 284-307.

③ Yucel, D. & Yuan, A. V., "Do Siblings Matter? The Effect of Siblings on Socio-Emotional Development and Educational Aspirations among Early Adolescents," *Child Indicators Research*, 2015, 8(3), pp. 671-697.

④ Buist, K. L., Deković, M. & Prinzie, P., "Sibling Relationship Quality and Psychopathology of Children and Adolescents: A Meta-Analysis," *Clinical Psychology Review*, 2013, 33(1), pp. 97-106.

⑤ Dirks, M. A., Persram, R., Recchia, H. E., et al., "Sibling Relationships as Sources of Risk and Resilience in the Development and Maintenance of Internalizing and Externalizing Problems during Childhood and Adolescence," *Clinical Psychology Review*, 2015(42), pp. 145-155.

⑥ Rowan, Z. R., "Social Risk Factors of Black and White Adolescents' Substance Use: The Differential Role of Siblings and Best Friends," *Journal of Youth and Adolescence*, 2016, 45(7), pp. 1482-1496.

⑦ 陈斌斌、王燕、梁霏等:《二胎进行时: 头胎儿童在向同胞关系过渡时的生理和心理变化及其影响因素》, 载《心理科学进展》, 2016, 24(6)。

构的变化，同胞的概念也得到了扩展，并由此形成了五种不同的类型：全同胞（biological siblings）、半同胞（half-siblings）、继亲同胞（step-siblings）、收养同胞（adoptive siblings）和寄养同胞（foster siblings）。①② 埃尔加（Elgar）和黑德（Head）从同胞之间是否拥有共同的成长经历、共同的基因、共同的家庭价值观和文化背景、共同的法律地位四个方面，进一步解析并区分了这五种同胞类型的特点，具体介绍如表10-1。

表10-1 同胞类型

同胞类型	一起成长情况	共同的基因	共同的家庭价值观和文化背景	共同的法律地位
全同胞	一起长大	√	√	√
	分开长大/童年分开	√	部分	√
	分开长大/出生即分开	√	无	√
半同胞	一起长大	部分	√	无
	分开长大/童年分开	部分	部分	无
	随一方父母长大/从未与另一父母生活	部分	无	无
继亲同胞	—	无	部分	无
收养同胞	—	无	部分	√
寄养同胞	无血缘儿童	无	部分	无

资料来源：整理自 Elgar & Head（1999）。

(二) 同胞关系的定义

同胞关系（sibling relationship）是指两个或两个以上兄弟姐妹从意识到对方存在的那一刻起，通过身体的、言语的和非言语的交流来分享与彼此有关的知识、观点、态度、信念和感受的所有互动。③ 同胞之间的互动体现在平等互惠

---

① Cicirelli, V. G., "A Measure of Caregiving Daughters' Attachment to Elderly Mothers," *Journal of Family Psychology*, 1995, 9(1), pp. 89-94.

② Elgar, M. & Head, A., "An Overview of Siblings," in A. Mullender (Eds.), *We are Family: Sibling Relationships in Placement and Beyond*, London, British Agencies for Adoption and Fostering, 1999.

③ Cicirelli, V. G., "A Measure of Caregiving Daughters' Attachment to Elderly Mothers," *Journal of Family Psychology*, 1995, 9(1), pp. 89-94.

性和补充性两方面。① 其中，平等互惠的同胞关系与同伴关系具有一定相似性，是指同胞之间在模仿学习和互动过程中产生的温暖、冲突、友谊和感情共鸣；补充性则强调同胞关系对亲子关系的补充，指的是年长同胞帮助父母照顾年幼同胞，使其形成依恋、获得教育和习得语言，并在这一过程中形成同胞关系中的相对地位。可以说，同胞关系既综合了亲子关系和同伴关系的典型特点，也具有不同于亲子关系、同伴关系的独特特点。这主要体现在以下四个方面：①同胞关系是自出生一直伴随到老年的、持续时间最长的人际关系；②它是一种被赋予的、个人无法自主选择的、非努力所能得的人际关系；③同胞之间的关系具有相对平等性；④同胞之间拥有共享或非共享的经历，这促成了同胞之间的相似性与独特性。②

从实证研究的角度来看，早期研究认为同胞关系由性别组成、年龄差距、遗传相关程度、出生顺序等一系列结构特征构成。③ 例如，出生顺序和年龄差距使得同胞之间形成等级的、动态的关系，年长的同胞往往起到模范作用，为年幼的同胞提供建议、照顾等资源。然而，这种从结构角度对同胞关系的界定难以全面地说明同胞关系的差异，无法深入地了解同胞关系发展变化的过程，也不能了解同胞对个体发展产生影响的程度。因此，研究者从发展的、动态的角度出发，提出"同胞关系质量"来探讨同胞关系的动态性和发展性特点。④

（三）同胞关系质量

目前学界对于同胞关系质量（sibling relationship quality）的概念尚未形成统

---

① Dunn, J., Sibling Relationships in Early Childhood, *Child Development*, 1983, 54(4), pp. 787-811.

② Cicirelli, V. G., *Sibling Relationships Across the Life Span*, Springer Science & Business Media, 2013.

③ Feinberg, M. E., Solmeyer, A. R. & McHale, S. M., "The Third Rail of Family Systems: Sibling Relationships, Mental and Behavioral Health, and Preventive Intervention in Childhood and Adolescence," *Clinical Child and Family Psychology Review*, 2012, 15(1), pp. 43-57.

④ Furman, W. & Lanthier, R., "Parenting Siblings," in M. H. Bornstein (Ed.), *Handbook of Parenting*, Volume 1: *Children and Parenting* (2nd ed.), Mahwah, NJ, Lawrence Erlbaum Associates, 2002, pp. 165-188.

一的界定，也没有理论能够全面地解释同胞关系质量。传统的研究从社会学习理论出发，关注同胞互动中的温暖（warmth）与冲突（conflict）两个维度。近年来研究者进一步关注了同胞互动中的界限问题，并依据家庭系统理论将同胞之间的界限侵犯（boundary disturbances）分为黏结（enmeshment）和疏离（disengagement）两种类型。此外，研究者从心理功能角度将同胞关系划分为积极同胞关系（positive sibling relationship）和消极同胞关系（negative sibling relationship）两个方面。

1. 同胞温暖与同胞冲突

同胞温暖表现为同胞之间的友爱、亲密、崇拜、养育、相似、相互欣赏和亲社会行为。同胞冲突表现为争吵和敌对情绪[1]，包括建设性冲突和破坏性冲突。[2] 儿童青少年期的同胞冲突主要涉及平等和公平、侵犯个人领域两个方面[3]，此外也包括内在伤害、关系冲突方面的问题。[4] 需要强调的是，同胞关系通常具有爱—恨的特点，既温暖亲密又有相互冲突与竞争，因此它在温暖和冲突两个维度上并不是彼此对立的。这两个维度的交互作用形成如表 10-2 所示的四种同胞关系类型：和谐型（harmonious）、情感强烈型（affectively intense）、敌对型（hostile）、冷漠型（uninvolved）。[5] 前三种模式在儿童中得到证实，而第四种则仅存在于年长的青少年中。[6]

---

[1] Furman, W. & Buhrmester, D., "Children's Perceptions of the Qualities of Sibling Relationships," *Child Development*, 1985, 56(2), pp. 448-461.

[2] Recchia, H. E., Rajput, A. & Peccia, S., "Children's Interpretations of Ambiguous Provocation from Their Siblings: Comparisons with Peers and Links to Relationship Quality," *Social Development*, 2015, 24(4), pp. 782-797.

[3] Campione-Barr, N. & Smetana, J. G., "Who Said You Could Wear My Sweater? Adolescent Siblings' Conflicts and Associations with Relationship Quality," *Child Development*, 2010, 81(2), pp. 464-471.

[4] Campione-Barr, N., Greer, K. B., Schwab, K., "Differing Domains of Actual Sibling Conflict Discussions and Associations with Conflict Styles and Relationship Quality," *Social Development*, 2014, 23(4), pp. 666-683.

[5] McGuire, S., McHale, S. M. & Updegraff, K., "Children's Perceptions of the Sibling Relationship in Middle Childhood: Connections within and between Family Relationships," *Personal Relationships*, 1996, 3(3), pp. 229-239.

[6] Buist, K. L. & Vermande, M., "Sibling Relationship Patterns and Their Associations with Child Competence and Problem Behavior," *Journal of Family Psychology*, 2014, 28(4), pp. 529-537.

表 10-2 同胞关系类型

维度		冲突	
		高	低
温暖	高	情感强烈型	和谐型
	低	敌对型	冷漠型

资料来源：整理自 Buist & Vermande（2014）。

2. 同胞界限黏结与界限疏离

家庭成员在温暖与冲突、亲密与疏离、追求自主性与归属感之间存在界限的平衡问题，这也是个体在同胞关系中要面对的重要问题。基于家庭系统理论，除了同胞温暖和冲突之外，还应该关注同胞关系中的界限侵犯问题，即同胞之间传递信息和资源的内隐关系规则失常的现象。[①] 米纽秦（Minuchin）[②]用僵化和模糊两个端点形成的一条线来描述界限，大多数同胞关系位于中间范围，代表同胞之间拥有清楚的界限，而两极端为黏结型和疏离型的同胞关系，如图 10-1 所示。

疏离型　　　　　　　　　　界限清晰　　　　　　　　　　黏结型
（僵化的界限）　　　　　　（正当范围）　　　　　　　（模糊的界限）

图 10-1　同胞关系中的界限

资料来源：整理自 Minuchin(1974)。

界限黏结（boundary enmeshment）和界限疏离（boundary disengagement）是最普遍的两种界限侵犯模式。[③] 界限黏结的同胞关系是指以正常的个性和社会性发展为代价，与同胞过分亲密、过多地情感卷入。同胞之间的这种互动模式表现为亲职化（承担照顾同胞的责任）、排他性（严重依附于同胞关系，以取得某

---

① Bascoe, S. M., Davies, P. T. & Cummings, E. M., "Beyond Warmth and Conflict: The Developmental Utility of a Boundary Conceptualization of Sibling Relationship Processes,"*Child Development*, 2012, 83(6), pp. 2121-2138.

② Minuchin, S., *Families and Family Therapy*, Cambridge, MA, Harvard University Press, 1974.

③ Davies, P. T. & Cicchetti, D., "Toward an Integration of Family Systems and Developmental Psychopathology Approaches,"*Development and Psychopathology*, 2004, 16(3), pp. 477-481.

种目标），年幼同胞能够体验到有条件的或偶尔的温暖，但同时也会体验到对方较强的控制感、主导性和权力擅断行为。这种同胞互动模式可以促进同胞之间心理与情感上的融合，但同时也会抑制个体个性化发展过程，阻止其心理社会性发展。相反，界限疏离的同胞关系则反映了同胞之间不可渗透的、过于严苛的界限，彼此之间几乎没有温暖、支持和其他关系资源。这种同胞关系带有敌意、愤怒等特点，会扩大同胞之间的心理距离，导致同胞之间形成冷漠、忽视的情感氛围。[1] 这一分类方式进一步探索了同胞关系的广度和丰富性，揭示了同胞关系中的内隐规则，但目前对同胞关系的界限侵犯研究仍很不足。

3. 积极同胞关系与消极同胞关系

从同胞关系的心理功能角度看，同胞关系具有积极和消极属性两个方面，因此研究者将其划分为积极同胞关系与消极同胞关系。[2] 弗曼（Furman）和布雷梅斯特（Buhrmester）[3]认为，积极的同胞关系体现为同胞温暖，包含亲密关系、亲社会行为、友谊、崇拜、知觉到的相似性和喜爱六个维度；而消极同胞关系则体现为同胞冲突，包括争吵、敌对和竞争三个维度。除了同胞温暖与冲突外，追踪研究显示，同胞界限疏离和同胞界限黏结与同胞温暖均呈显著负相关，与同胞冲突均呈显著正相关，且对青少年内化和外化行为问题具有显著的预测作用。[4] 因此，界限疏离与界限黏结作为同胞界限侵犯的两种模式，也被视为消极的同胞关系。宽泛地讲，积极的同胞关系体现为同胞温暖与亲密、支持性的同胞关系、亲社会性的同胞关系；消极的同胞关系则体现为同胞冲突、同胞界限疏离

① Sturge-Apple, M. L., Davies, P. T. & Cummings, E. M., "Typologies of Family Functioning and Children's Adjustment During the Early School Years," *Child Development*, 2010, 81(4), pp. 1320-1335.

② Padilla-Walker, L. M., Harper, J. M. & Jensen, A. C., "Self-Regulation as a Mediator between Sibling Relationship Quality and Early Adolescents' Positive and Negative Outcomes," *Journal of Family Psychology*, 2010, 24(4), pp. 419-428.

③ Furman, W. & Buhrmester, D., "Children's Perceptions of the Qualities of Sibling Relationships," *Child Development*, 1985, 56(2), pp. 448-461.

④ Bascoe, S. M., Davies, P. T. & Cummings, E. M., "Beyond Warmth and Conflict: The Developmental Utility of a Boundary Conceptualization of Sibling Relationship Processes," *Child Development*, 2012, 83(6), pp. 2121-2138.

与黏结。基于对已有研究的分析，我们认为积极与消极同胞关系、同胞温暖与冲突、同胞界限疏离与黏结三种分类方式可以形成如图 10-2 所示的关系模式。

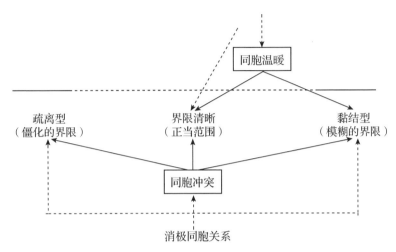

图 10-2　三种同胞关系分类方式的关系模式

(四)同胞关系的发展历程

儿童期和青少年期的同胞关系发展历程表现为稳定性和可变性两个方面。[1]一方面，从儿童期到青少年期，同胞关系表现出一定的稳定性。基于对 40 个二胎家庭中同胞关系的追踪研究，年长同胞与年幼同胞的积极和消极互动在 6 岁和 13 岁时表现出较强的一致性，且儿童早期消极同胞关系与青少年期的内化和外化问题行为有显著正相关。[2]

另一方面，同胞关系具有一定的可变性。首先，随着年龄增长，同胞卷入程度和同胞关系的作用强度呈现下降趋势。儿童早期同胞之间相处时间长，有较多的互动，年长同胞能够给予年幼同胞更多的支持与温暖；从儿童中晚期开始，儿童逐渐参与到同伴互动中，同胞关系的卷入程度和作用强度呈现下降趋

---

① Yeh, H. C. & Lempers, J. D. "Perceived Sibling Relationships and Adolescent Development," *Journal of Youth and Adolescence*, 2004, 33(2), pp. 133-147.

② Dunn, J., Slomkowski, C. & Beardsall, L., "Sibling Relationships from the Preschool Period through Middle Childhood and Early Adolescence," *Developmental Psychology*, 1994, 30(3), pp. 315-324.

势；随着青春期对外部世界的兴趣与探索的增强，青少年逐渐离开家庭融入同伴，这个时期青少年与同胞之间的温暖和冲突减少，关系变得更加平等。[①] 其次，在同胞角色的转变方面，同胞是青少年在与父母分离过程中和家庭联结的纽带。随着青少年寻求自主性和自我认同，他们开始减少对父母意见的依赖，这时同胞可以替代父母的角色，为青少年制订计划与解决生活问题提供建议。[②] 最后，在同胞关系的情感支持作用方面，青少年期同胞关系也是其重要的情感支持来源。[③] 青少年期同胞之间地位和相对权力更加平等，他们更容易相互理解、尊重彼此，拥有相似的观点。75%的青少年表示当他们孤独时会向兄弟姐妹寻求安慰，商讨解决办法。[④] 虽然儿童中晚期到青少年期同胞之间的互动、陪伴、亲密和喜爱比儿童早期减少，但这一时期同胞关系仍然具有重要的功能意义，如陪伴、亲密和养育功能，同胞关系的质量对于青少年的社会性发展起到重要的作用。

二、同胞关系的理论

整体来看，研究者从遗传进化和环境两种视角探讨了同胞关系，尤其是同胞之间的互动模式。从遗传进化角度来看，亲缘选择理论强调"遗传相关性"会影响同胞之间的合作与冲突行为。从环境视角来看，家庭系统理论认为同胞关系与亲子关系、夫妻关系三个家庭子系统之间存在相互依存、相互影响的动态关系；社会学习理论和社会比较理论也用来解释同胞之间的互动模式。

---

① Kim, J., McHale, S. M., Osgood, D. W., et al., "Longitudinal Course and Family Correlates of Sibling Relationships from Childhood through Adolescence," *Child Development*, 2006, 77(6), pp. 1746-1761.

② Seginer, R., "Adolescents' Perceptions of Relationships with Older Sibling in the Context of Other Close Relationships," *Journal of Research on Adolescence*, 1998, 8(3), pp. 287-308.

③ Seginer, R., "Adolescents' Perceptions of Relationships with Older Sibling in the Context of Other Close Relationships," *Journal of Research on Adolescence*, 1998, 8(3), pp. 287-308.

④ Woodward, J.C. & Frank, B.D., "Rural Adolescent Loneliness and Coping Strategies," *Adolescence*, 1988, 23(91), pp. 559-565.

(一)进化视角

亲缘选择理论(kin selection theory)认为,个体在适应过程中不仅考虑将自己的基因传递到下一代,而且考虑与自己遗传相关个体的基因传递。遗传相关性可以影响个体间合作与冲突的可能性:当其他条件都相同时,遗传相关性高的个体间存在更多合作和更少冲突。[1] 同胞作为"遗传相关性"较高的个体,是个体适应性的载体,个体指向同胞的利他行为是一种间接增加自己适应性的途径。因此,个体对全同胞的合作和利他行为高于半同胞,更高于异父母同胞。[2][3] 然而,遗传相关性不能保证同胞之间总是表现出合作和利他主义,与此相反,同胞之间也会爆发频繁的冲突。遗传相关性的理论强调每个子女与自身的遗传相关性远高于其同胞,这使得子代更重视自身而非同胞的利益,因此同胞之间会通过竞争以获得比"公平分配的份额"更多的父母资源,如父母的关注、时间、金钱等。基于此,在父母资源越有限、同胞数量越多的家庭中,同胞冲突越多,同胞之间的暴力事件越多。

(二)环境视角

家庭系统理论指出,家庭是一个有等级结构的、动态的系统,包括婚姻关系、亲子关系和同胞关系三个子系统。同胞关系处于动态的家庭系统中,与其他家庭成员和其他家庭子系统相互依存、相互影响。[4] 从个人角度来看,家庭系统中个人与同胞关系相互影响。例如,父亲的家庭主义观念可以提升同胞之

---

① Salmon, C. A. & Hehman, J. A., "The Evolutionary Psychology of Sibling Conflict and Siblicide," in T. K. Shackelford, & R. D. Hansen (Eds.), *The Evolution of Violence*, New York, US, Springer New York, 2014, pp. 137-157.

② Bressan, P., Colarelli, S. M. & Cavalieri, M. B., "Biologically Costly Altruism Depends on Emotional Closeness among Step But Not Half or Full Sibling," *Evolutionary Psychology*, 2009, 7(1), pp. 118-132.

③ 王瑞乐、刘涵慧、张孝义:《亲缘利他的不对称性:进化视角的分析》,载《心理科学进展》,2012,20(6)。

④ Feinberg, M. E., Solmeyer, A. R. & McHale, S. M., "The Third Rail of Family Systems: Sibling Relationships, Mental and Behavioral Health, and Preventive Intervention in Childhood and Adolescence," *Clinical Child and Family Psychology Review*, 2012, 15(1), pp. 43-57.

间的温暖程度[①]；母亲的消极情绪会对同胞关系质量产生不良影响[②]；同时，温暖的同胞关系可以改善父母自身的情绪调节能力。[③] 从子系统角度来看，积极的亲子关系、支持性的父母教养与同胞温暖密切相关，而敌对的亲子关系对消极的同胞关系具有很强的预测作用[④]；同时，同胞温暖可以预测积极的父母教养方式。[⑤] 从整个家庭系统的角度来看，积极的同胞关系会对家庭系统产生一定的补偿和缓冲作用；而消极的同胞关系则不利于家庭系统的良性运作。例如，对于处于父母婚姻不和谐、家庭冲突频率和强度较高的家庭环境中的儿童，积极的同胞关系可以减少其消极情绪和不良行为，进而减少其成年期的抑郁情绪[⑥]；而消极的同胞关系可能使父母症状对儿童心理健康的影响得到恶化。[⑦]

此外，社会学习理论认为，同胞关系的形成与发展来自子女对亲子关系的模仿、年幼同胞对年长同胞行为模式的学习。例如，年幼的同胞在大学选择上倾向于与学术能力相仿的年长的同胞做出相似的抉择[⑧]，通过年长同胞的约会、同居、结婚行为可以预测两年后年幼同胞的浪漫关系经历。[⑨] 社会比较理论认为，同胞为社会比较提供了一个稳定而有意义的参照框架。同胞间比较倾向越

---

① Gamble, W. C. & Yu, J. J., "Young Children's Sibling Relationship Interactional Types: Associations with Family Characteristics, Parenting, and Child Characteristics," *Early Education and Development*, 2014, 25(2), pp. 223-239.

② Jenkins, J., Rasbash, J., Leckie, G., et al., "The Role of Maternal Factors in Sibling Relationship Quality: A Multilevel Study of Multiple Dyads Per Family," *Journal of Child Psychology and Psychiatry*, 2012, 53(6), pp. 622-629.

③ Ravindran, N., Engle, J. M., McElwain, N. L., et al., "Fostering Parents' Emotion Regulation through a Sibling-Focused Experimental Intervention," *Journal of Family Psychology*, 2015, 29(3), pp. 458-468.

④ Stormshak, E. A., Bullock, B. M. & Falkenstein, C. A., "Harnessing the Power of Sibling Relationships as a Tool for Optimizing Social-Emotional Development," *New Directions for Child and Adolescent Development*, 2009(126), pp. 61-77.

⑤ Yu, J. J., & Gamble, W. C., "Pathways of Influence: Marital Relationships and Their Association with Parenting Styles and Sibling Relationship Quality," *Journal of Child and Family Studies*, 2008, 17(6), pp. 757-778.

⑥ Tucker, C. J., Finkelhor, D., Shattuck, A. M., et al., "Prevalence and Correlates of Sibling Victimization Types," *Child Abuse & Neglect*, 2013, 37(4), pp. 213-223.

⑦ Keeton, C. P., Teetsel, R. N., Dull, N. M. S., et al., "Parent Psychopathology and Children's Psychological Health: Moderation by Sibling Relationship Dimensions," *Journal of Abnormal Child Psychology*, 2015, 43(7), pp. 1333-1342.

⑧ Goodman, J., Hurwitz, M., Smith, J., et al., "The Relationship between Siblings' College Choices: Evidence from One Million SAT-Taking Families," *Economics of Education Review*, 2015(48), pp. 75-85.

⑨ Wheeler, L. A., Killoren, S. E., Whiteman, S. D., et al., "Romantic Relationship Experiences from Late Adolescence to Young Adulthood: The Role of Older Siblings in Mexican-origin Families," *Journal of Youth and Adolescence*, 2016, 45(SI 5), pp. 900-915.

高，同胞关系中的温暖与冲突也越多，而这种社会比较的过程体现了父母对不同孩子的不同期望。①②

三、同胞关系质量对儿童青少年社会性发展的影响

（一）积极同胞关系对儿童青少年社会性发展的影响

1. 积极同胞关系与内化和外化问题行为

积极同胞关系主要关注同胞关系中的帮助、教育、照顾、建议、支持、温暖和分享等③，能够减少儿童和青少年的内化和外化问题。④ 一方面，积极的同胞关系有利于缓冲处于不利环境中儿童的社会适应问题。例如，对于面临消极生活事件或经历创伤事件的儿童，积极同胞关系可以为其提供脚手架作用，帮助其做出决策；同胞也可以作为情感分享的对象，这有利于降低抑郁、愤怒，减小创伤后的压力。⑤⑥ 对于处于高风险邻里环境和低收入家庭中的 10～12 岁儿童，积极、支持性的同胞关系与低抑郁症状、较少的不良态度、更多的学校参与行为正相关，有利于降低其心理适应不良的风险。⑦ 另一方面，积极的同胞关系可以降低青少年的焦虑、抑郁、压力和孤独感等内化问题⑧，减少犯罪

① Jensen, A. C., Pond, A. M. & Padilla-Walker, L. M., "Why can't I Be More Like My Brother? The Role and Correlates of Sibling Social Comparison Orientation," *Journal of Youth and Adolescence*, 2015, 44(11), pp. 2067-2078.

② Shanahan, L., McHale, S. M., Crouter, A. C., et al., "Linkages between Parents' Differential Treatment, Youth Depressive Symptoms, and Sibling Relationships," *Journal of Marriage and Family*, 2008, 70(2), pp. 480-494.

③ Dunn, J., "Siblings and Socialization," in J. E. Grusec & P. D. Hastings (Eds.), *Handbook of Socialization: Theory and Research*, New York, US, Guilford Press, 2007, pp. 309-327.

④ Buist, K. L., Deković, M. & Prinzie, P., "Sibling Relationship Quality and Psychopathology of Children and Adolescents: A Meta-Analysis," *Clinical Psychology Review*, 2013, 33(1), pp. 97-106.

⑤ Gass, K., Jenkins, J. & Dunn, J., "Are Sibling Relationships Protective? A Longitudinal Study," *Journal of Child Psychology and Psychiatry*, 2007, 48(2), pp. 167-175.

⑥ Perricone, G., Fontana, V., Burgio, S., et al., "Sibling Relationships as a Resource for Coping with Traumatic Events," *SpringerPlus*, 2014, 3(1), pp. 525-530.

⑦ Criss, M. A. & Shaw, D. S., "Sibling Relationships as Contexts for Delinquency Training in Low-Income Families," *Journal of Family Psychology*, 2005, 19(4), pp. 592-600.

⑧ Buist, K. L., Deković, M. & Prinzie, P., "Sibling Relationship Quality and Psychopathology of Children and Adolescents: A Meta-Analysis," *Clinical Psychology Review*, 2013, 33(1), pp. 97-106.

行为、物质使用和其他外化问题行为。[1][2]

2. 积极同胞关系与其他人际关系

同胞间的支持和亲密关系也会促进其他人际关系（如浪漫关系和同伴关系）的发展。[3] 首先，一项针对12~20岁青少年的追踪研究发现，与异性别同胞的关系可以显著预测青少年知觉浪漫的能力，并且在控制了亲子亲密程度之后，这一预测效应仍然显著。[4] 其次，相比于同伴关系对同胞关系的影响，同胞关系对儿童和青少年同伴关系的影响更大[5]，且同胞关系对后续的同伴关系具有一致的、持久的效应。[6] 另一项对10~15岁青少年同胞关系纵向研究的数据进一步表明，同胞互动的数量和模式对同伴关系质量无显著影响，但同胞关系的质量对同伴关系质量具有显著预测作用。[7]

3. 积极同胞关系与情绪社会性发展

同胞之间的相处时间远比与父母、同伴相处的时间长，同胞之间会讨论很多与情感有关的经历、想法和感受。[8][9] 同胞互动中也常常伴随着情绪变化，如生气、沮丧、妒忌、骄傲、快乐和其他许多情绪。[10] 这些情感交流和情绪反应

---

[1] Yeh, H. C. & Lempers, J. D., "Perceived Sibling Relationships and Adolescent Development," *Journal of Youth and Adolescence*, 2004, 33(2), pp. 133-147.

[2] Padilla-Walker, L. M., Harper, J. M. & Jensen, A. C., "Self-Regulation as a Mediator Between Sibling Relationship Quality and Early Adolescents' Positive and Negative Outcomes," *Journal of Family Psychology*, 2010, 24(4), pp. 419-428.

[3] Updegraff, K. A., McHale, S. M. & Crouter, A. C., "Adolescents' Sibling Relationship and Friendship Experiences: Developmental Patterns and Relationship Linkages," *Social Development*, 2002, 11(2), pp. 182-204.

[4] Doughty, S. E., Lam, C. B., Stanik, C. E., et al., "Links between Sibling Experiences and Romantic Competence from Adolescence through Young Adulthood," *Journal of Youth and Adolescence*, 2015, 44(11), pp. 2054-2066.

[5] Yeh, H. C. & Lempers, J. D., "Perceived Sibling Relationships and Adolescent Development," *Journal of Youth and Adolescence*, 2004, 33(2), pp. 133-147.

[6] Roskam, I., Meunier, J. & Stievenart, M., "From Parents to Siblings and Peers: The Wonderful Story of Social Development," *Sage Open*, 2015, 5(4), pp. 506-525.

[7] Yucel, D. & Downey, D. B., "When Quality Trumps Quantity: Siblings and the Development of Peer Relationships," *Child Indicators Research*, 2015, 8(4), pp. 845-865.

[8] Howe, N., Aquan-Assee, J., Bukowski, W. M., et al., "Siblings as Confidants: Emotional Understanding, Relationship Warmth, and Sibling Self-Disclosure," *Social Development*, 2001, 10(4), pp. 439-454.

[9] McHale, S. M., Updegraff, K. A. & Whiteman, S. D., "Sibling Relationships and Influences in Childhood and Adolescence," *Journal of Marriage and Family*, 2012, 74(5), pp. 913-930.

[10] Kramer, L. & Kowal, A. K., "Sibling Relationship Quality from Birth to Adolescence: The Enduring Contributions of Friends," *Journal of Family Psychology*, 2005, 19(4), pp. 503-511.

为儿童的情绪发展提供了重要的环境，有利于儿童学习识别、表达和调节情绪①，帮助其预测特定情境中他人的情绪反应，利用他人的情绪反应建立关系和影响他人。②

同胞温暖和建设性冲突都有利于儿童和青少年的情绪社会性发展。一方面，同胞温暖可以增强同胞之间的自我表露，使同胞之间更加理解彼此的心理状态和人际交往困难，这可以提高其情绪适应能力。③④ 另一方面，同胞之间的建设性冲突和解决冲突的过程为青少年提供了学习情绪识别、表达与调节的机会，对青少年的社会性发展具有重要的作用。⑤

4. 积极同胞关系效应的作用机制

首先，积极同胞关系可以影响儿童青少年的社会认知，进而对其发展结果产生积极作用。积极同胞关系为青少年提供了社会学习的机会，同胞之间的这种亲密互动和模仿学习有利于提高儿童青少年的社会情绪理解能力、亲社会技能和冲突解决策略，进而增加其亲社会行为，降低内化和外化问题行为。⑥⑦⑧⑨

---

① Dunn, J. "Siblings and Socialization," in J. E. Grusec & P. D. Hastings (Eds.), *Handbook of Socialization: Theory and Research*, New York, US, Guilford Press, 2007, pp. 309-327.

② Kramer, L., "Learning Emotional Understanding and Emotion Regulation through Sibling Interaction," *Early Education & Development*, 2014, 25(2), pp. 160-184.

③ Campione-Barr, N., Lindell, A. K., Giron, S. E., et al., "Domain Differentiated Disclosure to Mothers and Siblings and Associations with Sibling Relationship Quality and Youth Emotional Adjustment," *Developmental Psychology*, 2015, 51(9), pp. 1278-1291.

④ Howe, N., Aquan-Assee, J., Bukowski, W. M., et al., "Siblings as Confidants: Emotional Understanding, Relationship Warmth, and Sibling Self-Disclosure," *Social Development*, 2001, 10(4), pp. 439-454.

⑤ Kramer, L., "Learning Emotional Understanding and Emotion Regulation through Sibling Interaction," *Early Education & Development*, 2014, 25(2), pp. 160-184.

⑥ Brody, G. H., "Siblings' Direct and Indirect Contributions to Child Development," *Current Directions in Psychological Science*, 2004, 13(3), pp. 124-126.

⑦ Dunn, J. & Munn, P. "Siblings and the Development of Prosocial Behaviour," *International Journal of Behavioral Development*, 1986, 9(3), pp. 265-284.

⑧ Howe, N., Aquan-Assee, J., Bukowski, W. M., et al., "Siblings as Confidants: Emotional Understanding, Relationship Warmth, and Sibling Self-Disclosure," *Social Development*, 2001, 10(4), pp. 439-454.

⑨ Padilla-Walker, L. M., Harper, J. M. & Jensen, A. C., "Self-Regulation as a Mediator between Sibling Relationship Quality and Early Adolescents' Positive and Negative Outcomes," *Journal of Family Psychology*, 2010, 24(4), pp. 419-428.

其次，积极同胞关系可以促进个体自我的发展，如提高青少年的自尊水平、自我概念和自我调节能力，进而对其发展结果产生影响。[1][2][3] 最后，积极同胞关系可以提高儿童青少年情绪识别、表达和调节能力，促进其情绪社会性发展，推动其他人际关系的积极发展[4][5]；还可以提高青少年的移情能力，进而增加其亲社会行为。[6][7]

（二）消极同胞关系对儿童青少年社会性发展的影响

1. 消极同胞关系与内化和外化问题行为

随着儿童青少年对自主性、平等地位的追求，儿童中晚期和青少年期同胞冲突频繁、剧烈，达到了在亲子关系和友谊关系中所罕见的频率，这对儿童和青少年的内化和外化问题行为具有消极作用。[8] 一项针对非裔美国儿童和青少年同胞关系的追踪研究发现：在控制与年龄和亲子关系有关的变量后，随着消极同胞关系的减少，儿童和青少年的抑郁症状和问题行为也会随之减少；但随着积极同胞关系（如同胞温暖）的减少，儿童和青少年的抑郁症状和问题行为没

① Mota，C. P. & Matos，P. M.，"Does Sibling Relationship Matter to Self-Concept and Resilience in Adolescents under Residential Care?"*Children and Youth Services Review*，2015(56)，pp. 97-106.

② Padilla-Walker，L. M.，Harper，J. M. & Jensen，A. C.，"Self-Regulation as a Mediator between Sibling Relationship Quality and early Adolescents' Positive and Negative Outcomes,"*Journal of Family Psychology*，2010，24(4)，pp. 419-428.

③ Yeh，H. C. & Lempers，J. D.，"Perceived Sibling Relationships and Adolescent Development,"*Journal of Youth and Adolescence*，2004，33(2)，pp. 133-147.

④ Dunn，J.，"Siblings and Socialization,"in J. E. Grusec & P. D. Hastings（Eds.），*Handbook of Socialization：Theory and Research*，New York，US，Guilford Press，2007，pp. 309-327.

⑤ Kramer，L.，"Learning Emotional Understanding and Emotion Regulation through Sibling Interaction,"*Early Education & Development*，2014，25(2)，pp. 160-184.

⑥ Harper，J. M.，Padilla-Walker，L. M. & Jensen，A. C.，"Do Siblings Matter Independent of Both Parents and Friends? Sympathy as a Mediator between Sibling Relationship Quality and Adolescent Outcomes,"*Journal of Research on Adolescence*，2016，26(1)，pp. 101-114.

⑦ Lam，C. B.，Solmeyer，A. R. & McHale，S. M.，"Sibling Relationships and Empathy across the Transition to Adolescence,"*Journal of Youth and Adolescence*，2012，41(12)，pp. 1657-1670.

⑧ Campione-Barr，N. & Smetana，J. G.，"Who Said You Could Wear My Sweater? Adolescent Siblings' Conflicts and Associations with Relationship Quality,"*Child Development*，2010，81(2)，pp. 464-471.

有显著变化。① 这一结果与比伊斯特（Buist）等人②对儿童与青少年同胞关系质量与内化和外化问题行为之间关系的元分析一致。该元分析结果表明，消极的同胞关系对青少年内化问题和外化问题行为的影响远远大于积极的同胞关系，应该对同胞之间的冲突行为给予更多的关注。

青少年期同胞关系比亲子关系对青少年社会性发展具有更强的预测作用，消极同胞关系是青少年社会性发展面临的主要危险因素之一。③ 对同胞关系的纵向研究表明，同胞冲突和敌意可以独立预测 2~4 年后青少年的焦虑、抑郁症状和问题行为④；但在控制了亲子关系和友谊质量之后，同胞敌意仅可以显著地正向预测男青少年的抑郁和外化问题行为。⑤ 此外，同胞冲突与同胞温暖共同影响儿童和青少年的内化和外化问题行为。低温暖、高冲突的同胞关系不仅使青少年产生更多内化问题，如焦虑、抑郁、低自尊⑥⑦，而且使青少年出现更多的外化问题行为。⑧⑨⑩

---

① Whiteman, S. D., Solmeyer, A. R. & McHale, S. M., "Sibling Relationships and Adolescent Adjustment: Longitudinal Associations in Two-Parent African American Families," *Journal of Youth and Adolescence*, 2015, 44(11), pp. 2042-2053.

② Buist, K. L., Deković, M. & Prinzie, P., "Sibling Relationship Quality and Psychopathology of Children and Adolescents: A Meta-Analysis," *Clinical Psychology Review*, 2013, 33(1), pp. 97-106.

③ Mlynarski, L., Zhu, S., Ganiban, J., et al., "All in the Family? Impact of Sibling Relationships on Adolescents' Externalizing Behavior," *Behavior Genetics*, 2014, 44(SI 6), pp. 673-673.

④ Bank, L., Burraston, B. & Snyder, J., "Sibling Conflict and Ineffective Parenting as Predictors of Adolescent Boys' Antisocial Behavior and Peer Difficulties: Additive and Interactional Effects," *Journal of Research on Adolescence*, 2004, 14(1), pp. 99-125.

⑤ Harper, J. M., Padilla-Walker, L. M., et al., "Do Siblings Matter Independent of Both Parents and Friends? Sympathy as a Mediator between Sibling Relationship Quality and Adolescent Outcomes," *Journal of Research on Adolescence*, 2016, 26(1), pp. 101-114.

⑥ Buist, K. L., Deković, M. & Prinzie, P., "Sibling Relationship Quality and Psychopathology of Children and Adolescents: A Meta-Analysis," *Clinical Psychology Review*, 2013, 33(1), pp. 97-106.

⑦ Campione-Barr, N., Greer, K. B. & Kruse, A., "Differential Associations between Domains of Sibling Conflict and Adolescent Emotional Adjustment," *Child Development*, 2013, 84(3), pp. 938-954.

⑧ Mlynarski, L., Zhu, S., Ganiban, J., et al., "All in the Family? Impact of Sibling Relationships on Adolescents' Externalizing Behavior," *Behavior Genetics*, 2014, 44(SI 6), pp. 673-673.

⑨ Dirks, M. A., Persram, R., Recchia, H. E., et al., "Sibling Relationships as Sources of Risk and Resilience in the Development and Maintenance of Internalizing and Externalizing Problems during Childhood and Adolescence," *Clinical Psychology Review*, 2015(42), pp. 145-155.

⑩ Buist, K. L. & Vermande, M., "Sibling Relationship Patterns and Their Associations with Child Competence and Problem Behavior," *Journal of Family Psychology*, 2014, 28(4), pp. 529-537.

同胞冲突可能以欺负行为和关系攻击的方式增加儿童青少年的内化和外化问题行为。一方面，同胞冲突可能表现为同胞之间的欺负行为①，这不仅可能增加同伴欺负行为的风险，也与成年早期的情绪和行为问题密切相关。② 另一方面，同胞关系中的心理控制和关系攻击会导致青少年表现出更多的焦虑和抑郁症状，其中同胞关系攻击比心理控制对青少年焦虑和抑郁的预测作用更强。③

同胞之间的界限侵犯也会对儿童和青少年的内化和外化问题行为产生消极影响。同胞界限黏结的儿童严重依附于同胞关系，这会牺牲其自主性、个性、其他人际关系和对外界的探索，增加儿童内化问题和同伴拒绝的风险。④ 相反，同胞界限疏离关系中的敌意、愤怒等特点会加大同胞之间的心理距离，形成情感冷漠、忽视的氛围。这种氛围会抑制同胞关系积极作用的发挥，形成人际忽视、拒绝、疏远等忽视型处理模式，进而增加早期儿童外化问题行为。⑤ 同胞界限黏结可以独立预测儿童一年后的内化问题和同伴拒绝等社交困难；而同胞界限疏离则独立预测儿童一年后的外化问题行为。⑥

2. 消极同胞关系与其他人际关系

消极同胞关系也会损害儿童和青少年的其他人际关系。一项针对青少年的追踪研究发现，同胞冲突越多的青少年，其知觉浪漫的能力也越低。⑦ 同胞之

---

① Tanrikulu, I. & Campbell, M. A., "Sibling Bullying Perpetration: Associations with Gender, Grade, Peer Perpetration, Trait Anger, and Moral Disengagement," *Journal of Interpersonal Violence*, 2015, 30(6), pp. 1010-1024.

② Wolke, D., Tippett, N. & Dantchev, S., "Bullying in the Family: Sibling Bullying," *Lancet Psychiatry*, 2015, 2(10), pp. 917-929.

③ Campione-Barr, N., Lindell, A. K., Greer, K. B., et al., "Relational Aggression and Psychological Control in the Sibling Relationship: Mediators of the Association between Maternal Psychological Control and Adolescents' Emotional Adjustment," *Development and Psychopathology*, 2014, 26(SI 3), pp. 749-758.

④ Hetherington, E. M., "Parents, Children, and Siblings: Six Years after Divorce," in *Relationships Within Families: Mutual Influences*, 1988, pp. 311-331.

⑤ Sturge-Apple, M. L., Davies, P. T. & Cummings, E. M., "Typologies of Family Functioning and Children's Adjustment during the Early School Years," *Child Development*, 2010, 81(4), pp. 1320-1335.

⑥ Sturge-Apple, M. L., Davies, P. T. & Cummings, E. M., "Typologies of Family Functioning and Children's Adjustment during the Early School Years," *Child Development*, 2010, 81(4), pp. 1320-1335.

⑦ Doughty, S. E., Lam, C. B., Stanik, C. E., et al., "Links between Sibling Experiences and Romantic Competence from Adolescence through Young Adulthood," *Journal of Youth and Adolescence*, 2015, 44(11), pp. 2054-2066.

间的攻击行为也可以预测同伴关系中的攻击行为。① 横断研究结果表明，同胞攻击行为与同伴攻击行为紧密相关，对同胞施加攻击行为的儿童往往会在同伴关系中也施加攻击行为或遭受同伴攻击。② 实验研究也表明，同胞攻击行为可以预测青少年一年后的同伴欺负行为。③ 对青少年为期 2 年的追踪研究同样发现，同胞攻击行为(身体攻击、言语攻击)可以显著预测青少年在同伴关系中的欺负与被欺负角色。④

3. 消极同胞关系效应的作用机制

消极同胞关系可能造成儿童青少年社会认知加工的偏差，进一步对其社会适应产生不良影响。⑤ 频繁发生的同胞冲突和攻击行为会增加其对兄弟姐妹的敌意归因⑥，导致儿童情绪理解能力发生偏差，使得儿童对他人愤怒表情识别能力更强，对悲伤表情的识别能力更弱，这进一步影响其健康发展。⑦ 当个体处于威胁的、消极的社会关系中时，他会采取扭曲的道德观念来将自己的报复性行为合理化⑧，因此道德认知和道德行为在同胞冲突与其问题行为关系中的作用也值得关注。

同胞关系也会通过同伴、家庭关系和父母教养质量三条路径对青少年社会适应产生影响，其作用路径的理论模型如图 10-3。这一模型提出，消极的同胞关系

① Wolke, D., Tippett, N. & Dantchev, S., "Bullying in the Family: Sibling Bullying," *Lancet Psychiatry*, 2015, 2(10), pp. 917-929.

② Wolke, D. & Skew, A. J., "Bullying among Siblings," *International Journal of Adolescent Medicine & Health*, 2012, 24(1), pp. 17-25.

③ Ensor, R., Marks, A., Jacobs, L., et al., "Trajectories of Antisocial Behaviour towards Siblings Predict Antisocial Behaviour towards Peers," *Journal of Child Psychology & Psychiatry*, 2010, 51(11), pp. 1208-1216.

④ Tippett, N. & Wolke, D., "Aggression between Siblings: Associations with the Home Environment and Peer Bullying," *Aggressive Behavior*, 2015, 41(1), pp. 14-24.

⑤ Dirks, M. A., Persram, R., Recchia, H. E., et al., "Sibling Relationships as Sources of Risk and Resilience in the Development and Maintenance of Internalizing and Externalizing Problems during Childhood and Adolescence," *Clinical Psychology Review*, 2015(42), pp. 145-155.

⑥ Recchia, H. E., Rajput, A., & Peccia, S., "Children's Interpretations of Ambiguous Provocation from Their Siblings: Comparisons with Peers and Links to Relationship Quality," *Social Development*, 2015, 24(4), pp. 782-797.

⑦ Dirks, M. A., Persram, R., Recchia, H. E., et al., "Sibling Relationships as Sources of Risk and Resilience in the Development and Maintenance of Internalizing and Externalizing Problems during Childhood and Adolescence," *Clinical Psychology Review*, 2015(42), pp. 145-155.

⑧ Wainryb, C. & Recchia, H., "Moral Lives across Cultures: Heterogeneity and Conflict," in M. Killen & J. G. Smetana (Eds.), *Handbook of Moral Development*, New York, Psychology Press, 2013, pp. 259-278.

通过同伴与学校环境、家庭关系和父母教养三条路径对内化和外化问题行为产生影响。第一条路径指出，消极的同胞关系促使青少年形成顽劣的人际互动模式，并导致其将这种互动模式用于同伴交往中，从而产生更多的学校问题行为和同伴交往困难，增加其加入偏差同伴团体的可能性。这种同伴关系的偏差会导致儿童对物质使用产生积极态度，增加其接触和使用物质的机会，进而导致更多的物质使用和不良行为问题。第二条路径指出，消极同胞关系会导致儿童更容易参加犯罪活动；与不良年长同胞及其同伴团体的频繁接触增加了年幼同胞接触物质的机会和使用物质的压力。第三条路径指出，消极同胞关系会削弱父母教养质量，降低父母对同胞关系与活动的监控，阻碍父母对偏差同胞的行为矫正，进而降低青少年的自尊，增加其抑郁水平，并增加其犯罪行为和物质使用的风险。[①]

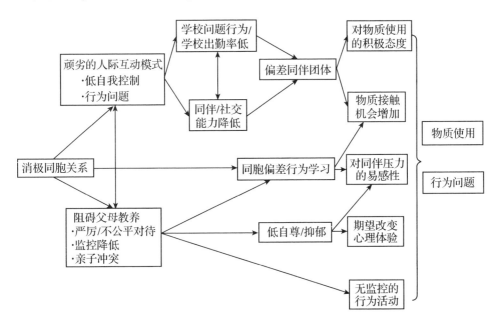

图 10-3　消极同胞关系与抑郁、问题行为和物质使用关系的路径图

资料来源：整理自 Feinberg et al. (2012)。

---

① Feinberg, M. E., Solmeyer, A. R. & McHale, S. M., "The Third Rail of Family Systems: Sibling Relationships, Mental and Behavioral Health, and Preventive Intervention in Childhood and Adolescence," *Clinical Child and Family Psychology Review*, 2012, 15(1), pp. 43-57.

四、研究展望

同胞关系作为影响儿童和青少年社会性发展的重要背景因素，过去四十多年间在西方文化中取得了丰富的成果，但在我国的研究仍然比较缺乏。基于对以往文献的梳理，我们认为未来研究可以从以下几个方面着手。

第一，关注不同家庭结构中的同胞关系以及特殊儿童青少年同胞关系的特点。一方面，现阶段研究大多关注全同胞的同胞关系，较少涉及其他同胞关系的特点，如再婚家庭中同胞关系（半同胞、继生同胞）的特点也应受到关注。[①]另一方面，在同胞关系的研究中不能忽视同胞一方生理、疾病等方面的特殊性，如孤独症[②]、残疾[③]、首发精神分裂症[④]等。这些特殊儿童由于其生理、疾病等方面的特殊性，使得他们与同胞之间的关系与普通人不同，同胞需要在较大程度上卷入对特殊儿童的照料与帮助。研究表明，同胞关系对于特殊儿童（如自闭症儿童）的发展有独特的、积极的意义。[⑤] 然而，与健康儿童的同胞相比，自闭症儿童的同胞表现出较少攻击行为和更多回避行为。[⑥] 同时，患有疾病儿童的同胞也出现生活混乱、自尊较低等问题。[⑦] 因此有必要进一步关注处于弱势地

① Deater-Deckard, K. & Dunn, J., "Sibling Relationships and Social-Emotional Adjustment in Different Family Contexts," *Social Development*, 2002, 11(4), pp. 571-590.

② McHale, S. M., Updegraff, K. A. & Feinberg, M. E., "Siblings of Youth with Autism Spectrum Disorders: Theoretical Perspectives on Sibling Relationships and Individual Adjustment," *Journal of Autism and Developmental Disorders*, 2016, 46(2), pp. 589-602.

③ Meltzer, A. & Kramer, J., "Siblinghood through Disability Studies Perspectives: Diversifying Discourse and Knowledge about Siblings with and without Disabilities," *Disability & Society*, 2016, 31(1), pp. 17-32.

④ Yang, C., Zhang, T., Li, Z., "The Relationship between Facial Emotion Recognition and Executive Functions in First-Episode Patients with Schizophrenia and Their Siblings," *BMC Psychiatry*, 2015, 15(241), pp. 1-8.

⑤ Walton, K. M. & Ingersoll, B. R., "Psychosocial Adjustment and Sibling Relationships in Siblings of Children with Autism Spectrum Disorder: Risk and protective Factors," *Journal of Autism and Developmental Disorders*, 2015, 45(9), pp. 2764-2778.

⑥ Walton, K. M. & Ingersoll, B. R., "Psychosocial Adjustment and Sibling Relationships in Siblings of Children with Autism Spectrum Disorder: Risk and Protective Factors," *Journal of Autism and Developmental Disorders*, 2015, 45(9), pp. 2764-2778.

⑦ Yang, H., Mu, P., Sheng, C., et al., "A Systematic Review of the Experiences of Siblings of Children with Cancer," *Cancer Nursing*, 2016, 39(3), pp. E12-21.

位儿童青少年的同胞关系及其同胞的心理健康问题。①②

第二，对于消极的同胞关系，适当且科学的干预措施是促进同胞关系健康发展的保障，也是未来重要的研究方向。有少量研究关注了对同胞冲突与攻击行为的干预方案，但主要针对儿童阶段的消极同胞关系。一种干预方法是直接教给儿童增加积极的同胞互动的方法，以提高处于同胞关系中的儿童的社交技能，减少冲突与攻击行为。③ 另一种干预则通过训练父母掌握儿童同胞冲突期间调解关系的策略间接缓解消极的同胞关系。④ 然而，也有研究者认为减少同胞冲突并非改善同胞关系的最佳方案。⑤ 克雷默（Kramer）提出，培养成功的、积极的同胞关系可以通过同胞之间积极参与建设性的活动，增强同胞团结与支持，改善同胞情绪理解能力、观点采择能力、情绪调节能力，提高同胞行为控制能力，形成中性或积极的归因方式，培养冲突管理和问题解决能力，帮助父母评估偏差对待等方式来实现。总之，对青少年期消极同胞关系的干预研究仍很缺乏，且已有干预研究多缺乏针对性的理论指导。其原因可能是现有研究对同胞关系效应的作用机制研究不足，不能有效地揭示同胞关系作用的路径，因此未来研究要加强同胞关系作用机制的研究以及针对性的干预措施。

第三，在对同胞关系进行研究时要考虑跨文化差异，开展本土化研究。民族等效模型认为家庭系统对个体的影响具有跨文化的一致性。例如，同胞冲突与温暖对青少年问题行为的作用模式在摩洛哥和荷兰两种文化背景中表现出一

① Kramer, J., Hall, A. & Heller, T., "Reciprocity and Social Capital in Sibling Relationships of People with Disabilities," *Intellectual and Developmental Disabilities*, 2013, 51(6), pp.482-495.

② Smith, A. L., Romski, M. & Sevcik, R. A., "Examining the Role of Communication on Sibling Relationship Quality and Interaction for Sibling Pairs with and without a Developmental Disability," *American Journal on Intellectual and Developmental Disabilities*, 2013, 118(5), pp.394-409.

③ Kennedy, D. E. & Kramer, L., "Improving Emotion Regulation and Sibling Relationship Quality: The More Fun with Sisters and Brothers Program," *Family Relations*, 2008, 57(5), pp.567-578.

④ Julie, S. & Hildy, R., "Training Parents to Mediate Sibling Disputes Affects Children's Negotiation and Conflict Understanding," *Child Development*, 2007(78), pp.790-805.

⑤ Kramer, L., "The Essential Ingredients of Successful Sibling Relationships: An Emerging Framework for Advancing Theory and Practice," *Child Development Perspectives*, 2010, 4(2), pp.80-86.

致性。① 但是就同胞关系的特点来说可能存在文化差异，家庭主义价值观念是一个重要的影响因素。家庭主义价值观较明显的文化更重视个人对家庭的责任感，同胞关系更亲密，这可以缓解父母偏爱带来的潜在危害②；更强调年长同胞对年幼同胞的照顾责任，重视同胞角色中的等级结构；其同胞敌对和竞争的特点也与典型西方文化存在差异③；更重视同胞而非同伴关系对青少年物质使用的影响。④ 我国文化也强调家庭主义的价值观，如"长兄如父"，"兄弟虽有小忿，不废雠亲"，"须联同气之欢，毋伤一本之谊"，等等。因此在开展本土化研究的过程中，研究者要结合我国文化特点来探讨我国青少年同胞关系的特点与影响，关注由民族、文化形成的家庭社会化和同胞关系动态发展变化的差异性。

① Buist, K. L. & Vermande, M., "Sibling Relationship Patterns and Their Associations with Child Competence and Problem Behavior," *Journal of Family Psychology*, 2014, 28(4), pp. 529-537.

② Updegraff, K. A., McHale, S. M., Whiteman, S. D., et al., "Adolescent Sibling Relationships in Mexican American Families: Exploring the Role of Familism," *Journal of Family Psychology*, 2005, 19(4), pp. 512-522.

③ Gielen, U. P. & Roopnarine, J. L., *Childhood and Adolescence: Cross-Cultural Perspectives and Applications*, Westport, CN, Greenwood, 2004.

④ Rowan, Z. R., "Social Risk Factors of Black and white Adolescents' Substance Use: The Differential Role of Siblings and Best Friends," *Journal of Youth and Adolescence*, 2016, 45(7), pp. 1482-1496.

第十一章

自我抽离：一种适应性的自我反省视角

当人们遭遇负性事件，产生负性情绪后，都会重新回忆当时的场景，并尝试去理解当时的情景，重新反思产生负性情绪的原因。有研究发现，当个体表达和分析不愉快的经历，或重新体验自己的感受、想法、动机时，能够获得更多的幸福感和身心健康[①②]。而另外一些研究则发现，个体在遇到负性事件后，通过问自己"为什么"的方式进行反思不仅不会改善情绪，反而会加剧负性情绪[③④]。为什么个体对负性事件的自我反省会产生矛盾的结果？艾达克(Ayduk)和克罗斯(Kross)认为自我反省的视角不同导致了这种现象的发生[⑤⑥]。他们认为自我反省的视角有两种，一种是自我沉浸视角(self-immersed perspective)，另一种是自我抽离视角(self-distanced perspective)。自我沉浸视角是个体将自己重新置于情境中，以当事人的眼光重现事件发生的过程；而自我抽离是个体从超越自我中心的观点看问题的过程[⑦]，即个体能够从旁观者的角度观察当时的自己，将过去的自己作为客体来审视。

① Pennebaker W. James, & Graybeal Anna, "Patterns of Natural Language Use: Disclosure, Personality, and Social Integration," *Current Directions in Psychological Science*, 2001, 10(3), pp. 90-93.

② Wilson, Timothy, D. & Gilbert, Daniel, T., "Explaining Away: A Model of Affective Adaptation," *Perspectives on Psychological Science*, 2008, 3(5), pp. 370-386.

③ Nolen-Hoeksema, Susan, Wisco, et al., "Rethinking Rumination," *Perspectives on Psychological Science*, 2008, 3(5), pp. 400-424.

④ Smith, J. M. & Alloy, L. B., "A Roadmap to Rumination: a Review of the Definition, Assessment, and Conceptualization of this Multifaceted Construct," *Clinical Psychology Review*, 2009, 29(2), pp. 116-128.

⑤ Ayduk, O. & Kross, E., "From a Distance: Implications of Spontaneous Self-Distancing for Adaptive Self-Reflection," *Journal of Persnality and Social Psychology*, 2010, 98(5), pp. 809-829.

⑥ Kross, E., Ayduk, O. & Mischel, W., "When Asking 'Why' Does not Hurt. Distinguishing Rumination from Reflective Processing of Negative Emotions," *Psychological Science*, 2005, 16(9), pp. 709-715.

⑦ Kross, E., Gard, D., Deldin, P., et al., "Asking 'Why' from a Distance: Its Cognitive and Emotional Consequences for People with Major Depressive Disorder," *Journal of Abnormal Psychology*, 2012, 121(3), pp. 559-569.

克罗斯和艾达克①认为自我沉浸视角将个体的注意力狭窄地聚焦在当时的细节和感受上，如当时发生了什么，自己当时的情绪如何；而自我抽离视角则将自我放置于客体的位置上，个体从观察者的角度，用更为宽广的视野观察自我和当时的经历。他们认为以自我抽离的观察视角进行自我反省是具有适应性的，而以自我沉浸视角的自我反省可能是适应不良的，特别是在回忆负性经历方面。一系列的研究也发现，自我抽离视角不仅能缓解抑郁、焦虑和愤怒等负性情绪，而且在减少基本归因错误、做出合理推理等方面都有一定的积极作用。

本章将分别从自我抽离理论基础、作用机制、研究方法和适应性等方面对自我抽离进行讨论，并对自我抽离视角的适用边界和未来研究提出展望。

一、理论基础与作用机制

(一)理论基础

信息的加工和处理是双加工的过程，通过两个系统来实现，即热系统(hot-system)和冷系统(cool-system)②。热系统是情绪系统，该系统的特点是反应快、简单，具有反射性，由刺激控制，而且发展较早；冷系统是认知系统，这一系统的特点是反应慢、复杂，具有反思性，由自我控制，发展较晚。当热系统占优势时，个体的自我控制能力降低，而冷系统被激活时，个体的自我控制能力增强。而且，增加个体生理唤醒的因素会激活热系统，从而降低个体的自我控制；而减少生理唤醒的因素能增强自我控制。例如，个体认为棉花糖像一朵云彩，比认为棉花糖看起来很美味更能抵御棉花糖的诱惑，从而获得自我控制，实现延迟满足。

---

① Kross, E. & Ayduk, O., "Making Meaning out of Negative Experiences by Self-Distancing," *Current Directions in Psychological Science*, 2011, 20(3), pp. 187-191.

② Metcalfe, J. & Mischel, W., "A Hot/Cool-System Analysis of Delay of Gratification: Dynamics of Willpower," *Psychological Review*, 1999, 106(1), pp. 3-19.

另外，建构水平理论（construal level theory，CLT）认为，高水平的建构（high-level construal）侧重事物的抽象特征、主要特点、关键特性，排除次要特点，形成事物的一般意义；而低水平的建构（low-level construal）强调事物的具体性和独特性[1]。而决定建构水平的一个主要影响因素就是心理距离（psychological distance）。近的心理距离导致具体、细节性的认知加工，而远的心理距离则容易产生抽象思考。例如，有研究者发现，当个体与遭遇到的社会排斥事件拉开心理距离后，体验到的社会排斥最少[2]。在该研究中，询问被试"一两年之后你会怎么看待这件事？如果相似的事件发生在他人身上，你会怎么想？想象一下如果你站在一个旁观者的角度，你如何看待"要比直接询问被试"事件是如何发生的？当时的感受如何"，被试体验到的社会排斥更少，因为当心理距离增大后，个体事件的解释水平由具体上升到抽象水平。而抽象水平上的解释更有利于个体增强自我控制，提高自我调控能力。

结合以上两个理论，负性情绪事件可以由两种方式来解释，一种是具体的热系统，另一种是抽象的冷系统。当对情绪的解释越具体，越能激活热系统，使情绪反应更加强烈。这种方式不利于对情绪的调控和管理，而当以抽象的方式解释负性情绪，则对问题的解释更为冷静，自我控制能力增强。

以往对心理距离的研究主要集中在时间距离、空间距离、人际距离和可能性四个方面[3]，而很少将自我作为客体，研究个体与个体自身之间的距离。克罗斯和艾达克[4]认为这种将自我从过去事件中抽离出来的形式同样可以通过增大心理距离、提高建构水平、激活冷系统的方式起到对负性情绪的调控和管理作用。

---

① Fujita, K., Trope, Y., Liberman, N., et al., "Construal Levels and Self-Control," *Journal of Personality and Social Psychology*, 2006, 90(3), pp. 351-367.

② Rude, Stephanie, S., Mazzetti, et al., "Social Rejection: How Best to Think About It?" *Cognitive Therapy and Research*, 2010, 35(3), pp. 209-216.

③ Trope, Y. & Liberman, N., "Construal-Level Theory of Psychological Distance.," *Psychological Review*, 2010, 117(2), pp. 440-463.

④ Kross, E. & Ayduk, O., "Boundary Conditions and Buffering Effects: Does Depressive Symptomology Moderate the Effectiveness of Distanced-Analysis for Facilitating Adaptive Self-Reflection?" *Journal of Research in Personality*, 2009, 43(5), pp. 923-927.

(二)作用机制

克罗斯和艾达克①②③认为思考内容(thought content)在回忆视角和情绪的关系中起中介作用。他们认为自我抽离与自我沉浸的自我反省之所以会产生不同的结果,是因为在这两种视角下的思考内容不同。在自我沉浸视角下思考内容更多的是叙述(recounting),即叙述当时的细节、情绪状态。个体回忆过去情景时会具体描述事件的场景和感受。例如,描述自己在卧室里哭了一场等类似的细节。而在自我抽离视角下,个体的思考内容更多的是重建(reconstructing),即重新建构当时事件的意义,获得顿悟和认知闭合。个体在叙述的负性事件中:①能够理解当时感受的原因,或改变对当时感受的认识,如"回想过去感觉自己真傻";②能够把过去事件和现在的经验联系起来,从更广的视角解释过去事件,如"我庆幸当时经历过那件事"。

在自我抽离视角下,叙述内容减少,重建内容增多;而在自我沉浸视角下,叙述内容增多,重建内容减少。思考内容的变化导致情绪的不同。

二、研究方法

目前在自我抽离的研究领域,研究者做了大量实验研究,实验室对自我抽离的控制和评价方法主要有以下几种。

第一,在实验室研究中,研究者主要用指导语来引导被试以自我抽离视角

---

① Kross, E. & Ayduk, O., "Facilitating Adaptive Emotional Analysis: Distinguishing Distanced-Analysis of Depressive Experiences from Immersed-Analysis and Distraction," *Personality & Social Psychology Bulletin*, 2008, 34(7), pp. 924-938.

② Kross, E. & Ayduk, O., "Boundary Conditions and Buffering Effects: Does Depressive Symptomology Moderate the Effectiveness of Distanced-Analysis for Facilitating Adaptive Self-Reflection?" *Journal of Research in Personality*, 2009, 43(5), pp. 923-927.

③ Ayduk, O. & Kross, E., "From a Distance: Implications of Spontaneous Self-Distancing for Adaptive Self-Reflection," *Journal of Personality and Social Psychology*, 2010, 98(5), pp. 809-829.

或自我沉浸视角进行回忆①②。在自我沉浸视角下，指导语如下："闭上眼睛，回到事件发生的时间和地点，在脑海中回想当时的场景。现在你可以看到当时的情景，就像是再次发生在你身上一样，现在从你自己的脑海中重新播放当时的事件"。而在自我抽离视角下，研究者同样让被试闭上眼睛，然后回到当时的场景，与自我沉浸视角不同的是，研究者让被试从当时的场景中后退几步，退到一个能看到当时情景的位置上去，与情景保持一定的距离，但能够看到当时的自己。让被试集中注意力于"远处的自己"，并观察"远处的自己"在当时情景中的经历，重新呈现当时的场景。被试写下自己回忆的场景，并由几个不知情的主试对这些场景的自我抽离水平和思考内容进行评价，结果表明，这种方法能有效区分自我抽离组和自我沉浸组。

第二，除用指导语引导被试从两种视角进行回忆之外，研究者还研究了在没有指引的条件下，被试自动地自我抽离是否也有减少负性情绪的作用③。首先让被试回忆一个被拒绝的场景，其次让被试评价自己在回忆时的角度更多的是自我抽离还是自我沉浸，最后再测量被试的情绪反应和思考内容，并以事件发生的时间和是否得到解决作为协变量。结果表明，自动的自我抽离也能够减少负性情绪。研究者让被试在 7 周之后再次参加实验，发现在第一次时间点上的自我抽离能够预测第二次的问题解决程度，并减少了负性情绪。但第一次负性情绪反应的程度并不能够预测第二次测量的自我抽离，这充分说明自我抽离与负性情绪反应的减少是因果关系。

第三，研究者让被试写下自己所经历的事件或情景，通过控制被试书写自身经历的人称来对回忆视角进行操纵。在自我抽离视角下，研究者让被试以第

---

① Kross, E., Gard, D., Deldin, P., et al., "'Asking Why' from a Distance: Its Cognitive and Emotional Consequences for People with Major Depressive Disorder," *Journal of Abnormal Psychology*, 2012, 121(3), pp. 559-569.

② Mischkowski, D., Kross, E. & Bushman, B. J., "Flies on the Wall are Less Aggressive: Self-Distancing 'in the Heat of the Moment' Reduces Aggressive Thoughts, Angry Feelings and Aggressive Behavior," *Journal of Experimental Social Psychology*, 2012(48), pp. 1187-1191.

③ Ayduk, O. & Kross, E., "From a Distance: Implications of Spontaneous Self-Distancing for Adaptive Self-Reflection," *Journal of Personality and Social Psychology*, 2010, 98(5), pp. 809-829.

三人称或者以被试自己的名字来描述当时的场景，而在自我沉浸视角下，则让被试以第一人称写下当时的情景和感受①，通过被试对自己描述的自我评估和几个主试对自我抽离—自我沉浸视角的评价，发现这一方法能够较好地操纵两种回忆视角。

在这些研究方法的基础上，研究者在对自我抽离在调节负性情绪和减少攻击行为、减少基本归因偏差等方面做了一系列研究。

三、应用研究

自我抽离视角对改善负性情绪有积极影响，研究者运用实验室研究分别探索了自我抽离视角对抑郁、焦虑、愤怒等负面情绪的作用。此外，有人还从社会心理学的视角研究自我抽离视角对个体做出推理、决策以及减少基本归因偏见的积极作用。以下将分别介绍相关实验研究。

(一)抑郁

沉思(rumination)是指个体反复地、被动地思考悲痛的原因和后果，而不能主动应对和解决烦躁情绪②。沉思特质与抑郁有直接或间接的关系③④，而个体从抽象水平反思，思考内容中细节内容减少，重建内容增多，使沉思更少，从

---

① Minasian, M. T., "Self-Distancing and Cognitive-Behavioral Therapy Homework Excersices: A Longtitudinal Study Examining the Completion of Daily Worry Logs in the Third Person," Bachelor Dissertation, University of Michigan, 2012.

② Michl, L. C., McLaughlin, K. A., Shepherd, K., et al., "Rumination as a Mechanism Linking Stressful Life Events to Symptoms of Depression and Anxiety: Longitudinal Evidence in Early Adolescents and Adults," *Journal of Abnormal Psychology*, 2013, 122(2), pp. 339-352.

③ 杨娟、章晨晨、姚树桥：《高中生沉思与应激性生活事件对抑郁症状的影响：1 年追踪研究》，载《心理学报》，2010，42(9)。

④ 张宏宇、许燕：《自杀意念者何以抑郁：沉浸性反应类型的中介效应》，载《中国特殊教育》，2010(5)。

而减少抑郁情绪①②。而且经比较发现，虽然分心（distraction）也能够起到减少抑郁情绪的作用，但分心只能短时间起作用，而自我抽离视角不仅可以短时间内起到缓解作用，而且可以长时间起作用③。很多研究都证明自我抽离视角对缓解抑郁患者的抑郁水平有积极作用④⑤⑥⑦。

研究者选取重度抑郁症患者和心理健康的成年人作为被试，分别从自我抽离和自我沉浸视角回忆负性事件。结果发现，自我抽离对重度抑郁症患者减少负面情绪方面有显著作用，对心理健康的成年人作用不显著；在回避感受方面（例如，个体是否在回忆负性事件时，压抑或回避当时的感受），在自我抽离视角下回避感受更少。而思考内容在这个过程中起到中介作用。

另外，有研究⑧用心理意象的研究方法比较了抑郁个体用自我抽离视角和自我沉浸视角在解释模糊情景时的差异。研究者给被试听一段模糊情景（例如，在路上碰见一个朋友，向朋友招手，他没有回应），接着让被试分别以自我抽离视角和自我沉浸视角重现这一场景，然后让被试回答"朋友为什么没有回应"。被试写下自己的回答，然后让另外两个并不知道研究目的的研究者评价他们的负性情绪。结果发现，以自我抽离视角回忆负性情绪更少。自我抽离视角下对

————————

① Kross, E., "When the Self Becomes Other: toward an Integrative Understanding of the Processes Distinguishing Adaptive Self-Reflection from Rumination,"*Annals of the New York Academy of Sciences*, 2009(1167), pp. 35-40.

② Kross, E., Ayduk, O. & Mischel, W., "When Asking 'Why' Does not Hurt. Distinguishing Rumination from Reflective Processing of Negative Emotions,"*Psychological Science*, 2005, 16(9), pp. 709-715.

③ Kross, E. & Ayduk, O., "Facilitating Adaptive Emotional Analysis: Distinguishing Distanced-Analysis of Depressive Experiences from Immersed-Analysis and Distraction,"*Personality & Social Psychology Bulletin*, 2008, 34(7), pp. 924-938.

④ Kross, E. & Ayduk, O., "Boundary Conditions and Buffering Effects: Does Depressive Symptomology Moderate the Effectiveness of Distanced-Analysis for Facilitating Adaptive Self-Reflection?"*Journal of Research in Personality*, 2009, 43(5), pp. 923-927.

⑤ Kross, E., Gard, D., Deldin, P., et al., "Asking Why from a Distance: Its Cognitive and Emotional Consequences for People with Major Depressive Disorder,"*Journal of Abnormal Psychology*, 2012, 121(3), pp. 559-569.

⑥ Kuyken, W. & Moulds, M. L., "Remembering as an Observer: How is Autobiographical Memory Retrieval Vantage Perspective Linked to Depression?"*Memory*, 2009, 17(6), pp. 624-634.

⑦ Kuyken, Willem & Howell, Rachael, "Facets of Autobiographical Memory in Adolescents with Major Depressive Disorder and Never-Depressed Controls,"*Cognition & Emotion*, 2006, 20(3-4), pp. 466-487.

⑧ Wisco, B. E. & Nolen-Hoeksema, S., "Effect of Visual Perspective on Memory and Interpretation in Dysphoria,"*Behaviour Research and Therapy*, 2011, 49(6-7), pp. 406-412.

原因的反思回避最少，自我沉浸视角下对细节的反思回避最多①。神经生理的研究显示，个体运用自我沉浸策略比自我抽离时更多地激活了有关自我参照过程的脑区（内侧前额叶皮层）和情绪失调的脑区（膝下前扣带皮层）②，这有利于解释自我抽离视角的作用机制。

（二）愤怒情绪和攻击行为

研究者发现，以自我抽离的视角回忆负性事件对愤怒情绪也有缓解作用③④。研究者通过指导语引导被试在回忆引起愤怒负性事件时，用自我抽离的视角或自我沉浸视角，并询问自己"当时的感受是什么（what）"或者"为什么（why）有这样的感受"，这样形成 2×2 的实验设计。结果发现，以自我抽离的视角询问自己为什么时，负性情绪最少。而且通过填词任务测量的内隐愤怒，和用负性情绪量表测量的外显愤怒均在"自我抽离视角—为什么"的条件下愤怒情绪最少，在"自我沉浸视角—为什么"的条件下愤怒情绪最多。

另外，还有研究者用实验的方法研究自我抽离对缓解激怒条件下攻击想法、愤怒和攻击行为的缓解作用⑤。实验中，被试在被激怒之后，以自我抽离的视角回顾被激怒的情景，内隐攻击认知、愤怒和攻击行为比在自我沉浸和控制组条件下更低。在此研究的基础上，有研究者以高中生为被试，探索了自我抽离对青少年愤怒和攻击行为是否有作用⑥。结果发现，青少年用两种视角回忆愤

① Ayduk, O. & Kross, E., "Asking 'Why' from a Distance Facilitates Emotional Processing: a Reanalysis of Wimalaweera and Moulds (2008)," *Behaviour Research and Therapy*, 2009, 47(1), pp. 88-92.

② Kross, E., Davidson, M., Weber, J., et al., "Coping with Emotions Past: the Neural Bases of Regulating Affect Associated with Negative Autobiographical Memories," *Biological Psychiatry*, 2009, 65(5), pp. 361-366.

③ Kross, E. & Ayduk, O., "Making Meaning out of Negative Experiences by Self-Distancing," *Current Directions in Psychological Science*, 2011, 20(3), pp. 187-191.

④ Kross, E., Ayduk, O. & Mischel, W., "When Asking 'Why' Does not Hurt. Distinguishing Rumination from Reflective Processing of Negative Emotions," *Psychological Science*, 2005, 16(9), pp. 709-715.

⑤ Mischkowski, Dominik, Kross, et al., "Flies on the Wall Are Less Aggressive: Self-distancing 'in the Heat of the Moment' Reduces Aggressive Thoughts, Angry Feelings and Aggressive Behavior," *Journal of Experimental Social Psychology*, 2012, 48(5), pp. 1187-1191.

⑥ Yoshikawa, K., "Self-Distancing to Reduce Anger in High School Students," Doctoral Dissertation, University of Connecticut-Storrs, 2014.

怒事件后，内隐攻击认知、愤怒和负性情绪并没有显著差异。这可能是由儿童青少年所处时期的特点造成的。儿童青少年以自我为中心，他们很难区分自我和他人的想法和观点，很难从他人的角度思考问题；另外，儿童青少年的另外一个特点就是"个人神话"：他们认为自己的观点和经历具有独特性。因此，用自我抽离的方法较难干预。

然而，克罗斯等人以平均年龄为 10 岁的儿童为被试，发现自我抽离在这一阶段的儿童中可以起到情绪调节的作用①。实验通过指导语引导儿童以自我抽离的视角或自我沉浸的视角回忆愤怒的负性情绪经验，并写下来。然后让儿童评价自己的情绪反应，最后通过双盲操作，让不知道实验目的的 4 个人对儿童书写的负性经历进行评价。评价内容包括儿童的写作方式（叙述还是重建）和责任归因（归咎于他人还是自己）。结果发现，在自我抽离条件下，儿童在叙述情景时运用更多的是重建事件的意义，而非叙述细节。这样的方式使得儿童在负性经验的责任归因上发生改变，并最终减少了愤怒情绪。

(三) 焦虑

自我抽离视角不仅能对过去的负性情绪进行调节，对于指向未来的情绪，如缓解焦虑情绪、应对压力，也有一定的作用。

鲍克（Balk）②选取了具有一定社交焦虑的大学生作为被试。首先让他们写下最近的一次社交障碍的经历，其次分别以自我抽离视角和自我沉浸视角想象自己即将来临的最近一次社会交往的情景，最后再对自己的情绪、认知和自我沉浸的程度等进行评价。结果发现，自我沉浸视角下负性情绪高于自我抽离视角，而且采取的视角与焦虑水平呈现交互作用，即高社交焦虑个体在自我抽离视角下的负性情绪和回避水平比自我沉浸视角下更低，而低社交焦虑个体在两

---

① Kross, E., Duckworth, A., et al., "The Effect of Self-Distancing on Adaptive Versus Maladaptive Self-Reflection in Children," *Emotion*, 2011, 11(5), pp. 1032-1039.

② Balk, D., "Charting the Path from Self-Reflection to Self-Appraisal in Social Anxiety：What Are the Roles of Self-Immersion and Self-Distancing?" University of Waterloo, Ontario, 2013.

种视角下的负性情绪和回避差异并不显著。

在亨特(Hunt)①的研究中，研究者让被试准备一个公开演讲，创造一个压力情境。被试分别以第一人称"我"和第三人称(或自己姓名)描述自己演讲前的感受，结果发现，在自我抽离视角下被试更少感到羞愧，演讲效果更好，资源损耗更少。进一步研究发现，自我抽离视角之所以能起到上述作用是因为，在自我抽离视角下被试更多地把即将来临的压力源视为挑战而不是威胁。根据认知评估理论，当个体将压力源评估为挑战时，更多地将其作为赢得自尊，获取成长的机会②；而将压力源评估为威胁时，个体会有更多的负性情绪，感受到更多的压力和焦虑③。

另外，为验证自我抽离对缓解焦虑的长期作用，研究者在认知行为疗法的框架下，让被试每天在电脑上记录自己担心的事。被试被随机分配到自我抽离组和自我沉浸组，自我抽离组的被试写自己的"担心日志"(worry log)时，用第三人称"她"或"他"，自我沉浸组则用第一人称"我"进行记录。七天之后，被试再次来到实验室，结果发现，自我抽离组的个体比七天前积极情绪更多，消极情绪更少，其生活满意度有所提高。而且这一结果与自我沉浸组有显著差异④。

(四) 基本归因错误

基本归因错误是个体对他人行为进行评判时，高估倾向性因素而低估情境

---

① Hunt, A. B. , "Self-Distancing before an Acute Stressor Buffers against Maladaptive Psychological and Behavioral Consequences: Implications for Distancing Theory and Social Anxiety Treament," Doctoral Dissertation, University of Michigan, 2013.

② Jamieson, J. P. , Nock, M. K. & Mendes, W. B. , "Mind over Matter: Reappraising Arousal Improves Cardiovascular and Cognitive Responses to Stress," Journal of Experimental Psychology: General, 2012, 141(3), pp. 417-422.

③ Gaab, J. , Rohleder, N. , Nater, U. M. & Ehlert, U. , "Psychological Determinants of the Cortisol Stress Response: The Role of Anticipatory Cognitive Appraisal," Psychoneuroendocrinology, 2005, 30(6), pp. 599-610.

④ Minasian, M. T. , "Self-Distancing and Cognitive-Behavioral Therapy Homework Excersisses: A Longitudinal Study Examining the Completion of Daily Worry Logs in the Third Person," Bachelor Dissertation, University of Michigan, 2012.

因素的现象。研究发现，以自我抽离视角做判断可以减少基本归因错误[1]。研究中，研究者先让被试阅读一篇支持奥巴马的文章，这篇文章表达了作者对奥巴马的支持态度，但没有做出支持的选择。被试阅读完之后，让被试预测作者在多大程度上选择支持奥巴马。但是，在做出选择之前，被试需要写一篇自己对这篇文章的感想。被试分别被分配到自我抽离视角组（以第三人称写）、自我沉浸组（以第一人称写）、没有指导语组和直接做判断组。结果发现，以自我抽离视角写文章的被试比其他三组被试认为原文作者对奥巴马支持水平更低。

我国研究者吴小勇[2]的研究发现，自我抽离视角降低了个体的自我参照记忆效应。自我参照记忆效应（self-reference effect in memory）是指个体在与自我相关的记忆任务中比其他条件（如他人判断）下记忆成绩更好的一种现象[3]。在这一实验中，被试分别以经典自我参照、他人参照和自我抽离视角三种加工方式学习 120 个积极词和消极词，然后在接下来的记忆再认任务中判断 240 个积极词和消极词是否出现过。结果发现，自我抽离视角下的再认率显著低于经典自我参照加工条件下的再认率，自我参照效应减少。进一步的研究发现，个体在自我抽离视角下对贬义人格形容词的接受率高于在经典自我参照视角下的接受率，而对褒义词的接受率低于在经典自我参照视角下的结果。这说明个体在自我抽离视角下能够降低个体的自我正面偏见。

（五）推理与决策

自我抽离视角还能够影响个体做决策。在自我抽离视角下个体态度更为开

---

[1] Goldberg, A., "Effects of a Self-Distancing Perspective on the Fundamental Attribution Error: an Attempt at De-Biasing,"Bachelor Dissertation, University of Michigan, 2011.

[2] 吴小勇：《自我抽离视角对自我参照记忆效应的影响》，载《中国临床心理学杂志》，2014，22（3）。

[3] Klein, S. B., "Self, Memory, and the Self-Reference Effect: an Examination of Conceptual and Methodological Issues,"*Personality and Social Psychology Review*, 2012, 16（3）, pp. 283-300.

放，能够考虑多方面因素做出明智的决策，对政治意识形态的态度也会产生影响①。有研究者用实验室研究证明了这一点②。

研究者给大学生被试一些关于美国经济萧条和失业率增加的话题，让被试讨论这种社会背景会对自己未来就业产生什么样的影响。被试被随机分配到自我抽离组和自我沉浸组。讨论结束后，被试评价自己的情绪，并由不知道实验目的的两个主试判断他们的推理是不是明智的。明智的推理包括两个维度：第一，理智的谦虚。被试能够认识到现实问题和自己现有知识的不足。第二，辩证的思维。被试能够从发展变化的角度思考问题，如能看到经济萧条背后的转机。结果发现，处于自我抽离组的被试更能做出明智的推理。

在此基础上，研究者又以总统大选为研究背景，招募持自由主义和保守主义的大学生作为被试，让他们设想如果他们所支持的候选人没有当选，四年之后的社会是怎样的。自我抽离组的被试设想未来的四年住在冰岛，以冰岛公民的身份设想未来，而自我沉浸组则设想未来四年住在美国，以美国公民的身份预测。结束后，让被试对自己的情绪、意识形态进行评价，并填答是否愿意加入一个两党合作小组，参与共同讨论。再次由不知道目的的主试评价推理的明智程度。结果发现，自我抽离组的被试负性情绪更少，推理更明智。他们的态度更趋于同化、更加开放，愿意与对方不同思想的成员组成小组进行讨论。明智的推理在预测视角和开放性之间起中介作用。

另外，研究者还研究了在自我抽离视角下，个体在面对自己的问题时是否跟对待他人的问题一样明智③。首先，研究者以男/女朋友出轨为背景，假设这件事发生在自己身上或他人（朋友）身上。结果发现，当这件事发生在其他人身

---

① Wojcik, J., "Self-Distancing and Political Ideology: The Impact of Altered Perspectives on Campaigns and other Political Organizations," Bachelor Dissertation, University of Michigan, 2011.

② Kross, E. & Grossmann, I., "Boosting Wisdom: Distance from the Self Enhances Wise Reasoning, Attitudes, and Behavior," *Journal of Experimental Psychology: General*, 2012, 141(1), pp. 43-48.

③ Grossmann, I. & Kross, E., "Exploring Solomon's Paradox: Self-Distancing Eliminates the Self-Other Asymmetry in Wise Reasoning about Close Relationships in Younger and Older Adults," *Psychological Science*, 2014, 25(8), pp. 1571-1580.

上时，被试对这件事的认识更明智，具体体现在：①能够认识到自己获取的信息不足；②能够认识到妥协、让步的重要性；③能够认识到未来事件的变化。其次，研究者又分别让大学生被试在自我抽离视角和自我沉浸视角想象自己或他人恋人出轨事件。结果发现，在自我抽离视角下，对自己和他人问题的推理的明智程度没有显著差异，而在自我沉浸视角下结果显著，而且进一步的研究发现，青年组（20~40岁）和老年组（60~80岁）得到了相同的效果，这说明自我抽离视角对老年人也同样适用。

此外，研究还发现，自我抽离的视角不仅能改善负性情绪，而且对生理上的反应也有积极作用。以往研究表明，沉思在压力和心血管疾病之间起中介作用，于是艾达克和克罗斯研究了在不同视角下的自我反省是不是会对血压产生不同影响。研究中让被试以自我沉浸和自我抽离的视角回忆冲突场景，并用血压计测量血压。结果发现，在自我抽离视角组被试的血压显著低于在自我沉浸视角组被试的血压[1]。此外，自我抽离视角对创伤性记忆[2][3]、双向情感障碍[4]等也有积极的干预作用。

四、我们的认识

首先，自我抽离视角的适用情绪和适用人群有待界定。例如，自我抽离并不是对所有负性情绪都能起到有效缓解的作用。有研究者通过实验研究发现，

① Ayduk, O. & Kross, E., "Enhancing the Pace of Recovery: Self-Distanced Analysis of Negative Experiences Reduces Blood Pressure Reactivity," *Psychological Science*, 2008, 19(3), pp. 229-231.

② Kenny, L. M. & Bryant, R. A., "Keeping Memories at an Arm's Length: Vantage Point of Trauma Memories," *Behaviour Research and Therapy*, 2007, 45(8), pp. 1915-1920.

③ Kenny, L. M., Bryant, R. A., Silove, D., et al., "Distant Memories: a Prospective Study of Vantage point of Trauma Memories," *Psychological Science*, 2009, 20(9), pp. 1049-1052.

④ Park, J., Ayduk, O., O'Donnell, L., et al., "Regulating the High: Cognitive and Neural Processes Underlying Positive Emotion Regulation in Bipolar I Disorder," *Clinical Psychological Science*, 2014, 2(6), pp. 661-674.

自我抽离对自我意识情绪并不能起到情绪管理的作用①。有研究让被试分别从自我抽离和自我沉浸的视角下回忆愤怒和内疚场景、悲伤和羞耻场景。结果发现，被试的愤怒和悲伤情绪反应在自我抽离视角下比在自我沉浸视角下更低，但内疚和羞耻在两种视角下并没有显著差异。这是因为自我意识情绪是复杂情绪，是从他人的角度评价自己所产生的情绪②，包含了自我评价的过程。因此，自我抽离作为一种从旁观者的视角进行的反省，不仅不能改善内疚、羞耻等负性自我意识情绪，甚至会增强这些负性感受。

而且，自我抽离并不是对所有情境和人群都适用。例如，对心理咨询师或心理治疗师来说，自我沉浸的视角可能更为有利，因为咨询过程中咨询师需要理解来访者的感受，将来访者或者心理障碍患者的心理意象纳入治疗框架中③。另外，对于积极情绪场景，人们往往希望更多地回味和体验，然而有人采用日记法对自我抽离视角在日常生活中积极和消极情绪产生的影响，以及作用的持久性进行了研究。结果发现，无论是积极情绪还是消极情绪，运用自我抽离的视角反省，情绪的持续时间都会变短④。

其次，不同文化背景的个体在自我反省时采取的视角不同，进而影响负性情绪的调节⑤⑥。研究者以美国和俄罗斯大学生为被试，比较了个体主义和集体主义文化下个体的自我反省视角和抑郁症状。研究者认为，在集体主义文化条件下，个体更倾向于依托社会情境，从整体的角度思考和反思，而个体主义文

---

① Katzir, M. & Eyal, T., "When Stepping Outside the Self Is not Enough: A Self-Distanced Perspective Reduces the Experience of Basic but not of Self-Conscious Emotions," *Journal of Experimental Social Psychology*, 2013, 49(6), pp. 1089-1092.

② Else-Quest, N. M., Higgins, A., Allison, C., et al., "Gender Differences in Self-Conscious Emotional Experience: a Meta-Analysis," *Psychological Bulletin*, 2012, 138(5), pp. 947-981.

③ Holmes, E. & Mathews, A., "Mental Imagery in Emotion and Emotional Disorders," *Clinical Psychology Review*, 2010(30), pp. 349-362.

④ Verduyn, P., Van Mechelen, I., Kross, E., et al., "The Relationship between Self-Distancing and the Duration of Negative and Positive Emotional Experiences in Daily Life," *Emotion*, 2012, 12(6), pp. 1248-1263.

⑤ Grossmann, I. & Varnum, M. E. W., "Social Class, Culture, and Cognition," *Social Psychological and Personality Science*, 2010, 2(1), pp. 81-89.

⑥ Grossmann, I. & Kross, E., "The Impact of Culture on Adaptive Versus Maladaptive Self-Reflection," *Psychological Science*, 2010, 21(8), pp. 1150-1157.

化下的个体更倾向于把焦点指向自己，从局部分析问题。研究也发现，在没有指导语的情况下，美国被试更容易采取自我沉浸的视角回忆愤怒场景，而俄罗斯被试更容易采取自我抽离的视角回忆。研究还发现，俄罗斯被试的负性情绪反应更少，在愤怒场景中把责任更多地归结于自己而非他人，更多地采取了重建的思考方式。目前，我国作为一个具有典型的集体主义文化的国家，尚没有对自我抽离视角进行研究和测量，未来可以验证自我抽离视角对中国被试群体的适用性，并在此基础上进行文化比较。

最后，以往研究多关注自我抽离视角的后果变量，即自我抽离视角对生理、心理和行为的影响，而很少关注什么因素可能会影响个体的思维视角。关于如何对自动地自我抽离视角进行有效的测量，以及自动地自我抽离视角与人格、能力、心理健康、动机等的关系如何，有待进一步研究。

第十二章

————

情绪调节理论：心理健康角度的考查

情绪调节是一个古老而又年轻的话题。中国传统医学把情绪调节放到了相当重要的位置，如"怒伤肝，忧思伤脾"，这反映了朴素的心理免疫思想以及对情绪调节与身心健康关系的认识；西方文化中诸如"保持头脑冷静的人才能成功""让你的情绪做你的向导"等古老谚语，反映了西方哲学家对情绪调节所持的两种相反观点。然而，情绪调节作为心理学相对独立的研究领域，却仅是20世纪80年代的事情①。向前追溯，情绪调节进入心理学的视野要数精神分析理论了，该理论是当代情绪调节研究的先驱，否定情绪的积极作用，认为情绪如洪水猛兽，而个体情绪调节的任务就是，使自身尽可能少地受消极情绪左右，通过行为和心理上的控制来降低消极情绪的体验。早期精神分析理论认为，个体出现精神问题是由于两类焦虑的调节出现困难。一种是基于现实的焦虑。它是由于自我难以达到现实需要而产生的，而个体对焦虑的调节就是尽量避开某种情境或者过分抑制个体的行为。另一种是由于本我和超我之间出现矛盾而体验到的焦虑，个体对其调节就是降低受超我所审视的本我冲动，然而却可能因此导致未来更高水平的焦虑。而自我防御则是基于调节这两类焦虑以及其他消极情绪而提出来的术语②，也是精神分析理论中具有标志性的概念。在这里，情绪调节仅仅作为降低消极情绪体验的防御机制，情绪调节的困难导致出现各种心理问题。但是，它却难以解释人们有意识地主动调节情绪困难而产生的各种心

———————

① Gross, J. J., "The Emerging Field of Emotion Regulation: an Integrative Review," *Review of General Psychology*, 1998, 2(3), pp. 271-299.

② Paulhus, D. L., Fridhandler B. & Hayes S., "Psychological Defense: Contemporary Theory and Research," in R. Hogan, J. Johnson, D. Briggs (Eds), *Handbook of Personality Psychology: San Diego*, CA, Academic Press, 1997, pp. 543-579.

理问题，也不能解释为什么有些人因为积极情绪调节不当，也会产生心理问题。

弗洛伊德的情绪调节理论是基于他治疗精神病人的临床实践而提出的，所以，只重视消极情绪调节是有其历史原因的。后来的研究者①基于正常人群经验和有关实证研究，提出积极情绪和消极情绪均可以通过主动调节，从而提高个体的心理健康水平。这样，情绪调节不再仅仅作为个体被动防御机制，而强调主动进行情绪调节的积极作用，从而在心理健康中的地位得到肯定。尤其是随着智力或认知心理学研究的深入，人们越来越认识到面对不同情绪刺激，个体的情绪调节能力不仅与心理或生理问题关系密切，尤其对个体的认知活动效果有非常重要的影响。这一共识对情绪调节研究的深入起了积极的推动作用。

随后的研究者对于情绪是否需要调节，如果需要调节，到底该怎样调节，调节多少等问题展开了争论与探讨。尽管不同的文化对这些问题的回答有所不同，但在一定程度上是基于其对个体心理健康、身体健康以及认知决策等的关系而展开的。本章试图从历史角度，把情绪调节与心理健康的关系作为切入口，围绕情绪调节与心理健康由对立到统一，由被当作单纯与个体心理健康相排斥的内容到被看成是既可以破坏，也可以建立个体内部情绪环境平衡的一种力量的地位变化，粗略勾勒一条从把情绪调节仅仅看作应对暂时情境的工具，到看作随着情绪的产生而发生的过程，以及把情绪调节过程扩展到情绪恢复到正常状态的观点，再到情绪调节的结构观的大致理论脉络。

一、情绪调节的情境观

(一)情绪调节的应对模型

情绪调节正式作为一个相对独立的研究领域，是源于发展心理学研究的②。

---

① Gross, J. J., "Antecedent-and Response-Focused Emotion Regulation: Divergent Consequences for Experience, Expression, and Physiology," *Journal of Personality and Social Psychology*, 1998(74), pp. 224-237.

② Gross, J. J., "The Emerging Field of Emotion Regulation: an Integrative Review," *Review of General Psychology*, 1998, 2(3), pp. 271-299.

借用压力和应对研究的传统，研究者针对儿童情绪调节发展的计划性和复杂性，提出情绪调节的应对模型，比较有影响的如拉扎鲁斯（Lazarus）和福尔克曼（Folkman）提出的应对模型①。他们把情绪调节分成两种类型：一种是以问题为中心（problem-focused coping）——个体通过使用问题解决策略试图改变情境或去除引起紧张的威胁，如重新定义问题，考虑替代解决方案，衡量不同选择的重要性等，这样，个体面对问题情境，如果经过努力，问题获得解决，可以降低个体的情绪紧张程度或压力；另一种是以情绪为中心（emotion-focused coping）——个体为了降低情绪压力采用行为或认知调节策略，如行动上回避，转移注意力，换个角度看问题等，个体主要关注其自身的情绪调节，而不关注实际问题的情况。具体哪种应对类型有助于心理健康呢？研究②发现，过多使用以情绪为中心应对的个体，表现出较高的抑郁水平，而过多使用以问题为中心应对的个体，在任务不可控的情况下，表现出较高的焦虑水平。对依恋的研究发现，安全型依恋的个体更倾向于以问题为中心应对情绪情境类型，原因是安全依恋个体对外界具有较高的控制感③。而且，研究还发现，感知到的应对类型是依恋和心理健康的中介变量④，因此，可以通过提高个体对自己情绪应对类型的感知而提高心理健康水平。事实上，当知觉到的情绪情境可控时，以问题为中心进行应对，直接解除刺激对情绪的压力，有助于心理健康；而当知觉到的情绪情境不可控时，以情绪为中心应对情境，通过改变主体的认识或行为而降低情境对情绪的消极影响，进而有利于心理健康⑤。

　　该理论尽管采用压力和应对传统，有其精神分析的根源。但是，它的适应

---

① Southam-Gerow, M. A., Kendal, P. C., "Emotion Regulation and Understanding: Implications for Child Psychopathology and Therapy,"*Clinical Psychology Review*, 2002(22), pp. 189-222.

② Ravindran, A. V., Anisman, H., Merali, Z., et al., "Treatment of Primary Dysthymia with Group Cognitive Therapy and Pharmacotherapy: Clinical Symptoms and Functional Impairments,"*Psychiatry*, 1999(156), pp. 1608-1617.

③ Mikulincer, M., Schaver, R. P. & Pereg, D., "The Dynamics, Development, and Cognitive Consequences of Attachment-Related Strategies,"*Motivation and Emotion*, 2003, 27(2), pp. 77-102.

④ Meifen, W., Paul, H. P. & Brent, M., "Perceived Coping as a Mediator between Attachment and Psychological Distress: A Structural Equation Modeling Approach,"*Journal of Counseling Psychology*, 2003, 50(4), pp. 438-447.

⑤ Matheson, K. & Anisman H., "Systems of Coping Associated with Dysphoria, Anxiety and Depressive Illness: A Multivariate Profile Perspective,"*Stress*, 2003, 6(3), pp. 223-234.

性、有意识地主动应对情境是与精神分析有根本区别的，而其中最值得一提的是，它把情绪调节的注意力从个体的人格变量转移到所面临的情境变量。但其主要关注的仍是情绪调节对诸如焦虑、抑郁等个体内部心理问题的影响，而对个体情绪调节与外部环境的关系则未给予应有的重视。

(二) 功能主义的观点

功能主义的基本思想是强调行为或心理成分的适应性、目的性与有用性，对情绪的基本看法是情绪不但能够建立、维持，还能够中断或破坏个体与内部或外部环境的关系[1][2]。从该观点出发，情绪调节是通过排除影响个体达到目标的障碍，从而表现出其适应意义的。反过来，失调或调节不当的情绪却可能中断或破坏个体与环境的关系。因此，个体在面对情绪刺激情境时，使用不同的情绪调节策略对其心理健康具有不同的影响。有研究者[3]把情绪调节策略归为三类。第一类是转移注意。该策略可能是主动调节，也可能是被动调节；第二类是搜寻刺激情境信息，即个体在面临情绪刺激情境时，期望获得较多的解释性信息。个体了解的信息越多，越可能降低情绪的唤醒水平。第三类是寻求情感安慰。对低收入家庭儿童愤怒的研究[3]发现，在面对挫折任务时，从刺激源转移注意力和搜寻挫折情境信息与愤怒情绪降低有关。寻求安慰策略与母亲控制水平和亲子关系的质量共同影响愤怒情绪的变化。使用较多转移注意策略的儿童，其外部心理行为问题较少。即使忽略个体差异，情绪调节策略的使用与心理问题仍具有相对稳定的对应关系。研究还发现，仅使用单一情绪调节策略或者随机使用情绪调节策略的个体，比随着刺激情境的变化而有计划地使用不

---

① Campos，J.，Campos，R. M. & Barrett，K. C.，"Emergent Themes in the Study of Emotional Development and Emotion Regulation," *Developmental Psychology*，1989(25)，pp. 394-402.

② Parrott W. G.，"Implications of Dysfunctional Emotions for Understanding How Emotions Function," *Review of General Psychology*，2001，5(3)，pp. 180-186.

③ Miles，G.，Daniel，S. S.，Joy，E. B.，et al.，"Anger Regulation in Disadvantaged Preschool Boys: Strategies，Antecedents，and the Development of Self-control," *Developmental Psychology*，2002，38(2)，pp. 222-235.

同调节策略的个体，报告出较高的焦虑水平和表现出较多的身心症状①。

该理论强调了情绪调节的适应性，关注了情绪调节与个体内外部心理和行为问题的关系，但是把情绪调节等同于情绪调节策略的使用，把儿童情绪调节的发展理解为不同年龄阶段情绪调节策略使用的差异有些不妥。

二、情绪调节的过程观

(一)情绪调节的两阶段过程模型

不管应对模型还是功能主义的情绪调节观点，其主要研究内容是针对消极情绪的调节，而且把情绪调节作为一次性完成的行为。克罗斯提出的情绪调节两阶段过程模型②则认为，情绪调节是在情绪发生过程中展开的，在情绪发生的不同阶段，有不同的情绪调节。他根据情绪调节发生在情绪反应之前或情绪反应之后，把情绪调节分为先行关注情绪调节(antecedent-focused emotion regulation)和反应关注情绪调节(response-focused emotion regulation)。情绪调节发生在情绪反应激活之前，被称为先行关注情绪调节；情绪调节发生在情绪已经形成、情绪反应激活之后，被称为反应关注情绪调节。克罗斯通过探索性因素分析和验证性因素分析，把情绪调节策略归为两大类，即认知重评(cognitive reappraisal)和表达抑制(expression suppression)。认知重评从认知上改变个体对情绪事件的理解，从而改变其情绪体验，属于先行关注的情绪调节策略。表达抑制是指对将要发生或正在发生的情绪表达进行抑制，该策略调动了个体的自我控制能力，但仅仅控制了情绪的表达，改变了外部情绪表现，情绪体验并没有因此改变，属于反应关注的情绪调节策略。

克罗斯及其同事就该模型做了大量的实验研究。他们发现，善于使用认知

① Cecilia Cheng, "Cognitive and Motivational Process Underlying Coping Flexibility: a Dual-Process Model," *Journal of Personality and Social Psychology*, 2003, 84(2), pp. 425-438.

② Gross, J. J., "Antecedent-and Response-Focused Emotion Regulation: Divergent Consequences for Experience, Expression, and Physiology," *Journal of Personality and Social Psychology*, 1998(74), pp. 224-237.

重评策略的个体，其幸福感、抑郁和满意度等反映心理健康水平的指标较积极。而使用表达抑制的个体，其心理健康水平较低①②。这一点也得到了进一步研究③④的证实。研究还发现，抑制消极情绪表达增强了消极情绪体验，抑制积极情绪表达降低了积极情绪体验。⑤ 同时，由于表达抑制需要耗费认知资源，从而对其他认知活动产生消极影响。⑥⑦ 比如，社会交往目标难以有效达到，可能因此导致人际交往、社会关系的破坏，反过来，对个体的心理健康又可能产生消极影响。内部和外部双重的消极影响使使用表达抑制的个体的心理健康水平较低。而认知重评策略发生在情绪产生之前，不需要持续的调节，从而较少占用认知资源，因此，几乎不影响认知任务的完成。

该模型把情绪调节看作在情绪产生过程不同阶段进行的，既有消极情绪调节，也有积极情绪调节，强调一般情绪调节过程对心理健康的影响。另外，从调节情绪体验到调节情绪表现，在关注内部环境的同时，强调了情绪调节通过影响与外部环境的关系对个体心理健康的影响。然而，该模型主要强调从行为层面上，降低不良情绪的表达，而没有重视对消极情绪适应性的表达。虽然抑制消极情绪与短期的社会能力呈正相关，然而长期而言，一味地抑制消极情绪表达不但使个体难以理解自己的情绪，还容易导致出现各种心理问题，而适应性的情绪表达却有利于提高个体的情绪理解能力、社会能力以及心理健康水平。⑧

① Gross, J. J., "Antecedent-and Response-Focused Emotion Regulation: Divergent Consequences for Experience, Expression, and Physiology," *Journal of Personality and Social Psychology*, 1998(74):, pp. 224-237.

② Ochsner, K. N., Bunge, S. A., Gross, J. J., et al., "Rethinking Feelings: An FMRI Study of the Cognitive Regulation of Emotion," *Journal of Cognitive Neuroscience*, 2002, 14(8), pp. 1215-1229.

③ Nadia, G., Jan, T., Vivian, K., et al., "Cognitive Emotion Regulation Strategies and Depressive Symptoms: Difference between Males and Females," *Personality and Individual Difference*, 2004(36), pp. 267-276.

④ Gross, J. J., "Emotion Regulation: Affective, Cognitive, and Social Consequences," *Psychophysiology*, 2002 (39), pp. 281-291.

⑤ Gross, J. J., John, O. P., "Individual Differences in Two Emotion Regulation Processes: Implications for Affect, Relationships, and Well-Being," *Journal of Personality and Social Psychology*, 2003, 85(2), pp. 348-362.

⑥ Richards, J. M., Gross, J. J., "Emotion Regulation and Memory: The Cognitive Costs of Keeping One's Cool," *Journal of Personality and Social Psychology*, 2000(79), pp. 410-424.

⑦ Julian, F. T. & Richard, D. L., "A Model of Neurovisceral Integration in Emotion Regulation and Dysregulation," *Journal of Affective Disorders*, 2000, 61(3), pp. 201-216.

⑧ Roberts, W. L. "The Socialization of Emotional Expression: Relations with Prosocial Behavior and Competence in Five Samples," *Canadian Journal of Behavioural Science*, 1999, 31(2), pp. 72-85.

（二）自动—主动情绪调节的神经科学研究

戴维森(Davidson)从神经系统科学的观点出发，通过对情绪理论发展历史的考察，认为情绪调节包括内隐的、自动的情绪产生过程和主动的情绪调节过程①。当然，作为广义上的情绪调节过程，这两个阶段具有一定的交叉和重叠，但这并不能否定二者在时间上的相对先后延续性。

自动的情绪调节过程与主动的情绪调节过程分别激活大脑不同的部位②。当个体受到情绪刺激时，先是自动的情绪产生过程。该过程更多与边缘神经系统、海马回、杏仁核等神经系统的变化有关，然后涉及主动的情绪调节过程。该过程主要与认知调节以及个体对有关情绪肌的抑制与调节有关。该假设也得到了实验③的支持。研究者先诱发被试产生某种情绪，对反映其有关情绪的指标进行测试，随后施以不同的指导语，目的是使被试进行不同方向的主动情绪调节，然后测试有关情绪指标。结果发现，不同的指导语对反映情绪的有关指标产生了显著的效应。实验还发现，抑制消极情绪的能力与增强消极情绪的能力出现了显著的负相关，这表明在调节情绪的方向与效价(valence)上有显著的个体差异。而这种差异有可能导致个体的心理健康水平不同。另外，自动情绪调节过程的长期影响有可能塑造情绪的中央神经系统，从而影响个体的心理健康，甚至身体健康或免疫系统的功能。

该理论把情绪调节过程分为情绪产生的自动过程与主动的情绪调节过程，相当于扩展了克罗斯的情绪调节过程模型，即不管是先行关注的情绪调节还是反应关注的情绪调节，都有一个自动的情绪产生过程，该过程与随后的调节过程关系密切，理应是情绪调节过程的内容。况且，情绪调节过程的部分目的是

---

① Davidson, R. J. & Jackson, D. C., & Kalin, N. H., "Emotion, Plasticity, Context and Regulation: Perspectives from Affective Neuroscience,"Psychological Bulletin, 2000(126), pp. 890-906.

② Derryberry, D. & Reed, M., "Regulatory Processes and the Development of Cognitive Representations,"Development and Psychopathology, 1996, 8(1), pp. 215-234.

③ Jackson, D. C., Malmstadt, J. R., Larson, C. L., et al., "Suppression and Enhancement of Emotional Responses to Unpleasant Pictures,"Psychophysiology, 2000(37), pp. 515-512.

使个体适宜的情绪产生于自动的过程，一旦自动的情绪产生过程符合个体的内外环境需要，主动的情绪调节就没有必要再参与进来。从这个角度来看，情绪产生与情绪调节更像是一个过程的两个此消彼长的部分。也有人试图通过研究情绪调节过程中诸如注意等认知活动，对自动和主动情绪调节过程做较细致的区分，以考查与情绪调节有关的认知活动对情绪调节质量或心理健康的影响，[①]如焦虑与情绪调节过程中的注意控制有关。

然而，无论是应对模型还是情绪调节过程模型，只强调了情绪调节内容或情绪调节过程本身，即把情绪调节看作情境性的行为或过程，一旦完成，该情绪调节行为或过程即告结束。它们主要考查个体面对情绪刺激反应的广度（magnitude）或不同调节策略与心理健康的关系，却忽略了另一个重要方面：情绪调节所持续的时间（duration），即个体对情绪刺激反应的深度。而情绪调节持续时间理论则弥补了这一缺漏，该理论强调个体恢复到情绪刺激前的正常情绪状态所需的时间，以及其与心理健康的关系，相当于从时间维度上扩展了情绪调节的过程。

（三）情绪调节的持续时间理论

研究发现，消极情绪调节持续时间，与其消极的健康状况成正相关。研究者用心理恢复力（psychological resilience）来解释这种现象，指个体在面对丧失、困难或厄运时有效地应对与适应，对某些事件的心理恢复力正如金属的弹性，如有的金属质硬，易折断，说明弹性小，而有的金属则质软，柔顺，不易折断，说明其弹性大。人的心理恢复力与此类似，在面对消极事件或情境时，个体在产生消极情绪的同时，也会产生与该消极情绪相对抗的心理恢复力。[②] 研究者围绕心理恢复力对个体情绪、认知以及生理影响展开了许多研究，发现积极情

---

① Derryberry, D. & Reed, M., "Anxiety-Related Attentional Biases and Their Regulation by Attentional Control," *Journal of Abnormal Psychology*, 2002, 111(2), pp. 225-236.

② Tugade, M. M. & Fredrickson, B. L., "Resilient Individuals Use Positive Emotions to Bounce Back from Negative Emotion Experiences," *Journal of Personality and Social Psychology*, 2004, 86(2), pp. 320-333.

绪是心理恢复力中一个非常重要的成分。基于此，弗雷德里克森（Fredrickson）提出了心理恢复力的形成理论①：扩大与积聚理论（broaden-and-build theory）。与以往情绪调节理论不同，该理论强调积极情绪在消极情绪调节中的积极作用。

扩大与积聚理论认为，积极情绪体验扩大了个体瞬间思维—行动的资源库，反过来，这些可利用的资源又可能帮助个体建立或积累从身体、智力到社会和心理的资源。通过该机制，个体在面对消极情绪情境时，积极情绪能够帮助其较快地恢复到正常情绪状态，包括诸如血压、心率等生理指标以及主观情绪体验等。② 这也得到实证研究的支持。研究发现，个体在体验积极情绪时，其思维模式更可能与众不同，灵活、有效，且具有创造性，而且更可能使个体采取多种可能行为。消极情绪则使个体思维狭窄，"只见树木不见森林"。因此，如果个体在遭遇消极情绪情境时，通过积极情绪调节策略提高积极情绪体验，积极情绪可以缓冲消极情绪所带来的压力，充当消极情绪延迟效应的"解药"（antidote），使个体尽快从消极情绪体验中恢复到正常水平。弗雷德里克森及其同事称该效应为"解除效应"（undoing hypothesis）。一项对美国"9·11"前后大学生的研究③也支持了该理论。另外，研究者还设计了一个实验④，通过不同的任务诱发个体消极、积极和平静的情绪体验，然后再给予所有被试消极情绪刺激。结果发现，积极情绪体验组其心血管指标恢复得最快，悲伤情绪组恢复到正常水平所用的时间最长，平静组次之。因此，常体验到积极情绪的个体或能够较有效地调节自己的情绪，在遭遇消极情绪刺激时，其心理恢复力较高，具有较强的情绪调节能力，心理健康水平也较高。

---

① Fredrickson, B. F., "The Role of Positive Emotion in Positive Psychology—the Broaden-and Build Theory of Positive Emotions," *American Psychologist*, 2001, 56(3), pp. 218-226.

② Miles, G., Daniel, S. S., Joy, E. B., et al., "Anger Regulation in Disadvantaged Preschool Boys: Strategies, Antecedents, and the Development of Self-Control," *Developmental Psychology*, 2002, 38(2), pp. 222-235.

③ Fredrickson, B. L., Tugade, M. M., Waugh, C. E., et al., "What Good Are Positive Emotions in Crises? A Prospective Study of Resilience and Emotions Following the Terrorist Attacks on the United States on September 11th, 2001," *Journal of Personality and Social Psychology*, 2003, 84(2), pp. 365-376.

④ Fredrickson, B. L. & Levenson, R. W., "Positive Emotions Speed Recovery from the Cardiovascular Sequelae of Negative Emotions," *Cognition and Emotion*, 1998(12), pp. 191-220.

心理恢复力是个体相对稳定的应对消极情绪的资源，使个体尽快恢复到正常情绪状态。然而积极情绪并不仅仅反映了心理恢复力的高低，随着时间的推移，积极情绪通过扩大机制能够提高个体的心理恢复力，二者是一个相互促进的过程。① 情绪调节的主要任务是使个体在面对消极事件时，通过利用各种情绪调节策略，尽可能地体验积极情绪，在提高心理恢复力的同时，提高个体心理健康水平。在该理论中，积极情绪作为应对消极情境的工具，而不仅仅是与消极情绪相对应的情绪类型。该理论把心理恢复力引入情绪调节中，从而弥补了先前研究的不足，从只强调情绪调节知识或情绪调节策略的使用是否合适，到关注情绪调节所延续的时间对心理健康的影响，并初步探讨了情绪调节延续时间的机制。

三、情绪调节的结构观

不管是情绪调节的情境观还是过程观，它们都认为情绪调节是偏线性的，这也与信息加工过程的主流思潮相呼应。而与这种线性观点理解角度不同的情绪调节结构观，主要从横向角度考查情绪调节的结构，从而探讨其与不同的情绪失调或紊乱的关系。

(一) 多维度的情绪调节结构

金(Kim)认为，行为主义或功能主义的情绪调节概念系统过于强调对情绪体验和表达的控制(control)，以及降低情绪唤起的水平等②。而实际上，许多情绪失调或情绪问题症状的出现恰是情绪控制的结果。例如，避免体验，尤其是避免消极内部情绪体验促成了部分情绪紊乱的出现，同时，限制情绪表达还会

---

① Fredrickson，B. L. & Joiner T.，"Positive Emotions Trigger upward Spirals toward Emotional Well-Being，"*American Psychologist*，2002，13(2)，pp. 172-175.

② Kim，L. G. & Roemer，L.，"Multidimensional Assessment of Emotion Regulation and Dysregulation：Development，Factor Structure，and Initial Validation of the Difficulties in Emotion Regulation Scale，"*Journal of Psychopathology and Behavioral Assessment*，2004，26(1)，pp. 41-54.

提高个体生理唤醒水平，而且，有研究者①干脆把情绪调节等同于情绪控制。显然，情绪调节的概念系统本身就容易出现对情绪调节的误解。用金的话来说，适应的情绪调节不是控制、排除（eliminate），而是调节（modulate）情绪体验。他试着提出了自己的情绪调节结构：①对情绪的意识和理解；②对情绪的接受；③控制冲动行为以及按照既定目标行为的能力；④根据个体的目标和情境的需要，灵活运用不同的情绪调节策略来调整期望情绪反应的能力。情绪调节结构中的全部或任何一种成分的缺乏都可能导致情绪调节困难，进而出现情绪失调。

以该结构作为理论基础，他编制了一个情绪调节困难量表（difficulties in emotion regulation scale，DERS），多种评价方法的数据均获得了较好的质量指标，最后确定了量表的六个分维度：①难以意识自己的情绪反应；②缺乏对自己情绪反应清晰度的认识；③不能接受自己的情绪反应；④较少的有效情绪调节策略；⑤当体验消极情绪的时候，难以控制自己的冲动反应；⑥当体验消极情绪的时候，难以按照目标的指导调节情绪。该实验结果表明区分以下概念是非常必要的，即情绪意识（awareness）和情绪理解（understanding），以适宜方式实施一定情绪行为的能力和避免以不适宜方式实施一定情绪行为的能力。例如，难以意识到自己的情绪反应就很难有意识地进行情绪调节，而不能理解自己的情绪即使个体有意识地进行情绪调节，也很难奏效。因此，有关的情绪问题也不一样，从而干预或治疗的方法也会有所区别。

该结构从情绪调节的横向结构进行考查，对情绪调节原有概念系统进行了解构，通过理论探讨与实证支持初步重建了情绪调节的概念结构，然而，由于该结构提出时间尚短，仍有待于进一步的理论与实验研究进行修订与验证。另外，对于各个概念或成分之间的具体关系仍需探讨与研究。

---

① Zeman, J. & Garber, J., "Display Rules for Anger, Sadness, and Pain: It Depends on Who Is Watching," *Child Development*, 1996(67), pp. 957-973.

(二)元情绪结构模型

元情绪(meta-emotion)概念是萨洛韦(Salovey)等人基于对情绪智力的研究而提出的。[①] 它是指个体对情绪的理解、监控、评价以及对调节过程的反思与监控。他们还提出了元情绪结构模型，即对情绪的反思与调节。后来戈姆(Gohm)做了进一步的工作，从情绪调节个体差异的角度提出元情绪的三个维度。[②] ①情绪清晰度(clarity)，指个体区分和描述特定情绪的能力，而不仅仅是意识到情绪的好或坏。该维度是元情绪的基本内容和结构，如果个体对自己的情绪认识不清晰，导致对情绪体验困惑，而且在一些情境下可能会出现难以预料或者不适宜的情绪表现。因此，非适应性的情绪调节结果，导致个体试图削弱情绪以避免不可预料的行为发生。反过来，避免体验情绪又会降低对情绪清晰性的认识，导致出现情绪困扰，表现为难以进行情绪调节或者以一种紊乱的方式调节情绪。②情绪注意(attention)，指个体对情绪给予注意和重视的倾向性。对情绪很少给予注意的个体，很难进行情绪调节，因为其认为情绪的产生与任何事件无关。而对情绪注意过多或认为情绪非常重要的个体，也很少进行情绪调节，因为其认为情绪几乎与任何事件都有关而无从调节。只有在这两个极端区间的个体，即对情绪给予中等注意者最可能对情绪进行有效的调节或管理，也最少出现情绪困扰。③情绪强度(intensity)，即个体体验到典型情绪的广度，与唤醒度、生理或神经的表现相联系。情绪强度太大的个体可能意识到情绪的影响，但进行情绪调节难度显得更大。以新兵为被试的研究[③]发现，情绪清晰度高的个体在实地交火训练时，较少出现诸如大脑一片空白、不能思考等认知困难的

---

① Salovey, P., Mayer, D. J., Goldman, L. S., et al., "Emotional Attention, Clarity and Repair: Exploring Emotional Intelligence Using the Trait Meta-Mood Scale," in J. W. Pennebaker(Ed.), *Emotion, Disclosure, and Health*, Washington, D. C., American Psychological Association, 1995, pp. 125-154.

② Gohm, L. C., "Mood Regulation and Emotion Intelligence: Individual Differences," *Journal of Personality and Social Psychology*, 2003, 84(3), pp. 594-607.

③ Gohm, C. L., Michael, R. B. & Janet, A. S., "Personality in Extreme Situations: Thinking(or Not)under Acute Stress," *Journal of Research in Personality*, 2001, 35(3), pp. 388-399.

情况，而情绪强度与情绪注意则与这些表现无关。显然，元情绪的三个维度对不同的认知活动影响不同。另外，其与个体心理健康的关系也不尽相同，如过度的情绪注意可能与焦虑有关，过高的情绪强度则可能导致攻击等外部行为问题。

该结构模型进一步对三个维度之间具体的关系及组合做了阐述，并获得了实验①的支持。通过聚类分析，戈姆基于三个维度的不同组合，区分出四类人群以考查情绪调节的差异以及导致情绪问题的具体机制。例如，在三个分维度上得分均高于平均分的一组人群称为激动型（hot），其对情绪刺激的反应性较强。情绪强度较高，但情绪清晰性较低的群体被称为狂暴型（overwhelmed），其情绪调节的方式与其他类型差异很大，甚至是相反的或没有能力进行情绪调节。各个分维度得分均低于平均分的一组人群被称为淡漠型（cool），该类型的个体对情绪刺激的反应性较低，因此情绪调节的动机水平也较低。理智型（cerebral）个体情绪清晰性得分很高，但其他两个维度得分均低于平均分。各维度的不同结合形成不同元情绪结构特征的人群，其情绪调节具有不同于其他人群的特点，这也得到了实证研究的支持。有研究发现，情绪智力对不同元情绪结构特征的人群降低焦虑或压力的贡献差异很大。其对有的人群贡献率很高，对另外的人群几乎没有任何作用。更耐人寻味的是，这些人有中等水平的情绪智力，但是却不曾应用，具体原因有待于进一步研究。

这种强调个体差异的细致区分，有助于我们更好地理解情绪调节的具体机制，同时为有针对性的情绪干预提供理论支持。另外，元情绪模型在理论取向上既重视了情绪调节的结构，也没有忽视情绪调节的过程，对于理论上整合情绪调节的不同观点是一个有益的探索。

---

① Davidson, R. J., Jackson, D. C., Kalin, N. H., "Emotion, Plasticity, Context and Regulation: Perspectives from Affective Neuroscience," *Psychological Bulletin*, 2000(126), pp. 890-906.

四、研究展望

　　情绪调节与心理健康的密切关系为情绪调节领域的理论探讨与应用研究提供了广阔的空间和进一步发展的动力。基于此，20 多年来的情绪调节研究工作主要围绕个体通过调节影响自己体验到的情绪性质、何时体验，以及怎样体验和表达情绪等内容，取得了一定的成果。但是对二者关系的研究则主要停留在相关范式。将来的研究要集中探讨情绪调节对心理健康的影响机制，相比较而言，机制研究对理论工作和临床意义更深远。另外，在研究方法上，由于受心理学主流的影响，情绪调节的研究也一直被传统的认知主义方法所统治，而对认知与情绪之间的关系之争，仍没有一种令人信服的理论或方法来解决，该问题的争论实际阻碍了情绪调节理论的发展。未来的研究或许应该放下纷争，采用系统方法结合情绪调节的不同观点，整合情绪调节不同成分以及不同成分之间的关系，因为情绪调节本身是一个复杂的系统，割裂开研究，往往使研究只抓一点不及其余。

第十三章

气温与气温变化及其对心理健康的影响

随着全球平均气温逐年上升，气候变暖对人类的健康状况也造成了一系列的影响，甚至有学者提出"气候变化是 21 世纪最大的全球性健康威胁"。[1] 气候变化带来的显著影响就是气温(air temperature)的变化。以往众多研究表明，气温会影响人们的身体健康水平，过高或过低的气温都会对人体健康造成不利的影响，甚至导致死亡率的上升。[2][3][4][5] 例如，气温的变化与呼吸系统疾病、脑血管疾病、心血管疾病、过敏性鼻炎、腹泻、皮肤病和关节炎等躯体疾病都存在着关联；诸如西尼罗病毒、疟疾、黄热病此类的热带传染疾病也将会向较冷的地区传播。[6][7][8][9][10]

[1] Costello, A., Abbas, M., Allen, A., et al., "Managing the Health Effects of Climate Change: Lancet and University College London Institute for Global Health Commission," *The Lancet*, 2009, 373(9676), pp. 1693-1733.

[2] 李芙蓉、李丽萍：《热浪对城市居民健康影响的流行病学研究进展》，载《环境与健康杂志》，2008，25(12)。

[3] Guirguis, K., Basu, R., Al Delaimy, W. K., et al., "Heat, Disparities, and Health Outcomes in San Diego County's Diverse Climate Zones," *Geohealth*, 2018, 2(7), pp. 212-223.

[4] Rocklov, J., Forsberg, B., Ebi, K., et al., "Susceptibility to Mortality Related to Temperature and Heat and Cold Wave Duration in the Population of Stockholm County, Sweden," *Global Health Action*, 2014(7), pp. 22737.

[5] Ho, H. C., Wong, M. S., Yang, L., et al., "Spatiotemporal Influence of Temperature, Air Quality, and Urban Environment on Cause-Specific Mortality during Hazy Days," *Environment International*, 2018(112), pp. 10-22.

[6] Chan, E. Y. Y., Ho, J. Y., Hung, H. H. Y., et al., "Health Impact of Climate Change in Cities of Middle-Income Countries: The Case of China," *British Medical Bulletin*, 2019, 130(1), pp. 5-24.

[7] Wang, H., Di, B., Zhang, T., et al., "Association of Meteorological Factors with Infectious Diarrhea Incidence in Guangzhou, Southern China: A Time-Series Study (2006-2017)," *Science of The Total Environment*, 2019(672), pp. 7-15.

[8] 韩京、张军、周林等：《极端气温对济南市心脑血管疾病死亡的影响》，载《山东大学学报(医学版)》，2017，55(11)。

[9] Shahmohamadi, P., Che-Ani, A., Maulud, K., et al., "The Framework to Mitigate the Urban Heat Island Effect for Improving Environment and Protecting Human Health," *International Journal of Sustainable Development and Planning: Encouraging the Unified Approach to Achieve Sustainability*, 2010, 5(4), pp. 351-366.

[10] Hayes, K. & Poland, B., "Addressing Mental Health in a Changing Climate: Incorporating Mental Health Indicators into Climate Change and Health Vulnerability and Adaptation Assessments," *International Journal of Environmental Research and Public Health*, 2018, 15(9), pp. 1806.

基于世界卫生组织对健康的定义，健康不仅是没有疾病和衰弱的状态，也包含精神上的完满状态，以及良好思维适应能力。近年来，越来越多的研究着眼于探讨气温与人们心理健康之间的关系，并且发现气温变化对情感、行为障碍或精神疾病等心理健康指标都产生了显著的影响[1][2][3]，这一效应在儿童、青少年、老年人和工人等特定群体中尤其明显。[4][5][6][7] 总之，气温变化对精神卫生的影响正在加速形成，直接或间接地威胁着人们的心理健康状况。[8][9] 本章将围绕气温与心理健康的关系，梳理国内外已有文献，以期阐明气温与气温变化对心理健康的影响及其作用机制。

一、气温与心理健康的关系

研究表明，气温与一系列广泛的心理健康指标之间存在着联系。从横向来看，暴露于极端气温环境中会降低积极情绪，增加消极情绪，导致心理障碍发

① 刘雪娜、张颖、单晓英等：《济南市热浪与心理疾病就诊人次关系的病例交叉研究》，载《环境与健康杂志》，2012，29（2）。

② Gao, J., Cheng, Q., Duan, J., et al., "Ambient Temperature, Sunlight Duration, and Suicide: A Systematic Review and Meta-Analysis," *Science of The Total Environment*, 2019(646), pp. 1021-1029.

③ Vida, S., Durocher, M., Ouarda, T. B. M. J., et al., "Relationship between Ambient Temperature and Humidity and Visits to Mental Health Emergency Departments in Québec," *Psychiatric Services*, 2012, 63(11), pp. 1150-1153.

④ Xu, Y., Wheeler, S. A. & Zuo, A., "Will Boys' Mental Health Fare Worse under a Hotter Climate in Australia?" *Population and Environment*, 2018, 40(2), pp. 158-181.

⑤ Cleary, M., Raeburn, T., West, S., et al., "The Environmental Temperature of the Residential Care Home: Role in Thermal Comfort and Mental Health?" *Contemporary Nurse*, 2019, 55(1), pp. 38-46.

⑥ Tawatsupa, B., Lim, L. L., Kjellstrom, T., et al., "The Association between Overall Health, Psychological Distress, and Occupational Heat Stress among a Large National Cohort of 40, 913 Thai Workers," *Global Health Action*, 2010(3).

⑦ Sugg, M. M., Dixon, P. G. & Runkle, J. D., "Crisis Support-Seeking Behavior and Temperature in the United States: Is There an Association in Young Adults and Adolescents?" *Science of The Total Environment*, 2019(669), pp. 400-411.

⑧ Hayes, K., Blashki, G., Wiseman, J., et al., "Climate Change and Mental Health: Risks, Impacts and Priority Actions," *International Journal of Mental Health Systems*, 2018, 12(1), pp. 12-28.

⑨ Palinkas, L. A. & Wong, M., "Global Climate Change and Mental Health," *Current Opinion in Psychology*, 2020(32), pp. 12-16.

病率提高。①② 过高或过低的气温都会对心理健康造成不利的影响，气温与心理健康状况之间存在着倒 U 形的关系。③④⑤ 从纵向来看，气温对心理健康状况产生影响并不是"立竿见影"的，其影响总是存在着滞后效应，长期暴露于高温与低温环境中都会增加心理疾病患病率。⑥⑦

（一）气温与情绪体验

气温的变化会影响人们的主观情绪体验。这可能是因为直接暴露于高温环境中会使人体感受到高温压力和疲惫感，降低生理上的愉悦感，进而影响其积极情绪体验。⑧ 当气温过高时，人们可能会产生压抑、愤怒、痛苦等心理感受，进而影响人们的心理健康水平。⑨⑩ 例如，美国斯坦福大学研究人员发现，月平均气温越高，社交网站上使用压抑词汇的频率也越高⑪。此外，暴露于高温环

① Noelke, C. , McGovern, M. , Corsi, D. J. , et al. , "Increasing Ambient Temperature Reduces Emotional Well-Being," Environmental. Research. 2016(151), pp. 124-129.

② Lee, S. , Lee, H. , Myung, W. , et al. , "Mental Disease-Related Emergency Admissions Attributable to Hot Temperatures," *Science of The Total Environment*, 2018(616-617), pp. 688-694.

③ Mullins, J. T. & White, C. , Temperature, Climate Change, and Mental Health: Evidence from the Spectrum of Mental Health Outcomes, 2018.

④ Melrose, S. , "Seasonal Affective Disorder: An Overview of Assessment and Treatment Approaches," *Depression Research and Treatment*, 2015(178564).

⑤ Mullins, J. T. & White, C. "Temperature and Mental Health: Evidence from the Spectrum of Mental Health Outcomes," *Journal of Health Economics*, 2019(68), p. 102240.

⑥ Chen, N. T. , Lin, P. H. & Guo, Y. L. L. , "Long-Term Exposure to High Temperature Associated with the Incidence of Major Depressive Disorder," *Science of the Total Environment*, 2019(659), pp. 1016-1020.

⑦ Gao, J. , Cheng, Q. , Duan, J. , et al. , "Ambient Temperature, Sunlight Duration, and Suicide: A Systematic Review and Meta-Analysis," *Science of The Total Environment*, 2019(646), pp. 1021-1029.

⑧ Kovats, R. S. , Hajat, S. , "Heat Stress and Public Health: A Critical Review," *Annual Review of Public Health*, 2008(29), pp. 41-55.

⑨ Noelke, C. , McGovern, M. , Corsi, D. J. , et al. , "Increasing Ambient Temperature Reduces Emotional Well-Being," *Environmental Research*, 2016(151), pp. 124-129.

⑩ Vanos, J. K. , Warland, J. S. , Gillespie, T. J. , et al. , "Thermal Comfort Modelling of Body Temperature and Psychological Variations of a Human Exercising in an Outdoor Environment," *International Journal of Biometeorology*, 2012, 56(1), pp. 21-32.

⑪ Burke, M. , González, F. , Baylis, P. , et al. , "Higher Temperatures Increase Suicide Rates in the United States and Mexico," *Nature Climate Change*, 2018, 8(8), pp. 723-729.

境中会增加人际冲突与攻击行为①，降低生活满意度。②③

研究者也关注了具体气温指标与情绪体验之间的关系。例如，美国一项基于 2008—2013 年 190 万人的追踪调查显示，与平均温度(10~16℃)相比，高于 21℃会降低积极情绪和幸福感，增加压力感、愤怒等消极情绪，体验到疲劳感和无力感。④ 这一结果得到其他研究者的支持。研究者发现，当温度超过 21℃ 时，个体的幸福感会下降，而当温度超过 32℃ 时，个体的负面情绪、压力和疲劳感会显著增加。⑤ 一项澳大利亚的研究则发现，气温每增高 1℃，极度痛苦的心理体验就会增加 0.2%。⑥

(二)气温与心理障碍

1. 气温与情感障碍

抑郁症、躁狂症和双相(情感)障碍是情感障碍的三种常见类型。情感障碍患者的痛苦体验明显，患者有可能出现伤人或自伤的行为，造成无法挽回的结果。其中抑郁症尤其受到公众和研究者的关注。温度被认为是影响情感障碍尤其是抑郁症的重要环境因素。以往研究表明，暴露在高温环境中可能与抑郁心境或痛苦情绪的发生有关。⑦⑧ 首先，短期地暴露在高温环境中可能导致抑郁

① Anderson, C. A., Bushman, B. J., "Human Aggression," *Annual Review of Psychology*, 2002, 53 (1), pp. 27-51.

② Connolly, M., "Some Like It Mild and not Too Wet: The Influence of Weather on Subjective Well-Being," *Journal of Happiness Studies*, 2013, 14(2), pp. 457-473.

③ Lucas, R. E. & Lawless, N. M., "Does Life Seem Better on a Sunny Day? Examining the Association between Daily Weather Conditions and Life Satisfaction Judgments," *Journal of Personality and Social Psychology*, 2013, 104 (5), pp. 872-884.

④ Noelke, C., McGovern, M., Corsi, D. J., et al., "Increasing Ambient Temperature Reduces Emotional Well-Being," *Environmental Research*, 2016(151), pp. 124-129.

⑤ Chen, N. T., Lin, P. H. & Guo, Y. L. L., "Long-Term Exposure to High Temperature Associated with the Incidence of Major Depressive Disorder," *Science of the Total Environment*, 2019(659), pp. 1016-1020.

⑥ Ding, N., Berry, H. L. & Bennett, C. M., "The Importance of Humidity in the Relationship between Heat and Population Mental Health: Evidence from Australia," *PLoS One*, 2016, 11(10), pp. e0164190.

⑦ Hansen, A., Bi, P., Nitschke, M., et al., "The Effect of Heat Waves on Mental Health in a Temperate Australian City," *Environmental Health Perspectives*, 2008, 116(10), pp. 1369-1375.

⑧ Chen, N. T., Lin, P. H. & Guo, Y. L. L., "Long-Term Exposure to High Temperature Associated with the Incidence of Major Depressive Disorder," *Science of the Total Environment*, 2019(659), pp. 1016-1020.

症。来自美国的研究表明，温度的升高降低了人们的积极情绪，同时增加了人们的消极情绪和疲惫感[1]；来自澳大利亚的研究发现，与舒适温度（23℃）相比，气温每升高1℃可以预测心理压力增高0.2%。[2] 其次，持续高温会导致情感障碍发病与就诊人数增加。持续高温的一种重要表现形式是热浪。热浪是气候变化对人类健康影响重大的因素。一项来自澳大利亚的研究发现，在热浪侵袭期间，因情感障碍而入院治疗的人数与平时相比增加了9.1%。[3] 对济南市4次热浪期间的资料的研究也发现，热浪期间心理疾病的日就诊人次显著上升。[4] 由此可见，异常的高温环境的确是包括抑郁症在内的情感障碍的危险因素及预测因子。最后，长期的高温暴露与抑郁症有显著关系。一项来自台湾2003—2013年的追踪研究发现，长期暴露于高温环境中是患重度抑郁症的危险因素。对于最初没有发现重度抑郁症的被试而言，长期居住在气温为20℃～23℃的地区，患重度抑郁症的风险最低；长期居住在平均气温高于23℃的地区，重度抑郁症的发病风险增加，气温每增加1℃，重度抑郁症的患病率将增加7%，但是气温与重度抑郁症的发展之间存在非线性的关系，二者关系中还有其他诸多因素在起作用，[5] 具体机制尚需进一步研究。

2. 气温与脑器质性精神障碍

脑器质性精神障碍发病的主要因素是各种原因导致的开放性或闭合性的颅脑损伤，但个体的素质特征以及外伤后的心理、社会、环境因素也起到一定的作用。[6] 一项来自澳大利亚的研究发现，在热浪侵袭城市期间，脑器质性精神

---

[1] Chen, N. T., Lin, P. H. & Guo, Y. L. L., "Long-Term Exposure to High Temperature Associated with the Incidence of Major Depressive Disorder," *Science of the Total Environment*, 2019(659), pp. 1016-1020.

[2] Hansen, A., Bi, P., Nitschke, M., et al., "The Effect of Heat Waves on Mental Health in a Temperate Australian City," *Environmental Health Perspectives*, 2008, 116(10), pp. 1369-1375.

[3] Hansen, A. L., Bi, P., Ryan, P., et al., "The Effect of Heat Waves on Hospital Admissions for Renal Disease in a Temperate City of Australia," *International Journal of Epidemiology*, 2008, 37(6), pp. 1359-1365.

[4] 刘雪娜、张颖、单晓英等：《济南市热浪与心理疾病就诊人次关系的病例交叉研究》，载《环境与健康杂志》，2012，29(2)。

[5] Chen, N. T., Lin, P. H. & Guo, Y. L. L., "Long-Term Exposure to High Temperature Associated with the Incidence of Major Depressive Disorder," *Science of the Total Environment*, 2019(659), pp. 1016-1020.

[6] 钱铭怡：《变态心理学》，1～20页，北京，北京大学出版社，2006。

障碍的入院人数增加了 21.3%，男性和女性住院人数均有所增加。[1][2]

除此之外，老年人群对温度的变化尤其敏感。很多关注气温与脑器质性精神障碍关系的研究者把目光放在痴呆上。阿尔茨海默病（AD）是痴呆的最常见类型，占痴呆患者总数的 50% 以上。AD 常见于 65 岁以上的老年人，患病率随着年龄的增长而升高。[3] 科纳利（Cornali）等人发现，高温气候可能会对痴呆患者的行为和心理症状产生负面影响，并提出了两种假设来解释高温环境对痴呆患者产生负面影响的机制：一是较高的气温可能会引起不适的感觉，患有精神障碍的人应对能力有所下降，可能会在面对和管理紧张的环境变化时存在更大的困难；二是高温环境会导致中枢系统和大脑的温度升高，这时一个受下丘脑调节的选择性的冷却系统会自动发挥作用，降低大脑的温度，但是患有精神障碍的老年人对高温压力的适应能力较低，冷却系统无法准确地发挥作用。[4]

（三）气温与精神分裂症

精神分裂症是一种发病率、患病率和致残率都很高的精神疾病。根据世界卫生组织 2001 年的统计数据，精神分裂症约占全球疾病总数的 2.8%。2007—2010 年的一项国内数据调查显示，中国有 0.37% 的男性和 0.44% 的女性患有精神分裂症。[5] 由于精神分裂症的遗传机制尚不能完全解释其病因，近年来人们开始关注环境因素的影响。中国民间有一句俗语："菜花黄，痴子忙。"这就是指精神分裂症在春末夏初发病率最高的现象，人们也明显观察到精神分裂症的

① Hansen, A., Bi, P., Nitschke, M., et al., "The Effect of Heat Waves on Mental Health in a Temperate Australian City,"*Environmental Health Perspectives*, 2008, 116(10), pp. 1369-1375.

② Hansen, A.L., Bi, P., Ryan, P., et al., "The Effect of Heat Waves on Hospital Admissions for Renal Disease in a Temperate City of Australia," *International Journal of Epidemiology*, 2008, 37 (6), pp. 1359-1365.

③ Finkel, S., "Introduction to Behavioural and Psychological Symptoms of Dementia (BPSD)," *International Journal of Geriatric Psychiatry*, 2000(15), pp. S2-S4.

④ Cornali, C., Franzoni, S., Riello, R., et al., "Effect of High Climate Temperature on the Behavioral and Psychological Symptoms of Dementia,"*Journal of the American Medical Directors Association*, 2004, 5(3), pp. 161-166.

⑤ 司天梅：《中国精神分裂症的研究现状与展望》，载《中华精神科杂志》，2015，48(3)。

入院率有明显的季节变化。[①]

有关温度因素对精神分裂症的影响的研究很多，大都得出了类似的结果。对合肥市的体感温度和精神分裂症患者住院人数的时间序列分析发现，过高和过低的环境温度都是精神分裂症的危险因素。[②] 除了体感温度，有关昼夜温差与精神分裂症之间关系的研究发现，较大的昼夜温差会增加精神分裂症患者住院治疗的风险，其中男性患者、已婚患者和年龄达到或超过 41 岁的患者更容易受到昼夜温差的影响。[③] 此外，国内外的一系列研究发现，在控制时间趋势、湿度等干扰因素后，气温的变化与精神分裂症患者的发病或住院治疗效果之间存在显著相关。[④⑤⑥] 例如，一项来自合肥 2005—2014 年的研究在控制了湿度等干扰因素的影响后发现，与暴露于较低昼夜温差（大约 8.3℃）相比，暴露于极端昼夜温差（大约 14.6℃）导致精神分裂症患者发病人数比例增加 2.7%。[⑦] 一项针对上海市 2008—2015 年日平均气温与精神障碍住院率关系的研究将气温均值（18.3℃，50% 阈值）作为参照温度，结果发现，当气温达到 24.6℃（75% 阈值）及以上时，气温的升高与精神障碍，尤其是精神分裂症住院人数的增加之间存在显著的正相关；当气温达到 33.1℃（99% 阈值）以上时，精神障碍的住院风险达到均值时的 1.266 倍；而低温与精神障碍住院率之间未发

① Trang, P. M., Rocklov, J., Giang, K. B., et al., "Seasonality of Hospital Admissions for Mental Disorders in Hanoi, Vietnam," *Global Health Action*, 2016(9), p. 32116.

② Yi, W., Zhang, X., Gao, J., et al., "Examining the Association between Apparent Temperature and Admissions for Schizophrenia in Hefei, China, 2005-2014: A Time-Series Analysis," *The Science of the Total Environment*, 2019(672), pp. 1-6.

③ Yi, W., Zhang, X., Pan, R., et al., "Quantifying the Impacts of Temperature Variability on Hospitalizations for Schizophrenia: A Time Series Analysis in Hefei, China," *Science of the Total Environment*, 2019(696), p. 133927.

④ Sung, T., Chen, M., Lin, C., et al., "Relationship between Mean Daily Ambient Temperature Range and Hospital Admissions for Schizophrenia: Results from a National Cohort of Psychiatric Inpatients," *Science of the Total Environment*, 2011, pp. 410-411, 41-46.

⑤ Peng, Z., Wang, Q., Wang, W., et al., "Effects of Ambient Temperature on Daily Hospital Admissions for Mental Disorders in Shanghai, China: A Time-Series Analysis," *Science of the Total Environment*, 2017, pp. 590-591, 281-286.

⑥ Zhao, D., Zhang, X., Xie, M., et al., "Is Greater Temperature Change within a Day Associated with Increased Emergency Admissions for Schizophrenia?" *Science of the Total Environment*, 2016, pp. 566-567, 1545-1551.

⑦ Zhao, D., Zhang, X., Xie, M., et al., "Is Greater Temperature Change within a Day Associated with Increased Emergency Admissions for Schizophrenia?" *Science of the Total Environment*, 2016, pp. 566-567, 1545-1551.

现显著相关。① 总之，大量的研究都证实了气温与精神分裂症之间存在一定的相关关系，但不同的研究采用的气温指标不尽相同，有日平均温度、日最高温度、体感温度、昼夜温差等不同的指标，其结果仍存在一定差异。

（四）气温与物质滥用及依赖、自杀

根据已有的数据可知，相对于其他可预防的健康问题而言，物质滥用造成了最多的死亡、疾病及伤残。个人及社会因素会在一定程度上影响人对物质的情感和行为，环境因素也会影响到物质依赖患者的行为。② 一些研究者关注了气温对物质滥用、物质依赖等行为问题的影响。来自澳大利亚的一项研究发现，在热浪侵袭城市期间，存在酒精或物质依赖的女性患者（尤其是 15~64 岁的年龄组中的女性）的死亡率有所增加；③ 此外，由城市热岛效应引起的气温升高与由精神活性物质使用导致的死亡率的上升有关。④ 由此可见，关注环境因素尤其是气温的变化对于物质依赖患者的护理及治疗都具有重要的意义。

此外，气温变化与自杀之间也存在显著的相关。经常有报道称，春夏季节出现自杀高峰，这间接表明气温升高可能是自杀的一个重要的风险因素。研究也表明，气温对自杀率的影响可以说是气温影响心理健康的一个最有力的证据。例如，有关温度与自杀之间关系的研究表明，26.6%~60%的自杀率的变化可以用温度变化来解释；⑤ 来自芬兰地区的一项研究追踪了 1751—2008 年芬兰地区的年度气温与自杀率之间的关系，结果表明，在出台预防自杀的政策之前，气

---

① Peng, Z., Wang, Q., et al., "Effects of Ambient Temperature on Daily Hospital Admissions for Mental Disorders in Shanghai, China: A Time-Series Analysis," *Science of the Total Environment*, 2017, pp. 590-591, 281-286.

② 钱铭怡：《变态心理学》，1~20 页，北京，北京大学出版社，2006。

③ Hansen, A., Bi, P., Nitschke, M., et al., "The Effect of Heat Waves on Mental Health in a Temperate Australian City," *Environmental Health Perspectives*, 2008, 116(10), pp. 1369-1375.

④ Wong, L. P., Alias, H., Aghamohammadi, N., et al., "Physical, Psychological, and Social Health Impact of Temperature Rise Due to Urban Heat Island Phenomenon and Its Associated Factors," *Biomedical and Environmental Sciences*, 2018, 31(7), pp. 545-550.

⑤ Thompson, R., Hornigold, R., Page, L., et al., "Associations between High Ambient Temperatures and Heat Waves with Mental Health Outcomes: A Systematic Review," *Public Health*, 2018(161), pp. 171-191.

温持续变暖这个因素可以解释超过 60% 的自杀率的变化;① 一项来自加利福尼亚的研究发现，在温暖的季节，每日的体表温度升高 10℉（1℃ = 33.8℉）与 5.8% 的自杀或自伤行为增加相关。一项针对截至 2018 年 7 月发表的有关气温与自杀关系的 14 篇研究的元分析发现，气温升高（每升高 1℃）与自杀率（每增加 1%）之间存在显著的正相关，且气温升高对自杀死亡的影响大于对自杀意念或自杀未遂的影响。进一步的亚组分析显示，与高收入国家相比，中等收入国家气温升高与自杀之间关系更显著；在低纬度地区和中纬度地区均发现气温与自杀之间的显著相关关系；与亚热带地区相比，热带和温带地区的气温升高与自杀的关系更为明显。② 由此可见，气温可能是预测自杀率的可靠变量。同时有研究发现，在季节性变化不明显的热带地区，气温与自杀率之间的关系并不明显，③ 这也从另一个角度说明了异于平常的高温才是自杀的风险因素。除了异常的高温，异常的低温也是自杀的一个危险因素。例如，有研究发现，冬季常常使人们陷入莫名其妙的抑郁情绪中，这对那些本就患有严重抑郁症的人来说是一种不利的环境因素，可能会诱导其自杀意念和自杀行为。④

二、气温与心理健康关系的相关研究

（一）气温与心理健康关系的理论视角

总体而言，关于气温影响心理健康的比较有代表性的理论是气象情绪效应。除此之外，研究者大多从两个角度来解释其影响机制。第一个角度是生理角度，

---

① Helama, S., Holopainen, J. & Partonen, T., "Temperature-Associated Suicide Mortality: Contrasting Roles of Climatic Warming and the Suicide Prevention Program in Finland," *Environmental Health and Preventive Medicine*, 2013, 18(5), pp. 349-355.

② Gao, J., Cheng, Q., Duan, J., et al., "Ambient Temperature, Sunlight Duration, and Suicide: A Systematic Review and Meta-Analysis," *Science of The Total Environment*, 2019(646), pp. 1021-1029.

③ Fernández-Niño, J. A., Flórez-García, V. A., Astudillo-García, C. I., et al., "Weather and Suicide: A Decade Analysis in the Five Largest Capital Cities of Colombia," *International Journal of Environmental Research and Public Health*, 2018, 15(7), p. 1313.

④ Melrose, S., "Seasonal Affective Disorder: An Overview of Assessment and Treatment Approaches," *Depression Research and Treatment*, 2015(178564).

代表性理论主要有棕色脂肪组织理论和血清素理论等。第二个角度是行为角度，认为气温通过影响人们的健康保持行为来影响其心理健康。

1. 气象情绪效应理论

气象情绪效应(meteorological emotional effect)是指一个人的情绪状态可以受到气象条件的影响。气象条件是组成人类生活环境的重要因素，气象条件及其变化不仅影响人的生理健康，对人的情绪的影响也非常明显。有利的气象条件可使人们情绪高涨、心情舒畅，生活质量和工作效率提高；而不利的气象条件则使人情绪低落、心胸憋闷、懒惰无力，甚至会导致心理及精神病态和行为异常。[1] 据世界卫生组织报道，1982—1983 年的"厄尔尼诺"事件，给全球健康造成了严重的影响，使全球的精神疾病发病率上升了 8%，大约有 10 万人患上了抑郁症，这足以说明全球的气候变化对人类心理健康的巨大影响。

2. 棕色脂肪组织理论

棕色脂肪组织，是哺乳动物体内非颤栗产热的主要来源，对于维持动物的体温和能量平衡起到重要作用，对幼龄哺乳动物尤为重要。[2] 这可能解释了为什么儿童和青少年是高温压力的易感人群。[3] 高温压力会过度激活棕色脂肪组织，进而损害人体的耐热性，这种损害会改变棕色脂肪组织投射到脑区的神经活动，使人产生异常的情绪或行为，影响人的心理健康。研究者推测这可能是高温损害心理健康的一种合理的机制。[4]

3. 血清素理论

血清素理论认为，血清素(五羟色胺)作为一种神经递质，会影响人的情绪状态，进而影响人的心理健康。已有的生物实验已经证明，五羟色胺作用广泛，

① Palinkas, L. A. & Wong, M., "Global Climate Change and Mental Health," *Current Opinion in Psychology*, 2020(32), pp. 12-16.

② 贺斌、王炳蔚、郑瑞茂：《人类棕色脂肪组织产热节律调控》，载《生理科学进展》，2016，47(5)。

③ Xu, Y., Wheeler, S. A. & Zuo, A., "Will Boys' Mental Health Fare Worse under a Hotter Climate in Australia?" *Population and Environment*, 2018, 40(2), pp. 158-181.

④ Gao, J., Cheng, Q., Duan, J., et al., "Ambient Temperature, Sunlight Duration, and Suicide: A Systematic Review and Meta-Analysis," *Science of The Total Environment*, 2019(646), pp. 1021-1029.

对情绪调节、感觉传输和认知行为等都有重要的调节作用，在调节焦虑和抑郁情绪及行为中发挥着关键性的作用。① 在冬季，人体内的五羟色胺受体的活动程度较低，但是随着温度的升高，五羟色胺受体的活动水平会逐渐增高，人的情绪状态会受此影响，可能引发焦虑抑郁情绪，进而导致情绪的稳定性降低，引发冲动和攻击行为，严重的甚至导致自伤、自杀行为。②

4. 健康保持行为理论

这个理论认为，极端的天气，如异常的高温（热浪等）和异常的低温（暴雪等）会使人们的"健康保持行为"减少甚至完全消失，进而影响人们的心理健康。这里的健康保持行为主要是指锻炼和良好的睡眠，这些行为对于人们保持良好的身心状态是必不可少的。③④ 研究者在研究气温对澳大利亚的儿童心理健康水平的影响时，提出气温可能通过影响儿童的行为，尤其是阻碍儿童参加有组织的体育活动，如舞蹈、体操、球类运动等，对儿童心理健康产生影响。⑤ 其他研究也表明，参加体育活动与更好的心理健康水平呈正相关，与自然环境接触也有益于增加积极情绪，减少压力和消极情绪，而高温显然成为儿童户外活动的障碍。⑥⑦

（二）气温与心理健康关系的调节变量

气温影响心理健康的过程是一个综合性的、复杂的过程，这个过程包含了

---

① 李双、姚文青、陶冶铮等：《中缝中核 5-羟色胺能神经元调控焦虑和抑郁样行为》，载《生理学报》，2018，70（3）。

② Gao, J., Cheng, Q., Duan, J., et al., "Ambient Temperature, Sunlight Duration, and Suicide: A Systematic Review and Meta-Analysis," *Science of The Total Environment*, 2019（646）, pp. 1021-1029.

③ Obradovich, N., Migliorini, R., Mednick, S. C., et al., "Nighttime Temperature and Human Sleep Loss in a Changing Climate," *Science Advances*, 2017, 3（5）, p. e1601555.

④ Obradovich, N. & Fowler, J. H., "Climate Change May Alter Human Physical Activity Patterns," *Nature Human Behaviour*, 2017, 1（5）, p. 97.

⑤ Xu, Y., Wheeler, S. A. & Zuo, A., "Will boys' Mental Health Fare Worse Under a Hotter Climate in Australia?" *Population and Environment*, 2018, 40（2）, pp. 158-181.

⑥ Brown, D. K., Barton, J. L. & Gladwell, V. F., "Viewing Nature Scenes Positively Affects Recovery of Autonomic Function Following Acute-Mental Stress," *Environmental Science & Technology*, 2013, 47（11）, pp. 5562-5569.

⑦ Paluska, S. A. & Schwenk, T. L., "Physical Activity and Mental Health," *Sports Medicine*, 2000, 29（3）, pp. 167-180.

许多因素的调节作用，这些因素主要包括被试群体的性别、年龄、社会经济地位等。

1. 年龄

在极端的高温条件下，不同年龄的群体受环境影响的程度是不同的。已有的研究表明，儿童、青少年、老年人群体是易感人群，对气温的变化更加敏感。瑞典研究机构的一项研究表明，冬季较低的气温会增加65岁以下的有精神疾病史或药物滥用的人的死亡风险。[①] 与之相对的是，成年人对极端天气的适应能力更强，他们的耐热性也更强，所以在面对异常的高温环境时，应该更加关注和保护这些易感人群。[②] 关于老年人更容易受到气温的影响，研究者提出的一种解释是，随着自然衰老过程的不断发展，老年人(尤指65岁以上)自身的体温调节能力也不断衰退，在面对持续的高温天气时，这种衰退带来的不利影响尤其明显。[③]

2. 性别

大多数探讨气温和个体心理健康关系的研究都发现了性别差异。一项研究最高气温对儿童心理发展的影响的研究结果显示，与女孩的心理健康更多受到家庭因素及其社会经济地位的影响相比，男孩的心理健康水平更多地受到环境因素的影响；[④] 另一项以泰国工人为被试的研究则发现，面对高温的工作环境，女性比男性更少报告有心理上的痛苦感受，但其原因尚不明确；[⑤] 室内气温也会对办公人员大脑的认知和执行功能产生影响，且这种对大脑的认知和执行功

[①] Rocklov, J., Forsberg, B., Ebi, K., et al., "Susceptibility to Mortality Related to Temperature and Heat and Cold Wave Duration in the Population of Stockholm County, Sweden," *Global Health Action*, 2014(7), p. 22737.

[②] Sugg, M. M., Dixon, P. G. & Runkle, J. D., "Crisis Support-Seeking Behavior and Temperature in the United States: Is There an Association in Young Adults and Adolescents?" *Science of the Total Environment*, 2019(669), pp. 400-411.

[③] Schneider, A., Rückerl, R., Breitner, S., et al., "Thermal Control, Weather, and Aging," *Current Environmental Health Reports*, 2017, 4(1), pp. 21-29.

[④] Xu, Y., Wheeler, S. A. & Zuo, A., "Will boys' Mental Health Fare Worse under a Hotter Climate in Australia?" *Population and Environment*, 2018, 40(2), pp. 158-181.

[⑤] Tawatsupa, B., Lim, L. L., Kjellstrom, T., et al., "The Association between Overall Health, Psychological Distress, and Occupational Heat Stress among a Large National Cohort of 40, 913 Thai Workers," *Global Health Action*, 2010(3).

能的影响在男女之间存在着显著的性别差异。①② 这些研究似乎都说明，男性更可能受到高温压力带来的影响。

3. 社会经济地位

相关研究表明，社会经济地位也会对气温影响个体心理健康的过程起调节作用。③④ 已有的研究表明，贫困地区的儿童的心理发展水平更容易受到高温压力的影响；⑤ 而那些工作环境比较简陋，尤其是从事没有足够的劳动保护的户外工作的工人也更容易感受到职业高温压力。⑥ 有研究发现，气温变化对低收入者造成的不利影响可能是最大的。⑦ 与低收入者相比，社会经济地位较高的人群拥有更多的可支配的社会资源来抵抗外界的高温压力。比如，使用空调，居住在隔热性能更好的住宅里，在高温天气避免外出，使用更加舒适的交通工具等，这些措施都可以使人们尽量少地感受到高温带来的负面影响。

(三)气温对特殊群体心理健康的影响

气温对人们的影响不是一概而论的，相比普通人群而言，一些特殊的群体，如老年人、儿童、青少年等，对温度变化的感受性更高，更容易受到气温的影

---

① Abbasi, A. M., Motamedzade, M., Aliabadi, M., et al., "The Impact of Indoor Air Temperature on the Executive Functions of Human Brain and the Physiological Responses of Body," *Health Promotion Perspectives*, 2019, 9(1), pp. 55-64.

② Chang, T. Y. & Kajackaite, A., "Battle for the Thermostat: Gender and the Effect of Temperature on Cognitive Performance," *PLoS One*, 2019, 14(5), p. e216362.

③ Xu, Y., Wheeler, S. A., & Zuo, A., "Will boys' Mental Health Fare Worse under a Hotter Climate in Australia?" *Population and Environment*, 2018, 40(2), pp. 158-181.

④ Tawatsupa, B., Lim, L. L., Kjellstrom, T., et al., "The Association between Overall Health, Psychological Distress, and Occupational Heat Stress among a Large National Cohort of 40, 913 Thai Workers," *Global Health Action*, 2010(3).

⑤ Xu, Y., Wheeler, S. A., & Zuo, A. "Will boys' Mental Health Fare Worse under a Hotter Climate in Australia?" *Population and Environment*, 2018, 40(2), pp. 158-181.

⑥ Tawatsupa, B., Lim, L. L., Kjellstrom, T., et al., "The Association between Overall Health, Psychological Distress, and Occupational Heat Stress among a Large National Cohort of 40, 913 Thai Workers," *Global Health Action*, 2010(3).

⑦ Obradovich, N., Migliorini, R., Paulus, M. P., et al., "Empirical Evidence of Mental Health Risks Posed by Climate Change," *Proceedings of the National Academy of Sciences of the United States of America*, 2018, 115(43), pp. 10953-10958.

响，是高温压力的易感人群。

1. 气温与儿童和青少年

儿童和青少年是最容易受到环境影响的群体，这种易感性来源于他们生理防御系统的不成熟性、与环境互动的方式的直接性、对成年人的依赖性以及一生中经历的风险和损害的累积性。[1] 一些研究者关注了气温对儿童和青少年心理健康的影响。例如，有研究者以澳大利亚的儿童为样本，发现最高温的升高对儿童的心理健康存在负面影响，且这种影响在 6~11 岁的男孩中最显著。[2] 萨格(Sugg)等人通过从美国危机干预短信热线中收集到的数据来研究青少年寻求危机支持的行为与气温之间的联系，结果发现，在高温条件下，青少年寻求危机支持的行为有所增加，而求助行为的增加也意味着高温导致青少年群体经历的心理危机增加，心理健康水平下降。[3] 此外，研究者关注了极端天气对儿童青少年心理健康的直接影响和间接影响。极端天气会直接导致儿童青少年出现更多的创伤后应激障碍、焦虑和抑郁、睡眠问题、认知缺陷和学习问题等；[4] 也可能通过导致的食品短缺、群体间冲突、经济混乱、强迫移民等问题，间接地对儿童和青少年的心理健康造成不利的影响。[5]

2. 气温与老年群体

从生活经验可知，如何顺利度过寒冷的冬季对老年人来说是一大挑战，但近年来的研究显示，高温环境也会对老年人造成威胁。研究发现，老年人比年

① Sanson, A. V., Wachs, T. D., Koller, S. H., et al., "Young People and Climate Change: the Role of Developmental Science," in S. Verma & A. C. Petersen (Eds.), *Developmental Science and Sustainable Development Goals for Children and Youth*, Cham: Springer International Publishing. (Reprinted), 2018, pp. 115-137.

② Xu, Y., Wheeler, S. A. & Zuo, A., "Will Boys' Mental Health Fare Worse under a Hotter Climate in Australia?" *Population and Environment*, 2018, 40(2), pp. 158-181.

③ Sugg, M. M., Dixon, P. G. & Runkle, J. D., "Crisis Support-Seeking Behavior and Temperature in the United States: Is There an Association in Young Adults and Adolescents?" *Science of The Total Environment*, 2019(669), pp. 400-411.

④ Garcia, D. M. & Sheehan, M. C., "Extreme Weather-Driven Disasters and Children's Health," *International Journal Of Health Services: Planning, Administration, Evaluation*, 2016, 46(1), pp. 79-105.

⑤ Akresh, R., "Climate Change, Conflict, and Children," *The Future of Children*, 2016, 26(1), pp. 51-71.

轻人对温度变化更敏感。[1] 克利里(Cleary)等人对一组居住在澳大利亚的一家养老机构中的老年人进行了半结构化访谈,发现老年人群体在异常高温的环境下会被限制待在室内,但这样也极大地限制了老年人对自主性和流动性的需求,不利于老年人的心理健康[2];陈(Chan)及其同事以来自香港的数据研究了在亚热带城市中环境温度与精神疾病入院治疗率之间的关系,发现了二者之间的正相关关系,且这种相关在老年人中最为显著。[3] 可见,高温环境是老年人心理健康发展的不利因素。

3. 气温与工人

职业高温压力是一个众所周知的问题,尤其是在热带国家,职业高温压力已经严重影响到工人的健康和福祉。一些热带发展中国家的社会经济发展和快速的城市化建设形成了可能存在高温压力的工作条件,而工作场所的高温不仅会直接导致中暑、肾脏疾病、心肺疾病、事故和受伤等问题,影响身体健康,也会间接导致工人心理上的痛苦和不适。[4] 目前关于职业高温压力对工人心理健康的影响的研究还比较少,比较具有代表性的研究是一项以 40 000 余名泰国工人为被试的研究。泰国是一个处于热带地区的发展中国家,在研究中,有近20%的实验参与者报告了职业高温压力,其中男性工人、低收入者和受教育程度低的人更常见。研究发现,职业高温压力与工人的不良心理健康状况之间存在正相关关系。随着年龄的增长,工人中报告感受到职业高温压力的人数比例逐渐下降,这可能是由于较为年长的工人积累了较多的工作经验,对工作环境有较强的适应性,有较高的情绪控制能力。与此同时,年龄在15~29岁的男性工人报告心理上的痛

① Trang, P. M., Rocklov, J., Giang, K. B., et al., "Seasonality of Hospital Admissions for Mental Disorders in Hanoi, Vietnam," *Global Health Action*, 2016(9), p. 32116.

② Cleary, M., Raeburn, T., West, S., et al., "The Environmental Temperature of the Residential Care Home: Role in Thermal Comfort and Mental Health?" *Contemporary Nurse*, 2019, 55(1), pp. 38-46.

③ Chan, E. Y. Y., Lam, H. C. Y., So, S. H. W., et al., "Association between Ambient Temperatures and Mental Disorder Hospitalizations in a Subtropical City: A Time-Series Study of Hong Kong Special Administrative Region," *International Journal of Environmental Research and Public Health*, 2018, 15(4), p. 754.

④ Varghese, B., Pisaniello, D., Hansen, A., et al., "Insights into the Epidemiology of Heat-Related Work Injuries: A Mixed-Methods Analysis of Workers' Compensation Claims and Stakeholder Perspectives," *Environmental Epidemiology*, 2019(3), p. 410.

苦感受的比率最高，这可能是泰国的年轻男性的高自杀率的原因之一。① 除了室外工作的工人会受到气温的影响，一项来自伊朗的研究还发现室内的气温也对办公人员的心理健康、舒适度、福利和工作效率起着重要作用，不适的室内气温对办公人员的生理反应、大脑的认知功能和执行功能都有较大的影响。②

三、政策建议与研究展望

(一) 政策建议

全球变暖的趋势不可逆转，日益频繁的极端天气对人们的心理健康造成的严重而广泛的影响似乎在告诉我们应该重视天气因素的作用，从各个层面、各个角度采取有效的预防和干预措施，来应对环境的变化。

第一，及时发出预警。每日在发布天气预报的同时，可以发布未来天气里可能引起的生理和心理方面的疾病，如高温天气应警惕精神分裂症患者发病，对易感人群及时进行心理疏导等。提前发出预警，并提供一些实用性的"因天制宜"的防病措施，让大众及时做好应对恶劣天气的准备工作，防患于未然。

第二，保护易感人群。老年群体、儿童、青少年等都是气温变化的易感人群，在异常高温的条件下，要更多地关注这些群体的心理健康状况，为他们提供一定的防护措施。例如，经历极端高温天气的时候，小学、中学应该放高温假，避免对学生的心理和身体健康造成不利影响；更加关注老年人的生活状况，在满足其心理需求的前提下，保护老年人不受高温环境的侵扰。

第三，关注精神障碍患者。医院精神科的医务人员要随时注意气温的变化，在气温产生较大变化时，要更加关注精神障碍患者的情况及治疗效果，尤其要重点关注有自杀意念和自杀意图的患者，防止他们在外界环境因素的刺激下做

① Tawatsupa, B., Lim, L. L., Kjellstrom, T., et al., "The Association between Overall Health, Psychological Distress, and Occupational Heat Stress among a Large National Cohort of 40, 913 Thai Workers," *Global Health Action*, 2010(3).

② Abbasi, A. M., Motamedzade, M., Aliabadi, M., et al., "The Impact of Indoor Air Temperature on the Executive Functions of Human Brain and the Physiological Responses of Body," *Health Promotion Perspectives*, 2019, 9(1), pp. 55-64.

出自杀举动；精神分裂症等精神障碍患者的护理人员也应格外关注患者的病情及状态，为患者提供更好的护理服务。

(二) 研究展望

在探讨气温与身体健康关系的基础上，研究者关注了气温与心理健康的关系，这些研究对于揭示心理现象的成因具有一定的启发意义。但该领域仍然存在不足之处，给我们留下很多研究空间。

第一，研究者采用的代表气温的指标不尽相同。一项研究精神分裂症患者的住院人数与气温关系的研究采用的指标是体感温度，认为体感温度作为环境温度、风速和湿度的综合指标，比温度本身更客观地反映了人体的热感觉。[①]一些探讨气温与精神疾病急诊入院率的关系的研究采用的指标是每日最高温度；[②] 而另一些研究采用每日平均温度。[③④] 例如，一项基于里斯本的数据的研究发现，日平均温度与精神障碍的入院治疗人数成正相关。[⑤] 除此之外，还有研究采用日温差(一天中气温最高值与最低值之差，diurnal temperature range)作为气温的指标，发现较大的日温差是精神分裂症发病的潜在诱因。[⑥⑦] 也有研究

---

① Yi, W., Zhang, X., Gao, J., et al., "Examining the Association between Apparent Temperature and Admissions for Schizophrenia in Hefei, China, 2005−2014: A Time-Series Analysis," *Science of the Total Environment*, 2019 (672), pp. 1-6.

② Grjibovski, Andrej M., Kozhakhmetova, et al., "Associations between Air Temperature and Daily Suicide Counts in Astana, Kazakhstan," *Medicina (Kaunas)*, 2013, 49 (8), pp. 379-385.

③ Williams, M. N., Hill, S. R. & Spicer, J., "Will Climate Change Increase or Decrease Suicide Rates? The Differing Effects of Geographical, Seasonal, and Irregular Variation in Temperature on Suicide Incidence," *Climate Change*, 2015, 130 (4), pp. 519-528.

④ Williams, M. N., Hill, S. R. & Spicer, J., "Do Hotter Temperatures Increase the Incidence of Self-Harm Hospitalisations?" *Psychology, Health & Medicine*, 2016, 21 (2), pp. 226-235.

⑤ Almendra, R., Loureiro, A., Silva, G., et al., "Short-Term Impacts of Air Temperature on Hospitalizations for Mental Disorders in Lisbon," *Science of the Total Environment*, 2019(647), pp. 127-133.

⑥ Sung, T., Chen, M., Lin, C., "Relationship between Mean Daily Ambient Temperature Range and Hospital Admissions for Schizophrenia: Results from a National Cohort of Psychiatric Inpatients," *Science of the Total Environment*, 2011(410-411), pp. 41-46.

⑦ Zhao, D., Zhang, X., Xie, M., et al., "Is Greater Temperature Change within a Day Associated with Increased Emergency Admissions for Schizophrenia?" *Science of the Total Environment*, 2016(566-567), pp. 1545-1551.

关注季节性变化的温度对心理健康的影响。[①] 这些不同的指标大多能得出类似的结论，但并没有研究关注这些不同的温度指标对心理健康的影响是否存在差异，未来的研究应该区分不同指标对心理健康的影响，不能混为一谈。

第二，大部分研究关注高温对心理健康的影响，忽视低温对心理健康的影响。这可能是由于当前全球气候变暖的不可逆转的大趋势让众多研究者把目光放在了异常或极端的高温上，但低温对心理健康的影响也不可忽视。已有的少量研究发现，低温天气和抑郁症之间存在着关联。[②] 例如，台北市平均气温低于16.9℃时，平均昼夜温差越大，则精神分裂症住院率越低[③]；常征飞发现在2008年和2010年南方多个省份遭遇由雨雪冰冻灾害带来的长达一个多月的冰冻期里，人们处于紧张和焦虑状态，承受着巨大的心理压力。中国古代的谚语也说道："天昏昏令人郁郁。"[④]未来的研究可以更多的关注异常的低温天气，如暴雪、霜冻等对人们心理健康的影响。

第三，研究方法具有局限性，对干扰变量的控制不足。此领域的研究主要采用基于网络数据文本分析、自我报告法、流行病学的方法等。虽然这样的研究生态效度比较高，但是由于数据的有效性和准确性受到很多因素的影响，而研究者在进行数据分析时没有将这些因素的作用排除出去，所以得到的结果并不十分严谨。事实上，参与者心理上的不适感可能受到其他没有控制的因素干扰。例如，湿度、风速等因素都可能对气温与心理健康关系造成干扰。即使是处于同一气温下，处在南方的湿热和北方的干热环境、有风的海边和无风的内陆、室内和室外都会影响人体感受到的舒适度。人体感受到的舒适度不同，人对环境的适应性不同，气温对人的身心健康产生的影响也可能不同。未来研究

① Davies, G., Welham, J., Chant, D., et al., "A Systematic Review and Meta-Analysis of Northern Hemisphere Season of Birth Studies in Schizophrenia," *Schizophrenia Bulletin*, 2003(29), pp. 587-593.

② Palinkas, L. A. & Wong, M., "Global Climate Change and Mental Health," *Current Opinion in Psychology*, 2020(32), pp. 12-16.

③ Sung, T., Chen, M., Lin, C., et al., "Relationship between Mean Daily Ambient Temperature Range and Hospital Admissions for Schizophrenia: Results from a National Cohort of Psychiatric Inpatients," *Science of the Total Environment*, 2011(410-411), pp. 41-46.

④ 常征飞：《雨雪冰冻极端气候对受灾居民心理健康影响与对策研究》，硕士学位论文，南昌大学，2012。

或许可以考虑收集更丰富的指标，将其他可能的影响因素加以控制，从而更有效地揭示气温与心理健康的关系。

第四，没有考虑到群体差异。例如，寒带、温带、热带地区不同被试面对气温升高是否会呈现同样的心理病症？一些研究发现，使人产生心理不适感的气温阈限是 24℃ 左右；另一些研究得出的阈限值却是 27℃；而在热带地区的研究得出的阈值高达 30℃ 以上。可见人体对环境的感受具有适应性，不同地区、不同族群的人们对环境的适应性不同，那么群体温度适应性是否是气温对心理健康影响的调节变量？此外，对于健康人群和已有心理障碍或精神疾病的人群而言，气温对其心理指标的影响是否相同？针对高温环境制定的预防政策是否应该随着不同人群的群体差异而有所不同？这些问题都值得未来研究进一步探讨。未来研究应关注气温升高对不同地区、族群、经济状况、健康水平的人心理健康指标的影响是否存在差异，以便在制定针对气温威胁的政策和策略时"因地制宜"，达到更好的效果。此外，元分析技术能够帮助分析不同地区、族群等因素的调节作用。例如，一项元分析比较了热带与温带、低纬度与中纬度、中等收入国家和高收入国家环境温度与自杀之间的关系①，但由于现有文献积累较少，且文献发表存在地域偏差（如针对温带地区的文献有 11 篇，但热带地区的文献仅有 2 篇），这些都可能导致元分析结果产生偏差。

---

① Gao, J., Cheng, Q., Duan, J., et al., "Ambient Temperature, Sunlight Duration, and Suicide: A Systematic Review and Meta-Analysis," *Science of the Total Environment*, 2019(646), pp. 1021-1029.

第十四章

学业特权的概念及其对心理健康的影响

研究者发现，有的大学生比较自私、苛刻和自恋，他们总是期望用较少的努力获得较高的学业回报。[①] 在面对较差的学业成绩时，他们会感到惊讶甚至愤怒，并将其归咎于教师的能力不足或学术体系的缺陷。这基于他们的一种共同信念，即学业特权（academic entitlement，AE）。学业特权，最早由杜博夫斯基（Dubovsky）于 20 世纪 80 年代提出，指的是一种认为学生即使在没有付出个人努力的情况下，他们依然有资格获得学业成功的主观信念。它与一系列的心理健康问题有关。目前，这一现象已引起国外研究者的广泛关注，而国内有关学业特权的研究还没有开展。因此，对学业特权的相关研究进行系统梳理与回顾，不仅有助于加深我们对这一心理学变量的认识与理解，也有助于推进我国"学业特权"的相关研究，为减少学业特权的不利影响提供理论依据与方法指导。

一、对学业特权概念的理解

（一）学业特权的概念与维度

诚如前述，早在 1986 年，杜博夫斯基就对学业特权的相关问题进行了阐述。但是，迄今为止，有关学业特权的界定仍未达成一致。有些研究者仅仅探讨了学业特权的结构或提供了学业特权的举例，却并未做出明确的界定；还有一些研究者虽然尝试对学业特权进行界定（见表 14-1），但是还没有得出一致的

[①] Taylor, J. M., Bailey, S. F. & Barber, L. K., "Academic Entitlement and Counterproductive Research Behavior," *Personality and Individual Differences*, 2015(85), pp. 13-18.

结论。①② 通过比较与分析，我们发现，虽然在学业特权的具体描述上有所差异，但这些研究者均认为，学业特权是学生即消费者，因此即使在没有付出个人努力的情况下，他们依然有资格获得学业成功的主观信念。它具有消极的含义。

表 14-1　不同研究者对学业特权的定义

研究者	对学业特权的定义
乔英(Chowning)和坎贝尔(Campbell)	学业特权是人格上一种稳定的个体差异，指的是不承担个人责任，却对学业成功抱有期望的倾向
辛格尔顿-杰克逊(Singleton-Jackson)等人	学业特权是一种认为无论课堂上的实际表现如何，他们都有权或应该获得由学校和教师提供的商品和服务，也就是学习机会和指导的信念
科普(Kopp)等人	学业特权是个体在学业环境中获得积极学业成果的期望，通常与他们的学业表现无关
杰克逊(Jackson)等人	学业特权是一种认为一些奖励是应得的，而不必基于实际学术成就的信念
米勒(Miller)	学业特权是一种认为无论一个人的能力如何，无论他为考试或课程准备了多少，都有权获得一个更高分数的看法
谢弗(Schaefer)等人	学业特权是一种心理和社会信念，在这种信念中，学生表现出"以自我为中心的态度"，即使破坏规则，也要立即满足自己的需要

同样，在关于学业特权的结构与维度上，研究者也未达成共识。一些早期研究倾向于将学业特权看作一个二元结构。例如，阿查科索(Achacoso)提出，学业特权包括特权信念(entitlement beliefs)和特权行为(entitlement actions)两个维度。前者被定义为认为个人无须付出太多努力就能获得高分的信念；后者被定义为学生有权与老师进行争辩，并要求得到更高分数的行为③。迄今为止，阿查科索是唯一一个明确关注到学业特权行为成分的研究者。乔英和坎贝尔则

---

①　Miller, B. K., "Measurement of Academic Entitlement," *Psychological Reports*, 2013, 113(2), pp. 654-674.

②　Schaefer, T., Barta, M., Whitley, W., et al., "The 'You owe me!' Mentality: A Student Entitlement Perception Paradox," *Journal of Learning in Higher Education*, 2013, 9(1), pp. 79-91.

③　Achacoso, M. V., "What Do You Mean My Grade Is not an A? An Investigation of Academic Entitlement, Causal Attributions, and Self-Regulation in College Students," The University of Texas at Austin, 2002.

认为,学业特权包括责任外化(externalized responsibility)和特权预期(entitled expectations)两个维度。责任外化反映了在学业成功上个人责任感的缺乏;特权预期则反映了学生对教师应给他们想要的分数的期望①。这个二元结构得到了研究者的广泛关注。而格林伯格等人(Greenberger et al.)认为学业特权是一个单维的结构②。一些研究者对此进行了验证,结果显示,格林伯格等研究中的原始项目并非都是单维的。在此基础上,他们建立了新的学业特权量表,通过探索性因素分析和验证性因素分析得出了学业特权的四个维度,即对教师的高要求(accomodation)、控制欲(control)、努力就应有回报的期望(reward for effort)以及教育的商品价值(product value)。③ 除此之外,一些研究者还发现了学业特权的更多维度,如辛格尔顿-杰克逊等人对加拿大学生进行半结构化访谈所得出的六维结构④,以及莱因哈特(Reinhardt)使用探索性因素分析确定的七维结构⑤,具体见表 14-2。

表 14-2 不同研究者提出的学业特权维度

维度数	提出者	具体维度
单维	格林伯格等人	——
二维	阿查科索	特权信念和特权行为
	乔英和坎贝尔	责任外化和特权预期

① Chowning, K. & Campbell, N. J., "Development and Validation of a Measure of Academic Entitlement: Individual Differences in Students' Externalized Responsibility and Entitled Expectations," *Journal of Educational Psychology*, 2009, 101(4), pp. 982-997.

② Greenberger, E., Lessard, J., Chen, C., et al., "Self-Entitled College Students: Contributions of Personality, Parenting, and Motivational Factors," *Journal of Youth and Adolescence*, 2008, 37(10), pp. 1193-1204.

③ Jackson, D. L., Singleton-Jackson, J. A. & Frey, M. P., "Report of a Measure of Academic Entitlement," *American International Journal of Contemporary Research*, 2011, 1(3), pp. 53-65.

④ Singleton-Jackson, J. A., Jackson, D. L. & Reinhardt, J., "Students as Consumers of Knowledge: Are They Buying What We're Selling?" *Innovative Higher Education*, 2010, 35(5), pp. 343-358.

⑤ Reinhardt, J., "Conceptualizing Academic Entitlement: What Are We Measuring?" Canada, University of Windsor, 2012.

续表

维度数	提出者	具体维度
四维	杰克逊等人	对教师的高要求、控制欲、努力就有回报、教育的商品价值
六维	辛格尔顿-杰克逊等人	教育的商品价值(product value of education)、应考虑社会性因素进行评分(social promotion)、对教授、助教和管理人员的苛刻要求(role of professors, teaching assistants, and administrators)、对自己作为消费者还是研究者的看法(shoppers or scholars)等
七维	莱因哈特	自恋(narcissism)、教师应帮助学生成功(professors agency)、要求获得理想的分数(arguing for grades)、期望获得成绩上的奖励(expectations for grade increase)、对教授礼仪的期望(professors etiquette)、努力就有回报(reward for effort)、学生参与课程的期望(input on classroom operations)

(二)学业特权与相关概念的关系

学业特权是一个相对较新的概念，尽管与自恋、应得感(deservingness)和心理特权(psychological entitlement)等存在一些重叠，但研究者普遍将其看作一个独特的结构。为了进一步理解学业特权"是什么"的问题，我们有必要对这些概念进行区分。

一方面，特权感与自恋和应得感不同。传统观点倾向于将特权感看作自恋的一个组成部分，直到心理特权作为一个独立的概念被提出，研究者才逐渐意识到，特权感可能是一个不同于自恋的独立结构。虽然都具有以自我为中心的特点，但自恋主要是针对个体自身而言的，对于自恋者来说，自己才是主角，他人只扮演着次要角色；而特权感更多是相对于他人而言的，高特权感的个体认为自己"应该比其他人得到更多"，因此，他人的存在是体验到特权感的必要条件。另外，特权感也不同于应得感。应得感包含一个价值判断的过程，是认为一个"好的"行为应获得一个"好的"结果的信念；而特权感是在没有任何行为投入的情况下对积极结果的预期。高特权感的个体认为自己有权享有一些权利，即使他们没有付出任何努力也"应得"这一结果。可见，应得感是一个相对主动的过程，而特权感则是一个更被动的过程。

另一方面，学业特权与心理特权也有着本质区别。学业特权是一个具有情境特定性的结构，反映的是一种仅仅存在于学术环境中的特权意识；而心理特权作为一种感到有权利获得优待、豁免社会责任的主观信念或知觉，是一个范围更广的概念，评估的是一种普遍的整体性特权感。值得注意的是，学业特权并不仅仅是心理特权在学业环境中的表现，一名高学业特权的学生可能并没有较高的心理特权。这是因为，学业特权与心理特权的内在信念不同。心理特权与内在的感觉有关，如与他人相比自身的优越感；而学业特权更多是外在的，它主要是基于学生是学校中的顾客或消费者的认知。研究显示，学业特权与心理特权之间仅有中等程度的正相关，进一步说明了二者是相关却不相同的结构。①

(三)学业特权的测量方法

本森(Benson)提出，要证明量表的结构效度，需经过以下三个阶段：实质阶段(substantive stage)、建构阶段(structural stage)与外部阶段(external stage)。② 实质阶段包括从理论和实证两个方面去明确界定要衡量的结构；在建构阶段，研究者通常使用因子分析和可靠性评价来探索变量的结构；外部阶段通过检验这一变量与其他变量之间的相关关系，来评估这些关系是否符合在实质阶段建立的理论预期。

最初对学业特权的测量主要包括阿查科索、格林伯格等，以及乔英和坎贝

---

① Greenberger, E., Lessard, J., Chen, C., et al., "Self-Entitled College Students: Contributions of Personality, Parenting, and Motivational Factors," *Journal of Youth and Adolescence*, 2008, 37(10), pp. 1193-1204.

② Benson, J., "Developing a Strong Program of Construct Validation: A Test Anxiety Example," *Educational Measurement: Issues and Practice*, 1998, 17(1), pp. 10-17.

尔建立的学业特权量表。阿查科索采用探索性因素分析和验证性因素分析，最早建立了两个维度，共 12 个条目的学业特权量表，分别测量特权信念和特权行为。① 其中特权信念包括 5 个条目，如"老师应该为我改变一些规则"；特权行为包括 7 个条目，如"如果我觉得分数不公平，我会告诉老师"。量表采用 7 点评分，分值越高，代表学业特权水平越高。这一量表在整个效度验证过程中都存在问题。首先，研究者并未说明他们是如何利用系统的文献综述来建立测量条目的，缺乏对实质阶段的充分论述；其次，在建构阶段，阿查科索使用验证性因素分析对同一批被试的结果进行数据处理，这可能导致最终的双因素结构只适合该样本的心理特点，并且研究者也没有检验任何竞争模型的拟合，降低了二维结构的说服力；最后，研究者虽然发现了学业特权与自我调节和归因等变量的相关关系，但并没有对这些关系做出先验的假设，且学业特权与自我调节的正相关关系也不符合阿查科索对学业特权的理解。

格林伯格等人采用了自编的 15 个条目的学业特权量表对相关问题进行了研究。② 测量条目如"如果我告诉教授自己已经很努力了，他应该考虑给我一个更高的分数"。量表采取 6 点评分，分数越高，代表学业特权感越强。该研究并未提供太多量表建立的信息，因此，我们很难评估研究者对实质阶段和建构阶段的重视程度；在外部阶段，虽然该量表与许多变量，如父母的学业预期和学术不诚实行为具有相关关系，但效应量较小，这也对格林伯格等提出的研究构想提出了一个比较大的挑战。可以说，格林伯格等开发的学业特权量表缺少关键的效度证据。

2009 年，乔英和坎贝尔通过一系列的研究，建立了包含 15 个条目、两个维度的学业特权量表。③ 其中，责任外化分量表共 10 个条目，评估学生对自己

① Achacoso, M. V., "What Do You Mean My Grade Is not an A? An Investigation of Academic Entitlement, Causal Attributions, and Self-Regulation in College Students," The University of Texas at Austin, 2002.

② Greenberger, E., Lessard, J., Chen, C., et al., "Self-Entitled College Students: Contributions of Personality, Parenting, and Motivational Factors," Journal of Youth and Adolescence, 2008, 37(10), pp. 1193-1204.

③ Chowning, K. & Campbell, N. J., "Development and Validation of a Measure of Academic Entitlement: Individual Differences in Students' Externalized Responsibility and Entitled Expectations," Journal of Educational Psychology, 2009, 101(4), pp. 982-997.

学业成功的责任感；特权预期分量表共 5 个条目，评估学生对教师和课程为自己服务的期望。整个量表采用 7 点评分，分数越高，代表学业特权感越强。与前两个量表相比，该量表的建立过程有更为清晰的阐释，但同时也存在一些问题。在实质阶段，研究者虽然回顾了该领域的相关研究，却并未提及之前的两个学业特权量表。此外，量表的一些条目测量的似乎是与学业特权相关但不相同的成分，如"我不想把很多精力放在小组工作上，因为另一个小组成员最终会做这件事"代表的是工作回避，"大多数教授实际上并不知道他们在说什么"代表的是对教学质量的感知；在建构阶段，研究者采用正交旋转的主成分分析来确定因子结构，具有方法上的局限性，斜交旋转的方法可能更为恰当。另外，由于缺乏对局部模型数据拟合的检验，且仅仅报告了不敏感的拟合指数（如 GFI 和 CFI），模型数据拟合的充分性也受到质疑。值得一提的是，该量表在外部阶段得到了较好的证实。与假设一致，责任外化与尽责性、宜人性等有显著负相关，与状态——特质夸大有显著正相关；特权预期与自恋量表中的权利感子量表呈显著正相关。

然而，以上三个学业特权量表均在不同程度上缺乏一些结构效度的证据。基于此，2011 年，美国学者科普以及加拿大学者杰克逊等分别建立了新的、具有较高结构效度的学业特权量表。首先是科普（Kopp）等建立的单维学业特权量表。[①] 该量表共 8 个条目，采取 7 点评分，分数越高，代表学业特权越强。具体条目如"因为我交了学费，所以我应该获得及格分数""教授有责任让我取得成功"等。在量表建立过程中，科普等人对学业特权进行了明确的界定，并以杜博夫斯基提出的学业特权五个方面为依托，为量表的建立奠定了强大的理论基础。之后，科普等采用单因素模型、五因素模型和双因素模型对数据进行拟合，进一步确定了量表的单维结构，并在不同样本中得到了验证。最后，他们检验了学业特权和其他变量之间的预期关系。结果发现，学业特权与心理特权、外控

---

① Kopp, J. P., Zinn, T. E., Finney, S. J., et al., "The Development and Evaluation of the Academic Entitlement Questionnaire," *Measurement and Evaluation in Counseling and Development*, 2011, 44(2), pp. 105-129.

性和工作回避呈显著正相关，与掌握趋近目标和学业努力呈显著负相关，支持了最初的研究假设。与科普等类似，杰克逊等在系统回顾以往研究的基础上，对前三个学业特权量表进行了深入分析，并将其中一些测量条目组合起来，通过探索性因素分析和验证性因素分析，建立了包括四个维度、16 个条目的学业特权量表。[①] 其中，维度一，对教师的高要求包括 7 个条目，如"如果交作业的日期与我的假期计划有冲突，教授应允许我迟交作业"；维度二，努力就应有回报的期望包括 3 个条目，如"如果我已经完成了一节课的大部分阅读，我就应该得到 B"；维度三，控制欲包括 3 个条目，如"课程的设计应考虑到学生的需要"；维度四，教育的商品价值包括 3 个条目，如"我正在为接受教育的机会付费"。量表采用 7 点评分，分数越高，代表学业特权越强。研究表明，除维度四具有较低的内部一致性信度外（α 为 0.65），前三个分量表的内部一致性系数均达到理想水平（α 分别为 0.72、0.83 和 0.75）。最后，相关分析显示，学业特权四个维度与掌握目标和表现目标具有显著相关。

二、学业特权的影响因素及其对心理健康的影响

（一）学业特权的影响因素

第一，个体因素。个体的学业特权水平受到性别和人格等个体因素的影响。一方面，学业特权存在性别上的差异。男性通常比女性具有更高的学业特权。例如，钱尼（Ciani）等发现，无论课堂环境或课堂设置如何，男性往往比女性表现出更高的学业特权（研究 1），且这一差异不会随时间的推移而改变（研究 2）。[②] 乔英和坎贝尔在三项研究中均发现，男性的责任外化得分显著高于女性。这可能是受到性别角色社会化的影响：人们普遍认为男性比女性更有能力，男

---

① Jackson, D. L., Singleton-Jackson, J. A. & Frey, M. P., "Report of a Measure of Academic Entitlement," *American International Journal of Contemporary Research*, 2011, 1(3), pp. 53-65.

② Ciani, K. D., Summers, J. J. & Easter, M. A., "Gender Differences in Academic Entitlement among College Students," *The Journal of Genetic Psychology*, 2008, 169(4), pp. 332-344.

性更重视成功和任务能力；而女性更重视人际关系，这导致在不同的环境中，男性普遍具有更强的特权意识。另一方面，个体的人格特征也会影响学业特权水平。有研究者探讨了学业特权两因素模型与大五人格维度之间的关系。结果表明，学业特权与大五人格中的宜人性、责任心和外向性呈显著负相关，而与神经质呈显著正相关。[①] 除此之外，不顺从性、高攻击倾向，以及由马基雅维利主义、自恋和精神病态组成的"黑暗三人格"均对学业特权有显著预测作用。

第二，家庭因素。学业特权并不是与生俱来的一种特质，格林伯格等人在研究 2 中特别关注了父母和家庭在学生学业特权形成中的作用。他们发现，学生的学业特权水平与父母的学业期待、父母对自己和他人表现的比较，以及父母对成绩的物质奖励呈显著正相关。高学业特权的学生更可能报告，父母希望他们在学业上胜过他人，并在其表现出色时给予物质奖励。[②] 此外，学业特权的形成可能与过度投入式养育、宽容型养育等父母教养方式有关。过度投入式养育或宽容型养育可能会给孩子带来更多的痛苦和更大的成功压力，使其变得自私、苛求、且具有更高的心理特权。当父母对孩子过度放纵时，孩子很可能在成年早期表现出高度的自恋。除教养方式外，家庭环境中亲密感或支持度的缺失也会影响个体的学业特权水平。那些来自功能不太健全家庭环境的学生在学校中更可能产生沮丧感和无力感，当他们面对学业上的失败时，更可能通过外部归因来推卸责任。有研究者提出，父位缺失可能导致特权态度的增加，而感知到的父母温暖则是外部责任的负向预测因子。[③]

第三，学校因素。首先，大学教育标准的降低以及由此导致的分数膨胀是学生学业特权增加的一个重要因素。20 世纪 70 年代以来，随着对教师匿名评

---

① Chowning, K. & Campbell, N. J., "Development and Validation of a Measure of Academic Entitlement: Individual Differences in Students' Externalized Responsibility and Entitled Expectations," *Journal of Educational Psychology*, 2009, 101(4), pp. 982-997.

② Greenberger, E., Lessard, J., Chen, C. & Farruggia, S. P., "Self-Entitled College Students: Contributions of Personality, Parenting, and Motivational Factors," *Journal of Youth and Adolescence*, 2008, 37(10), pp. 1193-1204.

③ Bishop, J. & Lane, R. C., "Father Absence and the Attitude of Entitlement," *Journal of Contemporary Psychotherapy*, 2000, 30(1), pp. 105-117.

估政策的越加普遍，越来越多的大学教授表示出对课程评估结果的担忧。他们可能会采取一系列的措施以获得更好的课程评价，如默许学生的特殊要求、允许其违反课堂规则的行为、以及给予慷慨的课程分数等。这导致了大学中的分数膨胀，并进而助长了学生的学业特权信念，使他们认为良好的学业成绩是应该被给予的，而不是通过努力和杰出的学业成就挣来的。久而久之，认为一定的出勤率和努力足以获得高分的信念会逐渐内化。如果学生们知道他们可以用最少的努力就能得到高分，其学业特权水平就会提高。其次，大学趋于企业化也在一定程度上促进了学生学业特权的增加。为了保持竞争力，一些大学通过迎合学生的需求与其他高校竞争生源，这种做法使学生形成了一种"顾客心理"。他们认为自己在为获得学位而付费，因此，即使没有很好的学业表现，仍然会期待获得积极的学习结果。研究发现，那些拥有较高"学生即顾客"认知的学生在自恋的权利感子量表上得分更高，更有可能去抱怨，也更可能表现出学业特权意识。①

第四，社会文化因素。社会文化因素也会影响学生的学业特权水平。首先，受自尊运动的影响，千禧一代的学生（1982—2000年出生）得到了前所未有的积极关注。他们的父母和老师总是不断认可其"特殊性"，并通过增加奖励来提高其自尊水平。可以说，自尊运动的重点就是通过将学业失败最小化，并将自尊最大化，从而鼓励学生对学业负较少的个人责任，但对学业成绩却抱有很高的期望。其结果就是这一代学生经常要求即时性满足，并表现出自恋的行为和较高的学业特权。特文格（Twenge）和坎贝尔发现，与1975年的学生相比，2006年的学生认为自己比同龄人更聪明，更有能力，成绩也更优异，但是在学业准备方面投入的精力却更少②。其次，社交网络的使用对学生的学业特权水平也具有显著预测作用。一方面，电子邮件等非正式的线上交流方式在一定程度上

① Gillespie Finney, T. & Zachary Finney, R., "Are Students Their Universities' Customers? An Exploratory Study," *Education and Training*, 2010, 52(4), pp. 276-291.

② Twenge, J. M. & Campbell, W. K., "Increases in Positive Self-Views among High School Students: Birth-Cohort Changes in Anticipated Performance, Self-Satisfaction, Self-Liking, and Self-Competence," *Psychological Science*, 2008, 19(11), pp. 1082-1086.

改变了师生之间的社会交往规范，减少了学生与教师交流时的地位差异。网络交流中期望得到即时回应的特点，无形中增加了学生对教师的要求，提高了学生学业特权增加的可能性；另一方面，社交网站的使用为学生提供了一个提升正面自我形象的途径，助长了优越感和自恋心理的产生。布法迪（Buffardi）和坎贝尔发现，自恋的人格特征（包括特权感）与使用社交网络的时间有直接关系[1]。

（二）学业特权对心理健康的影响

第一，学业特权对个体自尊、归因和自我效能感的影响。如前所述，学生的学业特权受到自尊运动的影响，在这一文化规范中，家长和教师总是尽可能地满足他们的特权要求，以提高学生的自尊水平。然而，实证研究却发现，学业特权不仅与较高的自尊水平无关，相反，这一特权信念与自尊呈显著负相关。学业特权越高的学生，其自尊水平，尤其是学业自尊水平越低。[2] 这可能是因为学业特权与自恋之间有一定的联系，而自恋者一般都具有潜在的较低或不稳定的自尊。值得注意的是，科普等人对这一结果提出了质疑，他们使用不同的学业特权量表测量了学生的学业特权水平，发现学业特权与自尊之间确实具有正相关关系。[3] 虽然在学业特权与自尊的关系上存在一些分歧，但研究者一致认为，高学业特权的学生更容易进行外部归因，他们倾向于把自己的学业成功寄托于外部力量，同时也把自己的失败归咎于他人。正是源于此，乔英和坎贝尔在建立学业特权量表时，将 2/3 的条目均用于评估学生的责任外化信念。另外，在学业成功上较低的内在控制感与较低的自我效能感是一致的。这些学生认为自己无法依靠自己的能力以确保学业的成功，因此对大学课程的自我效能感也较低。

---

[1] Buffardi, L. E. & Campbell, W. K., "Narcissism and Social Networking Web Sites," *Personality and Social Psychology Bulletin*, 2008, 34(10), pp. 1303-1314.

[2] Greenberger, E., Lessard, J., Chen, C., et al., "Self-Entitled College Students: Contributions of Personality, Parenting, and Motivational Factors," *Journal of Youth and Adolescence*, 2008, 37(10), pp. 1193-1204.

[3] Kopp, J. P., Zinn, T. E., Finney, S. J., et al., "The Development and Evaluation of the Academic Entitlement Questionnaire," *Measurement and Evaluation in Counseling and Development*, 2011, 44(2), pp. 105-129.

第二，学业特权对个体主观体验与人际关系的影响。学业特权不仅会影响学生的自尊、归因和自我效能感，还会影响个体的主观体验和人际关系。具体来说，那些拥有较高学业特权的学生感到自己有权利对教师和管理人员提出各种苛刻的要求。当这些要求没有得到满足时，学生就会产生沮丧、不满、愤怒或敌意等消极情绪，并致使其生活满意度降低。除此之外，由于对自己的行为如何影响他人不甚在意，高学业特权的学生更有可能试图通过控制他人的行为以满足自己的要求，或者通过向他人发泄不满和抱怨来表达自己的不同意见。这些学生往往比其他人拥有更糟糕的人际关系。在乔英和坎贝尔的实验研究中，那些高学业特权的学生在收到对自己的负面反馈后，对实验者做出了更负面的评价。在现实生活中，这些学生通常也会给予教师更为苛刻的评价与过度的指责，进而影响良好的师生关系。例如，有研究者发现，学生的学业特权水平对他们表达的报复性倾向有显著预测作用。那些高学业特权的学生更有可能通过传递对教师的负面信息来进行报复，从而破坏教师的可信度①。

第三，学业特权对个体行为问题的影响。学业特权对学生行为问题的影响是最常被研究的领域之一。高学业特权的学生更容易表现出课堂缺勤和学业逃避等问题行为。此外，学业特权也是学生学业不文明行为的一个重要预测因子，包括剽窃、作弊和学术欺诈等。在实验中，当要求学生被试对一系列恰当或不恰当的课堂行为做出评判时，高学业特权的学生更有可能支持那些不恰当或不文明的学业行为。② 他们认为作弊并没有那么不道德，并对此持宽容的态度。格林伯格等人发现，即使在控制了父母的比较、物质奖励与学业焦虑等相关变量后，学业特权与学业不诚实行为之间仍有显著正相关。③ 鉴于学业特权对学

---

① Goodboy, A. K. & Frisby, B. N., "Instructional Dissent as an Expression of Students' Academic Orientations and Beliefs about Education,"*Communication Studies*, 2014, 65(1), pp. 96-111.

② Chowning, K. & Campbell, N. J., "Development and Validation of a Measure of Academic Entitlement: Individual Differences in Students' Externalized Responsibility and Entitled Expectations,"*Journal of Educational Psychology*, 2009, 101(4), pp. 982-997.

③ Greenberger, E., Lessard, J., Chen, C., et al., "Self-Entitled College Students: Contributions of Personality, Parenting, and Motivational Factors,"*Journal of Youth and Adolescence*, 2008, 37(10), pp. 1193-1204.

生心理健康的消极影响，研究者应致力于降低其学业特权水平，使其认识到，学生不仅是学校中的消费者，更是积极汲取知识的学习者。他们所购买的并不是一般的"商品"，而是获得学习知识的机会。

三、学业特权研究的启示与展望

显然，国外有关学业特权的研究还有待于进一步深化，而国内还没有开始对这一领域的探索。纵观已有的研究成果，我们提出，未来研究应致力于从以下三方面加以挖掘和拓展。

第一，厘清基本概念，构建理论模型。近年来，不同的研究者对学业特权进行了不同的界定和维度探索，促进了该领域相关研究的进展。然而，这些研究者对学业特权的界定还存在一些分歧，对其维度的划分也存在一些需要改进或修正的地方。例如，阿查科索首次考虑到将特权行为也作为学业特权的一个重要方面。但是，其特权行为分量表上的一些测量条目却存在一些模糊不清和饱受争议的地方。例如，"如果我认为考试/作业不公平，我会告诉老师"这一条目所测量的行为似乎与公平感知有关，这在一定程度上可能导致学业特权与其他变量的混淆。另外，还有一些研究者将"教育的商品价值"纳入学业特权的概念中来。而我们并不清楚它是学业特权本身的一个维度，还是学业特权产生的一个原因。缺乏明确的定义必然会导致测量的偏差，并阻碍对学业特权的进一步研究和理解。因此，未来研究应从一个清晰的定义入手，并在此基础上澄清学业特权的维度和结构。

此外，未来研究还应阐明，学业特权究竟是一种稳定不变的人格特质，还是一种随时间和情境而发生变化的状态性结构，或者同时存在特质性学业特权和状态性学业特权两方面。在以往的研究中，一些研究者发现，学业特权确实随学业年限而变化[①]；但是，还有一些研究发现学业特权并不受时间和年龄的

---

① Parker, L. L., "Competition and Academic Entitlement," Doctoral Dissrtation, Walden University, 2017.

影响。[①] 对这一问题的阐述是必要且重要的。如果学业特权是一种稳定的人格特质，我们的研究重点就应该放在对调节变量的探索上，分析哪些变量可以削弱学业特权对个体的不利影响；如果学业特权是一个可变的结构，我们就应探索它是如何波动的，在何时达到顶峰，以及在什么条件下会发生改变等。

在澄清这些基本概念问题后，研究者应致力于构建一个包含情境因素和个人因素对学业特权影响的综合模型。理论模型的缺乏使得有关学业特权的研究较为零散和简单化。同时，也使得大量的预测因子，尤其是近因因素还没有引起研究者的注意。例如，索尔-普雷斯顿（Sohr-Preston）和博斯韦尔（Boswell）考查了学生的性别、自我概念、心理控制源和家庭功能等对学业特权的预测作用。[②] 结果显示，回归模型的拟合度较低，这说明还有一些对学业特权影响较大的预测因子尚未被纳入研究中。而理论模型的构建将有助于我们深入分析学业特权产生的内在原因和发生机制，从而为实践干预提供理论指导。

第二，完善测评工具，拓展研究方法。通过对现有学业特权量表的介绍，我们已经认识到，这些测量工具普遍存在效度证据不足的缺陷，一些量表中的测量条目也并不符合学业特权的定义。例如，在阿查科索的特权行为分量表中，"如果我认为考试/作业不公平，我会告诉老师"这一条目似乎与学业特权的概念并没有明确的联系。除此之外，这些量表大多只在介绍它们的一篇论文中使用过，重测信度也有待考证。因此，为了更好地研究高学业特权学生的特征，以及学业特权与其他变量的关系，就要建立更为恰当的学业特权量表。

另外，研究者必须认识到，单一的问卷研究，尤其是横断研究无法反映出学业特权随时间变化的规律，也无法揭示学业特权与其他变量之间的因果关系。因此，未来研究还应注重方法上的拓展。一是加强纵向追踪研究。通过追踪学生在整个学期或整个大学期间的学业特权水平，来了解学业特权的形成、发展和波动

---

① Jeffres, M. N., Barclay, S. M. & Stolte, S. K., "Academic Entitlement and Academic Performance in Graduating Pharmacy Students," *American Journal of Pharmaceutical Education*, 2014, 78(6), pp. 1-9.

② Sohr-Preston, S. & Boswell, S. S., "Predicting Academic Entitlement in Undergraduates," *International Journal of Teaching and Learning in Higher Education*, 2015, 27(2), pp. 183-193.

规律；二是开展科学的干预研究。国外关于学业特权的研究得到了很多不一致的结果。诚然，这些相互矛盾的发现可能是由于对学业特权的定义和测量方法不同导致的。而另一个不可忽视的原因就是调节变量的存在。但是，目前有关学业特权的干预研究还处于描述性阶段。今后有必要通过实证研究方法，探索哪些变量可以减弱学业特权对个体的不利影响，从而对学业特权进行有效的干预；三是开展实验研究，深入探索学业特权和其他变量的因果关系。在对心理特权的研究中，一些研究者发现可以通过实验操纵来启动被试的心理特权。那么，学业特权是否同样可以进行类似的启动呢？这也是未来研究应着力探索的一个方面。

第三，扩大被试范围，纳入文化变量。现有的学业特权研究主要集中于大学生被试，将学业特权看作大学生特有的一种意识和信念，而其他群体中（如青少年）是否也存在学业特权还不得而知。实际上，早期经历对个体学业特权的形成有重要影响：学生的学业特权似乎与中小学时期父母和教师的过度奖励有关。从小学开始，这些"自我膨胀"的信息就得到反复强化。因而，进入大学以后，学业特权信念就变得越加普遍。基于此，未来研究有必要从发展的角度来研究学业特权，探索这一心理学变量是否仅限于大学阶段，还是存在于不同的学习阶段，以及在不同阶段是否有不同的表现特点。

此外，未来研究还应探索不同文化背景下的学业特权是否具有一致性和差异性，并逐步开展中国本土化的学业特权研究。目前发表的关于学业特权的研究，几乎全部来自美国学生的数据，这不仅限制了研究结果的推广，也阻碍了我们对学业特权的进一步认识。奎因（Quinn）和松浦（Matsuura）明确提出，学业特权并非西方个体主义文化下独有的一种现象，而是东西方教育工作者共同关注的问题。[1] 那么，学业特权究竟是如何受文化因素影响的？它在中国文化背景中是否具有不同的含义？学业特权是如何影响中国学生心理健康的？这些都是亟待解决的重要课题。

---

① Quinn, K. & Matsuura, C., "The Effect of Grade Entitlement Attitudes on English Programs in Japanese Universities Language Testing and Evaluation: Foreign Language Skill Development," *Sino-US English Teaching*, 2010, 7(2), pp. 12-16.

第十五章

———————

日常性学业弹性：日常学业压力下的积极适应机制

心理弹性是积极心理学的重要研究课题。由于心理弹性存在领域差异[①]，因此逐渐形成对不同领域心理弹性的具体研究。在学校环境中，学业弹性（academic resilience）关注的往往是遭遇重大的或长期的消极学业事件的学生积极适应的能力。[②③④] 它所覆盖的研究对象范围较小，如仅限于长期低学业成就或学习困难的学生、少数种族的学生。然而，研究表明，在可确定的压力源中，81.1%为日常性压力，日常烦心事可以解释67.2%的学业压力。[⑤] 在日常学习中，大多数学生会遭遇各种挫折、挑战和困难，这些压力性事件并非长期的、重大的学业挫折，而是学生在学业生活中普遍会遇到的典型的学业挑战。例如，课业难度大、考试成绩不理想、完成作业时间紧张等日常学业压力，对学生的学习动机、学业自信产生消极的影响[⑥]，会导致考试焦虑、暂时性血压上升，甚至对个体未来的身心健康产生威胁[⑦]，它们比重大生活事件对个体心理问题

———————

① Luthar, S. S., "Methodological and Conceptual Issues in Research on Childhood Resilience," *Journal of Child Psychology and Psychiatry*, 1993, 34(4), pp. 441-453.

② Martin, A. J., "Academic Buoyancy and Academic Resilience: Exploring 'Everyday' and 'Classic' Resilience in the Face of Academic Adversity," *School Psychology International*, 2013, 34(5SI), pp. 488-500.

③ Ricketts, S. N., Jr. Engelhard, G. & Chang, M., "Development and Validation of a Scale to Measure Academic Resilience in Mathematics," *European Journal of Psychological Assessment*, 2017, 33(2), pp. 79-86.

④ 殷铭泽、郭成：《学业韧性研究综述》，载《心理技术与应用》，2016, 4(1)。

⑤ Ross, S. E., Neibling, B. C. & Heckert, T. M., "Sources of Stress among College Students," *College Student Journal*, 1999, 33(2), pp. 312-317.

⑥ Martin, A. J. & Marsh, H. W., "Academic Buoyancy: Towards an Understanding of Students' Everyday Academic Resilience," *Journal of School Psychology*, 2008, 46(1), pp. 53-83.

⑦ Conley, K. M. & Lehman, B. J., "Test Anxiety and Cardiovascular Responses to Daily Academic Stressors," *Stress & Health Journal of the International Society for the Investigation of Stress*, 2012, 28(1), pp. 41-50.

的预测作用更强①。因此，探讨个体在日常性学业压力下积极适应的机制显得尤其重要。近年来，马丁（Martin）和马升（Marsh）开始关注日常性学业弹性（everyday academic resilience）②，关注学生在日常学业压力下复原与成长的心理机制。研究表明，日常性学业弹性较高的学生，其情绪体验更积极③④⑤⑥⑦，学业认同程度更高，学业表现和学业成就更高。⑧⑨ 可以说，日常性学业弹性是对日常学业中的困难挫折的一种积极的、建构性的、适应性的反应⑩⑪，它能够动态累加，并逐渐形成学生在学业生涯关键节点上重要的个人资产和社会资源，增强学生的学业弹性和心理弹性。⑫⑬⑭ 因此，本章围绕国外研究者对日常性学

---

① Kanner, A. D., Coyne, J. C., Schaefer, C., et al., "Comparison of Two Modes of Stress Measurement: Daily Hassles and Uplifts Versus Major Life Events," *Journal of Behavioral Medicine*, 1981, 4(1), pp. 1-39.

② Martin, A. J. & Marsh, H. W., "Academic Buoyancy: Towards an Understanding of Students' Everyday Academic Resilience," *Journal of School Psychology*, 2008, 46(1), pp. 53-83.

③ Martin, A. J., "Academic Buoyancy and Academic Resilience: Exploring 'Everyday' and 'Classic' Resilience in the Face of Academic Adversity," *School Psychology International*, 2013, 34(5SI), pp. 488-500.

④ Martin, A. J., Ginns, P., Brackett, M. A., et al., "Academic Buoyancy and Psychological Risk: Exploring Reciprocal Relationships," *Learning and Individual Differences*, 2013(27), pp. 128-133.

⑤ Putwain, D. W. & Daly, A. L., "Do Clusters of Test Anxiety and Academic Buoyancy Differentially Predict Academic Performance?" *Learning and Individual Differences*, 2013(27), pp. 157-162.

⑥ Ricketts, S. N., Jr. Engelhard, G. & Chang, M., "Development and Validation of a Scale to Measure Academic Resilience in Mathematics," *European Journal of Psychological Assessment*, 2017, 33(2), pp. 79-86.

⑦ Putwain, D. W., Connors, L., Symes, W., et al., "Is Academic Buoyancy Anything More than Adaptive coping?" *Anxiety Stress and Coping*, 2012, 25(3), pp. 349-358.

⑧ Collie, R. J., Martin, A. J., Malmberg, L., et al., "Academic Buoyancy, Student's Achievement, and the linking Role of Control: A Cross-Lagged Analysis of High School Students," *British Journal of Educational Psychology*, 2015, 85(1), pp. 113-130.

⑨ Miller, S., Connolly, P. & Maguire, L. K., "Wellbeing, Academic Buoyancy and Educational Achievement in Primary School Students," *International Journal of Educational Research*, 2013(62), pp. 239-248.

⑩ Collie, R. J., Martin, A. J., Malmberg, L., et al., "Academic Buoyancy, Student's Achievement, and the Linking Role of Control: A Cross-Lagged Analysis of High School Students," *British Journal of Educational Psychology*, 2015, 85(1), pp. 113-130.

⑪ Miller, S., Connolly, P. & Maguire, L. K., "Wellbeing, Academic Buoyancy and Educational Achievement in Primary School Students," *International Journal of Educational Research*, 2013(62), pp. 239-248.

⑫ Dicorcia, J. A. & Tronick, E., "Quotidian Resilience: Exploring Mechanisms that Drive Resilience from a Perspective of Everyday Stress and Coping," *Neuroscience & Biobehavioral Reviews*, 2011, 35(7), pp. 1593-1602.

⑬ Dicorcia, J. A., Sravish, A. V. & Tronick, E., *The Everyday Stress Resilience Hypothesis: Unfolding Resilience from a Perspective of Everyday Stress and Coping*, Springer New York, 2013.

⑭ Ed, T. & Dicorcia, J. A., "The Everyday Stress Resilience Hypothesis: A Reparatory Sensitivity and the Development of Coping and Resilience," *Children Australia*, 2015, 40(2), pp. 124-138.

业弹性的概念内涵、测量方法、影响因素和效应等方面的研究进展进行梳理，以期为后续研究提供借鉴。

一、日常性学业弹性的概念界定

(一)概念内涵

从现象学的角度来看，日常性学业弹性是学生在日常性学业压力面前积极适应的状态。由于日常性学业弹性所针对的压力源是学生在学业生活中普遍会遇到的、典型的学业挑战，不将学生的学业压力与挫折局限于"学业发展中突然的或长期的挫折"，所以日常性学业弹性这一概念能够将全体学生都纳入其研究对象，从而拓宽了传统学业弹性的研究范畴。

心理学家马丁和马升最早关注日常性学业弹性，并提出用"学业浮力"(academic buoyancy)这一概念来解释日常性学业弹性。学业浮力是指学生成功应对学校日常学习活动中典型学业挫折、挑战和困难(如课业难度大、某次考试成绩不理想、课后作业时间紧、两门功课作业的截止期限发生冲突等)的能力。[1][2]马丁和马升之所以采用"学业浮力"这一表述，是因为"浮力"一词指能够较容易地解决问题的能力，它比"弹性"更准确地表现日常学业压力的强度。如果把学生在学习过程中遇到的挫折和逆境想象成一桶水，那么学业浮力就意味着学生有能力浮在水面上，而弹性是只有在学生已经掉进那桶水之后才会起作用。

斯金纳和皮策(Pitzer)则从过程视角来分析日常性学业弹性中"弹性"的作用过程。斯金纳基于马丁等人"学业浮力"的研究，沃尔奇克(Wolchik)等人对

---

① Marsh, H. W., "Academic Resilience and Academic Buoyancy: Multidimensional and Hierarchical Conceptual Framing of Causes, Correlates and Cognate Constructs," *Oxford Review of Education*, 2009, 35(3), pp. 353-370.

② Martin, A. J. & Marsh, H. W., "Academic Buoyancy: Towards an Understanding of Students' Everyday Academic Resilience," *Journal of School Psychology*, 2008, 46(1), pp. 53-83.

"日常性应对方式"的研究和其对日常性应对方式的研究①②③④⑤⑥，提出使用"日常性动机弹性"和"日常性动机易感性"（everyday motivational resilience and vulnerability）两个涵盖性术语来解释学生在面对日常学业困难和挑战时持续的学习投入、应对方式和学习再投入的动态相互作用⑦，并提出日常性动机弹性和易感性的作用模型（everyday motivational resilience and vulnerability framework）⑧⑨⑩⑪⑫，如图 15-1 所示。这一模型以学习投入为起点，适应性应对方式为关键路径，学习再投入（表现为坚持性）为终点，形成关于学习投入—应对—再投入的整合系统。日常性学业弹性高的学生往往学业投入程度较高，倾向于

① Marsh, H. W., "Academic Resilience and Academic Buoyancy: Multidimensional and Hierarchical Conceptual Framing of Causes, Correlates and Cognate Constructs," *Oxford Review of Education*, 2009, 35(3), pp. 353-370.

② Martin, A. J., "Academic Buoyancy and Academic Resilience: Exploring 'everyday' and 'classic' Resilience in the Face of Academic Adversity," *School Psychology International*, 2013, 34(5SI), pp. 488-500.

③ Martin, A. J. & Marsh, H. W., "Academic buoyancy: Towards an Understanding of Students' Everyday Academic Resilience," *Journal of School Psychology*, 2008, 46(1), pp. 53-83.

④ Martin, A. J., Ginns, P., Brackett, M. A., et al., "Academic Buoyancy and Psychological Risk: Exploring Reciprocal Relationships," *Learning and Individual Differences*, 2013(27), pp. 128-133.

⑤ Skinner, E. A. & Pitzer, J. R., "Developmental Dynamics of Student Engagement, Coping, and Everyday Resilience," in *Handbook of Research on Student Engagement*, Springer US, 2012, pp. 21-44.

⑥ Wolchik, S. & Sandler, I. N., *Handbook of Children's Coping: Linking Theory and Intervention*, New York, NY, Plenum, 1997.

⑦ Skinner, E. A. & Pitzer, J. R. "Developmental Dynamics of Student Engagement, Coping, and Everyday Resilience," in *Handbook of Research on Student Engagement*, Springer US, 2012, pp. 21-44.

⑧ Pitzer, J. & Skinner, E., "Predictors of Changes in Students' Motivational Resilience over the School Year: The Roles of Teacher Support, Self-Appraisals, and Emotional Reactivity," *International Journal of Behavioral Development*, 2017, 41(1), pp. 15-29.

⑨ Skinner, E. A. & Pitzer, J. R., "Developmental Dynamics of Student Engagement, Coping, and Everyday Resilience," in *Handbook of Research on Student Engagement*, Springer US, 2012, pp. 21-44.

⑩ Skinner, E., Pitzer, J. & Brule, H., "The Role of Emotion in Engagement, Coping, and the Development of Motivational Resilience," in *International Handbook of Emotions in Education*, 2014, pp. 331-347.

⑪ Skinner, E., Pitzer, J. & Steele, J., "Coping as Part of Motivational Resilience in School: A Multidimensional Measure of Families, Allocations, and Profiles of Academic Coping," *Educational and Psychological Measurement*, 2013, 73(5), pp. 803-835.

⑫ Skinner, E. A., Pitzer, J. R. & Steele, J. S., "Can Student Engagement Serve as a Motivational Resource for Academic Coping, Persistence, and Learning During Late Elementary and Early Middle School?" *Developmental Psychology*, 2016, 52(12), pp. 2099-2117.

采取适应性的应对策略，并表现出较高的学习坚持性。①② 例如，在小学和中学学生中，高学习投入的学生同样表现出使用更适应性的策略，如积极应对、自我依赖/问题解决、寻求社会支持、寻求帮助、寻求舒适、自我鼓励、承诺。相反，那些在行为和情绪上表现出不满的学生报告一系列非建设性的应对方式，包括更多否认、投射、焦虑、逃避、困惑、隐瞒、自怜和抱怨。高学习投入的学生在压力情境下更可能采取适应性的应对策略，而对学习不满的学生更容易采取非适应性的应对策略。③

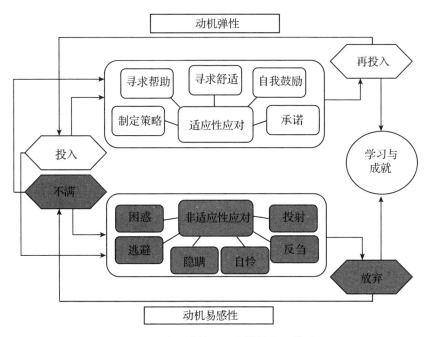

图 15-1　动机弹性和易感性的作用模型

来源：Skinner et al.，2016。

① Skinner, E., Pitzer, J. & Brule, H., "The Role of Emotion in Engagement, Coping, and the Development of Motivational Resilience,"in *International Handbook of Emotions in Education*, 2014, pp. 331-347.

② Skinner, E. A., Pitzer, J. R. & Steele, J. S., "Can Student Engagement Serve as a Motivational Resource for Academic Coping, Persistence, and Learning during Late Elementary and Early Middle School?" *Developmental Psychology*, 2016, 52(12), pp. 2099-2117.

③ Skinner, E. A., Pitzer, J. R. & Steele, J. S., "Can Student Engagement Serve as a Motivational Resource for Academic Coping, Persistence, and Learning during Late Elementary and Early Middle School?" *Developmental Psychology*, 2016, 52(12), pp. 2099-2117.

在斯金纳和皮策的动机弹性与易感性作用模型中，学习再投入（re-engagement）指学生从日常的学业挑战和挫折中反弹的能力。这种在遭遇日常学业挫折之前"学习投入"与之后"再投入"水平之间的差距恰好体现了学生的学业浮力水平。尽管马丁和马升在其研究中也关注个体在面对日常学业问题时的努力，强调问题导向的应对方式①，但他们从能力角度给出的界定未体现学生对日常学业压力、挫折与挑战的应对方式。斯金纳和皮策对日常性学业弹性的理解则包含"学业浮力"和"日常性应对方式"两方面的内容。②

总之，马丁等人和斯金纳等人都从积极心理学的视角关注学生在日常学业压力面前的成功应对。马丁等人侧重成功应对的能力，斯金纳等人侧重应对的过程。无论从能力还是过程角度对日常性学业弹性进行界定，其本质上都突出"日常性学业压力"和"成功应对"两个核心内容。其中，能力视角的理解有助于从静态的角度解释其促进因素和抑制因素的作用，过程视角的理解则有助于从动态的角度揭示在日常学业压力下学生的内在应对过程。综合两种研究视角，我们认为，日常性学业弹性是指学生积极适应并成功应对日常学习中典型学业挫折、挑战和困难的能力，表现在学生的学习投入、应对方式和学习坚持性三个方面。

(二)特点

第一，日常性学业弹性具有跨学科一致性。一项研究调查学生在不同学科上的日常性学业弹性，结果发现，尽管学生对英语、数学、科学、物理课程难度的评估不同，在不同课程上的努力程度也有差异，但学生在各个科目上的日常性学业弹性表现出跨学科一致性。③ 第二，日常性学业弹性存在跨文化差异。

---

① Martin, A. J. & Marsh, H. W., "Academic Buoyancy: Towards an Understanding of Students' Everyday Academic Resilience," *Journal of School Psychology*, 2008, 46(1), pp. 53-83.

② Skinner, E. A., Pitzer, J. R. & Steele, J. S., "Can Student Engagement Serve as a Motivational Resource for Academic Coping, Persistence, and Learning during Late Elementary and Early Middle School?" *Developmental Psychology*, 2016, 52(12), pp. 2099-2117.

③ Malmberg, L., Hall, J. & Martin, A. J., "Academic Buoyancy in Secondary School: Exploring Patterns of Convergence in English, Mathematics, Science, and Physical Education," *Learning and Individual Differences*, 2013(23), pp. 262-266.

一项对中学生日常性学业弹性的跨文化研究显示，中国学生的日常性学业弹性显著高于北美学生，英国学生次之。[①]

(三) 概念区分

1. 日常性学业弹性与学业弹性

日常性学业弹性与学业弹性两个概念之间的区别，体现在研究对象、压力源、压力/挫折的后果、应对与干预角度等方面。[②]

第一，在研究对象方面，日常性学业弹性的关注对象覆盖全体学生，而学业弹性所覆盖的范围较小，包括少数种族学生、长期低成就或长期学习困难的学生、学习障碍的学生。第二，在压力源方面，日常性学业弹性针对的是日常学习生活中的挫折、挑战和困难，如学习表现不良，这些挫折会对学生的自信、自我完整性产生威胁，其挫折强度较低；学业弹性所针对的是重大的或长期的学业挫折，或个人学业发展进程中遭受的重大打击，如长期学习困难、学习障碍等，这些挫折会使学生感到虚弱无力，并伴随强烈的焦虑感，其挫折强度较高。第三，从压力/挫折的后果来看，包括学生的心理指标、学业表现及师生关系。在心理与学业指标方面，日常性学业弹性关注学生在学习动机方面的表现，如成就动机、学习投入水平和学业自信降低；而学业弹性多关注学生的焦虑、抑郁等临床方面的情感体验，以及旷课、厌学等学校行为。在师生关系方面，日常性学业弹性关注教师在师生互动中给予的消极反馈，而学业弹性关注学生长期与教师对抗与疏远的行为。第四，从应对与干预的角度来看，日常性学业弹性是个体对压力事件的一种预测机制，而学业弹性是一种反应机制。日常性学业弹性的提升使学生能够应对呈现在他们面前的持续挑战和挫折，这可能是

[①] Martin, A. J., Yu, K., Ginns, P., et al., "Young People's Academic Buoyancy and Adaptability: A Cross-Cultural Comparison of China with North America and the United Kingdom," *Educational Psychology*, 2017, 37(8), pp. 930-946.

[②] Martin, A. J., "Academic Buoyancy and Academic Resilience: Exploring 'Everyday' and 'Classic' Resilience in the Face of Academic Adversity," *School Psychology International*, 2013, 34(5SI), pp. 488-500.

对学业弹性进行干预的第一步。[1][2] 学业弹性较高的学生，其日常性学业弹性也高，提高日常性学业弹性是改善学业弹性的必要不充分条件。

2. 日常性学业弹性与适应性应对方式

由于日常性学业弹性强调学生面对日常学业挫折时表现出的积极适应状态，所以它与适应性应对方式（adaptive coping）有交叉之处，但二者属于不同的概念。研究者探讨了日常性学业弹性与适应性应对方式对考试焦虑的预测作用。他们对考前焦虑应对方式的测量包含三个维度：任务导向、寻求社会支持和考前回避策略。结果显示，日常性学业弹性与应对策略中等程度相关，其中与寻求社会支持显著正相关（$r=0.38$，$p<0.01$），与任务导向和考前回避策略都无显著相关。在控制考前焦虑应对方式的各个维度后，日常性学业弹性仍然可以负向预测考前焦虑，包括担忧、测试无关的思绪、紧张、躯体症状。[3] 这表明，日常性学业弹性可能与某些适应性应对方式存在中等程度的相关，但它仍与适应性应对方式具有不同的结构。

基于斯金纳等人的动机弹性与易感性模型，适应性的应对方式是连接学习投入和学习坚持性（持续的学习投入）的关键因素，也是日常性学业弹性的主要体现。在斯金纳等人的动机作用模型中，学习投入较高的学生，更可能采取一系列的适应性应对策略，包括拟定策略、寻求帮助、寻求安慰、自我鼓励、承诺等；而学习不满水平较高的学生倾向于采取一系列适应不良的应对策略，如逃避、困惑/惊慌失措、隐瞒、自我可怜、责备他人等。[4] 在面对挑战时，适应

---

① Marsh, H. W., "Academic Resilience and Academic Buoyancy: Multidimensional and Hierarchical Conceptual Framing of Causes, Correlates and Cognate Constructs," *Oxford Review of Education*, 2009, 35(3), pp. 353-370.

② Martin, A. J. & Marsh, H. W., "Academic Buoyancy: Towards an Understanding of Students' Everyday Academic Resilience," *Journal of School Psychology*, 2008, 46(1), pp. 53-83.

③ Putwain, D. W., Connors, L., Symes, W., et al., "Is Academic Buoyancy Anything More than Adaptive Coping?" *Anxiety Stress and Coping*, 2012, 25(3), pp. 349-358.

④ Skinner, E., Pitzer, J. & Steele, J., "Coping as Part of Motivational Resilience in School: A Multidimensional Measure of Families, Allocations, and Profiles of Academic Coping," *Educational and Psychological Measurement*, 2013, 73(5), pp. 803-835.

性的应对方式能进一步提高个体的学习投入和学业表现。[①]

二、测量方法

目前对日常性学业弹性的测量方法有马丁和马升的学业浮力量表（ABS）和斯金纳等人的动机弹性和易感性量表。此外，里基茨等人（Ricketts et al.）在马丁等人的学业浮力量表的基础上编制了数学学业弹性量表（ARM），卡西迪（Cassidy）则编制了具体情境下的学业弹性量表（ARS-30）。

(一) 马丁和马升的学业浮力量表

目前对日常性学业弹性的测量主要采用马丁和马升的学业浮力量表（Academic Buoyancy Scale，ABS）。[②] "学业浮力"被操作化定义为被试知觉到自己应对日常性学习压力、挑战或挫折的能力。他们选取四种典型的日常学习挫折，包括学习压力、作业压力、成绩差、消极学业反馈。该量表包含 4 个条目，要求被试在 5 点量表上做出反应。例如，"我善于应对日常学习中的挫折（如学习成绩差，收到对我学习的负面反馈）" "学习成绩差不会影响我的自信心"。这一量表的内部一致性信度为 0.82，重测信度为 0.67，其因子负荷介于 0.66 ~ 0.75。此外，学业浮力量表具有较好的区分效度，如它与适应性认知、适应性行为、非适应性认知、非适应性行为等指标之间的相关系数在 0.18 ~ 0.39，与韦格尼尔德（Wagnild）和扬（Young）[③]的心理弹性量表之间的相关为 0.57。

---

① Pitzer, J. & Skinner, E., "Predictors of Changes in Students' Motivational Resilience over the School Year: The Roles of Teacher Support, Self-Appraisals, and Emotional Reactivity," *International Journal of Behavioral Development*, 2017, 41(1), pp. 15-29.

② Pitzer, J. & Skinner, E., "Predictors of Changes in Students' Motivational Resilience over the School Year: The Roles of Teacher Support, Self-Appraisals, and Emotional Reactivity," *International Journal of Behavioral Development*, 2017, 41(1), pp. 15-29.

③ Wagnild, G. M. & Young, H. M., "Development and Psychometric Evaluation of the Resilience Scale," *Journal of Nursing Measurement*, 1993, 1(2), pp. 165-178.

后来研究者多采用这一量表测量日常性学业弹性。①②③ 例如，在一项追踪研究中，这一量表显示出较高的内部一致性信度（时间点 1：$\alpha = 0.80$；时间点 2：$\alpha = 0.82$）和重测信度（$r = 0.67$）。④ 在其他研究中，这一量表也表现出较好的信度。⑤⑥⑦

(二)斯金纳等人的动机弹性和易感性量表

斯金纳等人基于动机弹性和易感性的作用模型编制了动机弹性和易感性量表。与动机弹性和易感性相对应，量表包含学习投入/学习不满、适应性/适应不良的应对方式、学习坚持性/放弃三个分量表。⑧⑨⑩ 第一，学习投入/学习不满分量表包含行为投入/不满和情感投入/不满两个维度。其中，行为投入指学生在班级学习中的努力、集中注意力、坚持学习活动等行为；行为不满指学生

① Collie, R. J., Martin, A. J., Malmberg, L., et al., "Academic Buoyancy, Student's Achievement, and the Linking Role of Control: A Cross-Lagged Analysis of High School Students," *British Journal of Educational Psychology*, 2015, 85(1), pp. 113-130.

② Putwain, D. W., Daly, A. L., Chamberlain, S., et al., "'Sink or Swim': Buoyancy and Coping in the Cognitive Test Anxiety-Academic Performance Relationship," *Educational Psychology*, 2016, 36(10), pp. 1807-1825.

③ Symes, W., Putwain, D. W. & Remedios, R., "The Enabling and Protective Role of Academic Buoyancy in the Appraisal of Fear Appeals Used Prior to High Stakes Examinations," *School Psychology International*, 2015, 36(6SI), pp. 605-619.

④ Martin, A. J. & Marsh, H. W., "Academic Buoyancy: Towards an Understanding of Students' Everyday Academic Resilience," *Journal of School Psychology*, 2008, 46(1), pp. 53-83.

⑤ Bakhshaee, F., Hejazi, E., Dortaj, F., et al., "Self-Management Strategies of Life, Positive Youth Development and Academic Buoyancy: A Causal Model," *International Journal of Mental Health and Addiction*, 2017, 15(2), pp. 339-349.

⑥ Bowen, D., *Academic Buoyancy: Investigating Measures and Developing a Model of Undergraduates' Everyday Academic Resilience*, Charles Sturt University, 2010.

⑦ Putwain, D. W., Daly, A. L., Chamberlain, S., et al., "'Sink or Swim': Buoyancy and Coping in the Cognitive Test Anxiety-Academic Performance Relationship," *Educational Psychology*, 2016, 36(10), pp. 1807-1825.

⑧ Skinner, E., Pitzer, J. & Steele, J., "Coping as Part of Motivational Resilience in School: A Multidimensional Measure of Families, Allocations, and Profiles of Academic Coping," *Educational and Psychological Measurement*, 2013, 73(5), pp. 803-835.

⑨ Skinner, E. A., Pitzer, J. R. & Steele, J. S., "Can Student Engagement Serve as a Motivational Resource for Academic Coping, Persistence, and Learning during Late Elementary and Early Middle school?" *Developmental Psychology*, 2016, 52(12), pp. 2099-2117.

⑩ Skinner, E. A., Kindermann, T. A. & Furrer, C. J., "A Motivational Perspective on Engagement and Disaffection: Conceptualization and Assessment of Children's Behavioral and Emotional Participation in Academic Activities in the Classroom," *Educational and Psychological Measurement*, 2009, 69(3), pp. 493-525.

在班级学习中缺乏努力、撤出学习等行为，各包含 5 个条目。情感投入指学生在班级学习中的热情、卷入与兴趣；情感不满指学生在学习活动中的厌倦、焦虑和沮丧，分别包含 6 个和 9 个条目。[①] 这一量表具有较好的信度，学习投入与学习不满的内部一致性信度均为 0.77。[②] 第二，适应性/适应不良应对方式包含十一个维度。其中，适应性应对方式包含拟定策略、寻求帮助、寻求安慰、自我鼓励、承担责任五个维度；适应不良的应对方式包含困惑、逃避、隐瞒、自怜、投射、反刍六个维度；每个维度包含 5 个条目，共计 55 个条目。[③] 各个维度的内部一致性信度在 0.59~0.85，重测信度在 0.47~0.70。第三，坚持性/放弃的量表中，4 个条目测量坚持性，如"当我遇到困难的问题时，我会更努力"，其信度系数为 0.70；5 个条目测量放弃，如"当有个问题非常困难时，我就会放弃它"[④]，其信度系数为 0.78。

(三) 其他量表

里基茨等人基于马丁等人的学业浮力量表，进一步编制了数学学业弹性量表(Measure of Academic Resilience in Mathematics，ARM)。这一量表包含两部分，来自马丁和马升的学业浮力量表的 4 个条目测量学生对自身应对数学学习环境中挫折能力的知觉，另外 5 个条目测量学生对自身目标的信念和对获得支持的能力所持的信念，如"我相信未来数学会对我有用""有人会在数学上给予我帮

① Skinner, E. A., Kindermann, T. A. & Furrer, C. J., "A Motivational Perspective on Engagement and Disaffection: Conceptualization and Assessment of Children's Behavioral and Emotional Participation in Academic Activities in the Classroom,"*Educational and Psychological Measurement*, 2009, 69(3), pp. 493-525.

② Skinner, E. A., Pitzer, J. R. & Steele, J. S., "Can Student Engagement Serve as a Motivational Resource for Academic Coping, Persistence, and Learning during Late Elementary and Early Middle School?"*Developmental Psychology*, 2016, 52(12), pp. 2099-2117.

③ Skinner, E., Pitzer, J. & Steele, J., "Coping as Part of Motivational Resilience in School: A Multidimensional Measure of Families, Allocations, and Profiles of Academic Coping,"*Educational and Psychological Measurement*, 2013, 73(5), pp. 803-835.

④ Skinner, E., Pitzer, J. & Steele, J., "Coping as Part of Motivational Resilience in School: A Multidimensional Measure of Families, Allocations, and Profiles of Academic Coping,"*Educational and Psychological Measurement*, 2013, 73(5), pp. 803-835.

助"。被试在 6 点量表上做出反应。1 = 非常不同意，6 = 非常同意。[1] 这一量表信度为 0.79。卡西迪编制的学业弹性量表（The Academic Resilience Scale，ARS-30）包含 30 个条目，分为坚持性（如"我会更加努力学习"）、反思与寻求帮助（如"我会尝试不同的学习方法"）、消极情绪（如"我可能会变得抑郁"）三个维度，测量具体情境中学生的学业弹性。[2][3] 被试在 5 点量表上回答在某种情境下自己有多大可能做出这些反应。该量表中这一量表的三个维度和总量表信度分别为 0.83、0.80、0.78 和 0.90。

三、日常性学业弹性的影响因素

对日常性学业弹性具有重要催化作用的因素主要包含积极的学习动机，适应性的情绪与人格特征，以及良好的师生与同学关系。

（一）积极的学习动机

日常性学业弹性与学习动机之间存在着密切的联系。马丁等人整合以往关于学习动机的理论，提出学业弹性与动机模型（model of academic resilience and motivation）。这一模型基于自我实现动机、归因和控制感、成就动机导向、自我效能和期望价值等相关动机理论，抽取了 10 个影响学业弹性的动机因素。其中，回避失败、自我惩罚、焦虑、低控制感是学业弹性的抑制因素，学习目标、坚持性、计划与监控、学习管理、自我信念、教育价值是学业弹性的促进因素。[4] 随后，马丁等人采用追踪研究，进一步探讨了日常性学业弹性与动机之

---

[1] Ricketts, S. N., Jr. Engelhard, G. & Chang, M., "Development and Validation of a Scale to Measure Academic Resilience in Mathematics," *European Journal of Psychological Assessment*, 2017, 33(2), pp. 79-86.

[2] Cassidy, S., "Resilience Building in Students: The Role of Academic Self-Efficacy," *Frontiers in Psychology*, 2015, 6(1781).

[3] Cassidy, S., "The Academic Resilience Scale (ARS-30): A New Multidimensional Construct Measure," *Frontiers in Psychology*, 2016, 7(1787).

[4] Martin, A., "Motivation and Academic Resilience: Developing a Model for Student Enhancement," *Australian Journal of Education*, 2002, 46(1), pp. 34-49.

间的关系。结果表明，学生在时间 1 的日常性学业弹性可以通过动机 5C 模型（指自信、协调、承诺、镇定和控制感）预测其在时间 2 的日常性学业弹性。[1] 可以说，动机 5C 模型构成了影响个体日常性学业复原力动机变量集合。[2] 随后，有研究也表明，增强中学生的能力、自信、联结、爱心和品格等方面的积极发展，能够提升其日常性学业弹性。[3]

皮策和斯金纳以三至七年级的学生为被试，探讨了个体的自我系统对其动机弹性的影响，结果表明，自主需求和能力需求的满足能够显著预测学生随后的动机弹性。[4] 此外，掌握目标取向的学习动机和高自我效能感都能正向预测中学生和大学生的日常性学业弹性。[5][6][7] 一项对中学生的追踪研究显示，学业焦虑、回避失败的动机、对不确定性的控制感等都可能抑制随后的日常性学业弹性。[8]

(二) 适应性的情绪和人格特征

在个体层面，适应性的情绪和人格特点有利于提高学生的日常性学业弹性。一项对中小学生的追踪研究显示，在人际关系中情绪性反应（如焦虑、沮丧）不

① Martin, A. J., Colmar, S. H., Davey, L. A., et al., "Longitudinal Modelling of Academic Buoyancy and Motivation: Do the '5Cs' Hold up over Time?" *British Journal of Educational Psychology*, 2010, 80(3), pp. 473-496.

② Martin, A. J., Colmar, S. H., Davey, L. A., et al., "Longitudinal Modelling of Academic Buoyancy and Motivation: Do the '5Cs' Hold up over Time?" *British Journal of Educational Psychology*, 2010, 80(3), pp. 473-496.

③ Bakhshaee, F., Hejazi, E., Dortaj, F., et al., "Self-Management Strategies of Life, Positive Youth Development and Academic Buoyancy: A Causal Model," *International Journal of Mental Health and Addiction*, 2017, 15(2), pp. 339-349.

④ Pitzer, J., & Skinner, E., "Predictors of Changes in Students' Motivational Resilience over the School Year: The Roles of Teacher Support, Self-Appraisals, and Emotional Reactivity," *International Journal of Behavioral Development*, 2017, 41(1), pp. 15-29.

⑤ Bowen, D., *Academic Buoyancy: Investigating Measures and Developing a Model of Undergraduates' Everyday Academic Resilience*, Charles Sturt University, 2010.

⑥ Carrington, C. C., *Psycho-Educational Factors in the Prediction of Academic Buoyancy in Second Life*, Capella University, US, 2014.

⑦ Yu, K., & Martin, A. J., "Personal Best (PB) and 'Classic' Achievement Goals in the Chinese Context: Their Role in Predicting Academic Motivation, Engagement and Buoyancy," *Educational Psychology*, 2014, 34(5SI), pp. 635-658.

⑧ Martin, A. J., Ginns, P., Brackett, M. A., et al., "Academic Buoyancy and Psychological Risk: Exploring Reciprocal Relationships," *Learning and Individual Differences*, 2013(27), pp. 128-133.

利于日常性学业弹性的发展。[1] 同样，另一项对中学生的交叉滞后研究也表明，情绪稳定性是日常性学业弹性的一个重要预测变量。[2] 情绪不稳定的学生，其日常性学业弹性也较低。其中，焦虑是影响日常性学业弹性的主要因素之一。[3] 此外，神经质人格可以负向预测日常性学业弹性。[4] 这在以往关于日常性压力事件与应对关系的研究中得到证实。[5] 马丁等人进一步表明，情绪稳定性、神经质都与日常性学业弹性互为因果关系。

(三) 良好的师生与同学关系

第一，师生关系是影响学生日常性学业弹性的一个有利因素。一项追踪研究对三至七年级学生在秋季和春季两个学期日常性学业弹性的调查结果显示，积极的、温暖的、结构化的、自主支持的师生关系能够正向预测学生的日常性学业弹性。[6][7] 对于日常性学业弹性较低的学生，温暖、卷入和支持性的师生关系能够改善其动机作用过程，增强其日常性学业弹性；相反，低教师支持则会降低日常性学业弹性。[8] 基本心理需求的满足在师生关系与日常性学业弹性的

① Pitzer, J. & Skinner, E., "Predictors of Changes in Students' Motivational Resilience over the School Year: The Roles of Teacher Support, Self-Appraisals, and Emotional Reactivity," *International Journal of Behavioral Development*, 2017, 41(1), pp. 15-29.

② Martin, A. J., Ginns, P., Brackett, M. A., et al., "Academic Buoyancy and Psychological Risk: Exploring Reciprocal Relationships," *Learning and Individual Differences*, 2013(27), pp. 128-133.

③ Martin, A. J., Colmar, S. H., Davey, L. A., et al., "Longitudinal Modelling of Academic Buoyancy and Motivation: Do the '5Cs' Hold up over Time?" *British Journal of Educational Psychology*, 2010, 80(3), pp. 473-496.

④ Martin, A. J., Ginns, P., Brackett, M. A., et al., "Academic Buoyancy and Psychological Risk: Exploring Reciprocal Relationships," *Learning and Individual Differences*, 2013(27), pp. 128-133.

⑤ Gunthert, K. C., Cohen, L. H. & Armeli, S., "The Role of Neuroticism in Daily Stress and Coping," *Journal of Personality & Social Psychology*, 1999, 77(5), pp. 1087-1100.

⑥ Furrer, C., Skinner, E. & Pitzer, J., "The Influence of Teacher and Peer Relationships on Students' Classroom Engagement and Everyday Motivational Resilience," *National Society for the Study of Education*, 2014, 113(1), pp. 101-123.

⑦ Sacchetti, S., "Motivational Resilience in the University System," Leadership and Cooperation in Academia: Reflecting on the Roles and Responsibilities of University Faculty and Management, 2013, pp. 107-127.

⑧ Pitzer, J. & Skinner, E., "Predictors of Changes in Students' Motivational Resilience over the School Year: The Roles of Teacher Support, Self-Appraisals, and Emotional Reactivity," *International Journal of Behavioral Development*, 2017, 41(1), pp. 15-29.

关系中起到中介作用。第二，良好的同伴关系也与日常性学业弹性有关。[①] 对同伴负面影响的抵抗力体现了学生在同伴关系中的自主性，它也可以增强其日常性学业弹性。[②] 皮策和斯金纳进而提出动机弹性的内外部动态模型(model of internal and external dynamics of motivational resilience)，认为积极的环境因素(如师生关系、亲子关系和同伴关系)通过满足个体的基本心理需求，提高情绪稳定性，进而提升其动机弹性[③]，如图 15-2 所示。

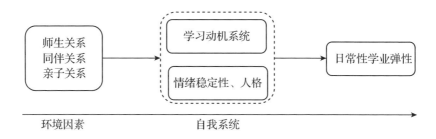

图 15-2 日常性学业弹性的整合模型

来源：修订自 **Furrer，Skinner & Pitzer，2014**。

四、日常性学业弹性的效应

(一) 学业表现

首先，日常性学业弹性越高，学生的学习动机与思维模式更具适应性，[④]

---

① Furrer, C. , Skinner, E. & Pitzer, J. , "The Influence of Teacher and Peer Relationships on Students' Classroom Engagement and Everyday Motivational Resilience," *National Society for the Study of Education*, 2014, 113(1), pp. 101-123.

② Nicholls, A. R. , Morley, D. & Perry, J. L. , "The Model of Motivational Dynamics in Sport: Resistance to Peer Influence, Behavioral Engagement and Disaffection, Dispositional Coping, and Resilience," *Frontiers in Psychology*, 2016(6).

③ Pitzer, J. & Skinner, E. , "Predictors of Changes in Students' Motivational Resilience over the School Year: The Roles of Teacher Support, Self-Appraisals, and Emotional Reactivity," *International Journal of Behavioral Development*, 2017, 41(1), pp. 15-29.

④ Skinner, E. A. & Pitzer, J. R. , "Developmental Dynamics of Student Engagement, Coping, and Everyday Resilience," in Handbook of Research on Student Engagement, Springer US, 2012, pp. 21-44.

学习投入水平更高，表现出更高的学习坚持性。[①] 一项研究从中国、北美和英国分别选取 12~16 岁的中学生为被试，探讨了学业浮力与动机和学习投入的关系。结果表明，学业浮力越高的学生，其动机和学习投入水平越高，且二者的关系在中国学生中效应最强。[②] 其次，日常性学业弹性越高，学业认同程度更高[③④]，学生的学业表现和成就越高。[⑤⑥] 例如，马丁探讨了学业浮力对注意缺陷多动障碍(ADHD)学生和普通中学生学业成就的影响。结果表明，在控制性别、年龄、父母教育水平、社会经济地位等人口学变量和人格因素的影响后，学业浮力对注意缺陷多动障碍学生的学业成就具有中等程度的影响(效应量为 0.41)，对普通学生学业成就具有中低程度的影响(效应量为 0.24)。[⑦] 有研究显示，高学业浮力可以降低考试焦虑，并提高学习成绩。[⑧] 一项交叉滞后研究则发现，学业浮力高的学生可以增强对学业的控制感，进而提高其学业表现。[⑨]

---

① Martin, A. J. , Colmar, S. H. , Davey, L. A. , et al. , "Longitudinal Modelling of Academic Buoyancy and Motivation: Do the '5Cs' Hold up over Time?" *British Journal of Educational Psychology*, 2010, 80(3), pp. 473-496.

② Martin, A. J. , Colmar, S. H. , Davey, L. A. , et al. , "Longitudinal Modelling of Academic Buoyancy and Motivation: Do the '5Cs' Hold up over Time?" *British Journal of Educational Psychology*, 2010, 80(3), pp. 473-496.

③ Collie, R. J. , Martin, A. J. , Malmberg, L. , et al. , "Academic Buoyancy, Student's Achievement, and the Linking Role of Control: A Cross-Lagged Analysis of High School Students," *British Journal of Educational Psychology*, 2015, 85(1), pp. 113-130.

④ Miller, S. , Connolly, P. & Maguire, L. K. , "Wellbeing, Academic Buoyancy and Educational Achievement in Primary School Students," *International Journal of Educational Research*, 2013(62), pp. 239-248.

⑤ Putwain, D. W. , Daly, A. L. , Chamberlain, S. , et al. , "'Sink or Swim': Buoyancy and Coping in the Cognitive Test Anxiety-Academic Performance Relationship," *Educational Psychology*, 2016, 36(10), pp. 1807-1825.

⑥ Putwain, D. W. & Daly, A. L. , "Do Clusters of Test Anxiety and Academic Buoyancy Differentially Predict Academic Performance?" *Learning and Individual Differences*, 2013(27), pp. 157-162.

⑦ Martin, A. J. , "Academic Buoyancy and Academic Outcomes: Towards a Further Understanding of Students with Attention-Deficit/Hyperactivity Disorder (ADHD), Students without ADHD, and Academic Buoyancy Itself," *British Journal of Educational Psychology*, 2014, 84(1), pp. 86-107.

⑧ Putwain, D. W. & Daly, A. L. , "Do Clusters of Test Anxiety and Academic Buoyancy Differentially Predict Academic Performance?" *Learning and Individual Differences*, 2013(27), pp. 157-162.

⑨ Collie, R. J. , Martin, A. J. , Malmberg, L. , et al. , "Academic Buoyancy, Student's Achievement, and the Linking Role of Control: A Cross-Lagged Analysis of High School Students," *British Journal of Educational Psychology*, 2015, 85(1), pp. 113-130.

(二)心理健康

日常性学业弹性较高的学生，其考试焦虑较低,[1] 情绪体验更积极。[2][3][4]马丁等人以澳大利亚 21 所中学 2971 名中学生为被试，采用交叉滞后研究探讨了学业浮力与心理风险之间的关系。结果表明，低学业浮力会增加学业方面的心理风险(如学业焦虑、回避失败和对自身能力的不确定性)；低学业浮力也会增加其他的心理风险(如情绪不稳定、神经质)；且学业浮力与心理风险因素之间互为因果关系。[5] 如图 15-3 所示。

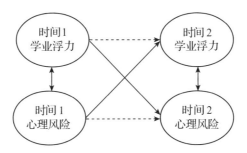

图 15-3　学业浮力与心理风险的相互关系图

五、研究展望

日常性学业弹性从积极心理学的视角关注学生学业发展过程中积极品质的

① Putwain, D. W., Connors, L., Symes, W., et al., "Is Academic Buoyancy Anything More than Adaptive Coping?"*Anxiety Stress and Coping*, 2012, 25(3), pp. 349-358.

② Martin, A. J., Ginns, P., Brackett, M. A., et al., "Academic Buoyancy and Psychological Risk: Exploring Reciprocal Relationships,"*Learning and Individual Differences*, 2013(27), pp. 128-133.

③ Putwain, D. W., Connors, L., Symes, W., et al., "Is Academic Buoyancy Anything More than Adaptive Coping?"*Anxiety Stress and Coping*, 2012, 25(3), pp. 349-358.

④ Putwain, D. W. & Daly, A. L., "Do Clusters of Test Anxiety and Academic Buoyancy Differentially Predict Academic Performance?"*Learning and Individual Differences*, 2013(27), pp. 157-162.

⑤ Martin, A. J., Ginns, P., Brackett, M. A., et al., "Academic Buoyancy and Psychological Risk: Exploring Reciprocal Relationships,"*Learning and Individual Differences*, 2013(27), pp. 128-133.

培养，它扩大了学业弹性的研究范畴，对于推动学生积极发展具有重要的意义。但是，目前对日常性学业弹性的研究仍处于起步阶段，对其概念、作用机制、影响因素等都需要更多的实证研究。未来对日常性学业弹性的研究可以从以下几个方面着手。

第一，在研究内容上，进一步探讨日常性学业弹性的概念内涵和作用机制。日常性学业弹性这一概念本身体现了对学习动机、学习投入、学业应对策略等概念的整合趋势。尽管研究者提出了动机弹性与易感性模型来解释日常性学业弹性的动机作用过程①，但这一作用过程尚未得到大量实证研究的支持。因此，仍需要进一步探讨日常性学业弹性的概念内涵，尤其是日常性学业弹性在动机和行为层面的表现，从而更好地揭示其本质。基于加梅齐（Garmezy）等人关于学业弹性的保护性因素和危险性因素的挑战模型，日常的低程度到中等程度的学业压力可以唤醒或激活个体的保护性机制，这种保护性机制体现在日常性学业弹性的作用过程中。② 这种保护性机制是如何形成的？其促进因素和抑制因素有哪些？这仍然需要更多研究加以探讨。

第二，在研究方法上，应采用多种研究方法进一步揭示日常性学业弹性的行为、动机和神经生理基础。未来研究者可以考虑采用多种研究方法来探讨日常性学业弹性的作用机制。首先，变量中心与个体中心结合的研究方法值得提倡。例如，巴尼特（Barnett）采用个体中心的研究方法分析中学生的日常性学业弹性，揭示了四种类型的学生，发现日常性学业弹性强的群体在随后的学业成就中表现更好。③ 此外，研究者也可以采用现代认知神经科学技术（如事件相关电位、功能磁共振成像等）探究日常性学业弹性的作用机制，以获得更为客观的

---

① Skinner, E. A., Pitzer, J. R. & Steele, J. S., "Can Student Engagement Serve as a Motivational Resource for Academic Coping, Persistence, and Learning during Late Elementary and Early Middle School?" *Developmental Psychology*, 2016, 52(12), pp. 2099-2117.

② Garmezy, N., Masten, A. S. & Tellegen, A., "The Study of Stress and Competence in Children: A Building Block for Developmental Psychopathology," *Child Development*, 1984, 55(1), pp. 97-111.

③ Barnett, P. A., *High School Students' Academic Buoyancy: Longitudinal Changes in Motivation, Cognitive Engagement, and Affect in English and Math*, Fordham University, US, 2012.

电生理指标，如皮质醇对个体逆境适应的重要意义。[①]

第三，进一步探讨日常性学业弹性的影响因素，并采取对应的干预措施。目前研究主要关注了师生关系、个体心理和学业的风险性因素对学生日常性学业弹性的影响，但研究数量仍比较少，内容单薄，因此，未来研究也应加强对个体层面、家庭层面、学校层面各种促进因素和阻碍因素的探讨，从而形成一个整合性的作用模型，以期对日常性学业弹性进行干预与培养。同时，这些促进因素和抑制因素对日常性学业弹性的共同作用效果如何，目前尚未有研究探讨这一问题。加梅齐等人的学业弹性结构模型可能为这一问题提供参考。加梅齐等人针对学业弹性的保护性因素和危险性因素共同作用的效果提出了三种作用模型：补偿模型（compensatory model）、挑战模型（challenge model）和保护模型（protective factor model）。[②] 其中，补偿模型假设危险性因素与保护性因素的作用可以直接抵消。挑战模型假设保护性因素对于学业结果的影响是变化的；它依赖于危险性因素的危险程度。在这个模型中，低程度到中等程度的危险性因素可以唤醒或激活个体的保护性机制，从而增强个体的学业韧性。保护模型假设保护性因素可以缓冲或防御危险性因素所带来的负性影响，即两者存在相互作用。根据这个模型，当个体在存在多重保护性因素的前提下进行学习，尽管其面临的危险性因素增加，但其仍能保持良好的适应能力。因此，未来研究仍有待对日常性学业弹性的影响因素进行深入探讨。

---

① Charney, D. S., "Psychobiological Mechanisms of Resilience and Vulnerability: Implications for Successful Adaptation to Extreme Stress," *American Journal of Psychiatry*, 2004, 161(2), pp. 195-216.

② Garmezy, N., Masten, A. S. & Tellegen, A., "The Study of Stress and Competence in Children: A Building Block for Developmental Psychopathology," *Child Development*, 1984, 55(1), pp. 97-111.

第十六章

群体认同与个体心理健康的关系：调节变量与作用机制

社会群体（social group）是影响个体心理健康水平的重要因素。然而，群体为什么能够影响个体的心理健康水平，仍是一个悬而未决的问题。社会认同理论认为，群体对于个体心理的塑造依赖于自我系统中群体属性内化的程度。[1][2]基于社会认同方法，研究者发现群体认同（group identification）能够影响个体的心理健康水平，[3][4][5] 为社会群体与个体心理健康之间关系的研究提供新的视角。

群体认同指个体认可自己某一群体成员的身份，感觉自己与该群体紧密联结，[6] 并将该群体的主观规范、价值观等作为自我知觉的重要维度。[7] 群体认同是社会联结影响个体心理健康的前提，为个体提供应对挫折、变化与挑战的心理资源，增强个体的信任感、归属感和安全感。[8] 群体价值观、目标的内化赋

① Tajfel, H. & Turner, J. C., "An Integrative Theory of Intergroup Conflict," in W. G. Austin & S. Worchel (Eds.), *The Social Psychology of Intergroup Relations*, Monterey, CA: Brooks/Cole, 1979, pp. 33-47.

② Turner, J. C., Hogg, M. A., Oakes, P. J., et al., *Rediscovering the Social Group: A Self-Categorization Theory*, Oxford, Blackwell, 1987.

③ Haslam, S. A., Jetten, J., Postmes, T., et al., "Social Identity, Health, and Well-Being: An Emerging Agenda for Applied Psychology,"*Applied Psychology*, 2009(58), pp. 1-23.

④ Haslam, S. A., Reicher, S. & Levine, M., "When Other People are Heaven, When Other People are Hell: How Social Identity Determines the Nature and Impact of Social Support,"in J. Jetten, C. Haslam & S. A. Haslam (Eds.), *The Social Cure: Identity, Health and Well-Being*, New York, NY, Psychology Press, 2012, pp. 157-175.

⑤ Greenaway, K. H., Haslam, S. A., Cruwys, T., et al., "From 'We' to Me: Group Identification Enhances Perceived Personal Control with Consequences for Health and Well-Being,"*Journal of Personality and Social Psychology*, 2015(109), pp. 53-74.

⑥ Ellemers, N. & Haslam, S. A., "Social Identity Theory," in P. A. M. Van Lange, A. W. Kruglanski, & E. T. Higgins (Eds), *Handbook of Theories of Social Psychology*, Los Angeles, CA, Sage, 2012.

⑦ Sani, F., "Group Identification, Social Relationships, and Health,"in J. Jetten, C. Haslam, & S. A. Haslam (Eds.), *The Social Cure: Identity, Health and Well-Being*, New York, NY, Psychology Press, 2012, pp. 21-38.

⑧ Jetten, J., Haslam, C., Haslam, S. A., et al., "How Groups Affect our Health and Well-Being: The Path from Theory to Policy,"*Social Issues and Policy Review*, 2014, 8(1), pp. 103-130.

予了个体生活的意义和目的，为个体提供动机与动力，鼓励个体在群体内部提供与接受社会支持，与其他群体成员一起努力实现个体无法完成的成就。[1] 基于对相关文献的梳理，本章力争阐明群体认同对心理健康的影响，总结群体认同与个体心理健康关系的影响因素，探究群体认同对个体心理健康的影响机制，并对未来研究方向进行展望。

一、群体认同对个体心理健康的影响

实证研究结果显示，个体对不同种类群体的认同及群体认同的数量均能够影响其心理健康水平。并且，这种影响广泛存在于青少年、青年、老年人等各年龄阶段的被试中。

(一)不同种类群体认同对个体心理健康的影响

群体的种类繁多。研究表明，个体对于民族、国家、宗教、学校、家庭等不同种类群体的认同均能够影响其心理健康水平。

1. 民族、国家认同对个体心理健康的影响

有研究者[2]调查了包括高加索人、印度裔美国人、非裔美国人、拉丁裔美国人在内的多民族被试的民族认同与心理健康之间的关系。结果发现，民族认同对个体心理健康水平有积极影响。还有研究者[3]发现，民族认同也可能降低个体的心理健康水平。格里纳韦(Greenaway)等人[4]的研究探索了国家认同对个

---

[1] Cruwys, T., Haslam, S. A., Dingle, G. A., et al., "Depression and Social Identity: An Integrative Review," *Personality and Social Psychology Review*, 2014(18), pp. 215-238.

[2] Smokowski, P. R., Evans, C. B. R., Cotter, K. L., et al., "Ethnic Identity and Mental Health in American Indian Youth: Examining Mediation Pathways through Self-Esteem, and Future Optimism," *Journal of Youth and Adolescence*, 2014(43), pp. 343-355.

[3] Hughes, M., Kiecolt, K. J., Keith, V. M., et al., "Racial Identity and Well-Being among African Americans," *Social Psychology Quarterly*, 2015, 78(1), pp. 25-48.

[4] Greenaway, K. H., Haslam, S. A., Cruwys, T., et al.,, "From 'We' to Me: Group Identification Enhances Perceived Personal Control with Consequences for Health and Well-Being," *Journal of Personality and Social Psychology*, 2015(109), pp. 53-74.

体心理健康的影响，结论是国家认同同样能够促进个体的心理健康水平。回顾上述研究我们不难发现，少数民族身份认同对个体心理健康的影响，是较受关注的研究领域之一。一方面，内群体认同能够提供支持、提升自尊，有利于他们的心理健康。另一方面，少数民族认同也可能导致个体心理健康水平的下降，民族认同与个体心理健康的关系受到了某些因素的影响，这也是本章下一部分讨论的重点。

2. 宗教认同对个体心理健康的影响

在价值观引导、信念塑造等过程中，宗教具有无与伦比的作用。[1] 因此，宗教认同与个体心理健康水平的关系也得到了研究者的关注。有研究者[2]通过两个研究证明了当宗教认同受到挑战时，个体会表现出悲伤、对抗等负面的情绪与行为倾向。有研究者[3]分别以加拿大和英国的老年人为被试，考查了宗教认同、其他团体隶属与心理、身体健康之间的关系。结果显示，老年人的宗教认同与抑郁水平呈负相关，与社交、体育锻炼团体认同相关不显著。无神论者是美国社会的边缘群体。有研究者[4]探讨了面对歧视时，无神论者认同与心理健康的关系。结果表明，个体对自己无神论者身份的认同与其心理健康水平呈正相关，并能够抵消歧视对心理健康的负面影响。

3. 学校、家庭认同对个体心理健康的影响

民族、国家、宗教均属于规模较大的群体类型。但个体对学校、家庭等小规模群体的认同同样能够影响其心理健康水平。研究者[5]以澳大利亚两所高中

① Ysseldyk, R., Matheson, K. & Anisman, H., "Religiosity as Identity: Toward an Understanding of Religion from a Social Identity Perspective," *Personality and Social Psychology Review*, 2010, 14(1), pp. 60-71.

② Ysseldyk, R., Matheson, K. & Anisman, H., "Coping with Identity Threat: The Role of Religious Orientation and Implication for Emotions and Action Intentions," *Psychology of Religion and Spirituality*, 2011, 3(2), pp. 132-148.

③ Ysseldyk, R., Haslam, S. A. & Haslam, C., "Abide with Me: Religious Group Identification among Older Adults Promotes Health and Well-Being by Maintaining Multiple Group Memberships," *Aging & Mental Health*, 2013(17), pp. 869-879.

④ Doane, M. J. & Elliott, M., "Perceptions of Discrimination among Atheists: Consequences for Atheist Identification, Psychological and Physical Well-Being," *Psychology of Religion and Spirituality*, 2015, 7(2), pp. 130-141.

⑤ Bizumic. B., Reynolds, K. J., Turner, J. C., et al., "The Role of the Group in Individual Functioning: School Identification and the Psychological Well-Being of Staff and Students," *Applied Psychology*, 2009, 58(1), pp. 171-192.

的教师、学生为被试，考查了他们的学校认同对其心理健康的影响。研究发现，与学校认同度低的被试相比，那些对学校更认同的被试积极情感体验多，工作卷入度高，抑郁、焦虑等负面情绪水平较低，攻击性、破坏性行为也较少。调查①发现，大一新生倾向于将专业作为内群体划分的标准，被试对本专业认同度越高，心理失调的程度就越低。家庭认同能够提供社会支持、奋斗的动力，对个体的心理健康水平有很大影响。② 研究者③对194名吉卜赛青少年及其母亲的调查显示，他们对保加利亚、吉卜赛人认同度以及幸福感水平均较低；与民族、宗教认同相比，家庭认同对他们幸福感的影响更大。除学校、家庭外，也有研究者探讨了运动队支持者群体认同④⑤、心理互助组成员认同⑥对心理健康的影响，结论均是，群体认同与个体的心理健康水平呈显著正相关。

(二) 群体认同数量的影响

除了个体对不同种类群体的认同外，研究者还考查了群体认同数量与心理健康的关系。英国老年纵向研究(English Longitudinal Study of Ageing, ELSA)的调查对象是居住在英格兰的50岁以上老年人，调查中包含老年人参加社会团体、心理健康水平的相关数据。利用这些数据，研究者考查了个体参加团体的

---

① Nakashima, K., Isobe, K. & Ura, M., "How Does Higher In-Group Social Value Lead to Positive Mental Health? An Integrated Model of In-group Identification and Support," *Asian Journal of Social Psychology*, 2013(16), pp. 271-278.

② Sani, F., "Group Identification, Social Relationships, and Health," in J. Jetten, C. Haslam, & S. A. Haslam (Eds.), *The Social Cure: Identity, Health and Well-Being*, New York, NY, Psychology Press, 2012, pp. 21-38.

③ Dimitrova, R., Chasiotis, A., Bender, M., et al., "Collective Identity and Well-Being of Bulgarian Roma Adolescents and Their Mothers," *Journal of Youth and Adolescence*, 2014(43), pp. 375-386.

④ Wann, D. L., Waddill, P. J., Polk, J., et al., "The Team Identification-Social Psychological Health Model: Sport Fans Gaining Connections to Others Via Sport Team Identification," *Group Dynamics: Theory, Research, and Practice*, 2011, 15(1), pp. 75-89.

⑤ Inoue, Y., Funk, D. C., Wann, D. L., et al., "Team Identification and Postdisaster Social Well-Being: The Mediating Role of Social Support," *Group Dynamics: Theory, Research, and Practice*, 2015, 19(1), pp. 31-44.

⑥ Crabtree, J. W., Haslam, S. A., Postmes, T., et al., "Mental Health Support Groups, Stigma, and Self-esteem: Positive and Negative Implications of Group identification," *Journal of Social Issues*, 2010, 66(3), pp. 553-569.

数量与抑郁水平的关系。① 研究发现，被试参加的团体越多，抑郁水平就越低；对于抑郁症患者来说，多参加各种团体能够促进抑郁症的恢复，并降低复发概率。因此，加入团体既能保护正常人远离抑郁，也能促进抑郁患者的康复，并防止抑郁症的复发。研究者②通过一次全国性健康调查征集了 1824 名被试，考查了他们认同的群体数量与心理健康的关系。结果显示，绝大多数被试至少有一个认同的群体，认同的群体越多，抑郁水平越低；没有认同群体的被试的抑郁水平显著高于至少有一个认同群体的被试；仅有一个认同群体的被试的抑郁水平显著高于拥有一个以上认同群体的被试。

二、群体认同与个体心理健康关系的影响因素

虽然大部分研究证实了群体认同能够积极影响个体的心理健康，但也有一些研究发现，群体认同有时会导致个体心理健康水平的下降。③④ 在总结现有文献的基础上，我们认为群体认同与个体心理健康之间关系的影响因素主要包括群体认同动机以及个体对群体的评价。

（一）群体认同动机

认同作为一种心理过程，必然受到动机系统的调节。瑞安（Ryan）和德西

---

① Cruwys, T., Dingle, G. A., Haslam, C., et al., "Social Group Memberships Protect Against Future Depression, Alleviate Depression Symptoms and Prevent Depression Relapse," *Social Science & Medicine*, 2013(98), pp. 179-186.

② Sani, F., Madhok, V., Norbury, M., et al., "Greater Number of Group Identifications Is Associated with Lower Odds of Being Depressed: Evidence from a Scottish Community Sample," *Social Psychiatry and Psychiatric Epidemiology*, 2015, 50(9), pp. 1389-1397.

③ Amiot, A. E., & Aubin, R. M., "Why and How Are You Attached to Your Social Group? Investigating Different Forms of Social Identification," *British Journal of Social Psychology*, 2013(52), pp. 563-586.

④ Hughes, M., Kiecolt, K. J., Keith, V. M., et al., "Racial Identity and Well-Being among African Americans," *Social Psychology Quarterly*, 2015, 78(1), pp. 25-48.

（Deci）①认为，基于认同动机的不同，个体对某个群体的认同可以划分为自我决定的群体认同与非自我决定的群体认同。自我决定的群体认同会对个体心理产生积极的影响，非自我决定的群体认同则对个体心理产生消极的影响。基于此，研究者将自我决定论②引入研究，证实了不同认同动机的群体认同对个体心理健康的影响不同。③④

研究者考查了认同动机、群体认同、个体心理健康等变量之间的关系。他们以加拿大、澳大利亚两国大学生为被试，用问卷法测量了被试的自我决定群体认同、自尊和积极、消极情绪体验等个体变量，以及爱国主义、种族主义、内群体偏见等人际关系变量，并用多元回归与典型相关分析两种方法分析了数据。研究结果显示，自我决定的群体认同能够提升个体的集体自尊，增加个体的积极情绪体验；非自我决定的群体认同降低了个体自尊，并增强了个体的内群体偏见。研究者⑤在研究中，除了认同动机、国家认同外，还在自变量中加入了网络社区认同，考查了它们与个人成长取向幸福感之间的关系。研究结果再次证明了自我决定的群体认同能够提升个体的幸福感，而非自我决定的群体认同则导致了个体幸福感的下降。未来研究中，还需引入其他动机理论，进一步考查认同动机对群体认同与个体心理健康之间关系的影响。

（二）群体评价

通常来说，群体认同会导致个体对内群体评价偏高，即内群体偏见。但是，

---

① Ryan, R. M. & Deci, E. L., "On Assimilating Identities to the Self: A Self-Determination Theory Perspective on Internalization and Integrity within Cultures,"in M. R. Leary & J. P. Tangney (Eds.), *Handbook of the Self and Identity*, New York, The Guilford Press, 2003, pp. 253-272.

② Deci, E. L. & Ryan, R. M., "The 'What' and the 'Why' of Goal Pursuits: Human Need and the Self-Determination of Behavior,"*Psychological Inquiry*, 2000(11), pp. 227-268.

③ Amiot, A. E. & Sansfaçon, S., "Motivations to Identity with Social Groups: A Look at Their Positive and Negative Consequences,"*Group Dynamics: Theory, Research, and Practice*, 2011, 15(2), pp. 105-127.

④ Amiot, A. E. & Aubin, R. M., "Why and How are You Attached to Your Social Group? Investigating Different Forms of Social Identification,"*British Journal of Social Psychology*, 2013(52), pp. 563-586.

⑤ Amiot, A. E. & Sansfaçon, S., "Motivations to Identity with Social Groups: A Look at Their Positive and Negative Consequences,"*Group Dynamics: Theory, Research, and Practice*, 2011, 15(2), pp. 105-127.

对于如少数民族、心理互助组成员来说，群体认同却不一定总能预测较高的群体评价。[①] 因此，群体评价对群体认同与个体心理健康之间关系的影响引起了研究者的关注。

受教育程度是自我认知的标签之一，大众也经常以此为标准划分不同的群体。有研究[②]发现，受教育程度是人们定义自我的重要因素；与没有本科学位的被试相比，拥有本科学位的个体生活满意度更高，更愿意将受教育程度纳入自我概念，并以此来划分群体。更为重要的是，个体的受教育程度与群体认同存在交互作用。在人们看重受教育程度的情境下，受教育程度较高的个体，对高教育程度群体的认同提升了他们的生活满意度；相反，受教育程度较低的个体，对低教育程度群体的认同降低了他们的生活满意度。对于受教育程度较低的个体来说，以受教育程度划分群体，会造成较低的群体评价，进而导致了群体认同与个体心理健康水平之间的负相关。

少数民族成员有时会将主流社会对他们的负面评价内化，形成针对本群体的负面刻板印象，这种现象被称为内化的种族主义观。[③] 持内化种族主义观的个体对本群体的评价较低，很难形成积极的群体认同。[④] 在这种情况下，个体的群体认同很可能对其心理健康产生消极的影响。休斯（Hughes）等人利用全美生活调查（National Survey of American Life）的数据，考查了非裔美国人的群体认同状况，民族认同对他们心理健康的影响，以及内化种族主义观和群体认同的交互作用。研究发现，大部分非裔美国人民族认同度较高，对本群体的评价也较高；民族认同度高，对本群体评价积极的被试，表现出了较高的自尊和掌控

① Hughes, M., Kiecolt, K. J., Keith, V. M., et al., "Racial Identity and Well-Being among African Americans," *Social Psychology Quarterly*, 2015, 78(1), pp. 25-48.

② Kuppens, T., Easterbrook, M. J., Spears, R., et al., "Life at Both Ends of the Ladder: Education-Based Identification and Its Association with Well-Being and Social Attitudes," *Personality and Social Psychology Bulletin*, 2015, 41(9), pp. 1260-1275.

③ Williams, D. R. & Mohammed, S. A., "Racism and Health I: Pathways and Scientific Evidence," *American Behavioral Scientist*, 2013(57), pp. 1152-1173.

④ Hughes, M., Kiecolt, K. J., Keith, V. M., et al., "Racial Identity and Well-Being among African Americans," *Social Psychology Quarterly*, 2015, 78(1), pp. 25-48.

感，以及较低的抑郁水平。但是，内化种族主义与群体认同的交互作用同样显著。当被试对非裔美国人这一群体的评价较低时，民族身份的认同会降低他们的掌控感，提升他们的抑郁水平。

上述研究结果表明，提升群体评价的策略并不总是有效的，群体评价低会导致群体认同对个体心理健康产生消极的影响。

三、群体认同对个体心理健康影响的作用机制

鉴于群体认同对个体心理健康的影响巨大，二者密切联系的作用机制也就成了意义重大的研究课题。现有研究结果显示，自尊、社会支持、控制知觉与归因方式是群体认同影响个体心理健康的重要路径。

(一)自尊

自尊也是心理健康的重要指标。杰顿等人(Jetten et al.)[1]的研究发现群体认同是个体自尊的重要来源：成为群体的一员能够提升个体的自尊水平。在他们看来，成为群体成员意味着归属感与生活意义，为集体自尊的提升提供了基础，进而促进了个体自尊水平的提高。还有研究者[2]的研究也发现群体认同能够提升个体的自尊水平。

为了探索群体认同为何能够影响个体的心理健康，有研究者[3]考查了民族认同、自尊、个体心理健康之间的关系。他们利用一项纵向研究(North Carolina Academic Center for Excellence Rural Adaption Project)的数据，以来自 5 个民族

---

[1] Jetten, J. , Branscombe, N. R. , Haslam, S. A. , et al. , "Having a Lot of a Good Thing: Multiple Important Group Memberships as a Source of Self-Esteem," *PLoS ONE*, 2015, 10(5).

[2] Kiang, L. & Fuligni, A. J. , "Meaning in Life as a Mediator of Ethnic Identity and Adjustment among Adolescents from Latin, Asian, and European American Backgrounds," *Journal of Youth and Adolescence*, 2010(39), pp. 1253-1264.

[3] Smokowski, P. R. , Evans, C. B. R. , Cotter, K. L. , et al. , "Ethnic Identity and Mental Health in American Indian Youth: Examining Mediation Pathways through Self-Esteem, and Future Optimism," *Journal of Youth and Adolescence*, 2014(43), pp. 343-355.

（高加索人、印度裔美国人、非裔美国人、拉丁裔美国人）的 4714 名青少年为被试进行研究。在研究中，研究者将民族认同、自尊作为自变量，用抑郁、焦虑水平与外部行为问题代表个体的心理健康作为因变量。研究结果显示，民族认同与个体的自尊正相关，与抑郁、焦虑水平、外部行为问题负相关；自尊与个体的抑郁、焦虑水平、外部行为问题负相关；民族认同通过影响自尊，进而影响了个体的心理健康。

（二）社会支持

社会支持在积极、消极的情境中都能促进个体心理健康水平的提升。[1] 群体认同被认为是社会支持的基础。在群体认同的影响下，个体倾向于为内群体成员提供更多的支持，并将接受的帮助归因于内群体成员提供的社会支持。[2]

基于群体认同、社会支持、个体心理健康三者之间的密切联系，研究者猜想，社会支持或许是群体认同影响个体心理健康的重要中介。[3][4] 有研究者以 163 名大学生为被试，测量了被试的群体认同、社会支持期望、抑郁倾向与负性生活经验。结果显示，被试倾向于将所学专业作为内、外群体的划分标准；群体认同、社会支持期望与抑郁倾向、负性生活经验负相关，群体认同对被试心理健康的影响来自社会支持的中介。还有研究者考查了群体认同、工具、情感社会支持与幸福感的关系，对比了两种不同类型社会支持的中介作用。研究发现，被试对于家乡球队的认同促进了情感社会支持，进而提升了幸福感；另外，工具社会支持与幸福感正相关，但与群体认同的相关并不显著。这些研究

---

① Feeney, B. C. & Collins, N. L., "A New Look at Social Support: A Theoretical Perspective on Thriving through Relationships," *Personality and Social Psychology Review*, 2015, 19(2), pp. 113-147.

② Haslam, S. A., Reicher, S. & Levine, M., "When Other People are Heaven, When Other People are Hell: How Social Identity Determines the Nature and Impact of Social Support," in J. Jetten, C. Haslam & S. A. Haslam (Eds.), *The Social Cure: Identity, Health and Well-Being*, New York, NY, Psychology Press, 2012, pp. 157-175.

③ Nakashima, K., Isobe, K. & Ura, M., "How Does Higher In-Group Social Value Lead to Positive Mental Health? An Integrated Model of In-Group Identification and Support," *Asian Journal of Social Psychology*, 2013(16), pp. 271-278.

④ Inoue, Y., Funk, D. C., Wann, D. L., et al., "Team Identification and Postdisaster Social Well-Being: The Mediating Role of Social Support," *Group Dynamics: Theory, Research, and Practice*, 2015, 19(1), pp. 31-44.

证明，社会支持是群体认同影响个体心理健康的重要途径。

(三) 控制知觉

个体控制知觉指个体对于自己实现目标能力的主观感受。[1] 有研究表明，个体控制知觉与心理健康正相关[2]，是生活满意度的支柱之一。[3] 群体认同能为个体提供实现目标的资源，因而增强了个体的控制知觉。[4] 研究显示，当控制知觉受到威胁时，个体会表现出更强的内群体偏见与群体认同。[5]

格里纳韦等人(Greenaway et al.)[6]的研究证明了个体控制知觉在群体认同影响心理健康的过程中起到了中介作用。首先，他们利用世界价值观调查(World Values Survey)的数据证明了国家认同、个体控制知觉与幸福感三者之间正相关，国家认同通过增强个体控制知觉促进了幸福感的提升。其次，他们分别在大学心理系学生提交学期论文和收到论文分数后两个时间段，测量了被试的群体认同、控制知觉、自尊、生活满意度、抑郁水平以及学业表现。结果显示，被试在第二次测量时群体认同的变化、控制知觉的变化、心理健康水平的变化三者正相关，再次确认了个体控制知觉在群体认同影响心理健康的过程中起到了中介作用。最后，他们用实验法操纵群体认同、个体控制知觉。结果表明，高认同组被试的控制知觉与生活满意度显著高于低认同组被试；在高群体

---

[1] Greenaway, K. H., Haslam, S. A., Cruwys, T., et al., "From 'We' to Me: Group Identification Enhances Perceived Personal Control with Consequences for Health and Well-Being,"*Journal of Personality and Social Psychology*, 2015(109), pp. 53-74.

[2] Knight, C., Haslam, S. A. & Haslam, C., "In Home or at Home? Evidence that Collective Decision Making Enhances Older Adults' Social Identification, Well-Being and Used of Communal Space When Moving to a New Care Facility,"*Ageing and Society*, 2010(30), pp. 1393-1418.

[3] Helliwell, J. F., Layard, R. & Sachs, J. (Eds.), *World Happiness Report* 2013, New York, NY, UN Sustainable Development Solutions Network, 2013.

[4] Greenaway, K. H., Haslam, S. A., Cruwys, T., et al., "From 'We' to Me: Group Identification Enhances Perceived Personal Control with Consequences for Health and Well-Being,"*Journal of Personality and Social Psychology*, 2015(109), pp. 53-74.

[5] Fritsche, I., Jonas, E., Ablasser, C., et al., "The Power of We: Evidence for Group-Based Control,"*Journal of Experimental Social Psychology*, 2013(49), pp. 19-32.

[6] Greenaway, K. H., Haslam, S. A., Cruwys, T., et al., "From 'We' to Me: Group Identification Enhances Perceived Personal Control with Consequences for Health and Well-Being,"*Journal of Personality and Social Psychology*, 2015(109), pp. 53-74.

认同情境下，高、低控制知觉组的个体控制知觉差异不显著；在低群体认同情境下，高控制知觉组的个体控制知觉显著高于低控制知觉组。个体控制知觉在群体认同影响心理健康的过程中的中介作用再次得到了证实。

（四）归因方式

根据世界卫生组织的调查，抑郁是引起各类健康障碍的首要原因。[1] 许多研究表明，群体认同能够帮助个体抵抗抑郁的侵害。[2][3] 群体认同提供了帮助个体对抗抑郁的心理资源，个体对某一群体的认同水平越高，认同的群体数越多，抑郁水平下降越明显。[4] 但是，群体认同为什么能够降低个体的抑郁水平，是个值得深入探究的问题。

抑郁归因方式是抑郁症的显著特征之一。[5][6] 理论上，群体认同能够通过将个体注意的焦点从自身转移到群体等方式改变个体的归因。[7] 因此，研究者[8]通过两个研究考查了群体认同、归因方式、个体抑郁水平之间的关系，试图证明改变归因方式是群体认同降低个体抑郁水平的途径。在研究 1 中，他们调查了139 名即将毕业的大学生的群体认同、抑郁归因方式、抑郁水平。之所以选择

① World Health Organization, "*Depression*: *A Global Public Health Concern*, 2012," http: //www. who. int/mental_ health/management/depression/who_ paper_ depression_ wfmh_ 2012. pdf. （访问日期：2020 年 4 月）

② Cruwys, T., Dingle, G. A., Haslam, C., et al., "Social Group Memberships Protect Against Future Depression, Alleviate Depression Symptoms and Prevent Depression Relapse," *Social Science & Medicine*, 2013 (98), pp. 179-186.

③ Sani, F., Madhok, V., Norbury, M., et al., "Greater Number of Group Identifications is Associated with Lower Odds of Being Depressed: Evidence from a Scottish Community Sample," *Social Psychiatry and Psychiatric Epidemiology*, 2015, 50(9), pp. 1389-1397.

④ Cruwys, T., Haslam, S. A., Dingle, G. A., et al., "Depression and Social Identity: An Integrative Review," *Personality and Social Psychology Review*, 2014(18), pp. 215-238.

⑤ Peterson, C. & Seligman, M. E. P., "Causal Explanations as a Risk Factor for Depression: Theory and Evidence," *Psychological Review*, 1984(91), pp. 347-374.

⑥ Chan, S. M., "Early Adolescent Depressive Mood: Direct and Indirect Effects of Attributional Styles and Coping," *Child Psychiatry and Human Development*, 2012(43), pp. 455-470.

⑦ Hogg, M. A. & Williams, K. D., "From I to We: Social Identity and the Collective Self," *Group Dynamics: Theory, Research, and Practice*, 2000(4), pp. 81-97.

⑧ Cruwys, T., South, E. I., Greenaway, K. H., et al., "Social Identity Reduces Depression by Fostering Positive Attributions," *Social Psychological and Personality Science*, 2015, 6(1), pp. 65-74.

即将毕业的大学生，是因为这个时期的学生压力大，抑郁水平高。结果显示，群体认同与个体的抑郁水平呈负相关，与积极归因方式呈正相关；抑郁归因方式与抑郁水平呈正相关；群体认同改变了抑郁归因方式，进而降低了个体的抑郁水平。在研究 2 中，他们采取了实验法，要求实验组被试在阅读群体认同的文章后，列举自己认同的群体，并通过失败事件回忆的方式，唤起被试的抑郁情绪；控制组被试则不进行任何操作，直接唤起抑郁情绪。与研究 1 的结论相同，控制组被试的抑郁水平更高，抑郁归因方式更明显；归因方式的改变是群体认同降低个体抑郁水平的中介因素。

四、研究展望

作为一个新近得到关注的研究领域，群体认同对个体心理健康影响的研究成果正在不断丰富。然而，现有研究中缺乏对于二者关系的总结、概括。基于此，本章在系统梳理相关文献的基础上，阐明了群体认同对个体心理健康的影响，总结了群体认同与个体心理健康关系的影响因素，探究了群体认同影响个体心理健康的作用机制。研究结论及我们对未来研究方向的思考总结如下。

第一，总体来说，群体认同能够促进个体心理健康水平的提升。这表现在个体对于民族、国家、学校、家庭等不同种类群体的认同度越高，群体认同的数量越多时，他们的心理健康水平越高。并且，这种影响广泛存在于不同年龄阶段的人群中。然而，划分群体种类的方式多种多样，现有研究中主要以规模来区分群体的方式较为单一。另外，不同种类群体认同对个体心理健康影响的研究结果存在矛盾。例如，有研究[1]发现社交、体育锻炼团体认同与个体心理

---

① Ysseldyk, R. , Haslam, S. A. & Haslam, C. , "Abide with Me: Religious Group Identification among Older Adults Promotes Health and Well-Being by Maintaining Multiple Group Memberships," *Aging & Mental Health*, 2013(17), pp. 869-879.

健康的关系不显著；还有研究①没有发现民族或国家认同对个体心理健康的影响。未来研究应从群体属性出发，从理论上系统总结出划分不同群体的各种方式，并在实证研究中验证群体认同与个体心理健康的关系是否受到群体划分方式的影响。

第二，在某些情境中，群体认同也有可能消极影响个体的心理健康。现有研究中，影响群体认同与个体心理健康关系的因素主要包括群体认同动机和个体对群体的评价。当个体并不是发自内心地认可自己隶属于某个群体，或者对隶属群体的评价较低时，群体认同可能会损害个体的心理健康。这说明，在与其他心理过程的互动中，群体认同与个体心理健康的关系可能发生质的变化。未来研究应充分考虑到人类心理的复杂性，深入探索群体认同与个体心理健康关系的影响因素。菲尼（Feeney）和柯林斯（Collins）②指出，社会支持对个体心理健康的影响可能受到支持给予者和接受者关系亲密度的调节。与这类似，群体认同与个体心理健康的关系很可能受到个体对不同群体与自我关系知觉的影响。例如，对于青少年来说，同伴群体意义非凡，同伴群体认同对于青少年心理健康的影响正是一个值得深入研究的问题。

第三，群体认同对个体心理健康的影响依赖于自尊、社会支持、控制知觉、归因方式等因素的中介。整合现有研究，我们发现群体认同影响个体心理健康的机制主要包括通过提升自尊、鼓励社会支持、增强控制知觉、改变归因方式。但是，现有研究间的结果并不一致。格里纳韦等人③的研究同时检验了控制知觉、自尊、社会支持对群体认同影响心理健康的中介作用。结果显示，自尊、

---

① Bratt, C., "One of Few or One of Many: Social Identification and Psychological Well-Being among Minority Youth," *British Journal of Social Psychology*, first published online, 2015.

② Feeney, B. C. & Collins, N. L., "A New Look at Social Support: A Theoretical Perspective on thriving Through Relationships," *Personality and Social Psychology Review*, 2015, 19(2), pp. 113-147.

③ Greenaway, K. H., Haslam, S. A., Cruwys, T., et al., "From 'We' to Me: Group Identification Enhances Perceived Personal Control with Consequences for Health and Well-Being," *Journal of Personality and Social Psychology*, 2015(109), pp. 53-74.

社会支持的中介作用并不显著，这与已往研究①②的研究结果矛盾。因此，未来研究应进一步验证已有中介变量的有效性。另外，未来研究应从群体认同能够影响哪些个体的心理过程，以及能够影响个体心理健康的因素有哪些两个方向出发，发现更多的中介变量，最终厘清群体认同对个体心理健康的影响机制。

第四，在现有研究中，被试群体丰富，包括了青少年、大学生、老年人、心理互助组成员等不同人群。但是，研究通常将被试的人口统计学特点作为控制变量加以控制，并未将不同被试的特点作为考查重点。因此，未来研究应更加突出不同被试的特点，考虑被试的人口统计学特征与群体认同的交互作用。在方法上，现有研究大多采取问卷调查的方式收集数据，利用回归分析、结构方程模型等方法进行数据分析，其结论在本质上仍是一种相关关系。未来研究应更多采取实验设计等方式，建立群体认同与个体心理健康之间的因果联系。此外，现有研究测量群体认同的方法多种多样，这或许也是研究结果不一致的影响因素之一。未来研究可以对各种群体认同的各种测量方法进行对比，验证其有效性。

---

① Smokowski, P. R., Evans, C. B. R., Cotter, K. L., et al., "Ethnic Identity and Mental Health in American Indian Youth: Examining Mediation Pathways Through Self-Esteem, and Future Optimism," *Journal of Youth and Adolescence*, 2014(43), pp. 343-355.

② Nakashima, K., Isobe, K. & Ura, M., "How Does Higher In-Group Social Value Lead to Positive Mental Health? An Integrated Model of In-Group Identification and Support," *Asian Journal of Social Psychology*, 2013(16), pp. 271-278.

第三篇

应用研究前沿

在心理学家看来，对心理健康问题的研究，大多属于应用研究的范畴。据此，我们先做了两个元分析。一是运用元分析法对1990—2012年高中生（含中职生）心理健康文献进行研究，这些文献以症状自评量表（SCL-90）为研究工具，共包括118 117名高中生。结果发现，我国高中生在1990—2004年，心理健康水平缓慢下降；2005—2012年，高中生心理健康水平趋于平稳；女生比男生心理健康水平低；高三年级学生比高一、高二年级学生心理健康水平低；东部地区高中生心理健康水平显著优于中西部地区高中生，中职学生心理健康水平略低于普通高中生。二是对学习困难学生和非学习困难学生的焦虑水平差异程度进行了元分析，并对可能存在的调节变量进行了探讨。经过文献筛选，共纳入26项研究，被试总人数为8847人。结果表明，学习困难学生的焦虑水平显著高于非学习困难学生，合并效应量为Cohen's $d = 0.53$，表明两者的差异处于中等程度；测量工具和学习层次能够对学习困难和非学习困难学生的焦虑水平差异产生显著的调节效应。接着，我们以中小学生为被试做了三个实证研究。一是我们通过对1040名中学生施测问卷，建立自尊、归因方式与内疚和羞耻的结构方程模型。结果表明，自尊与内疚和羞耻呈显著正相关，归因方式与内疚或羞耻呈显著负相关；自尊是归因方式与内疚和羞耻之间的中介变量，归因方式对自尊的直接作用大于对内疚和羞耻的直接作用，对内疚和羞耻的间接作用大于直接作用；个体对内疚事件更倾向于内归因，对羞耻事件更倾向于外归因。二是我们探讨了四至六年级小学生的生活压力状况，并请其班主任评价适应状况，以探讨生活压力、学业成就与适应行为的关系。研究结果表明，小学生最常经历的负性生活压力事件的来源以学习成绩为主；其生活压力随年龄的增长呈上升的趋势，无性别差异；小学生的适应行为在班主任的评价中，男生有更多的不适应行为；在年龄差异方面，六年级学生的依赖性较低；而适应行为的有效预测变量为学业成就、性别、家庭月收入、日常生活压力及年龄。三是我们采用量表法、同伴提名法、访谈法，探讨了小学学习不良儿童孤独感、同伴接受性的特点及其与家庭功能的关系。结果表明，四至六年级小学儿童存在孤独感；与一般儿童相比，学习不良儿童孤独感明显偏高，而同伴接受性明显偏低；同伴接受性与孤独感和家庭功能之间存在显著相关。上述研究表明，我国青少年心理健康状况发展趋势并不理想，且存在诸多风险因素。然而，以往的横断历史研究纳入 2010 年以后的文献较少，而 2010 年之后正是智能手机开始占领市场的时代，互联网文化潮流的兴起可能是青少年心理健康的重要风险因素；社会转型是影响青少年心理健康的深层原因，文化潮流是影响青少年心理健康的直接媒介，家庭和学校在其中发挥着中介作用。鉴于此，我们以大学生为被试又做了三个实证研究。一是以 633 名处于恋爱关系中的大学生为被试，探讨了恋爱关系质量在大学生依恋焦虑与心理健康关系中的作用。结果表明，恋爱关系质量在大学生依恋焦虑与心理健康的关系中既发挥着中介作用，也发挥着调节作用。一方面，依恋焦虑能够通过影响恋爱关系质量对心理健康造成影响；另一方面，高质量的恋爱关系能够缓解依恋焦虑对心理健康的消极影响。二是以 510 名大学生为被试，采用无聊倾向量表、意志控制问卷和认知失败问卷考查无聊倾向对认知失败的影响机制。结果发现，意志控制在无聊倾向与认知失败间起到显著的调节作用，在低意志控制水平下无聊倾向能够显著正向预测认知失败，而在高意志控制水平下无聊倾向对认知失败的预测作用不显著；无聊倾向能间接地通过意志控制对认知失败产生影响，意志控制起到完全中介作用。三是以 522 名大一至大四学生为被试，采用问卷法考查手机成瘾倾向在无聊倾向与认知失败间的中介作用，以及独生与非独生对上述中介作用的调节作用。结果发现，无聊倾向、手机成瘾倾向与认知失败两两均呈显著正相关；大学生手机成瘾倾向在无聊倾向外部刺激因子与认知失败的关系间起到部分中介作用；是否独生能够调节无聊倾向内部刺激因子与手机成瘾倾向之间的关系，只有独生群体中内部刺激才能显著预测手机成瘾倾向。

第十七章

————

青少年心理健康的元分析

高中阶段教育时期正处于青少年中晚期，是青少年学习能力、人际交往能力、社会适应能力和自我调节能力培养的重要时期。国务院发布的《国家中长期教育改革和发展规划纲要（2010—2020）》明确指出，高中阶段教育需要"全面提高普通高中学生综合素质"，并"建立学生发展指导制度，加强对学生的理想、心理、学业等多方面指导"①。

然而，由于各种内外部因素，诸多研究发现高中生心理健康水平低于平均水平。首先，从内部来说，高中生处于青春期，也是"心理断乳期"，由于心理发展水平落后于生理发展，导致情绪问题突出。其次，从外部因素来说，高中生的学业压力空前增大，伴随心理健康水平降低。另外，从宏观的社会发展角度，流动儿童和留守儿童增多、离婚率提高、升学压力增大等社会因素也对高中生心理健康产生威胁。国内外研究发现，由于社会变迁等历史因素，青少年心理健康水平呈下降趋势。②③ 因此，关注高中生（包括普通高中生和中职生）心理健康及其发展趋势具有重要现实意义。

目前，我国也逐渐重视青少年心理健康。2002 年，我国教育部颁布《中小学心理健康教育指导纲要》（以下简称《纲要》），全国各级中小学开设了心理咨

————

① 中共中央国务院：《国家中长期教育改革和发展规划纲要（2012–2020）》，2010。
② Collishaw, S., Maughan, B., Goodman, R., et al., "Time Trends in Adolescent Mental Health," *Journal of Child Psychology And Psychiatry*, 2004, 45（8），pp. 1350-1362.
③ 辛自强、张梅：《1992 年以来中学生心理健康的变迁：一项横断历史研究》，载《心理学报》，2009, 41（1）。

询室、心理健康教育课程和讲座等一系列活动,①② 2012 年又对《纲要》进行了修订,相继颁发了促进中小学心理健康教育的政策文件。这一系列举措是否对高中生心理健康水平有所改善？不同性别、年级、地区、学校类型的高中生心理健康变化趋势是否有差异？解决这一系列问题有助于了解高中生心理健康特点、变化趋势和影响因素,对下一步制定教育政策有重要意义。

这里通过"横断历史研究"的方法分析高中生心理健康的变迁趋势。"横断历史研究"又称"横断历史元分析"(cross-temporal meta-analysis),是通过事后回溯的方法把以往研究以时间顺序联系起来,将过去的研究作为横断样本,对其随时间的变异进行元分析的方法。③ 该方法最早由简·M. 滕格(Jean M. Twenge)提出,并得到广泛应用。④⑤⑥⑦ 我国研究者运用横断历史研究的方法,分别对中学生焦虑、大学生心理健康的历史变迁进行了研究,取得了一系列有价值的研究成果。⑧⑨⑩ 该方法与普通元分析相比,考虑了年代的作用,从历史的角度宏观上了解变量的变化趋势。因此,本研究通过对高中生心理健康文献进行横断历史的元分析,研究我国高中生心理健康的发展变化趋势,了解这一阶段青少年心理健康的变迁,并比较不同性别、年级、地区和学校类型高中生心理健康水平差异。

① 俞国良、李天然、王勍:《中部地区学校心理健康教育状况调查》,载《中国特殊教育》,2015(4)。

② 陈永胜:《浙江省中小学心理健康教育现状调查》,载《中国特殊教育》,2010(6)。

③ 辛自强、张梅、何琳:《大学生心理健康变迁的横断历史研究》,载《心理学报》,2012,44(5)。

④ Twenge, J. M. , "Changes in Women's Assertiveness in Response to Status and Roles: A Cross-Temporal Meta-Analysis, 1931-1993," *Journal of Personality and Social Psychology*, 2001, 81(1), p. 133.

⑤ Twenge, J. M. & Campbell, W. K. , "Age and Birth Cohort Differences in Self-Esteem: A Cross-Temporal Meta-Analysis," *Personality and Social Psychology Review*, 2001, 5(4), pp. 321-344.

⑥ Twenge, J. M. , Gentile, B. , DeWall, C. N. , et al. , "Birth Cohort Increases in Psychopathology among Young Americans, 1938-2007: A Cross-Temporal Meta-Analysis of the MMPI," *Clinical Psychology Review*, 2010, 30(2), pp. 145-154.

⑦ Twenge, J.M. , Konrath, S. , Foster, J. D. , et al. , "Egos Inflating over Time: a Cross-Temporal Meta-Analysis of the Narcissistic Personality Inventory," *Journal of Personality*, 2008, 76(4), pp. 875-902.

⑧ Xin, Z. , Niu, J. & Chi, L. , "Birth Cohort Changes in Chinese Adolescents' Mental Health," *International Journal of Psychology*, 2012, 47(4), pp. 287-295.

⑨ 黄四林、侯佳伟、张梅等:《中国农民工心理健康水平变迁的横断历史研究:1995-2011》,载《心理学报》,2015,47(4)。

⑩ 辛自强、张梅、何琳:《大学生心理健康变迁的横断历史研究》,载《心理学报》,2012,44(5)。

一、研究设计

（一）研究工具

由于横断历史研究要求纳入分析的文献研究工具统一，本研究选取症状自评量表（SCL-90）作为高中生心理健康的指标。SCL-90 共 90 个题目，包括 9 个因子：人际关系、抑郁、躯体化、敌对、焦虑、强迫、恐怖、偏执和精神病性。[1] 被试根据自身状况对 90 项描述自评，从 1~5 打分。得分越高，心理健康程度越低。SCL-90 于 1984 年被引入中国，并得到广泛应用，在高中生心理健康评定方面，也应用颇广。[2]

（二）文献搜集

从中国知网、万方数据库、维普期刊网、优秀硕博论文库，以及国外的 Psycho info，JSTOR，Wiley，Elsevier，ProQuest 等期刊数据库搜索 1978—2014 年的文献。搜索文献时，以"高中生""青少年""中学生""中职生""心理健康""症状自评量表""SCL-90"等中英文关键词交叉匹配，搜索以此为主题的文献。

搜索文献的包含标准是：①研究使用 SCL-90 作为心理健康的测量工具；②文献中报告了样本量、平均数和标准差；③文献搜索的起止日期是 1978 年 1 月至 2014 年 12 月；④研究对象是普通高中生和中等职业学校学生。

搜索文献的排除标准是：①排除特殊高中生群体研究，如针对单亲家庭高中生、独生子女、复读高中生、艺体高中生；②排除特殊时期测量的高中生心理健康研究，如高考或期末考试之前；③排除没有清晰报告样本量、平均数和标准差，或者有明显错误无法修改的研究报告；④同一位作者的两篇文章，如

---

[1] Derogatis, L. R., Lipman, R. S. & Covi, L., "SCL-90: An Outpatient Psychiatric Rating Scale-Preliminary Report," *Psychopharmacology Bulletin*, 1973(9), pp. 13-28.

[2] 王征宇：《症状自评量表（SCL-90）》，载《上海精神医学》，1984(2)。

果样本量一样，则很可能是用同一批数据撰写的文章，只保留一篇。

经文献筛选和排除，共得到符合标准的研究 159 项，高中生样本量达 118 117 人。发表时间最早的是 1994 年，其收集数据时间是 1990 年。数据收集时间如果在原文中有说明，编码时按原文中的收集时间，如果没有提及，则用文献发表时间减去两年，代表其数据收集时间。每年的文献数目和样本量见表 17-1。其中来自核心期刊（以北京大学的《中文核心期刊目录》2014 年版为准）的文献 33 篇，样本量达 30 172 人，来自非核心期刊的文献 89 篇，样本量达 50 739 人，学位论文 37 篇，样本量达 37 206 人。经检验，三种不同来源的文献之间，高中生 SCL-90 总均分之间无显著差异（$F = 0.150$，$p = 0.861$）。

表 17-1　1990—2012 年文献数量及样本量

年份	1990	1993	1994	1995	1996	1997	1998	1999	2000	2001
文献数	1	1	2	3	4	3	4	6	14	11
样本量	500	236	1 205	938	1 383	2 333	1 836	2 430	10 408	8 493
年份	2002	2003	2004	2005	2006	2007	2008	2009	2010	2011	2012
文献数	4	14	17	17	14	6	8	12	5	7	6
样本量	1 551	7 075	11 853	18 272	8 216	3 428	4 588	9 016	1 538	17 705	5 113

（三）文献编码

在文献收集的基础上，把检索的文献进行编码，制定编码表。编码表中包括作者姓名、发表时间、文献来源、样本的地区、性别、年级、学校类型等信息。其中需要说明的是，关于东部、中部、西部地区的划分，是依据 1986 年第六届全国人民代表大会第四次会议通过的"七五"计划、1982 年第五届全国人民代表大会第五次会议决定和 2000 年西部大开发战略的决定。其中东部地区包括辽宁、北京、天津、河北、山东、江苏、上海、浙江、福建、广东、海南 11 个省、直辖市，中部地区包括山西、吉林、黑龙江、安徽、江西、河南、湖北、湖南 8 个省，西部地区包括陕西、内蒙古、甘肃、青海、宁夏、新疆、四川、重庆、云南、贵州、广西、西藏 12 个省、自治区、直辖市。另外，对样本的性别、年级、学校类型也进行编码，具体编码见表 17-2。

表 17-2 文献编码表

变量	编码	样本量
期刊类型	1 核心期刊	30 172
	2 非核心期刊	50 739
	3 硕博士论文	37 206
所属区域	1 东部地区	42 069
	2 中部地区	40 031
	3 西部地区	33 926
	4 未标明区域信息	2 091
性别	1 男生	27 466
	2 女生	31 089
	3 未区分性别	59 562
年级	1 高一	21 773
	2 高二	18 894
	3 高三	19 447
	4 年级不明	58 003
学校类型	1 普通高中	101 591
	2 中等职业学校	14 178
	3 两种类型的学校	2 348

在编码过程中，对只报告了不同性别、年级、学校类型的分组结果，而没有报告总研究结果的文献，则运用以下公式对总平均数和标准差进行合成。（$\bar{x}$、S_T、x_i、n_i、S_i 分别代表：合成后的平均数和标准差，某研究的平均数、样本量和标准差。）

$$\bar{x} = \sum n_i n_i / \sum n_i \qquad （公式 1）$$

$$S_T = \sqrt{\left[\sum n_i s_i^2 + \sum n_i (x_i - \bar{x}_i)^2\right] / \sum n_i} \qquad （公式 2）$$

另外，在总文献编码的基础上，我们又对报告了不同性别、年级、地区和学校类型的文献进一步编码，形成四个子研究数据库，以便对不同类型的高中生心理健康水平进行比较。

二、研究结果

（一）高中生心理健康整体变化趋势和改变量

1. 高中生心理健康水平的总体变化趋势

本研究对 159 项研究的 SCL-90 总均分和年份进行相关分析，见图 17-1。直线相关结果发现，SCL-90 总均分与年份的相关系数为 $r = 0.222$，$p = 0.005 < 0.01$，线性拟合的解释率为 4.9%。在此基础上，本研究又对两者做曲线相关，解释率达 6.1%。1990—2004 年，SCL-90 总均分呈上升趋势，即高中生心理健康水平持续下降，2005—2012 年，SCL-90 总均分几乎保持稳定。

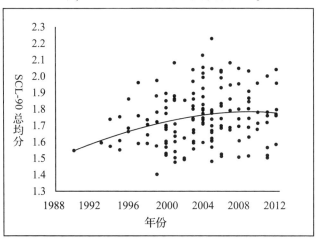

图 17-1　SCL-90 总均分的散点图

在曲线回归的基础上，本研究将回归分析分为两段，1990—2004 年和 2005—2012 年，分别进行线性回归，结果见表 17-3。结果发现，1990—2004 年，年份对 SCL-90 总均分的解释率达 11.2%，而 2005—2012 年，年份对 SCL-90 的解释率几乎为零，即前 15 年，高中生心理健康水平越来越低，之后呈现稳定的趋势。

表 17-3 回归分析表

年份		回归系数	标准误	标准化回归系数	R^2
1990—2004	截距	-31.759^{**}	10.416	—	—
	年份	0.017^{**}	0.005	0.335	0.112^{**}
2005—2012	截距	-3.426	16.556	—	—
	年份	0.003	0.008	0.037	0.001

注：* 代表 $p < 0.05$，** 代表 $p < 0.01$，下同。

2. 各因子的变化趋势

本研究将每年的研究 SCL-90 的得分，以样本量为权重，求加权平均数。各因子的变化趋势如图 17-2。整体看来，各因子的变化呈上升趋势，即高中生心理健康在各因子上的健康程度越来越低。由于整体变化趋势是 SCL-90 得分呈先上升后趋于稳定的趋势，本研究也将各因子的变化分为两段，分别进行相关分析。将年份与各因子的平均分和平均标准差进行相关分析，结果见表 17-4。

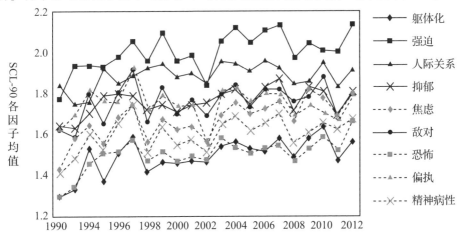

图 17-2 1990—2012 年 SCL-90 各因子变化趋势

结果发现，除偏执因子外，各因子在 1990—2004 年都呈现上升趋势，年份与因子分的相关显著，解释率为 6.5%~17.4%。2005 年之后，相关不显著。各因子的标准差与年份相关不显著，即随年份变化，高中生心理健康的离散水平比较稳定。

表 17-4　SCL-90 各因子平均数和标准差与年份的相关分析表

SCL-90 因子	年份	R_1	R_{12}	R_2	R_{22}
躯体化	1990—2004	0.417**	0.174	0.151	0.023
	2005—2012	0.029	0.001	-0.099	0.010
强迫	1990—2004	0.301**	0.091	-0.013	0.000
	2005—2012	0.050	0.003	0.066	0.004
人际关系	1990—2004	0.267*	0.071	-0.047	0.002
	2005—2012	-0.019	0.000	0.023	0.001
抑郁	1990—2004	0.255*	0.065	-0.175	0.031
	2005—2012	-0.002	0.000	-0.054	0.003
焦虑	1990—2004	0.302**	0.091	-0.076	0.006
	2005—2012	0.121	0.015	0.048	0.002
敌对	1990—2004	0.302**	0.091	0.046	0.002
	2005—2012	-0.026	0.001	0.071	0.005
恐怖	1990—2004	0.296**	0.088	-0.012	0.000
	2005—2012	0.181	0.033	0.186	0.035
偏执	1990—2004	0.201	0.040	-0.120	0.014
	2005—2012	-0.063	0.004	0.057	0.003
精神病性	1990—2004	0.304**	0.092	0.127	0.016
	2005—2012	0.008	0.000	-0.063	0.004

注：R_1 是平均数与年份的相关，R_2 是标准差与年份的相关。

在已经得知高中生心理健康水平呈下降的趋势的基础上，进一步分析在 1990—2012 年高中生心理健康水平到底下降了多少。本研究对各因子在 23 年中各因子的得分变化量进行分析，结果见表 17-5。科恩（Cohen）对效果量的大小进行了划分，0.8 以上是大效应，0.5~0.8 是中效应，0.2~0.5 为小效应。[①] 在本研究中，躯体化、强迫、焦虑、恐怖因子的变化量是中效应，抑郁、敌对、偏执、人际关系、精神病性因子的变化量为小效应。各因子变化范围为 3%~14%。

表 17-5 1990-2012 年 SCL-90 各因子得分的变化量

SCL-90 因子	M_{1990}	M_{2012}	$M_{变化}$	M_{SD}	d	r^2
躯体化	1.30	1.57	0.27	0.52	0.52	0.12
强迫	1.77	2.13	0.36	0.62	0.58	0.13
人际关系	1.84	1.92	0.08	0.68	0.12	0.03
抑郁	1.64	1.81	0.17	0.63	0.27	0.07
焦虑	1.43	1.80	0.37	0.59	0.63	0.14
敌对	1.62	1.80	0.18	0.67	0.27	0.07
恐怖	1.30	1.66	0.36	0.56	0.64	0.15
偏执	1.62	1.79	0.17	0.61	0.28	0.07
精神病性	1.41	1.68	0.27	0.54	0.49	0.12

注：M_{1990} 是 1990 年各因子平均分，M_{2012} 是 2012 年各因子平均分，$M_{变化} = M_{2012} - M_{1990}$，$M_{SD}$ 是 23 年来总平均标准差。d 是因子改变的效果量，$d = M_{变化}/M_{SD}$。r^2 是解释率，$r = d/\sqrt{d^2+4}$。

(二) 高中生心理健康水平的个体差异

1. 不同性别高中生心理健康水平差异

本研究对不同性别的高中生心理健康水平进行了分析。首先，将筛选的159 篇文献中报告的男生和女生 SCL-90 平均分和标准差的文献进行编码，共收集同时报告男女生数据的文献 66 篇，另外有 1 篇文献只报告了男高中生数据，5 篇文献仅有女高中生数据。所有这些文献共包括女生被试 31 089 人，男生被试 27 466 人。

[①] Cohen, J., "Statistical Power Analysis," *Current Directions in Psychological Science*, 1992, 1(3), pp. 98-101.

结果发现，2000—2012年，男生在躯体化、强迫、抑郁、焦虑、恐怖、精神病性因子上与年份呈正相关，但不显著；在人际关系、敌对和偏执因子上呈负相关，但不显著。女生在躯体化、强迫、抑郁、敌对、恐怖、精神病性因子上与年份呈正相关，其中，躯体化、焦虑、恐怖呈显著正相关，人际关系和偏执因子上与年份呈负相关，但不显著。年份对男生心理健康水平的解释率为0~2.1%，解释率很低。年份对女生心理健康水平的解释率为1%~7%，比男生高。女生心理健康水平下降得比男生快。

为了解男生和女生心理健康水平改变量，研究用2012年各因子的平均分减去2000年各因子平均分，得出平均变化量$M_{变化}$，然后求得13年的平均标准差M_{SD}，用平均变化量除以平均标准差，得出效应值d。结果发现男生在人际关系、敌对和偏执三个因子上的得分均有所下降，效应值达到小效应水平，即心理健康水平有所改善。女生在躯体化、强迫、抑郁、焦虑方面改变量达到小效应水平，即这13年来，这四个方面心理健康水平降低。在恐怖因子上效应值达到中效应水平。男生因子改变量的解释范围为0~4%，女生改变量的解释范围为0~21%。女生心理健康水平下降得更多，而男生心理健康水平在人际关系、敌对、偏执方面有所改善。

表17-6　不同性别高中生心理健康变化趋势和变化量

SCL-90因子	男生（2000—2012）N=27 466						女生（2000—2012）N=31 089					
	R	R^2	$M_{变化}$	M_{SD}	d	r^2	R	R^2	$M_{变化}$	M_{SD}	d	r^2
躯体化	0.145	0.021	0.08	0.489	0.16	0.01	0.216*	0.047	0.18	0.515	0.35	0.06
强迫	0.130	0.017	0.08	0.625	0.13	0.01	0.139	0.019	0.17	0.606	0.28	0.04
人际关系	-0.098	0.010	-0.15	0.618	-0.24	0.03	-0.103	0.011	0.00	0.623	0.00	0.00
抑郁	0.084	0.007	-0.02	0.594	-0.03	0.00	0.098	0.010	0.16	0.609	0.26	0.03
焦虑	0.122	0.015	0.00	0.563	0.00	0.00	0.265*	0.070	0.26	0.580	0.45	0.10
敌对	-0.107	0.011	-0.20	0.661	-0.30	0.04	0.101	0.010	0.02	0.628	0.03	0.00
恐怖	0.088	0.008	0.01	0.515	0.02	0.00	0.278*	0.077	0.36	0.534	0.67	0.21

续表

SCL-90 因子	男生（2000—2012）N = 27 466						女生（2000—2012）N = 31 089					
	R	R^2	$M_{变化}$	M_{SD}	d	r^2	R	R^2	$M_{变化}$	M_{SD}	d	r^2
偏执	-0.146	0.021	-0.16	0.610	-0.26	0.03	-0.114	0.013	-0.06	0.577	-0.10	0.00
精神病性	0.078	0.006	-0.01	0.545	-0.02	0.00	0.150	0.023	0.1	0.519	0.19	0.02

注：R 是 SCL-90 各因子得分与年份的相关，R^2 是相关 R 的平方。

本研究又对男生和女生各因子得分进行 t 检验，结果发现，整体来看，女生的心理健康水平低于男生。女生在抑郁（$t = -3.095$，$p = 0.002$）、焦虑（$t = -2.490$，$p = 0.014$）和恐怖（$t = -4.103$，$p = 0.000$）因子上得分显著高于男生，男生在敌对和偏执因子上得分略高于女生，但结果并不显著。其他各因子女生得分高于男生，但不显著。男生与女生的各因子比较结果见图 17-3。

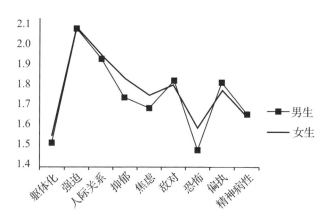

图 17-3 男生和女生各因子比较图

2. 不同年级高中生心理健康水平差异

高三学生面临高考，其心理健康水平与其他两个年级有所不同。高三学生的心理压力比其他两个年级的学生更大，心理健康特点有特殊性，因此本研究将高中三个年级划分为高三和非高三。经文献整理，将报告各年级 SCL-90 因子平均分和标准差的文献再次编码，形成子研究文件。结果发现，1996 年到 2011 年，报告高三研究的文献有 69 项，被试达 19 447 人，报告非高三数据的文献有

59 项，被试达 37 956 人。

高一、高二学生除人际关系和偏执因子与年份呈负相关，其他因子均呈正相关，其中躯体化和焦虑因子达到显著水平，其他因子不显著，年份的解释率为 0~5%。高三学生年份与各因子相关不显著，年份解释率在 3% 以下。在因子改变量上，非高三学生在躯体化、强迫、抑郁、焦虑、恐怖和精神病性因子上改变的效应值达到小效应水平，高三学生在强迫和精神病性因子的改变量达到小效应水平。总之，高三和非高三学生心理健康水平整体呈下降趋势，非高三学生下降幅度更大。

表 17-7　高三和非高三学生 SCL-90 各因子变化趋势和改变量

SCL-90 因子	非高三(1996—2011)N = 37 956						高三(1996—2011)N = 19 447					
	R	R^2	$M_{变化}$	M_{SD}	d	r^2	R	R^2	$M_{变化}$	M_{SD}	d	r^2
躯体化	0.213*	0.05	0.11	0.521	0.20	0.02	0.174	0.03	-0.06	0.530	-0.11	0.01
强迫	0.096	0.01	0.16	0.621	0.26	0.03	0.031	0.00	0.14	0.638	0.22	0.02
人际关系	-0.024	0.00	0.12	0.635	0.19	0.02	-0.092	0.01	-0.02	0.633	-0.03	0.00
抑郁	0.116	0.01	0.12	0.619	0.20	0.02	-0.022	0.00	-0.04	0.635	-0.06	0.00
焦虑	0.200*	0.04	0.13	0.582	0.22	0.02	0.172	0.03	0.05	0.615	0.08	0.00
敌对	0.096	0.01	-0.03	0.677	-0.04	0.00	0.000	0.00	-0.14	0.703	-0.20	0.02
恐怖	0.161	0.03	0.16	0.540	0.30	0.03	0.183	0.03	0.10	0.560	0.18	0.02
偏执	-0.023	0.00	0.04	0.602	0.07	0.00	-0.040	0.00	-0.04	0.610	-0.07	0.00
精神病性	0.188	0.04	0.17	0.536	0.31	0.05	0.069	0.00	0.12	0.589	0.20	0.02

在整体变化趋势的基础上，进一步分析高三和非高三学生心理健康差异，结果发现，高三学生心理健康水平更低，在躯体化（$t = -2.51$，$p = 0.013$）、抑郁（$t = -2.886$，$p = 0.004$）、焦虑（$t = -2.414$，$p = 0.017$）和精神病性（$t = -2.043$，$p = 0.043$）四个方面得分显著高于非高三学生，见图 17-4。这说明，高三学生躯体化水平更高，更焦虑、更抑郁，精神病性水平更高。

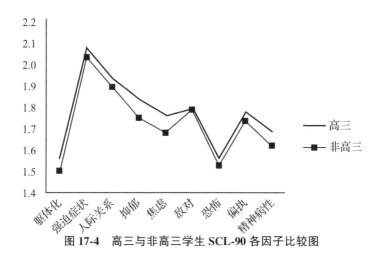

图 17-4　高三与非高三学生 SCL-90 各因子比较图

(三)不同类型学校高中生心理健康发展趋势及其差异

1. 不同地区高中生心理健康水平差异

本研究通过对 159 项研究的区域信息进行编码,发现有 152 项研究报告了区域信息,而且没有区域间的重合。统计发现,报告东部地区高中生心理健康的有 59 项研究,包括 42 069 名被试;报告中部地区高中生心理健康的研究有 48 项,被试达 40 031 人;报告西部地区高中生心理健康的研究有 45 项,涵盖被试 33 926 人。

东部地区高中生各因子得分与年份呈正相关,偏执因子除外。其中躯体化、焦虑因子与年份的相关达到显著性水平,恐怖、精神病性因子呈边缘显著,年份的解释率范围为 1%~10%。中部地区高中生躯体化、强迫、抑郁、焦虑、恐怖、精神病性与年份均呈正相关,年份的解释率为 0~9%。西部地区恐怖因子与年份的相关性达到显著性水平,年份的解释率为 9%,其他因子与年份相关不显著。

从改变量来看,东部地区恐怖因子的变化量达到大效应水平,躯体化、强迫、偏执和精神病性达到中效应水平,人际关系、抑郁、敌对达到小效应水平,解释率为 6%~34%。中部地区躯体化、强迫、抑郁、焦虑、恐怖因子的改变量达到小效应水平,解释率为 1%~8%。西部地区躯体化、抑郁、焦虑、恐怖、精神病性的改变量达到小效应水平,解释率为 1%~6%。具体结果见表 17-8。

表 17-8 不同地区高中生 SCL-90 各因子变化趋势与变化量

SCL-90 因子	东部(1990—2012) N=42 069						中部(1994—2012) N=40 031						西部(1996—2012) N=33 926					
	R	R^2	$M_{变化}$	M_{SD}	d	r^2	R	R^2	$M_{变化}$	M_{SD}	d	r^2	R	R^2	$M_{变化}$	M_{SD}	d	r^2
躯体化	0.311*	0.10	0.28	0.50	0.56	0.15	0.224	0.05	0.18	0.53	0.34	0.06	0.227	0.05	0.13	0.53	0.25	0.03
强迫	0.217	0.05	0.46	0.60	0.77	0.27	0.265+	0.07	0.18	0.64	0.28	0.04	0.181	0.03	0.11	0.62	0.18	0.02
人际关系	0.119	0.01	0.21	0.62	0.34	0.06	-0.019	0.00	-0.15	0.65	-0.23	0.03	0.064	0.00	0.09	0.79	0.11	0.01
抑郁	0.149	0.02	0.21	0.60	0.35	0.06	0.148	0.02	0.17	0.65	0.26	0.03	0.153	0.02	0.17	0.63	0.27	0.04
焦虑	0.267*	0.07	0.44	0.57	0.77	0.28	0.293*	0.09	0.25	0.60	0.42	0.08	0.221	0.05	0.19	0.61	0.31	0.05
敌对	0.171	0.03	0.23	0.66	0.35	0.06	-0.039	0.00	-0.07	0.68	-0.10	0.01	0.219	0.05	0.11	0.68	0.16	0.01
恐怖	0.237+	0.06	0.45	0.52	0.87	0.34	0.123	0.02	0.12	0.57	0.21	0.02	0.305*	0.09	0.20	0.58	0.34	0.06
偏执	-0.088	0.01	0.30	0.60	0.50	0.12	-0.119	0.01	-0.12	0.63	-0.19	0.02	-0.003	0.00	-0.05	0.61	-0.08	0.00
精神病性	0.237+	0.06	0.35	0.51	0.69	0.22	0.137	0.02	0.03	0.57	0.05	0.00	0.276	0.08	0.13	0.55	0.24	0.03

东中西部高中生心理健康差异分析显示，中部地区和西部地区无显著差异。将中西部进行合并，与东部进行比较，t 检验结果发现：东部地区各因子得分均低于中西部地区。东部地区与中西部地区各因子 t 检验结果为：躯体化（$t = -2.342$，$p = 0.02$）、强迫（$t = -2.682$，$p = 0.008$）、人际关系（$t = -2.878$，$p = 0.005$）、抑郁（$t = -3.829$，$p = 0.001$）、焦虑（$t = -2.413$，$p = 0.019$）、敌对（$t = -2.370$，$p = 0.019$）、恐怖（$t = -3.383$，$p = 0.001$）、偏执（$t = -1.950$，$p = 0.050$）、精神病性（$t = -2.721$，$p = 0.007$）。东部、中部、西部的各因子比较见图 17-5。

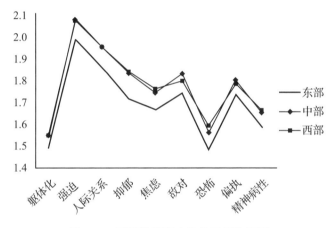

图 17-5 不同地区高中生各因子比较图

2. 不同类型高中生心理健康发展趋势及其差异

本研究对报告了不同学校类型 SCL-90 因子得分的文献再编码，形成子研究文件。其中报告了普通高中相关数据的研究有 132 项，年份从 1990 年到 2012 年，被试达 101 591 人，报告中职中学数据的研究有 25 项，样本量达 14 178 人，年份从 1996 年到 2012 年。

普通高中生各因子得分与年份呈正相关，偏执因子除外。其中躯体化、强迫、焦虑、恐怖、精神病性因子达到显著水平，年份的解释率为 $0 \sim 8.9\%$。中职生各因子得分与年份之间呈正相关，但未达到显著性水平，年份的解释率为 $0 \sim 13.3\%$。

0～13.3%。

普通高中生心理健康的变化效果量为-0.01～0.56，其中躯体化、强迫、焦虑、恐怖因子的改变量达到中效应水平，抑郁、敌对和精神病性的改变量为小效应，改变量的解释率为0～15%。中职生各因子得分的改变量为-0.082～0.716，其中恐怖因子的改变量达到中效应水平，躯体化、强迫、焦虑、偏执因子改变量为小效应，因子改变量的解释率为0～24%。整体来看，普通高中生和中职生的心理健康水平都呈下降趋势。

表17-9　不同类型高中生 SCL-90 因子得分变化趋势和变化量

SCL-90因子	普通高中(1990—2012) N=101 591						中职(1996—2012) N=14 178					
	R	R^2	$M_{变化}$	M_{SD}	d	r^2	R	R^2	$M_{变化}$	M_{SD}	d	r^2
躯体化	0.299**	0.089	0.29	0.521	0.56	0.15	0.365	0.133	0.178	0.486	0.366	0.07
强迫	0.177*	0.031	0.35	0.622	0.56	0.15	0.132	0.017	0.189	0.591	0.320	0.05
人际关系	0.005	0.000	-0.01	0.681	-0.01	0.00	0.096	0.009	0.042	0.638	0.066	0.00
抑郁	0.138	0.019	0.19	0.626	0.30	0.05	0.065	0.004	0.019	0.612	0.031	0.00
焦虑	0.242**	0.059	0.36	0.598	0.60	0.17	0.187	0.035	0.158	0.566	0.279	0.04
敌对	0.089	0.008	0.14	0.670	0.21	0.02	0.160	0.026	0.088	0.683	0.129	0.01
恐怖	0.198*	0.039	0.29	0.547	0.53	0.14	0.276	0.076	0.422	0.589	0.716	0.24
偏执	-0.066	0.004	0.10	0.608	0.16	0.01	0.187	0.035	0.240	0.630	0.381	0.07
精神病性	0.185*	0.034	0.22	0.548	0.40	0.08	0.109	0.012	-0.043	0.525	-0.082	0.00

进一步用 t 检验分析普通高中生与中职生心理健康水平的差异，结果发现，整体看来，中职生心理健康水平比普通高中生更低。其中，中职生人际关系（t=-2.212，p=0.034）和恐怖（t=-2.431，p=0.021）因子得分显著高于普通高中生，见图17-6。

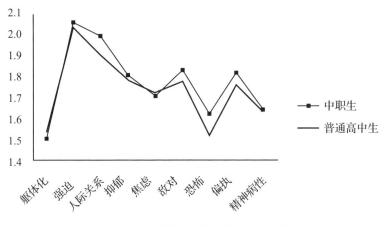

图 17-6 不同学校类型高中生各因子比较图

三、讨论与建议

（一）高中生心理健康水平整体变化趋势和影响因素分析

经分析发现，我国高中生心理健康水平在 1990—2004 年呈缓慢下降趋势，2004 年以后心理健康水平趋于平稳，至 2012 年高中生心理健康水平没有继续恶化。这可能是由于 2002 年 9 月教育部颁布了《纲要》。《纲要》中指出了心理健康教育的目标和任务，明确了心理健康教育的内容、途径和方法。2012 年教育部又再次对《纲要》进行了修订，各级教育部门、中小学校领导、教师和家长都在逐渐重视心理健康教育。心理健康教育虽然没有明显改善我国高中生心理健康水平，但抑制了高中生心理健康水平的恶化。庆幸的是，2015 年，教育部印发了《中小学心理辅导室建设指南》，明确了中小学心理辅导室功能、环境设置、专兼职心理学人员配备等更为具体的建设方案，为我国中小学心理健康教育的开展提供了更有效的指导。我们预测，如果更加重视高中生心理健康教育，这一阶段学生的心理健康水平未来将会得到改善。

(二) 高中生心理健康水平的个体差异

本研究发现高中女生比男生心理健康水平更差，女生比男生更焦虑、更抑郁，更容易恐惧。而且从 2000 年到 2012 年，女生比男生心理健康水平下降更快，而男生则在敌对、恐怖等因子上有所改善。以往对大学生的横断历史研究也发现，大学女生比男生在 SCL-90 除敌对和偏执因子外，其他因子得分更高，健康水平更低。[1] 这说明男女生心理健康的差异在高中期间就有所体现。

实际上，男生和女生的心理健康水平自儿童期开始就有差异。研究发现，6 岁时，女生的焦虑水平已经是男生的两倍。[2] 儿童期男女生抑郁没有显著差异，但从青春期早期开始，男女生的抑郁水平开始有显著差异，到青春期晚期女生抑郁水平是男生的两倍。[3] 究其原因，主要有两个方面，即生理原因和心理社会原因。第一，从生理方面来看，研究发现，女性雌性激素、孕激素对情绪有直接的负面影响。[4] 第二，从心理社会方面来看，进入青春期后的女生在行为上受到更多的限制，被要求做符合性别角色的事，在对未来的选择方面也受到许多限制。[5] 女生的心理健康问题在心理健康教育中应受到更多的重视。

从年级来看，高一、高二学生心理健康下降水平更多，但高三学生心理健康水平更低，在躯体化、抑郁、焦虑和精神病性四个方面因子得分显著高于高一、高二学生，这可能是由于高三学生处于高考压力下，心理健康水平一直处于较低水平，所以下降程度比高一、高二学生更小。这与以往研究结果一致，高三学生的心理压力、焦虑情绪和对未来的担忧比高一、高二学生都大很多。[6]

---

[1] 辛自强、张梅、何琳：《大学生心理健康变迁的横断历史研究》，载《心理学报》，2012，44(5)。

[2] Lewinsohn, P. M., Gotlib, I. H., Lewinsohn, M., et al., "Gender Differences in Anxiety Disorders and Anxiety Symptoms in Adolescents," *Journal of abnormal psychology*, 1998, 107(1), p. 109.

[3] Nolen-Hoeksema, S. & Girgus, J. S., "The Emergence of Gender Differences in Depression during Adolescence," *Psychological bulletin*, 1994, 115(3), p. 424.

[4] Nolen-Hoeksema, S., "Gender Differences in Depression," *Current Directions in Psychological Science*, 2001, 10(5), pp. 173-176.

[5] Bolognini, M., Plancherel, B., Bettschart, W., et al., "Self-Esteem and Mental Health in Early Adolescence: Development and Gender Differences," *Journal of Adolescence*, 1996, 19(3), pp. 233-245.

[6] 雷开春、杨雄：《中日韩高中生的身心健康：指标、现状及影响因素》，载《青年研究》，2011(3)。

高三学生心理健康更应受到重视。

(三) 不同学校类型和区域高中生心理健康水平的差异

整体来看，中职生心理健康水平低于普通高中生。其中，中职生人际关系和恐怖因子得分显著高于普通高中生。中职生和普通高中生最主要的差异是由学习成绩差异而导致自卑、自我评价低、自我认同度低，因而在心理健康水平上低于普通高中生。未来应加强关注中职生心理健康，开展适合中职生心理特点的心理健康教育工作。[1]

在地区方面，经分析发现，东西部地区高中生心理健康水平均有所下降。整体上，东部地区高中生在 SCL-90 各因子的得分均显著低于中西部地区，这说明东部地区比中西部地区高中生心理健康水平更高，而中部和西部地区高中生心理健康水平几乎没有差异。根据布朗芬布伦纳的生态系统理论，青少年生活的地区属于生态系统的外系统，它不直接影响青少年心理健康，但通过地区社会经济差异间接地对青少年产生影响。由于地区之间社会经济发展不平衡，导致中西部地区高中生教育资源、家庭社会经济地位、父母受教育程度、流动人口和留守儿童数量都有显著差异，这可能导致了东西部高中生心理健康水平的差异。[2]

(四) 提升高中生心理健康水平的建议

第一，个体层面。培养学生坚强的意志品质和抗挫折能力。从积极心理学的角度，心理健康不仅指没有疾病，更应具备积极的心理品质。在压力条件下，有的学生能够化压力为动力，而有的学生则会被压力击垮，意志品质在其中有重要作用。本研究中涉及的高中生绝大部分是出生在 20 世纪八九十年代，这一时代的独生子女增多，在家长的宠溺中青少年更为自我，抵御风险和挫折的能

---

[1] 雷开春、杨雄：《中日韩高中生的身心健康：指标、现状及影响因素》，载《青年研究》，2011(3)。

[2] Bronfenbrenner, U., *The Ecology of Human Development: Experiments by Nature and Design*, Cambridge, MA, Harvard University Press, 1979.

力降低。因此，青少年应从自身出发，培养乐观积极的心理品质，提高抗挫折能力，以坚强的姿态应对学习和生活。

第二，学校与家庭层面。学校和家庭在教育过程中应尊重青少年心理发展规律，尊重个体差异。本研究发现，女生的心理健康水平更低，焦虑、抑郁、恐惧等负性情绪问题更为严重。临近高考的高三学生的抑郁、焦虑、躯体化等心理问题应引起学校和家长的重视，中职生的人际关系问题更应引起关注。

学校心理健康服务应以学生自身心理发展特点为基础，以学生的成长需要为出发点，提供适切的心理健康教育。首先，要加强学校心理辅导室建设，开展心理健康辅导与咨询。学校心理辅导室以培养全面发展的人为目标，对学生心理疾病进行诊断和咨询，开展个体与团体心理辅导、心理咨询工作，挖掘学生自身的潜能，促进学生自我成长。其次，根据高中生心理发展水平和思维特点，建设丰富多元的心理健康教育课程，探索心理健康教育实践。

第三，社会层面。注重教育公平，促进教育均衡发展。本研究结果发现，中西部地区高中生几乎在各个因子上心理问题都比东部地区高中生多，除社会经济发展不均衡的因素，这也反映了不同地区心理健康教育不均衡。因此在推进教育均衡发展的过程中，心理健康教育不能掉队，要培养学生综合素质，营造健康的育人环境。我国长期以来以学生学业成绩为唯一评价标准的状态难以扭转，导致学校、家长和学生重分数，轻品德发展、身心发展和兴趣培养等方面素质养成，以致高中生由学业压力带来的心理健康问题尤为突出，而且随着年级增长呈递增趋势。为扭转以学生成绩为唯一标准的现状，2013年教育部印发了《关于推进中小学教育质量综合评价改革的意见》，2014年又出台了《关于加强和改进普通高中学生综合素质评价的意见》，旨在改变教育环境，采取"以人为本"的教育理念，促进学生在品德、学业、身心、社会实践能力、艺术素养等方面共同发展。

第十八章

————

学习困难学生焦虑的元分析

学习困难(learning disabilities，本书中与学习不良同义)学生一般被认为较非学习困难学生有更高程度的焦虑水平。[①] 研究者在关于焦虑和学习困难之间的关系上有三种不同的理论争论，即认为焦虑先于学习困难发生、焦虑后于学习困难发生或两者同时发生。[②] 尽管直到现在两者的因果关系依然没有得到确定，但研究者普遍认为焦虑和学习困难存在着相互作用。[③] 前人研究表明，学生在学习成绩上的差异不仅取决于个体的认知能力，情绪也同样是影响学生学业成绩的重要因素。[④] 因此，对学习困难学生的焦虑问题进行研究是十分必要的。

随着元分析技术在心理学领域的应用逐渐广泛，国外有研究者对学习困难学生(5~18岁)和非学习困难学生的焦虑水平差异进行了元分析。[⑤] 结果表明，学习困难学生的焦虑水平显著高于非学习困难学生，但两者差异的效应量处于中等水平(Cohen's $d=0.61$)，这表明总体上看，学习困难学生的焦虑水平并没有达到十分严重的程度。然而，尽管该研究对58项关于学习困难学生焦虑问题的研究进行了元分析，但研究对象并不包含我国学习困难学生，因此，我们不能确定这一研究结果是否同样能够反映我国学习困难学生的真实焦虑程度。

————————

① 王永丽、俞国良：《学习不良儿童的心理行为问题》，载《心理科学进展》，2003，11(6)。
② Spreen O.，"The Relationship between Learning Disability, Emotional Disorders, and Neuropsychology: Some Results and Observations,"*Journal of Clinical and Experimental Neuropsychology*，1989，11(1)，pp. 117-140.
③ 董妍：《学习不良儿童的情绪问题》，载《世界教育信息》，2007(5)。
④ 毛梦钗、黄宇霞：《情绪与学习——来自认知神经科学的证据》，载《教育发展研究》，2013，33(Z2)。
⑤ Nelson，J. M.，Harwood H.，"Learning Disabilities and Anxiety: A Meta-Analysis,"*Journal of Learning Disabilities*，2011，44(1)，pp. 3-17.

近二十年来，我国研究者对学习困难学生的焦虑问题也进行了大量研究。但在这些对学习困难学生和非学习困难学生焦虑水平进行对比的研究中，各项研究所报告的差异效应量存在差别，这使我们无法准确地对学习困难学生的真实焦虑程度进行判断。另外，尽管大部分研究认为学习困难学生的焦虑水平要显著高于非学习困难学生，但依然存在一些例外。除了抽样误差之外，是否存在一些调节变量影响着两者焦虑水平的差异也是我们需要关注的一个问题。

因此，这里将对学习困难学生焦虑程度进行元分析。首先要明确学习困难学生与非学习困难学生焦虑水平差异的效应量，对学习困难学生的焦虑程度进行较为准确的判断。其次要对影响学习困难学生焦虑水平的调节变量进行分析，探讨测量工具、学习层次、对比群体和研究质量是否是学习困难学生焦虑的影响因素。

一、研究方法

（一）文献检索

对焦虑的测量主要包含两种类型的量表。一类是测查个体心理健康整体水平的量表，其中包含了对焦虑维度的测量，如症状自评量表（SCL-90）、中学生心理健康量表（MSSMHS）、Conners 儿童行为量表；另一类是针对焦虑进行测量的量表，如焦虑自评量表（SAS）、状态—特质焦虑问卷（STAI）、汉密尔顿焦虑量表（HAMA）、贝克焦虑量表（BAI）。另外，心理健康诊断测验（MHT）是从焦虑的指向对象和因焦虑而产生的行为两个方面对个体的心理健康状况进行测量，故也将其视为针对焦虑进行测量的量表。由于我们只关心学习困难学生的一般焦虑水平或特质焦虑水平，故只对状态—特质焦虑问卷中的特质焦虑问卷进行文献收集和数据分析。与此同时，我们也不对一般焦虑以外的焦虑类型（如社交焦虑、测验焦虑等）的相关文献进行收集。因此，我们针对上述 8 种量表进行文献的收集工作。这样也能够防止在文献收集的过程中遗漏那些篇名或关键词中不含"焦虑"但符合元分析条件的文献(如有的文献以"心理健康"为篇名或关键词,但却包含了对焦虑水平的测量)。具体而言,在中国知网上以"学习困难(学习不良、学业不良、学困)"为篇名,并且全文中包含"症状自评量表"(SCL-90)或"中学生心理健康量表"(MSSMHS)或"Conners"或"焦虑自评量表"(SAS)或"特质焦虑问卷"(TAI)或"汉密尔顿焦虑量表"(HAMA)或"贝克焦虑量表"(BAI)或"心理健康诊断测验"(MHT)进行文献检索。

(二) 文献筛选

纳入元分析的研究需具备以下几条文献纳入标准。①对学习困难中小学生的筛选需遵循学习困难的界定标准。[①] 有些研究并未明确提及学习困难学生筛选的智力标准或疾病标准,我们认为从普通中小学中筛选出的学习成绩较差的学生整体上是没有智力缺陷和精神、躯体疾病的,因此,可以认为对这部分学生的筛选是符合学习困难学生的操作性定义的。对学习困难大学生的筛选标准与中小学生有些不同。由于大学生一般并不存在智力缺陷,因此,在实际研究中研究者一般将是否存在不及格现象作为判断大学生是否学习困难的标准。本研究认可这一筛选标准,将通过这种方法对学习困难大学生进行筛选的研究纳入元分析。②需使用上述 8 种量表对学习困难学生的焦虑水平进行测查,同时将非学习困难学生作为对照组,并报告两组被试的样本量,以及两组被试焦虑水平得分的平均数和标准差。

同时,我们按照以下几条文献排除标准对文献进行了剔除。①除学习困难外,被试不得具有其他特征或症状。例如,对"富裕学困生""具有多动障碍的学习困难儿童"等群体的研究均不纳入元分析。②如果两项研究使用同一组数据,则只按照一次研究看待。③如果一项研究同时是学位论文和期刊论文,则只按一篇期刊论文看待,不再以学位论文看待。

---

① 辛自强、俞国良:《学习困难的界定与操作化定义》,载《心理学动态》,1999,7(2)。

(三) 变量编码

首先对筛选出的文献中的研究名称、学习困难学生和非学习困难学生的样本量、两者焦虑得分的平均数和标准差进行编码。与此同时，我们还对可能的调节变量进行了编码。第一，由于要对筛选出的研究是否存在发表偏差进行考查，因此，我们对文献的发表状态进行了编码，将期刊论文编码为"是"，将学位论文编码为"否"。第二，要探讨的问题是不同的测量工具是否会影响学习困难学生和非学习困难学生之间焦虑水平的差异程度。一方面，不同的测量工具在编制时所依据的理论基础并不相同，量表的结构也有很大差异。例如，MHT根据《不安倾向诊断测验》修订而成，通过八个维度对个体的焦虑水平进行测量；而状态—特质焦虑问卷根据状态—特质焦虑理论编制，本研究所关注的特质焦虑问卷是状态—特质焦虑问卷的一个部分。另一方面，不同量表的施测方法也不相同。例如，Conners儿童行为量表是一种他评量表，其余量表是自评量表。这两方面的原因都会导致在使用不同的工具对焦虑进行测量时会存在差异。为此，我们对筛选出的文献按照所使用的量表进行编码，以探讨测量工具是否是影响学习困难与非学习困难学生焦虑水平差异的调节变量。第三，学习层次可能是影响学习困难学生焦虑水平的一个重要变量，因此，我们根据被试群体将筛选出的文献编码为"小学""中学""大学"。由于有些研究是以青少年为研究对象的，被试群体既包括中学生，也包括小学生，因此，将这些研究编码为"中小学"。第四，各研究中的对照组存在差异。大部分研究以一般的非学习困难学生为对照群体，如将成绩排名在班内中等偏上、考核评定为"良"的学生视为对照群体，但有些研究将"学优生"作为对照群体。因此，我们将对照群体编码为"一般"或"优秀"，以探讨不同类型的对照群体是否会对学习困难学生和非学习困难学生的焦虑水平差异产生影响。如果文献中的非学习困难学生同时包含一般非学习困难学生和学习优秀学生，则只将一般非学习困难学生作为对照组进行编码。最后，由于期刊质量在一定程度上反映了论文的水平，因此，我们将北京大学《核心期刊要目总览》来源期刊（2014 年版）或 CSSCI 中国社会科学引文索引（2014—2015）来源期刊或 CSCD 中国科学引文数据库来源期刊（2015—2016年度）编码为"核心期刊"，其余期刊编码为"一般期刊"；由于筛选出的未发表的论文全部为硕士论文，故将这些论文编码为"硕士论文"。这样使我们能够对研究质量是否对研究结果产生影响进行探讨。

（四）统计方法

使用 Comprehensive Meta-Analysis 2.0 软件进行元分析，分别进行同质性检验、合并效应量的计算以及调节变量的分析，并对是否存在发表偏倚进行了考查。

二、研究结果

（一）纳入文献的描述性统计

经过文献筛选，共筛选出 26 篇论文（见附录），26 项研究，其中期刊论文19 篇（核心期刊 5 篇，一般期刊 14 篇），学位论文（硕士论文）7 篇。时间跨度为 1997—2015 年。研究对象共 8847 人，包含学习困难学生 3113 人，非学习困难学生 5 734 人。其中使用 SCL-90 的研究 10 项，使用 MHT 的研究 5 项，使用 Conners 儿童行为量表（父母问卷）的研究 4 项，使用 MSSMHS 的研究 3 项，使用 SAS 的研究 2 项，使用特质焦虑问卷的研究 2 项，没有符合文献纳入标准的以 HAMA 和 BAI 为测量工具的研究。研究对象来自小学、中学、中小学和大学的研究分别为 4 项、12 项、6 项和 4 项。对照组为一般学习困难学生和学习优秀学生的研究分别为 22 项和 4 项。

（二）合并效应量

为了确定各项研究是否是同质的，首先进行同质性 Q 检验。结果表明，

$Q(25) = 356.81$，$p < 0.001$，可以认为元分析中的 26 项研究具有异质性，因此，应使用随机效应模型进行效应量的合并。合并效应量 Cohen's $d = 0.53$，95% 置信区间为 $[0.35, 0.72]$，表明学习困难学生的焦虑水平显著高于非学习困难学生，结果如图 18-1 所示。按照科恩提出的标准[①]，合并效应量的绝对值为 0.5~0.8，处于中等效应水平。

敏感性分析能够检验结果的稳健程度。为了检验效应量的稳定性，我们又通过每次删除一项研究的方法进行了敏感性分析，这样能够考查排除某个研究是否会对结果产生较大影响。结果表明，Cohen's $d = 0.53$，95% 置信区间 $[0.35, 0.72]$，从而证明了结果的稳定性。

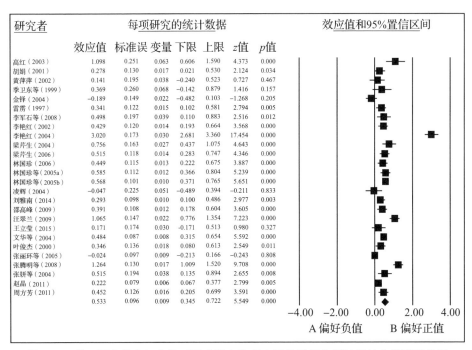

图 18-1　学习困难学生与非学习困难学生焦虑水平差异元分析随机效应模型森林图

(三)调节效应分析

分别对测量工具、学习层次、对照群体和研究质量的调节效应进行分析。

---

① Cohen, J., *Statistical Power Analysis for the Behavioral Sciences*, Hillsdale, NJ, Erlbaum, 1988.

结果表明，测量工具的调节效应显著，$Q(5) = 65.18$，$p<0.001$。学习困难学生和非学习困难学生在 SCL-90 焦虑维度、MHT 总分、MSSMHS 焦虑维度上的得分存在显著差异，但在 SAS 总分、Conners 儿童行为量表（父母问卷）焦虑维度、特质焦虑量表总分上的得分差异不显著。学习层次的调节效应显著，$Q(3) = 13.42$，$p = 0.004$，尽管学习困难小学生、中学生和大学生与对照组在焦虑水平上都存在显著差异，但小学生的差异程度要小一些。对照群体的调节效应不显著，$Q(1) = 0.99$，$p = 0.32$。研究质量的调节效应不显著，$Q(2) = 2.24$，$p = 0.33$。如表 18-1 所示。

（四）发表偏倚

对于发表偏倚我们从两个方面来进行判断。首先，通过漏斗图来判断发表偏倚是否存在，如图 18-2 所示。根据漏斗图，大部分研究处于漏斗的顶端中部，这表明存在发展偏倚的可能性很小。失安全系数为 2510，这表明还需要 2510 项阴性研究才能使结果变得不显著。另外，对发表状态进行调节效应分析，结果发现发表状态的调节效应不显著，$Q(1) = 1.15$，$p = 0.28$（见表 18-1）。可以认为，本次元分析所纳入的研究不存在发表偏倚。

表 18-1 学习困难学生与非学习困难学生焦虑水平差异调节效应分析表

调节变量	异质性分析			类别名称	研究数量	效应值及95%的置信区间		
	Q_b	df	p			d	下限	上限
测量工具	65.18	5	<0.001	SCL-90	10	0.47	0.40	0.55
				MHT	5	0.62	0.18	1.05
				MSSMHS	3	0.39	0.20	0.58
				Conners	4	0.17	−0.11	0.45
				SAS	2	1.65	−1.02	4.33
				TAI	2	0.44	−0.82	1.70

续表

调节变量	异质性分析			类别名称	研究数量	效应值及95%的置信区间		
	Q_b	df	p			d	下限	上限
学习层次	13.42	3	0.004	小学	4	0.24	0.002	0.48
				中学	12	0.68	0.31	1.04
				中小学	6	0.46	0.22	0.71
				大学	4	0.44	0.24	0.64
对照群体	0.99	1	0.32	一般	22	0.48	0.42	0.53
				优秀	4	0.39	0.21	0.56
研究质量	2.24	2	0.33	核心期刊	5	0.44	0.33	0.54
				一般期刊	14	0.50	0.44	0.57
				硕士论文	7	0.42	0.33	0.52
发表状态	1.15	1	0.28	是	19	0.48	0.43	0.54
				否	7	0.42	0.33	0.52

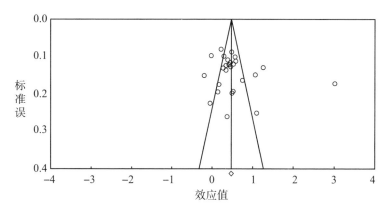

图 18-2　效应值分布漏斗图

三、分析与讨论

　　研究者一般认为，学习困难学生的焦虑水平要显著高于非学习困难学生，但有一些研究却发现两者的焦虑水平没有显著差异。本研究通过对 26 项研究进行元分析，对学习困难学生和非学习困难学生是否存在焦虑水平上的显著差异，以及两者确切的差异程度是多少进行了回答。研究结果表明，学习困难学生的焦虑水平显著高于非学习困难学生。尽管本研究无法回答焦虑究竟是学习困难的原因还是结果，但可以确定焦虑确实是存在于学习困难学生中的一种负面情绪。如前文所述，焦虑会对人的认知过程产生负面影响。可以说，缓解学习困难学生的焦虑情绪一方面有利于学生的心理健康，另一方面也有助于提高其学业成绩。因此，在科学研究与实际教学中，应对学习困难学生的焦虑问题给予更多关注。

但是学习困难学生与非学习困难学生的焦虑水平差异只处于中等程度，这表明并不是所有的学习困难学生都会存在焦虑问题，这一结果与国外的研究大体一致。在纳尔逊(Nelson)和哈伍德(Harwood)的元分析研究中，国外学习困难学生与非学习困难学生焦虑水平差异的合并效应量为$d = 0.61$。本研究中的合并效应量($d = 0.53$)略低于国外的研究，同处于中等效应水平。这表明，尽管学习困难学生的焦虑水平较高，但总体上看，并没有达到临床上的焦虑症水平，我们不能过分夸大学习困难学生焦虑的危险性。

本研究发现，纳入元分析的 26 项研究具有显著的异质性，这提示我们可能存在着调节变量，因此我们对测量工具、学习层次、对照群体和研究质量进行了调节效应分析。结果发现，测量工具的调节效应显著。在使用 SCL-90、MHT 和 MSSMHS 对焦虑水平进行测量时，学习困难学生的焦虑水平显著高于非学习困难学生；而在使用 SAS、Conners 儿童行为量表(父母问卷)和特质焦虑量表对焦虑水平进行测量时，两者的焦虑水平没有显著差异。这一方面可能与使用后三者的研究较少有关，研究间的变异对结果造成了较大影响。具体地说，使用 SAS 的一项研究数据较为极端，使用特质焦虑问卷的一项研究发现学习困难学生的焦虑水平比非学习困难学生要低。由于使用 SAS 和特质焦虑问卷的研究较少，这些单个研究都对焦虑水平差异的显著性产生了较大影响。另一方面，测量工具的调节效应也反映了不同量表在测量焦虑上的差异，原因有以下几点。

首先，各量表编制的理论依据不同。例如，MHT 根据《不安倾向诊断测验》修订而成，特质焦虑量表则是由状态—特质焦虑理论发展出的测量工具，两者虽然都是对一般性的焦虑进行测查，但理论出发点是不同的。其次，各量表的测量结构不同。例如，SCL-90 和 MSSMHS 全量表都是对个体整体心理健康水平进行测量，焦虑只是其中一个维度，而 SAS 和特质焦虑问卷是专门的焦虑量表。最后，施测方式存在差异。与其他量表均为自评量表不同，Conners 儿童行为量表（父母问卷）是他评量表，父母对儿童焦虑情绪进行评定可能会与儿童自评的焦虑水平有些差异。这些原因都导致了测量工具成为影响学习困难学生与非学习困难学生焦虑水平差异的调节变量。总体上看，SCL-90、MHT 和 MSSMHS 三者作为国内使用最广泛的心理健康量表，在对焦虑的测量上具有较高的信效度，测量结果能够较为准确地反映真实的焦虑水平。

学习层次同样是影响学习困难学生与非学习困难学生焦虑水平差异的调节变量。在本研究中，我们不仅纳入了以中小学学习困难学生为研究对象的研究，与此同时，我们也将以大学学习困难学生为研究对象的研究纳入元分析。结果发现，从小学到大学，学习困难学生都有着较高的焦虑水平，这表明学习困难学生的焦虑问题具有跨年龄、跨学习层次的一致性。尽管如此，但对不同学习层次的学生来说，学习困难学生与非学习困难学生焦虑水平的差异程度存在差异。具体而言，尽管小学学习困难学生的焦虑水平高于非学习困难学生，但两者的差异程度（$d = 0.24$）与中学（$d = 0.68$）和大学（$d = 0.44$）相比较小。这表明，相对而言，即使是学习困难，小学生也是比较"无忧无虑"的，而在中学和大学，由于存在升学与毕业的压力，学习困难对学生的发展影响较大，故学习困难中学生和大学生的焦虑水平较高。

对照群体对结果的调节效应不显著，这表明无论是以一般非学习困难学生还是以学习优秀学生为对照群体，学习困难学生的焦虑水平都显著高于对照群体的焦虑水平。另外，研究质量的调节效应也不显著，这表明在不同质量的研究中，学习困难学生与非学习困难学生焦虑水平的差异是稳定的。

四、研究结论

①学习困难学生的焦虑水平显著高于非学习困难学生，合并效应量为 Cohen's d = 0.53，表明两者的差异处于中等程度；

②测量工具和学习层次能够对学习困难和非学习困难学生的焦虑水平差异产生显著的调节效应。

附录：元分析使用的文献

1. 高红. 中小学学习困难学生的焦虑及其与父母教养方式、父母人格之关系研究[D]. 长沙：湖南师范大学，2003.

2. 胡娟. 立信会计高专学习不良学生心理健康状况调查分析[J]. 中国学校卫生，2001，22(1)：45-45.

3. 黄萍萍. 影响儿童学习成绩的智力、非智力因素研究[J]. 实用预防医学，2002，9(4)：316-318.

4. 季卫东，杜亚松. 学习困难儿童行为问卷调查[J]. 健康心理学杂志，1999，7(2)：203-204.

5. 金铎. 学习不良初中生认知、归因、行为策略及情绪的特点研究[D]. 长春：东北师范大学，2004.

6. 雷雳. 学习不良少年的心理健康状况[J]. 心理发展与教育，1997(1)：49-53.

7. 李军石，朱丹，孙广宁. 儿童学习困难的原因探讨[J]. 中国民康医学，2008，20(20)：2455.

8. 李艳红. 学习不良儿童的心身症状与心理社会因素分析[J]. 沈阳教育学院学报，2002，4(3)：26-27.

9. 李艳红. 学习不良儿童焦虑及其相关因素分析[J]. 健康心理学杂志，

2003，11（6）：429-433.

10. 梁芹生. 学习不良大学生心理健康状况与应对方式研究[J]. 当代教育论坛，2004（12）：143-144.

11. 梁芹生. 学习不良大学生的心理状态与教育策略研究[J]. 嘉应学院学报，2006，24（4）：92-96.

12. 林国珍. 学习困难学生心理特征及综合干预研究[D]. 上海：华东师范大学，2006.

13. 林国珍，李娜，金武官. 青少年学习困难相关心理因素分析[J]. 上海精神医学，2005，17（6）：328-331.

14. 林国珍，金武官，徐旭东，等. 认知行为干预对青少年学习困难的影响[J]. 中国行为医学科学，2005，14（2）：31-33.

15. 凌辉. 父母养育方式与学习不良儿童行为问题及自我意识的相关研究[J]. 中国临床心理学杂志，2004，12（1）：50-52.

16. 刘雅南. 学习困难大学新生心理特征因素调查与内观认知疗法干预研究[D]. 天津：天津医科大学，2014.

17. 邵高峰. 学业不良初中生心理健康与家庭环境关系研究[D]. 沈阳：辽宁师范大学，2009.

18. 汪翠兰. 学习困难初中生的心理健康状况调查与干预研究[D]. 合肥：安徽医科大学，2009.

19. 王立莹. 朝鲜族学优生、学困生社会支持与心理健康的研究[J]. 亚太教育，2015（10）：227.

20. 文华，陈丽，胡均惠. 中等护理专业学习困难生个性特征与心理健康状况的调查[J]. 中国校医，2004，18（5）：416-417.

21. 叶俊杰. 农村初中学习不良学生的心理健康状况及其对策[J]. 丽水师范专科学校学报，2000，22（4）：53-55.

22. 张丽环，张芳蓉. 儿童学习困难危险因素的 Logistic 分析[J]. 中国妇幼保健，2005，20(16)：2079-2081.

23. 张腾明，余庆东. 学习不良学生心理健康状况及影响因素的研究[J]. 中国健康心理学杂志，2008，16(9)：1003-1005.

24. 张妍，陈力，刘爱书，等. 学习不良初中生心理健康状况的配对研究[J]. 健康心理学杂志，2004，12(3)：221-223.

25. 赵晶. 初中学困生的心理健康与自尊的关系研究[J]. 浙江教育科学，2011(2)：10-13，19.

26. 周方芳. 学优生、学困生社会支持、心理弹性与心理健康的关系研究[D]. 曲阜：曲阜师范大学，2011.

第十九章

自尊、归因方式与内疚和羞耻的关系研究

作为人类高度社会化的负性自我道德情感体验，内疚和羞耻既是个体对自身经历的不良事件进行评价和认知的产物，同时也是影响个体后续行为的重要因素，而且它们都与个体的身心健康和社会化的发展有着非常密切的关系。探讨一些主要变量与内疚和羞耻的关系，对人们更好地理解负性情绪也有着很重要的作用。

作为人格之核心的自尊是人本能性的生命需要，实现着人的各种需要间的和谐性调节。目前中西方学者一致认为自尊是在对自身价值进行判断的基础上产生的情感体验。[①] 归因方式是个人的自我认知的重要组成部分，是对人进行评价的依据。自尊的高低、归因方式的不同，可能会影响个体的内疚和羞耻的程度。20世纪90年代以来，自尊研究的重点被放在引起伴随抑郁情绪的、包含自我的认知因素上。哈特(Harter)和雷努夫(Renouf)研究发现，在年龄较大的儿童和青少年中，自尊与沿着从愉快到抑郁的连续发展的情绪高度相关($r = 0.72 \sim 0.80$)。国内的研究也已经证明了自尊与情绪相关。[②] 高自尊的人能够经受失败的考验而继续努力，而低自尊的人则容易在失败中丧失信心，放弃努力;[③] 自尊对心理症状和羞耻感有显著的直接影响;[④] 自尊与羞耻之间存在显著

---

① 丛晓波:《自尊的本质研究》，博士学位论文，东北师范大学，2006。
② 钱铭怡、黄学军、肖广兰:《羞耻感与父母养育方式、自尊、成就动机、心理控制源的相关研究》，载《中国临床心理学杂志》，1999(3)。
③ ［美］Jerry M. Burger:《人格心理学》，陈会昌等译，257页，北京，中国轻工业出版社，2000。
④ 钟杰、李波、钱铭怡:《自尊在大学生人格、羞耻感与心理健康关系模型中的作用研究》，载《中国临床心理学杂志》，2002，10(4)。

负相关。[1]

个体特定的情绪和情感的反应都与其认知特点有关。作为自我道德情感的内疚和羞耻，由于人们对环境事件或个体行为的认知评价或归因的差异，其产生的频率和可能性也不一样。韦纳(Weiner)在他的归因理论中提出，内疚与羞耻情感与原因的控制性有关：羞耻与不可控制性归因相联系，内疚则与可控制性归因相关。[2] 刘易斯(Lewis)提出的"自我和行为"假设认为，羞耻是直接针对自我(self)的，个体的负性行为或失败被看作"坏自我"的反应，而内疚的评价焦点是个体所做或未做的行为(action)，强调自我(我是一个可恶的人)还是强调行为(我做了可恶的事)的差异导致了不同的情感体验。[3] 之后，不同的学者从不同的角度对刘易斯的上述理论假设进行了验证。[4][5][6] 从这些研究可见，对失败或违法的行为出现羞耻反应还是内疚反应，主要取决于行为者对事件的认知评价，即归因上的差异。有研究已表明高年级的学生比低年级的学生倾向把成功归因于能力好，把失败归因于努力不足，这种归因模式将有利于个体对未来成就的期望与动机的提高。[7] 易羞耻者对消极事件倾向于自身的、持久的、整体的归因。[8]

关于负性情绪与归因的理论研究，目前还有霍夫曼(Hoffman)提出的虚拟内疚理论。[9] 该理论认为虚拟内疚是指尽管人们实际上并没有做伤害他人的事情，

① 朱荣春、王通理、钱铭怡：《大学生羞耻感和心理健康以及自我效能、自尊的相关研究》，载《中国心理卫生杂志》，1999，13(4)。

② 刘永芳：《归因理论及其应用》，236~241页，济南，山东人民出版社，1998。

③ Lewis, H. B., *Shame and Guilt in Neurosis*, New York, International Universities Press, 1971.

④ Niedenthal, P. M., Tangney, J. P. & Gavanski L., "If Only Weren't Versus If Only I Hadn't: Distinguishing Shame and Guilt in Counterfactual Thinking,"*Journal of Personality and Social Psychology*, 1994(67).

⑤ Tangney, J. P., "Recent Advances in the Empirical Study of Shame and Guilt,"*American Behavioral Scientists*, 1995, 38(8).

⑥ Nita Lutwaka, Jacqueline Panisha, Joseph Ferrarib., "Shame and Guilt: Characterological VS. Behavioral Self-Blame and Their Relationship to Fear of Intimacy,"*Personality and Individual Differences*, 2003(35), pp. 909−916.

⑦ 欧阳佩仪：《小学儿童的自尊感与归因模式的关系及相关影响因素的探讨》，硕士学位论文，华南师范大学，2005。

⑧ 施承孙、钱铭怡：《易羞耻者的归因方式和应对风格》，载《中国心理卫生杂志》，1998，12(4)。

⑨ Qiao-Jianzhong, Wang Bei, "Hoffman's Virtual Guilt Theory—the Progress of Guilt Study of Psychological Field,"*Chinese Journal of Clinical Rehabilitation*, 2005, 9(40), pp. 180-182.

或所作所为并没有违反公认的社会道德规范，但如果他们以为自己做了错事或与他人所受到的伤害有间接关系，也会感到内疚而自责。霍夫曼把虚拟内疚分为四大类：关系性内疚（relationship guilt）、责任性内疚（responsibility guilt）、发展性内疚（developmental guilt）和幸存性内疚（survivor guilt），同时还认为虚拟内疚是移情性悲伤与认知归因相结合的产物，主要受既往经验（previous experience）、移情能力（empathy related capacity）、道德水平（level of morality）和关系程度（degree of relationship）的影响。霍夫曼关于虚拟内疚的研究，不仅拓展了内疚研究的领域，丰富了内疚研究的内容，而且从新的角度揭示了道德情感在个体道德发展中的自我调节和自我教育作用。因此，研究归因与内疚和羞耻的关系也显得尤为重要。

以往研究都把内疚与羞耻和其他单一变量进行探讨和研究，而人的情感是复杂的，往往并不是单一因素能够激发和控制的。影响内疚和羞耻的变量是多样的，研究通过质和量的方法，引进自尊和归因方式两个主要变量，运用问卷法试图建立自尊、归因方式与内疚和羞耻关系的结构方程模型，以期对内疚与羞耻关系的理论研究和中学生的道德建设做出贡献。自尊是最能标示和影响情绪及生活调节状况的人格变量，同时，自尊又作为一个起中介作用的人格变量，对青少年的认知、动机、情感和社会行为均有重要的影响。因此，研究假设四者的关系如图 19-1，自尊为归因方式与内疚和羞耻的中介变量，归因方式对自尊和内疚与羞耻都有直接作用，归因方式对自尊的直接作用大于对内疚和羞耻的直接作用，对内疚和羞耻的间接作用大于直接作用。

一、研究方法

（一）研究对象

被试来自兰州市 9 所中学，类型包括重点和普通，为了尽量使取样具有代表性，避开了各校的重点班学生。在保证被试的个人背景资料尽量平衡的基础

上，从七年级到高三，共选取被试 1040 人，发放问卷 1040 份，有效回收 1000
份，有效回收率为 96.15%，六个年级的被试数量分别为 119、130、136、206、
260、149，男女生比例为 0.88。

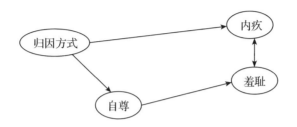

图 19-1　自尊、归因方式与内疚和羞耻关系的假设模型

(二) 研究工具

1. 自尊水平的评定

采用自尊量表(The Self-Esteem Scale，SES)[1]。该量表共有 10 个题目，分
四级评分，从"非常符合"到"非常不符合"，分值越高，表示自尊程度越高。测
得 α 系数为 0.88。

2. 归因方式的评定

采用内在—外在心理控制源量表(Internal-External Locus of Control Scale)[2]。
原量表共有 29 个题目，其中 6 个题目为混淆题，在不影响计分的情形下，研究
予以删除。量表采用强迫选择题，共 23 个题目，得分最低 0 分，最高 23 分。
分数越高越趋向外控型，分数越低表示越趋向内控型。测得 α 系数为 0.71。

3. 内疚和羞耻的评定

采用自编中学生内疚事件与羞耻事件开放式问卷。该问卷要求每个被试尽
量详细地回忆出经历过的感到最内疚或最羞耻的一个事件。指导语为："请你回
忆一下在你的经历中使你感到最内疚(或者最羞耻)的事件，并尽可能详细地写

① 汪向东、王希林、马弘：《心理卫生评定量表手册(增订版)》，北京，中国心理卫生杂志社，1999。
② 汪向东、王希林、马弘：《心理卫生评定量表手册(增订版)》，北京，中国心理卫生杂志社，1999。

下来，写得越具体越好，就像你当初所经历的那样。"之后要求被试采用 7 点量表对该事件的内疚程度和羞耻程度分别进行评定，1 为完全不感到内疚（或羞耻），7 为非常内疚（或羞耻），分数越高表明内疚或羞耻越强。同时在问卷的后面加一项对事件归因的评定，即对问题"请你评价此次事件是由于你的原因还是由于其他人或者环境的原因的程度"做出 7 点评定，1 为完全由于他人或者环境，7 为完全由于自己，来探讨个体对负性事件归因的特点，分数越低表明个体对事件越倾向于外归因，分数越高表明个体对事件越倾向于内归因。为了避免情感评价的顺序效应，问卷分为四种类型：两类回忆内疚事件；两类回忆羞耻事件，这两类中分别又有一类先评价内疚再评价羞耻，另一类先评价羞耻再评价内疚。该问卷的重测信度 $\alpha = 0.786$，与自尊量表[①]的效标关联效度为 0.632。

（三）数据处理与分析

运用 SPSS13.5 统计软件包进行数据录入与处理，运用 AMOS4.0 统计软件进行建模分析。

二、研究结果

为了探讨自尊、归因方式与内疚和羞耻的关系，根据研究假设，将归因方式作为外源指标和外源潜变量，将自尊作为中介变量，内疚和羞耻作为内生潜变量，来建立结构方程模型。

（一）自尊、归因方式与内疚和羞耻的相关分析

在建模之前，分别在内疚事件和羞耻事件中，对自尊、归因方式与内疚和羞耻进行相关分析。

---

① 汪向东、王希林、马弘：《心理卫生评定量表手册（增订版）》，北京，中国心理卫生杂志社，1999。

1. 内疚事件中自尊、归因方式与内疚和羞耻的相关分析

在内疚事件中，自尊、归因方式与内疚和羞耻的相关分析（见表 19-1）显示，自尊与内疚和羞耻均存在显著正相关，即自尊越高的个体在内疚事件中体验到的内疚和羞耻也越高；归因方式与羞耻感程度呈显著负相关，即个体越倾向于外归因，体验到的羞耻越低，也就是说，当个体把事件原因归于外部时就会体验较少的羞耻。同时研究还发现，自尊与归因方式之间也存在显著正相关，即越是外归因者，其自尊也越高。

表 19-1 内疚事件中自尊、归因方式与内疚和羞耻的相关分析

相关	自尊	归因方式	内疚	羞耻
自尊	—	0.114*	0.105*	0.113*
归因方式	0.114*	—	0.021	−0.190*
内疚	0.105*	0.021	—	0.403**
羞耻	0.113*	−0.190*	0.403**	—

2. 羞耻事件中自尊、归因方式与内疚和羞耻的相关分析

在羞耻事件中，自尊、归因方式与内疚和羞耻的相关分析（见表 19-2）显示，自尊与内疚和羞耻均存在显著的正相关，即自尊越高的个体在内疚事件中体验到的内疚和羞耻也越高；归因方式与内疚存在显著的负相关，即个体越倾向于外归因，体验到的内疚越低，也就是说，当个体把事件原因归于外部时就会体验较少的内疚。同时自尊与归因方式仍旧存在显著正相关。

表 19-2 羞耻事件中自尊、归因方式与内疚和羞耻的相关分析

相关	自尊	归因方式	内疚	羞耻
自尊	—	0.174**	0.183*	0.145*
归因方式	0.174**	—	−0.132**	0.053
内疚	0.183*	−0.132**	—	0.278**
羞耻	0.145*	0.053	0.278**	—

综合上面两项分析结果可以发现，无论是内疚事件还是羞耻事件，自尊与内疚和羞耻呈显著正相关，即个体的自尊越高，体验到的内疚和羞耻越高；在内疚事件或羞耻事件中，归因方式与羞耻或内疚呈显著负相关，即越倾向于外归因的个体，在内疚事件中体验到的羞耻和在羞耻事件中体验到的内疚越低。同时，不管是什么事件类型，外归因者自尊也总是更高。

（二）自尊、归因方式与内疚和羞耻的关系模型

考虑自变量 X 对因变量 Y 的影响，如果 X 通过影响变量 M 来影响 Y，则称 M 为中介变量。[1] 确定一个变量是否具有中介作用，主要看两个方面：第一，该变量是否与自变量和因变量均有相关关系；第二，该变量的进入是否会减弱原自变量对因变量的贡献，即使原自变量对因变量的间接作用大于直接作用。[2] 通常如果某个变量的介入能够清晰地说明自变量与因变量之间的关系，它就有可能是中介变量。当加入中介变量时，如果自变量与因变量的相关或回归系数降低（降低到 0 就是完全中介作用），则认为存在中介效应。[3] 研究应用 A-MOS4.0 软件，分别在不同的事件类型里建立协方差结构模型。

1. 内疚事件中自尊、归因方式与内疚和羞耻的关系模型

在内疚事件中，建立自尊、归因方式与内疚和羞耻的结构方程模型，结果表明该模型具有较好的拟合度（见表 19-3）。同时由图 19-2 可以看出，归因方式对自尊的直接作用 0.26 大于对内疚和羞耻的直接作用 0.08 和 -0.04，对内疚和羞耻的间接作用 0.13 和 0.06 分别大于直接作用 0.08 和 -0.04，体现了自尊的部分中介作用，说明自尊是归因方式与内疚和羞耻之间的中介变量。研究还发现，在内疚事件中，归因方式对羞耻起着负性预测作用，预测作用为 -0.04，说明越倾向外归因的被试，体验到的羞耻越低。

---

① 温忠麟、张雷、侯杰泰等：《中介效应检验程序及其应用》，载《心理学报》，2004，36（5）。
② 亓圣华：《中学生羞耻感与身体锻炼之间的关系研究》，博士学位论文，华东师范大学，2006。
③ 芦谢峰、韩立敏：《中介变量、调节变量与协变量——概念、统计检验及其比较》，载《心理科学》，2007，30（4）。

表 19-3　内疚事件中自尊、归因方式与内疚和羞耻的结构方程模型拟合指数

χ^2	df	χ^2/df	GFI	AGFI	IFI	TLI	CFI	RMSEA
889.976	552	1.612	0.904	0.890	0.860	0.846	0.957	0.035

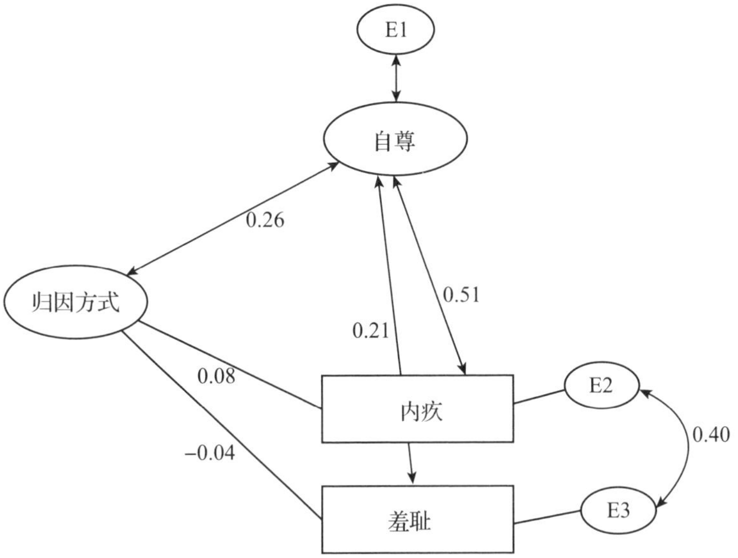

图 19-2　内疚事件中自尊、归因方式与内疚和羞耻的路径关系

2. 羞耻事件中自尊、归因方式与内疚和羞耻的关系模型

在羞耻事件中，建立自尊、归因方式与内疚和羞耻的结构方程模型，结果表明，该模型也具有较好的拟合度（见表 19-4）。同时由图 19-3 可以看出，归因方式对自尊的直接作用 0.23 大于对内疚和羞耻的直接作用−0.09 和 0.06，对内疚和羞耻的间接作用 0.11 和 0.08 分别大于直接作用−0.09 和 0.06，体现了自尊的部分中介作用，说明自尊是归因方式与内疚和羞耻之间的中介变量。研究还发现，在羞耻事件中，归因方式对内疚起着负性预测作用，预测作用为−0.09，说明越倾向外归因的被试，体验到的内疚越低。

表 19-4　羞耻事件中自尊、归因方式与内疚和羞耻的结构方程模型拟合指数

χ^2	df	χ^2/df	GFI	AGFI	IFI	TLI	CFI	RMSEA
877.238	554	1.583	0.909	0.896	0.842	0.827	0.839	0.034

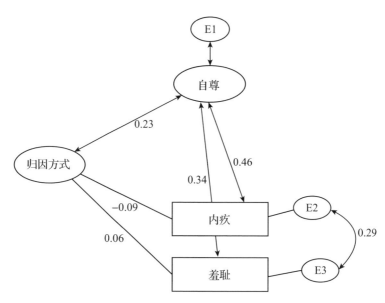

图 19-3　羞耻事件中自尊、归因方式与内疚和羞耻的相关分析

综合上面两项分析结果可以发现，无论是内疚事件还是羞耻事件，归因方式对自尊的直接作用都大于对内疚和羞耻的直接作用，对内疚和羞耻的间接作用都大于直接作用，体现了自尊的中介作用，说明自尊是归因方式与内疚和羞耻之间的中介变量。同时研究也发现，在内疚事件或者羞耻事件中，个体越倾向外归因，分别体验到的羞耻或内疚越低。

最后，对内疚与羞耻问卷中第 3 题"请你评价此次事件是你的原因还是其他人或者环境的原因的程度"的得分进行统计。结果发现在内疚事件上的平均得分为 5.20+1.62，在羞耻事件上的平均得分为 3.81+1.80，方差分析显示两类事件同样存在显著差异（$F_{(1,902)}=11.350$，$p=0.001<0.01$），即个体对内疚事件更倾向内归因，对羞耻事件更倾向外归因。

三、分析与讨论

自尊是一个人对自己的态度，伴随着一系列的自我情绪体验，这些自我情绪体验包括自尊心与自信心、成功感和失败感、自豪感和羞耻感以及内疚等。自尊心是尊重自己的人格，尊重自己的荣誉，不向别人卑躬屈膝，不容别人歧视侮辱，维护自我尊严的自我情感体验；成败感是根据个体自我认知与自我期望水平而确定的，是个人主观的情绪体验，是个体的内部标准；自豪感的体验是个体意识到自己的行为与理想的自我形象相符合时产生的；羞耻感是个体意识到自己的行为未能达到自己的理想形象的要求时产生的；内疚是由于自己的行为违反社会道德准则，侵犯了他人利益而受到良心上的谴责，个体意识到自己的行为与社会要求背道而驰，感到"对不起"他人时产生的。研究发现，无论是内疚事件还是羞耻事件，自尊与内疚和羞耻呈显著正相关，即个体的自尊越高，体验到的内疚和羞耻越高；在内疚事件或羞耻事件中，归因方式与羞耻或内疚呈显著负相关，即越倾向于外归因的个体，在内疚事件中体验到的羞耻和在羞耻事件中体验到的内疚越低。在探讨自尊、归因方式与内疚和羞耻的结构方程模型时发现，无论是内疚事件还是羞耻事件，归因方式对自尊的直接作用都大于对内疚和羞耻的直接作用，对内疚和羞耻的间接作用都大于直接作用，而对于中介效应的检验，目前国内尚没有专门的文章来讨论。[①] 研究基于卢谢峰等人[②]的观点，证明了自尊的部分中介作用，说明了自尊是归因方式与内疚和羞耻之间的中介变量。这一结果证明了研究的假设。归因方式在影响内疚和羞耻时，可以通过自尊来间接起作用。同时还发现，在内疚事件或者羞耻事件中，个体越倾向于外归因，体验到的羞耻或内疚越低。这也与事实相符合。当把事件归因于外部原因时，其实也就是对负性事件合理化解释的过程，这样个体可以体验到相对较少的内疚或羞耻。豪根（Haugen）和伦德（Lund）的研究表明人们对正负事件的归因方式是相互独立的，人们通常把负性事件归因于内部的、稳定的、整体的原因，而把正性事件归因于外部的、不稳定的、具体的原因。[③]

---

① 温忠麟、张雷、侯杰泰等：《中介效应检验程序及其应用》，载《心理学报》，2004，36(5)。

② 芦谢峰、韩立敏：《中介变量、调节变量与协变量——概念、统计检验及其比较》，载《心理科学》，2007，30(4)。

③ Haugen, R. & Lund, T., "Attributional Style and Its Relation to Other Personality Dispositions," *The British Journal of Educational Psychology*, 1998, pp. 537-550.

研究在探讨个体对都为负性事件的内疚事件和羞耻事件如何归因时发现，无论个体原本是内归因者还是外归因者，对内疚事件都倾向于内归因，对羞耻事件都倾向于外归因，这说明原因应与自尊、自豪情感相联系，原因的控制性与责任知觉和愤怒、怜悯、感激、内疚、羞耻等社会情绪相联系，而这些归因的心理后果将会导致相应的行为后果，决定人们将做出什么样的行为反应。

四、研究结论

①自尊与内疚和羞耻呈显著正相关，归因方式与内疚或羞耻呈显著负相关。

②自尊是归因方式与内疚和羞耻之间的中介变量，归因方式对自尊的直接作用大于对内疚和羞耻的直接作用，对内疚和羞耻的间接作用大于直接作用。

③个体对内疚事件更倾向于内归因，对羞耻事件更倾向于外归因。

第二十章

小学生生活压力、学业成就与适应行为的关系

压力事件是儿童生活的一部分。对于儿童来说，学习、考试、生病、与父母分离等都是常见的压力源；父母离异或死亡、住院、贫穷等也都深深地影响着儿童的生活。有时候成人本身便是儿童压力的来源，如身体或心理上的虐待；特别在学校，应试教育使得升学竞争异常激烈，而低素质教师的不当管教常对儿童身体或心灵造成伤害。这些事件对儿童的影响可能是短期，也可能是长期的。[①]

面对许多可能的压力问题，儿童的心理状态及行为表现会有所不同。根据塞尔耶（Selye）提出的"压力反应的一般模式"，压力是造成不适应反应的主要成因。[②] 一般而言，儿童若有易怒、焦虑、发抖、口吃、尿床、做噩梦等，都表示有压力存在。感受到压力的儿童在情绪上会表现出混乱、紧张、难过、生气、感到挫折等；在行为方面则有和他人打架、和教师顶嘴、挑剔别人等；在生理上则是头疼、胃痛等。这些情况会对儿童造成人际距离加大，而且降低学业成就。[③] 小学生处于成就与自卑（accomplishment versus inferiority）的阶段，此阶段求知欲特别强烈，因此学习上的困难是此阶段的主要压力来源。[④] 但是，小学生的生活压力、适应行为与其学业成就的关系如何，这是本研究要探讨的，也

[①] Pynoos, R. S., Frederick, C., et al., "Life Threat and Posttraumatic Stress in School-Age Children," *Archives of General Psychiatry*, 1987, 44(12), pp. 1057-1063.

[②] Seyle, H., "Stress without Distress," *Vie Medicale Au Canada Francais*, 1975, 4(8), pp. 964-968.

[③] Dauroria, D. L., Fimian M J., "Dimensions of Life and School Stress Experienced by Young People," *Psychology in The School*, 1988(25), pp. 44-53.

[④] Chandler, L. A., "The Stress Response Scale: An Instrument for Use in Assessing Emotional Adjustment Reactions," *School Psychology Review*, 1985, 12(3), pp. 260-265.

是家长、教师和关心儿童的人士所希望了解的。

一、研究方法

(一)研究对象

了解小学生的压力与适应状况，需要他们具有一定的阅读理解及表达力，故从北京市 2 所小学里选定四、五、六三个年级，随机抽取 9 个班级，对共计 428 人进行研究。

(二)研究工具

1. 小学生生活压力量表

小学生生活压力量表为自编问卷。

在量表的编制过程中，我们主要参考了约翰逊(J. H. Johnson)与麦卡琴(S. M. McCutcheon)所编制的量表①，并根据文献资料及各个相关主题，以及小学生在学校、家庭、社会及发展四方面的生活状况，同时向专家进行咨询，结合研究三年的小学生心理咨询实践，整理归类出常见的压力事件，编成预试量表 95 个题目，并选取四、五年级学生共 90 人，进行预试；通过预试之后，根据预试中自由填写的题目及对四、五年级各 5 位同学的访谈，进行题目筛选工作。经由以上程序，删除了 12 个题目，增补 7 个题目，正式量表共计 90 个题目。在计分方式方面，采取 4 点量表记分，根据被试所勾选的"发生过"且"感觉坏"的事件予以累积计分，作为被试所有已发生过的负向事件数之和，简称负性事件。另外，就被试所发生的负向事件数中，所勾选的各事件的影响程度，予以累积计分加总，为负性生活压力感受值，简称负性压力值。在本项调查中，有效的小学生问卷为 398 份，量表的内部一致性以被试的"负性事件""负性压

---

① Johnson, J. H. , *Life Events as Stressors in Childhood and Adolescence*, Beverly Hills, California, Sage Publications Inc, 1986.

力值"进行考验，其 α 系数为 0.86，说明其信度可以接受。

2. 小学生压力反应量表

本量表是根据钱德勒（Chandler）的儿童压力反应量表（The Stress Response of Children）修订而成的中文量表，分为冲动、依赖、压抑及消极抵抗四个维度，共 56 个题目，该量表采用 6 点记分，从"完全没有"到"总是如此"。量表由了解被试的关系人填写，如家长、教师等。本研究中除请教师填写外，同时也请家长对儿童进行评价，但以教师评价为主，因为教师填写的量表更为客观。测查有效的教师问卷为 394 份，量表的信度系数为 0.954。

在学业成就评量方面，取得被试最近一次的语文、数学成绩，以各学校、各年级为单位，将每个被试的语文、数学成绩分别转换为标准分数（Z 分数），再予以加总处理。最后，对小学生的家庭背景进行调查，以作为家庭变量的参考，内容包括父母的受教育程度、父母对孩子的期望教育水平、家庭月收入等。

二、研究结果

（一）小学生生活压力

1. 小学生生活压力的来源

小学生生活压力量表的调查结果显示，在日常生活中，小学生发生比率最高的前几项生活压力事件分别为：考试（96.3%），爸妈表扬我（92.1%），上课要背书、听写（91%），爸妈拿别的孩子与自己比较（82.7%），只有自己一个人在家（82.3%），考试考坏了（80.6%），爸妈对我期望很高（74.4%），忘记带作业、课本或文具（69.3%），与同学发生摩擦（64.8%），爸妈和我意见冲突（64.1%），爸妈说我成绩不好（64.1%）。而在小学生的日常生活中，负性压力事件发生比率最高的前几项分别为：考试考坏了（79.4%），忘记带作业、课本或文具（67.9%），爸妈拿别的孩子与自己比较（65.6%），与同学发生摩擦（61.4%），爸妈说我成绩不好（60.2%），看到或听到残暴事件的报道（56.6%），爸妈和我意见冲突（51.8%），学习成绩不好（51.7%），爸妈不给我买想要的东西（51.3%），上下学交通混乱（50.7%）。

2. 小学生生活压力的性别、年龄差异

从表 20-1 可以看出，无论是负性事件数还是负性生活压力感受值均无性别差异，也就是说负性压力事件的数量和强度都与性别变量无关。

表 20-1　小学生生活压力的性别差异

生活压力	男（196）		女（202）		t
	M	SD	M	SD	
负性事件数	25.90	12.18	24.01	11.67	1.305
负性压力值	49.89	15.56	44.56	13.95	1.254

从表 20-2 和表 20-3 我们看到，无论是在负性事件数的发生率还是负性压力值方面，各年级间均有显著差异，六年级大于五年级大于四年级，五年级较四年级平均多 3.67 件压力事件，六年级较五年级平均多 3.12 件压力事件，较四年级平均多 6.79 件压力事件，显示负性压力事件和负性压力值随年龄的升高而有增加的趋势。

表 20-2　小学生生活压力中负性事件数的年级差异

四年级（$n=125$）		五年级（$n=145$）		六年级（$n=128$）	
M	SD	M	SD	M	SD
21.02	12.12	24.69	11.56	27.81	12.36
M5-M4=3.67		$t4、5=8.73^{***}$		—	
M6-M5=3.12		$t5、6=7.38^{***}$		—	
M6-M4=6.79		$t4、6=15.43^{***}$		—	

注：$***p<0.001$，下同。

表 20-3　小学生生活压力中负性压力值的年级差异

四年级（$n=125$）		五年级（$n=145$）		六年级（$n=128$）	
M	SD	M	SD	M	SD
40.61	25.69	47.46	28.59	52.25	24.54
$t(4-5)=10.79^{***}$		$t(5-6)=7.08^{***}$		$t(4-6)=18.47^{***}$	

在表 20-4 中比较了男、女生在量表五个维度上的表现，可以看出除了在依赖维度上，双方表现并无差异外，其他四个维度均表现出一定的差异。这说明在教师的评价中，认为男生较于女生有更多的不适应性行为，此结果与国外研究认为在面临压力时，男生的适应性较差的结论相符[①]。

表 20-4　小学生适应行为的性别差异检验

适应行为	男（$n=185$）		女（$n=209$）		t
	M	SD	M	SD	
反抗	35.40	18.79	22.75	15.03	6.81^{***}
过度好动	23.31	10.31	16.02	8.83	6.97^{***}
依赖	17.26	8.69	15.78	8.88	1.54
压抑	27.47	13.47	21.77	12.96	3.97^{***}
消极抵抗	23.88	10.32	17.54	10.28	5.66^{***}
全量表	101.01	32.50	78.20	33.66	6.97^{***}

（二）小学生的适应行为

根据表 20-5，在年龄差异方面，教师显然认为六年级学生表现出更少的依赖行为，似乎有更多的独立倾向，因此六年级学生在依赖维度的得分与四、五年级差距较大；而他们在过度好动、消极抵抗两个维度上也得分较高，这可能是六年级学生比四、五年级学生在生理发育和个性、社会性方面的心理发展水平较高所致。

---

① Longfellow, C., Belle, D., "Stressful Environments and Their Impact on Children," in J. H. Humphrey eds, *Stress in Childhood*, NY, Ams Press, Inc, 1984, pp. 63-78.

表 20-5　小学生适应行为的年级差异

适应行为	四年级 （$n=121$）	五年级 （$n=145$）	六年级 （$n=128$）	F
反抗	26.65	29.13	30.75	1.29
过度好动	17.79	18.98	21.69	4.18[*]
依赖	18.95	19.39	14.61	11.83[***]
压抑	23.21	23.58	26.73	2.35
消极抵抗	21.23	18.84	22.12	3.25[*]
全量表	85.97	91.92	95.21	1.52

（三）生活压力、学业成就与适应行为的关系

从表 20-6 考查压力与学业成就的关系，发现两者并无显著相关；但学业成就与适应的相关则较为显著。适应行为与负性事件相关很低，而和负性压力值存在较显著正相关，但相关系数不高。为了更清楚地了解它们的关系，我们再对压力与适应行为的各维度的关系进行探讨。

表 20-6　生活压力、学业成就与小学生适应行为的相关矩阵

维度	负性事件	负压力值	语文成绩	数学成绩
负性事件	—	—	—	—
负压力值	0.805[***]	—	—	—
语文成绩	-0.011	-0.055	—	—
数学成绩	0.018	0.001	0.714[***]	—
适应行为	0.081	0.146[***]	-0.421[***]	-0.321[***]

从表 20-7 的数据来看，过度好动维度与负性事件、压力值都相关，表示在这个维度与负性事件、负压力值的联系都较强；反抗维度及消极抵抗维度两者与负性事件的相关不高，和压力值的相关却较明显，这可能表示在这两个维度与负压力值的联系较强；依赖维度及压抑维度则与压力变量的联系不强；各维度与语文成绩、数学成绩的联系都较明显，尤其是语文成绩，相关系数也较高。

表 20-7　生活压力、学业成就与小学生适应行为各维度的相关

项目	反抗	过度好动	依赖	压抑	消极抵抗
负性事件	0.103	0.140**	0.054	-0.017	0.070
负压力值	0.165***	0.178**	0.065	0.030	0.136*
语文成绩	-0.316***	-0.311***	-0.221***	-0.341***	-0.404***
数学成绩	-0.197***	-0.208***	-0.258***	-0.250***	-0.345***

(四)小学生适应行为的预测

表 20-8 为诸变量经过逐步回归分析的结果,有 5 个自变量进入了回归方程,这 5 个因素共可以解释小学生适应行为 33.2% 的变异量。按照它们对小学生适应行为影响力的大小排列,分别是学业成绩可解释小学生适应行为 21.6% 的变异量,性别可解释 6.6% 的变异量,家庭收入可解释 1.9% 的变异量,负性压力值可解释 1.8% 的变异量,年级可解释 1.3% 的变异量。

表 20-8　以逐步回归预测小学生适应行为的结果

效标变量	R	R^2	ΔR^2	F	ΔF	β	t
学业成绩	0.456	0.216	0.216	69.82***	69.82***	-0.446	-8.30***
性别	0.531	0.282	0.066	49.51***	23.10***	0.253	4.77***
家庭收入	0.549	0.301	0.019	36.06***	6.86**	0.154	2.92**
负性压力值	0.565	0.319	0.018	29.37***	6.79**	0.122	2.31**
年级	0.577	0.332	0.013	24.82***	4.82*	0.155	2.196*

三、分析与讨论

显而易见,在小学阶段,小学生生活重心主要是在学习、同学相处和家庭生活方面,其中又以学习和亲子关系方面为最。从负性压力事件的排序可以看出,令小学生感觉坏的压力事件,主要在于成绩、课业、父母要求、同学相处和社会环境几方面,其中又以学习成绩为最。而在小学生自评的日常生活压力

方面，男女生并无显著差异，这一现象可能和独生子女家庭，父母较少有传统的重男轻女的观念，以及在儿童中期阶段性别分化不甚明显有关。然而在适应行为方面，教师认为女孩比男孩适应较佳，这一方面可能表示在相同的压力情况下，女孩由于发展较超前的缘故，较男孩更能调适压力带来的影响；另一方面也可能是由于在目前的社会教育观下，倾向认为安静、乖巧的学生是适应较好的，而那种活动量较大、浮躁不安的学生（这些通常是男孩），被认为有较多的问题行为。在年龄的差异方面，小学六年级学生所遭遇的负性事件数及所感受的负性压力值都高于四、五年级学生，而五年级学生又高于四年级学生。这可能是因为随年龄的增加，社会对年长小学生的课业要求、人际要求都大于年幼小学生，而他们的社会知觉、观察力也更胜于年幼小学生。

考查压力与学业成就的关系，发现两者并无显著相关。这表示有几种可能性：压力大小与学业成就的高低无关，压力与学业成就间有重要的中介变量，或压力与学业成就并非呈线性相关。无论就个人经验还是前人的研究来看，第一个假设显然不如第二、第三个假设值得采纳。在压力研究中，实验、临床或是纵向研究皆支持压力会影响能力及智力。从本研究结果来看，压力对学业成就的直接影响并不明显，可能是通过某些中介变量而起作用，如自我效能或自我能力的知觉。另外，学业成就与适应的相关较为显著，这一方面可能是教师有依成绩好坏判断小学生适应的倾向，但同时也说明了学习成绩的好坏影响着小学生生活的适应。在生活压力与适应行为的关系中，过度好动、反抗与消极抵抗三个维度都是适应行为中属于主动的人格倾向，这可能是因为主动性高的人活动性强，倾向于投入情境之中，对情境的体会比较积极，因此在面对负性的压力事件时，相对于被动性高（依赖、压抑）的人的冷漠态度、惰性更容易感受深刻；在目前父母、教师的教育观中，儿童的依赖及压抑方面的行为问题，并不如反抗、过度好动方面的行为问题更受重视，所以有依赖及压抑问题的儿童，相对地可能所受到的外界压力较小。

在对小学生适应行为的回归方程预测中，有 5 个变量进入回归方程，共计可解释 33.2% 的变异量。学业成就能够解释 21.6 % 的变异量，相对于其他变量，学业成就显然具有较高的预测力，显示了小学生在课业上的表现可以有效地预测他的适应行为，这与认为儿童的认知能力可以有效地预测儿童的适应行为的推论相符。在小学生自身的背景变量方面，性别及年龄都进入了回归方程，分别可解释 6.6% 及 1.3% 的变异量，并显示出男孩和年龄大的孩子有适应较差的趋势，这可能与男孩活动力强、问题行为多，年龄大的孩子自我意识强有一定的关系。而在家庭背景变量方面，家庭月收入凸显出重要性，可解释 1.9% 的变异量，并显示出家庭收入较高者的孩子有适应较差的趋势。对于这个结果可能有几方面的推测：一是在收入高的家庭中，父母对孩子关于家庭义务的要求较少，物质供应充沛，缺乏责任感的锻炼，孩子可能较为幼稚、任性；二是在收入高的家庭中，父母可能较为忙碌，对孩子的照应较少，而孩子也可能为争取父母的注意，产生问题行为。总之，家庭作为儿童生活的主要阵地，其重要性不言而喻。

需要指出的是，生活压力对适应行为的主效应预测力不强，可能是其间的中介变量众多，交互作用较强。许多文献皆提出压力与适应相关偏低的问题，并力求从全面性的压力环境角度来改善评量方法，也只能取得一点成效。发展心理学家一直试图在寻找其中的原因，以解释两个同年龄、同性别的孩子在遭遇同样的压力事件，却产生迥异的适应情况。一些研究因此提出了许多"保护因素"，这些因素可以减少压力的影响。[1][2] 而从另一个角度，我们也许可以把儿童的适应行为看成是这些"保护因素"和压力在交互作用下的结果。许多文献指出重大或突发的压力事件、社会支持、自我效能、认知评估、个人的气质、家庭结构与活动及学校、同伴影响等都是影响适应结果的重要变量，这些"保护因素"及"易受损因素"，如何在儿童的压力—适应过程中发挥作用，还有待进一步探讨。

---

① Rutter, M., "Psychosocial Resilience and Protective Mechanism," in J. Rolf, et al(ed.), *Risk and Protective Factors in the Development of Psychopathology*, NY, Cambridge University Press, 1990.

② Luthar, S., "Vulnerability and Resilience: A Study of High-Risk Adolescents," *Child Development*, 1991, 62 (3), pp. 600-616.

四、研究结论

在本研究的条件下，得到以下几条结论。

第一，小学生最常经历的负性生活压力事件主要来自成绩、课业、父母要求、同学相处和社会环境几方面，其中又以学习成绩为主要压力来源。

第二，负性事件数或负性压力感受值两方面皆无性别差异。在负性事件数和负性压力值上，六年级大于五年级和四年级，且差异达到显著水平。

第三，在班主任教师的评价中，男生相较于女生有更多的不适应行为；在年龄差异方面，六年级学生表现出较少的依赖性，似乎有更多的独立倾向。

第四，从小学生的压力、学业成就及背景（儿童性别、年龄，父母受教育程度及家庭月收入）三方面来预测小学生的适应行为，有5个自变量进入了回归方程，共计可解释33.2%的变异量；其中以学业成就的预测力21.6%为最高。

第二十一章

学习不良儿童孤独感、同伴接受性特点及其与家庭功能的关系

　　学习不良儿童虽然属于异质群体，但他们总是处于特定的学校、家庭和社会环境中，学习不良儿童与环境之间必定存在动态的交互作用。儿童的同伴关系和家庭功能正是这种"互动"的存在形式之一，与学习不良儿童的孤独感很可能有某种关系。然而，国内这方面的研究很少见，本研究将在国内外有关研究的基础上，探讨学习不良儿童孤独感、同伴接受性的特点及其与家庭功能的关系。

　　对学习不良儿童孤独感和同伴关系的研究常常是联系在一起进行的。卡西迪(Cassidy)和阿舍(Asher)的研究表明，在三至六年级的儿童中就可以稳定地测到孤独感，而且受同伴拒绝的儿童比其他儿童更孤独。[1] 玛格丽特(Margalit)近来的一项研究[2]发现，在各种社会环境下，学习不良儿童明显缺乏社会能力，且比一般儿童更孤独。这种孤独经常是和同伴关系困难联系在一起的。儿童之所以不被同伴接纳，是因为他们存在侵犯、退缩等不良的社会行为，同时缺乏社会交往能力。[3] 一项追踪研究表明，在早期同伴关系上有困难的儿童容易在日后的心理健康和社会适应方面产生问题。[4] 然而，值得注意的是，这方面的研究大多局限于同伴关系和学校背景中，而很少同时涉及亲子关系和家庭背景方面的变量。

---

　　① Cassidy, J., Asher, S. R., "Loneliness and Peer Relations in Young Children," *Child Development*, 1992 (63), pp. 350-365.

　　② Margalit, M., Ben-Dov, I., "Learning Disabilities and Social Environments: Kibbutz Versus City Comparisons of Loneliness Sand Social Competence," *International Journal of Behavioral Development*, 1995, 18(3), pp. 519-563.

　　③ Doll, B., "Evaluating Parental Concerns about Children's Friendships," *Journal of School Psychology*, 1993 (31), pp. 431-447.

　　④ 陈欣银、李正云、李伯黍：《同伴关系与社会行为：社会测量学分类方法在中国儿童中的适用性研究》，载《心理科学》，1994，17(4)。

家庭功能作为家庭背景中的重要变量，必然对儿童的健康发展产生深远的影响。综合零星的研究可以发现，学习不良儿童家庭功能多属于极端型，存在管理混乱、过多的家庭压力等问题，这些不良特征可能与同伴接受性差相联系。①②③④ 然而，这些研究主要使用了量表法，很难对家庭功能做深入分析。因此，本研究将尝试运用访谈法探讨家庭功能与孤独感和同伴接受性的关系。我们对家庭功能的访谈主要依据了 McMaster 家庭功能模式理论⑤。该理论认为家庭的基本功能是为家庭成员生理、心理、社会性等方面的健康发展提供一定的环境条件。要实现家庭基本功能，家庭必须完成如下六个方面的任务并具备相应的能力：问题解决、沟通、角色分工、情感反应、情感介入和行为介入。

本研究主要探讨三个方面的问题：①是否可以稳定地测量出小学高年级儿童的孤独感；②学习不良儿童的孤独感和同伴接受性有什么特点；③儿童的孤独感、同伴接受性、家庭功能之间是否相关。

一、研究方法

(一)研究对象的选择

本研究的对象既有一般儿童，又有学习不良儿童，还涉及这些儿童的家庭功能。被试选择的关键问题是如何筛选学习不良儿童。本研究中"学习不良"是指学生的学业成绩比根据其智力潜能期望达到的水平显著落后这样一种现象，而且学习不良儿童常常同时在学习、品德、社会性上存在问题。据此，确定学

---

① Bierman, K. L., Smoot, D. L., "Linking Family Characteristics with Poor Peer Relations: The Mediating Role of Conduct Problems," *Journal of Abnormal Child Psychology*, 1991, 19(3), pp. 341-355.

② Dishion, T. J., "The Family Acology of Boys' Peer Relations in Middle Childhood," *Child Development*, 1990 (61), pp. 874-892.

③ Michaels, C. R., "Psychological Adjustment and Family Functioning of Boys with Learning Disabilities," *Journal of Learning Disabilities*, 1990, 23(7), pp. 446-450.

④ Toro, P. A., et al., "A Comparison of Children with and without Learning Disabilities on Social Problem-Solving Skill, School Behavior, and Family Background," *Journal of Learning Disabilities*, 1990, 23(2), pp. 115-120.

⑤ 易进：《心理咨询与治疗中的家庭理论》，载《心理学动态》，1998，6(1)。

习不良儿童的具体操作方法和程序如下。

第一，运用标准分比较法作为选择学习不良儿童的定量方法。首先，对全体学生施以智力测验和学绩测验。本研究采用适合于团体的 CRT 瑞文智力测验，并以最近一次正式考试的语文、数学成绩作为学绩测验的结果，因为国内尚无适合的学绩测验。然后，将智力测验和学习成绩的原始分转化为标准分，比较二者的差异，公式为：

$$Z_{dif} = (Zx - Zy) / \sqrt{(1 - r_{xx}) + (1 - r_{yy})}$$

其中 Z_x、Z_y 分别是智力和学绩的标准分，r_{xx}、r_{yy} 是智力测验和学绩测验的信度。如果 Z_{dif} 的值大于 Z11.10 = 1.28，则推断为学习不良。

第二，运用临床诊断法作为选择学习不良儿童的定性方法。我们让教师(班主任和任课教师)根据学习不良的定义进行学业成绩、品德操行诸方面的综合评定，指出班级内哪些学生属于学习不良儿童。

第三，除同时满足以上两条标准外，还要满足两条排除性标准：排除智力落后(IQ < 70)和智力超常(IQ > 130)两种情况；没有明显的躯体或精神疾病。

根据上述标准和方法，从北京市一所普通小学四、五、六三个年级共 390 人中选出学习不良儿童 34 人，同时随机选出一般儿童 64 人。最后，访谈家庭(均指核心家庭)50 个，其中学习不良儿童家庭 18 个，一般儿童家庭 32 个。

(二)方法和材料

本研究主要采用量表法、同伴提名法和半结构访谈法。研究中用到的材料有以下几种。

①阿舍等人于 1984 年编制的专用于三至六年级学生的儿童孤独量表，该量表包括 16 个孤独条目(其中 10 条指向孤独，6 条指向非孤独)和 8 个关于个人爱好的插入条目(为了使被试在回答时放松一些)，因子分析表明插入条目与负荷于单一因子上的 16 个孤独条目无关，16 个孤独条目的 Cronbach α 系数为 0.80。

②同伴提名法问卷，包括正向提名和反向提名两个维度。正向提名的题目为："一般地说，在你们班中，总有你最喜欢的同学，你最喜欢与他们一起学习，一起玩。请写出你最喜欢的三位同学的名字：_____、_____、_____。"反向提名与此相反。

③家庭功能访谈提纲和评分表。访谈提纲包括指导语和涉及家庭功能六个维度的若干问题，问题既有封闭性的，只要求回答"是"或"否"，也有开放性的，要求对"为什么""如何做"等问题加以详细回答。根据有关理论和被访谈者对每个问题的回答情况，可以判断问题涉及的家庭功能是否健康，健康记"1"分，不健康记"0"分，家庭功能每个维度的得分均在 0~5，六个维度得分之和为家庭功能总分。为了便于记分，我们设计了相应的评分表。本访谈有较好的内容效度，分半信度为 0.70，评分者信度为 0.74。访谈中还要用到小型录音机及其他辅助材料。

④CRT 瑞文智力测验及专用答题纸；最近一次考试的语文、数学成绩单。

(三) 研究程序

第一，编制访谈提纲和评分表。根据 McMaster 家庭功能模式理论和爱泼斯坦（Epstein）等人在 1983 年编制的家庭功能量表，我们编制了半结构访谈提纲，在征求专家意见和试用的基础上加以修改，最后形成了正式研究所用的访谈提纲。

第二，施测 CRT 瑞文智力测验，查阅学生成绩档案，选取较为正规的最近一次考试的语文、数学成绩作为学绩测验结果；访谈每个班的班主任和任课教师，请他们根据学习不良的操作定义确定学习不良儿童，并了解学生的基本情况；最后，根据前述选择标准确定学习不良儿童。

第三，对选出的 34 名学习不良儿童和 64 名一般儿童施测儿童孤独量表；让四、五、六年级共 10 个班的 390 名儿童填写同伴提名法问卷。

第四，正式访谈。在学校的帮助下，通过书面通知和电话联系，请家长（父母）到校进行访谈。每个访谈约半小时，对访谈全过程录音，并记录主要信息。统计分析表明，被访谈者是父亲还是母亲对访谈结果没有显著影响。

第五，资料的整理、编码和统计分析。①由两个研究生根据评分标准，利用评分表对访谈资料进行独立编码。②根据科莱（Coie）和道奇（Dodge）1983年提出的分类标准①，以班级为单位将正向提名（ML）、反向提名（LL）次数标准化，二者之差为社会喜好（SP）分数，二者之和为社会影响（SI）分数。在此基础上将儿童分成五类：受欢迎儿童（SP > 1.0，ML > 0，LL < 0 ）、被拒绝儿童（SP<-1.0，ML < 0，LL > 0）、被忽视儿童（SI<-1.0，ML<0，LL<0）、有争议儿童（SI> 1.0，ML>0，LL > 0）和普通儿童（所有其他儿童）。③利用 SPSS7.5软件进行统计处理。

二、研究结果

（一）小学儿童孤独感的特点

1. 小学高年级儿童存在孤独感

从表 21-1 可以看出，在大部分项目上，约有 10% 的四至六年级儿童认为他们相当孤独。例如，有 11% 的儿童承认（完全符合与比较符合）"我孤独"，15%的儿童承认"我感到寂寞"，在对其他项目的反应上，有 5%～23% 的儿童直接或间接承认自己体验到情感孤独或社交孤独。由此可见，小学高年级儿童的孤独感已能可靠地被测到。这与阿舍的结论②一致。其他研究也得到类似的结果。玛格丽特③认为在所有小学生中至少有 10%～15% 的儿童报告他们有明显的孤独

①　Coie, J. D., Dodge, K. A., "Continuities and Changes in Children's Social Status: A Five Year's Longitudinal Study," *Merrill-Palmer Quarterly*, 1983(29), pp. 261-282.

②　Cassidy, J., Asher, S. R., "Loneliness and Peer Relations in Young Children," *Child Development*, 1992 (63), pp. 350-365.

③　Margalit, M., *Loneliness among Children with Special Needs*, New York, Springer-Verlag, 1994, pp. 15-17.

感；拉夫蒂格（Luftig）①对孤独感问卷项目的分析发现，20%的四年级儿童、12%的六年级儿童对"我孤独"一项表示赞同。

表 21-1 被试对儿童孤独量表各项目的不同回答分布比例

项目	完全符合	比较符合	不能确定	比较不符合	完全不符合
3. 没有人跟我说话	0.03	0.07	0.13	0.18	0.58
4. 我跟别的孩子一块时干得很好	0.55	0.11	0.16	0.08	0.09
6. 我很难交朋友	0.03	0.03	0.11	0.07	0.76
8. 我有许多朋友	0.68	0.16	0.10	0.01	0.04
9. 我感到寂寞	0.07	0.08	0.17	0.12	0.55
10. 需要时我可以找到朋友	0.65	0.10	0.10	0.06	0.08
12. 我很难让别的孩子喜欢我	0.04	0.07	0.07	0.29	0.53
14. 没有人跟我一块玩	0.04	0.01	0.09	0.06	0.80
16. 我能跟别的孩子相处	0.39	0.23	0.14	0.07	0.16
17. 我觉得在有些活动中受冷落	0.04	0.01	0.02	0.03	0.90
20. 我不能跟别的小朋友相处	0.06	0.15	0.14	0.32	0.33
21. 我孤独	0.06	0.05	0.09	0.11	0.68
22. 班上同学很喜欢我	0.66	0.24	0.04	0.03	0.02
24. 我没有朋友	0.06	0.04	0.13	0.10	0.66

2. 小学儿童孤独感的影响因素

在表 21-2 中我们通过方差分析考查了性别，年级（四、五、六三个年级），类型（一般儿童、学习不良儿童两种类型）三个因素对儿童孤独感的影响，结果表明只有类型因素有显著的主效应，其他因素的主效应和交互作用均不显著。也就是说，小学高年级儿童的孤独感不存在明显的性别差异和年龄差异，但是

① Luftig R L., "Children's Loneliness, Perceived Ease in Making Fiends and Estimated Social Adequacy: Development and Social Metacognition," *Child Study Journal*, 1987(17), pp. 35-53.

学习不良儿童与一般儿童在孤独感上有显著差异，进一步分析表明，学习不良儿童的孤独感明显高于一般儿童。这一结论得到已有研究的支持，玛格丽特的研究[1]也没有发现明显的性别差异，其另一项研究[2]证明，学习不良儿童确实比一般儿童有更高的孤独感。

表 21-2 小学儿童孤独感影响因素的方差分析

变异源	df	SS	MS	F	P
性别	1	60.19	60.19	0.78	0.38
年级	2	34.96	17.48	0.23	0.80
类型	1	529.10	529.10	6.82	0.01
性别×年级	2	110.90	55.45	0.72	0.49
性别×类型	1	1.04	1.04	0.01	0.91
性别×类型	2	20.99	10.49	0.14	0.87
性别×年级×类型	2	162.34	81.19	1.05	0.36

(二) 小学学习不良儿童同伴关系的特点

我们根据科莱和道奇的划分方法，将儿童划分为五种类型，表 21-3 分别列出了在一般儿童和学习不良儿童中各种类型的分布比率。经检验，学习不良儿童与一般儿童相比，受欢迎儿童和普通儿童明显偏少，被拒绝儿童明显偏多。如果以社会喜好分数作为衡量同伴接受性的指标，可以发现学习不良儿童的同伴接受性远远低于一般儿童(经检验 $t = 2.81$，$p = 0.006$)。这一点是毫不奇怪的，在一个充满竞争的群体中，学习不良儿童会受到一般儿童，甚至其他学习不良儿童的拒绝。[2]

---

① Margalit, M., *Loneliness among Children with Special Needs*, New York, Springer-Verlag, 1994, pp. 15-17.

② Margalit, M., Ben-Dov, I., "Learning Disabilities and Social Environments: Kibbutz Versus city Comparisons of Loneliness Sand Social Competence," *International Journal of Behavioral Development*, 1995, 18(3), pp. 519-563.

表 21-3　各种类型儿童分布比率的差异

	受欢迎儿童	被拒绝儿童	被忽视儿童	有争议儿童	普通儿童
一般儿童($N=356$)	24.16%	18.00%	16.01%	1.97%	40.00%
学习不良儿童($N=34$)	5.88%	50.00%	14.71%	5.88%	23.53%
单侧 Z 检验	2.44**	4.37**	0.20	1.45	1.89*

注：*表示 $p<0.05$，**表示 $p<0.01$，下同。

(三)小学儿童孤独感、同伴接受性、家庭功能的关系

从表 21-4 可以清楚地看到，小学儿童的同伴接受性和孤独感有非常显著的负相关，即同伴接受性越差，孤独感越高；而家庭功能和同伴接受性有显著的正相关，即家庭功能越好，同伴接受性也越高；但是家庭功能和儿童孤独感的负相关却不显著。同伴接受性和孤独感之间存在显著的负相关，已被众多研究[1][2]证明；家庭功能实现得好，同伴接受性也好，这与经验是相吻合的，而且也得到某些研究[3][4]的支持；可是，为什么家庭功能和儿童孤独感之间相关不显著呢？下文将详细讨论这三者之间的相互关系。

表 21-4　孤独感、同伴接受性、家庭功能之间的相关

	孤独感($N=98$)	同伴接受性($N=98$)	家庭功能($N=50$)
孤独感	1.00	—	—
同伴接受性	−0.43**	1.00	—
家庭功能	−0.20	0.33*	1.00

① Cassidy, J. & Asher, S.R., "Loneliness and Peer Relations in Young Children," *Child Development*, 1992 (63), pp.350-365.

② Margalit, M. & Ben-Dov, I., "Learning Disabilities and Social Environments: Kibbutz Versus City Comparisons of Loneliness Sand Social Competence," *International Journal of Behavioral Development*, 1995, 18(3), pp.519-563.

③ Bierman, K.L. & Smoot, D.L., "Linking Family Characteristics with Poor Peer Relations: The Mediating Role of Conduct Problems," *Journal of Abnormal Child Psychology*, 1991, 19(3), pp.341-355.

④ Michaels, C.R., "Psychological Adjustment and Family Functioning of Boys with Learning Disabilities," *Journal of Learning disabilities*, 1990, 23(7), pp.446-450.

三、分析与讨论

(一) 学习不良儿童的孤独感偏高、同伴接受性较差

本研究表明，与一般儿童相比，学习不良儿童的孤独感显著偏高，而同伴接受性明显低下。学习不良儿童之所以更多地被同伴拒绝，原因在于其社会行为不良和社会能力缺乏。

本研究在进行同伴提名法的同时，曾让被试列出最不喜欢某些儿童的原因，根据有关研究①，可以将这些原因归纳为四类：攻击性行为(破坏性、身体侵犯、语言或情感上的攻击等)，退缩行为(孤独、抑郁、焦虑等)，社会能力缺乏(缺乏交流技能、问题解决技能、积极的社会品质和社交活动等)，学习不好或认知能力差。其中被提到最多的是各种攻击性行为，而学习不好被提到的最少。奇莱森(Cillessen)等人的研究②表明，48%的被拒绝儿童有攻击性、冲动性、破坏性，13%的被拒绝儿童害羞、敏感、退缩。而学习不良儿童普遍具有被拒绝儿童的特征，如适应不良、焦虑、攻击性、违纪、不成熟等③。由于社会行为不良和社会能力缺乏，而造成学习不良儿童的同伴接受性较低，致使他们在班级群体中处于孤立或受排斥地位，必然使他们体验到较高的孤独感。反过来，同伴关系是儿童满足社交需要、获得社会支持和安全感的重要源泉④，良好的同伴关系，必然会降低儿童的孤独感。因此，儿童的同伴接受性和孤独感有显著的相关。另外，学习不良儿童的自卑、敏感使他们孤独体验的"阈限"较低，再加上缺乏孤独体验的处理能力，从而使他们比一般儿童体验到更强烈的孤独感。

---

① Doll, B., "Evaluating Parental Concerns about Children's Friendships," *Journal of School Psychology*, 1993 (31), pp. 431-447.

② Cillessen, A. H. N., et al., "Heterogeneity among Peer-Rejected Boys: Subtypes and Stability," *Child Development*, 1992, 63(4), pp. 893-905.

③ 俞国良:《学习不良儿童社会性发展特点的研究》，载《心理科学》，1997, 20(1)。

④ 邹泓:《同伴关系的发展功能及影响因素》，载《心理发展与教育》，1998, 14(2)。

虽然造成学习不良儿童同伴接受性差，进而使其体验到强烈孤独感的原因是多方面的，但直接原因是社会行为不良、社会能力缺乏，而不是学习成绩差和认识能力薄弱。这就提示我们，对学习不良儿童的教育不仅仅是克服认知障碍、提高学习成绩的问题，还应包括适当的社会行为矫正和社会能力训练。

(二)小学儿童孤独感、同伴接受性与家庭功能的关系

对儿童孤独感、同伴接受性、家庭功能的关系，我们设想通过一种模式(图21-1)加以解释。

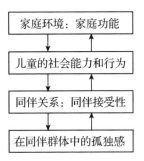

图21-1 三者关系模式

儿童的家庭功能与同伴接受性之间的相关是通过儿童的社会能力和行为这个中介变量来实现的。家庭的基本功能就是为其成员生理、心理、社会性等方面的健康发展创造一定的环境条件。[1] 良好的家庭功能有助于儿童各种社会能力、社会技能的形成，使他们养成良好的行为习惯，具备良好的社会能力和行为习惯的儿童就容易在同伴群体中赢得较高的社会地位；被同伴接受的儿童，就很少体验到孤独感。反过来，同伴关系是发展儿童社会能力的重要背景[2]。儿童作为家庭的成员，其社会能力的高低必然影响亲子关系及整个家庭功能的实现状况。我们在另一项研究中[3]也发现，学习不良儿童的社会性发展与家庭

---

① 易进：《心理咨询与治疗中的家庭理论》，载《心理学动态》，1998，6(1)。
② 邹泓：《同伴关系的发展功能及影响因素》，载《心理发展与教育》，1998，14(2)。
③ 俞国良：《学习不良儿童社会性发展与家庭资源因果关系的研究》，载《心理科学》，1998，21(4)。

资源存在着相互作用。可见，家庭功能是影响儿童同伴接受性的重要因素之一。然而，遗憾的是，本研究并未对儿童的社会能力和行为这一维度进行严格的测量，因而无法对上述模式加以证明，在以后的研究中我们将探讨这个问题。

家庭功能和儿童孤独感的相关之所以不显著，是因为本研究采用的儿童孤独量表对孤独感的描述，主要限于考查学校情景和同伴群体中的孤独体验和社交不满足程度，再加上这两个变量之间可能有些中介变量存在，因而二者之间的关系不是那么直接，即使有相关，程度也不会很高。

四、研究结论

本研究表明，四至六年级小学儿童存在孤独感；与一般儿童相比，学习不良儿童孤独感明显偏高，同伴接受性明显偏低，而且同伴接受性与孤独感之间存在显著负相关。造成这一现象的直接原因可能是其社会行为不良和社会能力低下，家庭功能也可能是重要的影响因素。在以后的类似研究中，引入社会能力和行为这一变量，将有助于全面揭示同伴关系、孤独感和家庭功能的关系。

第二十二章

————————

我国青少年心理健康状况的基本估计：文化潮流抑或社会转型

我国青少年心理健康问题业已引起全社会的高度关注和重视，这也是世界各国普遍面临的一大难题。据新华网 2019 年 3 月 18 日报道，美国心理学会一项最新研究显示，过去 10 多年间，美国年轻人心理健康状况恶化。[①] 越来越多青少年和年轻人正经受着严重心理压力、重度抑郁或自杀意图的困扰。在一项关于药物使用和饮酒行为、心理健康和其他相关因素的长期调查中，研究者发现，对于 12～17 岁的青少年群体来说，出现重度抑郁症状的比例从 2005 年的 8.7% 增加到 2017 年的 13.2%，涨幅达 52%；对于 18～25 岁的青少年群体来说，出现重度抑郁症状的比例从 2009 年的 8.1% 增加到 2017 年的 13.2%，涨幅达 63%。与此同时，对于 18～25 岁的青少年群体来说，出现严重心理危机、自杀意念及意图的比例也大幅提高。但是，对于 26 岁及以上的人群来说，心理健康状况恶化的趋势很弱或者不存在，这表明情绪失调并非所有年龄层的问题。研究者认为，这种差异的存在与文化潮流有关，即相比于年龄更大的群体，过去 10 年间文化潮流对青少年的心理健康水平影响更大。[②]

美国青少年心理健康水平下降这一研究结果，不禁引发我们的深思，即我国青少年心理健康状况是否有着相似的变化？随着中国经济社会的持续高速发展，社会转型的进程不断深化，对人们心理的各个方面产生了巨大影响。与此同时，文化潮流尤其是互联网文化的兴起也可能影响到个体的心理健康。因此，

————————

① 新华网：《美国年轻人心理健康状况恶化 文化潮流或是诱因》，新华网，2019-03-18。

② Twenge, J. M., A. B. Cooper, T. E. Joiner, et al., "Age, Period, and Cohort Trends in Mood Disorder Indicators and Suicide-Related Outcomes in a Nationally Representative Dataset, 2005—2017," *Journal of Abnormal Psychology*, 2019, 128(3), pp. 185-199.

本章将首先对以往研究进行梳理，总结和归纳我国不同年龄阶段青少年心理健康状况的变化趋势及风险因素，对其性别差异进行探讨。在此基础上，分析文化潮流和社会转型对青少年心理健康的影响效应，并进一步提出改善我国青少年心理健康状况的对策与建议。

一、我国青少年心理健康状况的变化趋势与风险因素

(一) 我国青少年心理健康状况的变化趋势：基于横断历史元分析

我们曾对 1987—2013 年我国初中生心理健康水平进行了横断历史元分析，结果表明，对于初中生而言，其心理健康水平随年级下降，七年级学生随年代变化的幅度最大；东部地区初中生的心理健康水平不断提升，而中西部地区初中生的心理健康水平不断下降，且西部地区初中生的心理健康水平经历了中等程度的恶化。尽管心理健康指标与年代显著相关，但心理健康水平的年代变化趋势不明显。也就是说，初中生的心理健康水平并没有受到年代变迁的显著影响。我们认为，这可能与初中生对社会变迁的"敏感性"较低有关。然而这一研究却发现了初中生心理健康水平变化的性别差异，女生心理健康变化的幅度较大，心理健康水平也更低。这表明外在环境因素如社会文化、经济发展水平等对女生的影响更大。[1]

我们也对 1990—2012 年我国高中阶段学生(含中职学生)心理健康水平进行了横断历史元分析，结果表明，从 1990 年至 2004 年，我国高中阶段学生的心理健康水平呈缓慢下降趋势，从 2005 年至 2012 年，高中生的心理健康水平没有再继续恶化。东部地区高中阶段学生心理健康水平显著优于中西部地区学生，中职学生心理健康水平略低于普高学生。在年级差异上，高三年级学生的心理健康水平低于高一、高二年级学生的心理健康水平。在性别差异上，与初中生

---

[1] 王勍、俞国良：《初中生心理健康的横断历史研究》，载《中国特殊教育》，2017(11)。

相一致，女生的心理健康水平低于男生，并且心理健康水平下降更快。[①]

研究者辛自强等对 1986—2010 年大学生心理健康水平进行了横断历史元分析，结果表明，大学生心理健康整体水平呈逐步上升趋势。在性别差异上，男生的心理健康水平提高的趋势高于女生。[②] 对研究生进行的横断历史元分析也表明，研究生的心理健康年代变化趋势同样呈逐步上升趋势。[③]

(二)我国青少年心理健康的风险因素

通过对上述几项研究进行回顾，似乎随着年代的变迁，初中生、高中生和大学生的心理健康状况都没有发生恶化：初中生的心理健康水平并没有随年代变迁发生显著变化，高中生在 1990—2004 年心理健康水平持续下降，但随后也处于稳定水平，大学生的心理健康状况更是随着年代的变迁呈上升趋势。事实难道真是这样吗?

然而，这一结论似乎与我们的"常识"不尽一致。有研究者发现，1982 年和 1993 年，中国抑郁症的终身患病率分别只有 0.045% 和 0.083%，而到了 21 世纪初，世界卫生组织调查发现中国抑郁症的终身发病率已提高到 3.5%。[④] 也有研究者对高校一线心理健康教育工作者进行了调查，结果表明，调查对象中认为大学生心理危机状况"比较严重"和"一般"的各占 2/5。[⑤] 另据媒体报道，我国自杀率为 2.3/10 000 左右，高达 28~30 万人。专家估计，还有不低于 250 万的自杀未遂和有自杀倾向的人群，且有向低龄化发展的趋势，自杀已成为 15~24 岁人群的第一重要死亡原因。[⑥] 这表明，当前我们面临的青少年心理健康形

---

① 俞国良、李天然、王勍：《高中生心理健康的横断历史研究》，载《教育研究》，2016，37(10)。
② 辛自强、张梅、何琳：《大学生心理健康变迁的横断历史研究》，载《心理学报》，2012(5)。
③ 姜松梅、黄茜：《我国研究生心理健康状况的横断历史研究》，载《南京医科大学学报(社会科学版)》，2016，16(4)。
④ Sun, J. & Ryder, A. G., "The Chinese Experience of Rapid Modernization: Sociocultural Changes, Psychological Consequences?" *Frontiers in Psychology*, 2016(7), p. 477.
⑤ 马建青、朱美燕：《大学生心理危机及其干预现状的调查分析》，载《学校党建与思想教育》，2014(23)。
⑥ 林洁：《我国亟需广泛建立自杀研究及预防机构》，载《中国青年报》，2002-12-11。

势依然较为严峻，且已有出现局部恶化的重要征兆。

再次分析上文提及的几项横断历史研究，可以看出，所纳入关于初中生和高中阶段学生的研究最近年限也只停留在 2012 年，关于大学生的研究更是只停留在 2010 年。由于纳入文献起始的年限较早，因而可能无法准确地判断出最近几年的发展趋势。国外的研究已经证实，在过去的十多年间，美国青少年的心理健康状况严重下降。而今天，我国青少年是否真的和美国青少年心理健康状况变化的方向相反呢？这需要慎思、反思和深思！

我们认为，从已有研究结果来看，对于 2010 年以后我国青少年的心理健康水平究竟如何随年代发生变化的，我们其实是不得而知的，但从其发展趋势看，确实有值得我们警惕的心理健康风险因素或"恶化的先期征兆"存在。恰逢 2010 年前后，智能手机开始逐步普及，由此而带来的生活方式、思维方式和人格特征的巨大变化，可能对青少年心理健康产生重要影响。自从智能手机问世并占领市场以来，所有人尤其是青少年花费在电子通信上的时间越来越多。相比于成年人，青少年更容易接受网络的"现代"生活方式。由于年龄和发展阶段的原因，网络对于青少年的吸引力和影响力更为巨大。国外的一项研究表明，从 2008 年到 2017 年，青少年面对面交往的时间明显减少，这些当面交往大大减少、社交媒体使用大大增加的青少年会体验到更多的孤独感。[1] 这表明，网络社交媒体和电子产品的广泛使用，会对青少年心理健康产生一定的负面影响。[2]

互联网的使用可能导致青少年心理健康状况的流变或恶化。在这一变化过程中，女生受到的影响更大。之前研究表明，对于女生来说，社交媒体使用与抑郁症状之间的关联更为紧密。[3] 一项纵向研究表明，女生在 10 岁时的社交媒

---

① Twenge, J. M. , B. H. Spitzberg & W. K. Campbell. , "Less In-Person Social Interaction with Peers among US Adolescents in the 21st Century and Links to Loneliness,"*Journal of Social and Personal Relationships*, 2019, 36(6), pp. 1892-1913.

② Twenge, J. M. , T. E. Joiner, M. L. Rogers, et al. , "Increases in Depressive Symptoms, Suicide-Related Outcomes, and Suicide Rates among US Adolescents after 2010 and Links to Increased New Media Screen Time,"*Clinical Psychological Science*, 2018, 6(1), pp. 3-17.

③ Kelly, Y. , A. Zilanawala, C. Booker et al. , "Social Media Use and Adolescent Mental Health: Findings from the UK Millennium Cohort Study,"*EClinical Medicine*, 2018(6), pp. 59-68.

体使用能够对之后的幸福感产生预测作用，但在男生身上并没有发现显著的预测作用。[1] 综合横断历史研究的结果，也可以看出，女生更多受到年代变迁所带来的消极影响，更少受到年代变迁所带来的积极影响，这一结果也与国外的研究结果相一致。我们的研究也发现，相比于男生，女生对于人际关系更为敏感，在行为上会更受到社会文化的限制。随着就业市场的竞争越发激烈，女生在就业中的劣势更加明显，这些都可能是年代变迁对女生心理健康产生更大影响的原因。

二、文化潮流对我国青少年心理健康状况的影响

当前的青少年大约出生于 1995—2005 年，可以说与网络的发展与兴起同步，网络已成为他们的主要生活方式之一，这是以前青少年所不具备的文化特征和时代背景。因此，紧紧围绕互联网发展这一新兴文化潮流，探讨互联网文化对我国青少年心理健康的影响，能够更加清晰地厘清我国青少年心理健康状况发生流变的"路径图"。我们认为，网络社交媒体的使用，并不能够提升个体的心理健康水平，而过度使用网络和手机更是青少年心理健康的大敌。此外，网络上充斥的大量的上行社会比较信息，以及其他一些有害信息也会对青少年心理健康产生诸多不良影响。

(一)社交媒体的使用无法带来幸福感

社交媒体的使用使人们的沟通方便、快捷，然而却无法像面对面交往那样有益于人们的心理健康。[2] 从表面上看，社交媒体不仅具有私密性，而且有效地促进了人与人之间的交流互动，但很多情况下人们都是在分隔的环境中使用

---

[1] Booker, C. L., Kelly, Y. J. & Sacker, A., "Gender Differences in the Associations between Age Trends of Social Media Interaction and Well-Being among 10-15 Year Olds in the UK," *BMC Public Health*, 2018, 18(321).

[2] Shakya, H. B. & Christakis, N. A., "Association of Facebook Use with Compromised Well-Being: A Longitudinal Study," *American Journal of Epidemiology*, 2017, 185(3), pp. 203-211.

社交媒体，因而社交媒体的使用无法像当面社交那样让人感到更为亲密，反而可能会导致人们感到羞怯和孤独。研究表明，社交媒体的使用与抑郁之间存在关联，能够对情绪和幸福感造成消极影响。[①] 日常生活经验也告诉我们，由于青少年对社交媒体的依赖程度越来越高，他们愿意花费更多时间在网络"屏幕"上，这就意味着他们花费更少的时间在当面社交、印刷媒体、体育运动等"非屏幕"的现实生活上，而后者是与抑郁症状、情绪困扰等呈现负相关的。也就是说，社交媒体和电子产品的使用能够通过直接和间接两条途径影响心理健康。网络骚扰、较差的睡眠质量、较低的自尊水平、不良的身体意向等，则是社交媒体的使用影响青少年心理健康的中介变量。上述诸多变量或因素，显然不会给青少年带来稳定的快乐感、愉快感和幸福感，以及基于自身生活方式、生活质量而产生的生活满意度。

(二) 网络与手机成瘾是心理健康的巨大隐患

社交媒体的使用与心理健康存在负向关联，网络与手机成瘾则会对心理健康造成更大的伤害。毫无疑问，对于青少年而言，网络与手机成瘾是影响他们心理健康水平的一大诱因，会产生消极的生理后果、行为后果、经济后果和心理—社会后果。研究发现，相比于轻度的电子产品使用者，重度电子产品使用者更可能体验到不快乐，幸福感水平较低，以及有更高的自杀风险。[②] 不良的智能手机使用与青少年孤独、酗酒、学业表现不良、冲动性、焦虑、抑郁等存在正向关联。[③] 有研究者使用 Young 网络成瘾诊断问卷对某高校 621 名大学生进

---

① Lin, L. Y., Sidani, J. E., Shensa, A., et al., "Association between Social Media Use and Depression among US Young Adults," *Depression and Anxiety*, 2016, 33(4), pp. 323-331.

② Twenge, J. M. & W. K. Campbell., "Media Use is Linked to Lower Psychological Well-Being: Evidence from Three Datasets," *Psychiatric Quarterly*, 2019, 90(2), pp. 311-331.

③ Grant, J. E., K. Lust & S. R. Chamberlain, "Problematic Smartphone Use Associated with Greater Alcohol Consumption, Mental Health Issues, Poorer Academic Performance, and Impulsivity," *Journal of Behavioral Addictions*, 2019, 8(2), pp. 335-342.

行了问卷调查，结果发现，12.8%的大学生符合网络成瘾诊断标准。[①] 在日本进行的一项针对初中生的研究结果表明，2%的初中生可以判定为网络成瘾，21.7%的初中生为疑似网络成瘾，网络成瘾和疑似成瘾的学生心理健康水平显著低于无成瘾组。[②] 显然，网络成瘾越严重，其心理健康水平也越低。另外，网络成瘾的低龄化发展也给青少年的心理健康带来严峻挑战。研究者认为，在青少年所处的生态系统中，家庭因素、学校因素、同伴因素都可能对青少年网络成瘾造成影响，他们很可能到网络的虚拟世界中去寻求现实世界的补偿。[③] 这种虚拟世界的"生活"，显然会影响青少年在现实世界中的正常学习、生活和工作，即通过减弱入世心理中的拼搏精神和出世心理中的平常心而降低心理幸福感和自我效能感。

(三) 网络信息对青少年心理健康产生不良影响

网络的迅速发展把世界连接起来，但是，过多地了解信息对于个体的心理健康并不见得都是好事。首先，网络中的大量信息给青少年提供了许多上行社会比较的机会，进而对心理健康产生消极影响。研究表明，大学生社交媒体使用对焦虑有显著的预测作用，而上行社会比较在其中发挥着中介作用。[④] 这表明经常使用社交媒体的大学生会让自己暴露于过多的同伴信息之中，而那些比自己"过得好"的信息则会影响个体的自尊、自我评价等。另外，网络中的信息良莠不齐，一些网络糟粕本身就会对个体心理健康造成负面影响，如网络欺凌和网络暴力。网络欺凌近年来的报告率持续上升，并且，由于青少年使用网络

---

① 周晓琴、奚晓岚、程灶火等：《大学生网络成瘾患病率及心理健康状况的调查》，载《中国临床心理学杂志》，2014(4)。

② Kawabe, K., Horiuchi, F., Ochi, M., et al., "Internet Addiction: Prevalence and Relation with Mental States in Adolescents," *Psychiatry and Clinical Neurosciences*, 2016, 70(9), pp. 405-412.

③ 李董平、周月月、赵力燕等：《累积生态风险与青少年网络成瘾：心理需要满足和积极结果预期的中介作用》，载《心理学报》，2016, 48(12)。

④ 丘文福、林谷洋、叶一舵等：《社交媒体使用对大学生焦虑的影响：上行社会比较和心理资本的序列中介作用》，载《中国特殊教育》，2017(8)。

时间更多，因而遭受网络欺凌的概率也较大。① 研究发现，发起和遭受网络欺凌都与心理健康存在消极联系。② 除此之外，网络中存在的一些暴力、自杀、自伤的素材，也可能导致青少年模仿行为的出现。有研究表明，从 2007 年到 2014 年，在互联网上提供自杀方法信息的网站比例提高③，这将极大地危害到青少年的人身安全与生命安全。

三、社会转型对我国青少年心理健康状况的影响

诚如上述，互联网文化的兴起改变了青少年的生活方式，这种改变对其心理健康的影响无疑是显而易见的。从宏观的社会层面来看，社会转型可能也是影响人们心理健康的重要力量。随着我国现代化进程的整体提速，人们的生活节奏明显加快，职业竞争日益剧烈，其心理预期与社会现实存在较大落差，再加上人的心理状况、结构和特点的变化，令很多人无所适从，处于浮躁、紧张、茫然甚至恐惧之中，由此引发了各种各样的心理困扰和心理障碍。这里，我们从社会转型带来的经济发展、社会多元化和环境不确定性三个方面，进一步分析社会转型可能带给青少年心理健康的影响。

(一)经济发展对青少年心理健康的影响

经济发展对心理健康尤其是对幸福感的影响始终是人们关心的话题，然而最终的研究结果却发现，经济发展水平对心理健康的影响并不是线性的关系。之前在我国进行的一项研究表明，个人经济收入水平与幸福感呈倒 U 形关系，即月收入在 10 000 元以上的群体和月收入在 1 000 元以下的群体幸福感水平最

---

① 郑茹、星一、段佳丽：《青少年网络欺凌行为流行及干预现状》，载《中国学校卫生》，2017，38(6)。

② John, A., Glendenning, A.C., Marchant, A., et al., "Self-Harm, Suicidal Behaviours, and Cyberbullying in Children and Young People: Systematic Review," *Journal of Medical Internet Research*, 2018, 20(4), p. e129.

③ Biddle, L., Derges, J., Mars, B., et al., "Suicide and the Internet: Changes in the Accessibility of Suicide-Related Information between 2007 and 2014," *Journal of Affective Disorders*, 2016(190), pp. 370-375.

高，高于月收入在 1 000~10 000 元之间的群体。① 研究者认为当人们处于贫困之中时，经济发展水平的提高能够提高幸福感，但当经济发展水平到达一个"拐点"之后，幸福感与经济发展水平的关系就会变得复杂。我们认为，这一现象表明，随着经济发展，人们对"幸福感"的定义会发生变化，幸福感的内涵在渐次扩大，从以往认为幸福就是吃饱穿暖，转变为对更美好生活的向往。例如，人们开始对法治建设、环境保护、隐私及知识产权保护、医疗、教育等领域提出了更高的要求，追求机会均等、分配公平、生态环境安全等，而在贫困阶段，这些要求是并不迫切的。另外，经济的快速发展使青少年群体的物质水平有所提高，这也给青少年的心理健康造成了消极影响。② 物质主义使青少年过度关注物质财富的重要性，加剧与传统规范、传统伦理的矛盾冲突，从而他们的消极情绪体验降低他们的幸福感和生活满意度。

(二)社会多元化对青少年心理健康的影响

当代社会是一个多元化的社会，这种多元化主要体现在两个方面。一是价值观的多元化，这反映了思想领域的变迁。在宏观层面，社会主义核心价值观的主导地位不断增强，而在微观层面，人们对于自己的生活有了越来越多的选择。例如，有人仍然追求"体制内"工作的保障，有人则会想在创新创业的大潮中一展才华；有人希望能够"按部就班"地进入婚姻，有人则会觉得婚姻并不是必要的事情；有人选择在大城市追求梦想，有人选择在基层、在西部发光发热。诸如此类选择的背后，其实体现了多元价值观的并存，青少年需要在多元价值观中进行取舍，其中的心理困扰、心理矛盾和冲突，会对青少年的心理健康造成影响。二是社会阶层的多元化。不同社会阶层有不同的生活方式和价值追求，社会阶层的多元化对青少年的身份认同产生影响。③ 研究者认为，传统社会的

---

① 俞国良：《社会转型：国民幸福感的震荡与变迁》，载《中国人民大学复印报刊资料（心理学）》，2016(7)。
② 蒋奖、曾陶然、杨淇越等：《青少年物质主义的成因、测量与干预》，载《心理科学进展》，2016，24(8)。
③ 俞国良：《社会转型：社会心理学的立场》，116~125 页，北京，中国社会科学出版社，2016。

同质性较高，现代社会的异质性较高，现代社会的这种异质性会影响青少年的归属感和认同感。在异质性的前提下，青少年可能会同时有着对多个群体的社会认同，不同的社会群体意味着不同的社会规范，当这些社会规范之间产生分歧时，个体就会体验到社会认同的冲突。①

(三) 环境不确定性对青少年心理健康的影响

社会转型的过程带来了更多的环境不确定性，这是青少年心理健康水平下降的一大原因。从心理学的角度看，不确定性意味着个体无法对未来进行准确的评估，于是无法提前进行准备，进而引发个体的焦虑情绪。② 在传统社会，人们的环境稳定，生活确定性高，对于未来生活的准备充分，这有利于心理健康水平的维持。随着现代化与社会转型的进程加快，中国社会开始步入个体化社会，以往由集体承担的风险，逐步地开始由个人承担。鉴于社会整体的环境不确定性提高，有研究者认为，焦虑已经成为一种基本社会心态。③ 另一方面，在当今的网络社会或者信息社会中，信息成为直接的生产对象，这就导致了不确定性成为网络社会的本质特点。网络信息的空前丰富，以及传播与扩散速度极快，使环境的不确定性得到进一步强化。④ 研究者认为，对青少年而言，向上流动的需求和环境的不确定性共同造成了当代青少年的"阶层焦虑"。⑤ 而所谓"从小赢在起跑线上"之类的心灵鸡汤，更是对青少年心理健康"雪上加霜"。

---

① Hirsh, J. B. & Kang, S. K. , "Mechanisms of Identity Conflict: Uncertainty, Anxiety, and the Behavioral Inhibition System," *Personality and Social Psychology Review*, 2016, 20(3), pp. 223-244.

② 冉光明、张琪、陈旭：《不确定性的认知神经机制》，载《中国特殊教育》，2018(8)。

③ 王小章：《论焦虑——不确定性时代的一种基本社会心态》，载《浙江学刊》，2015(1)。

④ 刘少杰：《网络社会的不确定性冲突与化解原则》，载《社会科学研究》，2019(2)。

⑤ 朱慧劼、王梦怡：《阶层焦虑症候群：当代青年的精神危机与出路》，载《中国青年研究》，2018(11)。

四、文化潮流抑或社会转型对我国青少年心理健康状况的叠加效应

社会转型不仅意味着由农业社会向工业社会的转型，同时也意味着由工业社会向信息社会的转型。社会信息化的进程一方面推动了社会的持续变迁，另一方面也改变了人们的生活方式和思维方式。从这个角度看，社会转型与文化潮流变迁本质上都是生产力发展和信息化不断推进的必然结果。前面我们分别分析了互联网文化潮流和社会转型过程对青少年心理健康状况的影响，但两者之间的关系并不是线性的，更不是完全独立发挥作用的，而是存在着叠加效应的。我们认为，社会转型是青少年心理健康水平下降的深层原因，而文化潮流的变迁是青少年心理健康状况下降的直接媒介，社会转型的过程通过文化潮流的媒介作用共同影响着青少年的心理健康。从生态系统理论的角度来看，社会转型和文化潮流对青少年心理健康的影响，主要通过家庭、学校的中介作用传导到青少年身上而发挥作用。

(一) 社会转型是影响青少年心理健康水平的深层原因

社会转型不仅意味着社会结构性的变革，也给人们带来了个体的心理性变革。特别是人们快节奏的生活方式，大强度的竞争压力，高目标的成就动机，使个体心理健康问题日益凸显。[1] 在前期研究中，我们发现社会转型的过程会对个体的幸福感、安全感、信任感、社会心理特征、社会心理预期等产生深刻而持久的影响。在这种宏观的社会背景下，我国青少年的心理健康也必然要受到影响。研究者认为，社会转型所带来的由计划经济向市场经济的转变造成了经济上的不平等，这种不平等使人们在收入上进行了上行比较，而忽视了绝对收入水平的提高。另外，社会转型所带来的个体化程度的提高，意味着个体最终要为自身的幸福负责，这会使个体在失败时反刍自己的错误，当个体处于不

---

① 俞国良：《社会转型：心理健康服务与社会心理服务》，载《黑龙江社会科学》，2018(4)。

利局面时，会变得更加脆弱。这种情感上的"玻璃心"，集中投射在其心理健康水平上。

(二) 互联网文化潮流是影响青少年心理健康水平的直接媒介

在信息化、高科技背景下，互联网逐渐成为青少年接触社会环境的重要媒介，社会转型的特殊历史发展时期对青少年的影响，在文化潮流的作用下得到成倍放大。一是互联网的快速发展使得信息传播更加迅速、丰富，这种信息的存在为人们进行上行比较提供了可能。举例而言，尽管以往也有社会阶层的分化，但是在一个社会阶层的个体很难去了解另一个社会阶层的生活，有些地方的人们以一种不变的生活方式祖祖辈辈生活在同一个地方，他们并不知道外面的人们是怎样生活的。然而，互联网的普及彻底改变了这一状况。人们可以通过网络看到各地的生活、娱乐、工作、教育状况。人们在信息的飞速流通中与社会的阶层进行着社会比较，从而影响自身的心理平衡，进而影响其心理健康水平。二是自媒体的快速发展，为人们提供了丰富的自我呈现机会。但这种网络中的自我呈现与现实中人们的实际状态有很大的区别，人们会倾向于把自己最美好的部分展现出来，而青少年因其知识经验和社会阅历的局限，难辨真伪。显然，过度的网络社交，使青少年丧失了部分现实生活中的社交机会，而认为"朋友圈"中所展现的就是他人真实的全部生活，进而引发自尊和自我效能感的降低，乃至对现实社会与现实生活的不满。

(三) 社会转型和文化潮流通过家庭、学校的中介作用对青少年产生影响

从生态系统理论的视角来看，社会转型和文化潮流对青少年心理健康的影响，需要依赖于处于紧邻个体的微系统进行传导，主要包括家庭和学校两个部分。从家庭的角度来看，社会转型和文化潮流对于家长的影响同样是巨大的。家长也会面对更多的焦虑，这种焦虑会进一步传导给青少年。另外，随着经济的快速发展，越来越多的家长变得更为忙碌，进而忽视了对于青少年的教养，

大批留守儿童也随之出现。研究发现，留守儿童有更高的抑郁风险，① 这也是宏观社会因素对个体心理健康产生影响的重要过程。一些家长本身就是"低头族"，过度沉迷于电子产品，社会转型和文化潮流的叠加效应就通过家庭传导到了青少年身上。交叉滞后研究表明，父母"低头族"能够对初中生手机成瘾产生预测作用。② 从学校的角度来看，对于青少年来说，教师的影响固然是重要的，但同伴关系对他们心理健康的影响可能更为巨大。仍以留守儿童为例，研究发现，一方面，家庭社会经济地位能够对留守儿童的同伴关系产生影响；③ 另一方面，留守儿童的同伴关系与心理健康之间也存在着密切联系。④ 这表明，同伴关系中和了社会因素对个体心理健康的影响。

五、对策与建议

提高我国青少年心理健康水平，这是一个系统工程，从宏观上，必须认真贯彻落实《中华人民共和国精神卫生法》，特别是习近平总书记在全国卫生与健康大会上提出的"要加大心理健康问题基础性研究，做好心理健康知识和心理疾病科普工作，规范发展心理治疗、心理咨询等心理健康服务"。从微观上，则需要根据我国青少年的身心特点、成长规律和教育规律，有的放矢地疏导、缓解和减少青少年的心理健康问题。

(一)减少网络与手机对青少年的消极影响

首先，从源头和政策上，国家和政府应加强对网络游戏、手机 App 等的审核，加入防沉迷因素，如禁止未成年人注册某类网络账号，当游戏时间过长或

---

① He, B., Fan, J., Liu, N., et al., "Depression Risk of 'Left-Behind Children' in Rural China," *Psychiatry Research*, 2012, 200(2-3), pp. 306-312.

② 丁倩、孔令龙、张永欣等:《父母"低头族"与初中生手机成瘾的交叉滞后分析》，载《中国临床心理学杂志》，2018, 26(5)。

③ 罗晓路、李天然:《家庭社会经济地位对留守儿童同伴关系的影响》，载《中国特殊教育》，2015(2)。

④ 赵景欣、刘霞、张文新:《同伴拒绝、同伴接纳与农村留守儿童的心理适应:亲子亲合与逆境信念的作用》，载《心理学报》，2013(7)。

使用某应用时间过长时，系统应及时予以提醒或禁止继续使用等，防止青少年迷恋网络。其次，从教育对策上，应加强对青少年正确使用网络与手机的指导，引导青少年多参与面对面的人际交往与户外运动，养成良好的生活方式与生活习惯，用良好的行为习惯代替不良的喜好与陋习。最后，从管理措施上，应加强对互联网企业的管理，进一步清除对青少年有害的信息，尤其关注带有明显自杀暗示性或涉及自杀方法的网络信息，防止青少年通过网络产生自杀意念或行为，保护青少年健康上网、绿色上网。

(二)缓解社会转型带来的消极影响

社会转型是历史的必然，不可逆转。但社会转型所带来的一系列社会问题，却是可以缓和，甚至避免的。由于社会转型伴随而来的社会矛盾、心理冲突是青少年心理健康状况发生流变的深层原因，因此，在预防和减少网络对青少年心理健康造成消极影响的同时，还应针对社会转型制定相应对策。一是社会转型所带来的贫富分化、收入差距增大，可能对青少年心理健康产生消极影响，因此应努力避免青少年学生因经济困难产生不良心理后果。这就需要进一步推进教育公平，均衡教育资源，使经济困难的青少年学生能够享受相同教育条件，并且进一步完善学校资助政策，对他们进行补偿，保障他们的日常生活水平。二是要引导经济困难青少年学生正确认识家庭经济困难和社会经济收入距离增大的现象，防止他们因家庭社会经济地位较低而产生"仇官""仇富"等不良心态，应将自身经济条件的劣势转化为奋斗的动力。三是在青少年学生中进一步弘扬社会主义核心价值观，增进他们的社会认同感，引导青少年树立正确的奋斗目标，把个人理想和社会理想紧密结合起来，克服可能出现的极端物质主义倾向。

(三)重视家庭和学校的保护性作用

文化潮流和社会转型的叠加效应，通过生态系统中的各个系统对青少年心理健康造成影响，家庭和学校作为社会支持系统的重要载体，在其中不仅起到传导作用，与此同时也能发挥保护性作用。如果能够营造良好的家庭环境和学校环境，则能防止社会因素对青少年心理健康造成伤害。在家庭层面，应努力营造和谐的家庭氛围，提升婚姻关系质量和亲子关系质量，这都有助于青少年心理健康水平的提升。在学校层面，则应提高学校的认同感，增加参与学校管理的机会，积极开展校园文化活动；注重建立良好的师生关系，严惩一切师德禁行行为，使教师成为学生成长成才的领路人，成为他们心理健康的保健医生；教育学生发展良好的同伴关系，杜绝校园欺凌行为，从而为青少年提供安全的微系统环境，抵御外在因素对青少年心理健康的侵扰。

（四）持续关注女生心理健康

几乎国内外所有的研究证据都表明，在青少年群体中，女生的心理健康水平低于男生，并且这种差距还在随着年代的变迁呈逐渐增大的趋势，这表明女生对于文化潮流、社会变迁的敏感程度要高于男生。因而在实际工作中，要对女生的心理健康予以更多关注。特别是在社会转型的过程中，女生可能会比以往面临更多的来自现实生活的压力，如在就业时处于劣势地位、对于自身外貌有了更高追求、社会对女性的职业发展有了新的期待等，这都是导致女生心理健康状况下降的原因。从宏观的社会层面，应进一步倡导尊重女性的社会氛围，维护好女性的平等地位；从微观的学校、家庭层面看，则应多关注女性的日常生活状况和心理状况，及时帮助她们解决现实问题和心理问题，把解决心理行为问题与解决生活实际问题有机结合起来，有的放矢对症下药，真正提高女生的心理健康素质与心理健康水平。

第二十三章

大学生依恋焦虑与心理健康关系：恋爱关系质量的中介和调节作用

随着大学生恋爱关系的建立，恋人成为他们新的依恋对象。[1] 依恋焦虑是成人依恋的一个维度，反映了个体担心被伴侣拒绝或抛弃的程度，与恋爱关系质量和个体心理健康存在密切关联。[2][3][4][5] 与此同时，对于大学生而言，恋爱关系质量也会对他们的心理健康造成重大影响。[6] 本章将对恋爱关系质量在依恋焦虑与心理健康之间的作用进行探讨。

鲍尔比[7]最早将依恋定义为："婴儿和他的照顾者（一般为母亲）之间存在的一种特殊的情感联结。"随着研究的深入，研究者开始将依恋的概念扩展到成年期。哈赞(Hazan)和谢弗(Shaver)[8]最早提出成人依恋的概念。他们认为，浪漫之爱同样是一种依恋过程，在这一过程中，情侣之间的情感联结得以建立。成

① Hazan, C. & Shaver, P., "Romantic Love Conceptualized as an Attachment process," *Journal of Personality and Social Psychology*, 1987, 52(3), pp. 511-524.

② Cantazaro, A., & Wei, M., "Adult Attachment, Dependence, Self-Criticism, and Depressive Symptoms：A Test of a Mediational Model," *Journal of Personality*, 2010, 78(4), pp. 1135-1162.

③ Hadden, B. W., Smith, C. V. & Webster, G. D., "Relationship Duration Moderates Associations between Attachment and Relationship Quality：Meta-Analytic Support for the Temporal Adult Romantic Attachment Model," *Personality and Social Psychology Review*, 2014, 18(1), pp. 42-58.

④ Liao, K. Y. -H. & Wei, M., "Insecure Attachment and Depressive Symptoms：Forgiveness of Self and Others as Moderators," *Personal Relationships*, 2015, 22(2), pp. 216-229.

⑤ Meyer, D. D., Jones, M., Rorer, A., et al., "Examining the Associations among Attachment, Affective State, and Romantic Relationship Quality," *The Family Journal*, 2014, 23(1), pp. 18-25.

⑥ Love, A. B. & Holder, M. D., "Can Romantic Relationship Quality Mediate the Relation between Psychopathy and Subjective Well-Being?" *Journal of Happiness Studies*, 2016, 17(6), pp. 2407-2429.

⑦ Bowlby, J., *Attachment and loss, Vol.*1：*Attachment*, New York, Basic Books, 1969.

⑧ Hazan, C. & Shaver, P., "Romantic Love Conceptualized as an Attachment Process," *Journal of Personality and Social Psychology*, 1987, 2(3), pp. 511-524.

人依恋中的不安全依恋可以通过依恋焦虑和依恋回避两个正交维度进行理解。①
依恋焦虑反映了个体担忧和反刍被浪漫伴侣拒绝或抛弃的程度，高依恋焦虑会
导致个体认为自己无法成功地处理烦恼的状况，并使自己保持人际依赖；依恋
回避反映了个体对关系中亲密的不适程度，高依恋回避会导致个体认为在危难
发生时他人无法被信赖，并使自己保持人际隔离。②③

　　以往研究发现，依恋焦虑和依恋回避都与心理健康存在负向的关联④⑤，但
相比于依恋回避，依恋焦虑与焦虑和抑郁的关联都更为紧密。⑥⑦ 由于依恋系统
的激活开始于对威胁事件的监督与评估⑧⑨，因此研究者认为，依恋与心理健康
之间的关系源于个体怎样理解与应对环境中的压力。⑩ 安全依恋的个体往往能
够认识到压力是可以管理的而不是无法克服的，他们可以在压力来临时战胜压
力，感受到他人对自己有固有的好意，以及在需要时积极寻找社会支持与情感
支持。因此，安全依恋能够提高个体在压力情境中的心理弹性，从而导致更好

---

① Brennan, K. A., Clark, C. L., & Shaver, P. R., "Self-Report Measurement of Adult Attachment: An Integrative Overview," in J. A. Simpson & W. S. Rholes (Eds.), *Attachment Theory and Close Relationships*, New York, Guilford Press, 1998, pp. 46-76.

② Lane, J. A. & Fink, R. S., "Attachment, Social Support Satisfaction, and Well-Being during Life Transition in Emerging Adulthood," *The Counseling Psychologist*, 2015, 43(7), pp. 1034-1058.

③ Mikulincer, M. & Shaver, P. R., *Attachment in Adulthood: Structure, Dynamics, and Change*, New York, Guilford Press, 2007.

④ Cantazaro, A. & Wei, M., "Adult Attachment, Dependence, Self-Criticism, and Depressive Symptoms: A Test of a Mediational Model," *Journal of Personality*, 2010, 78(4), pp. 1135-1162.

⑤ Liao, K. Y. -H. & Wei, M., "Insecure Attachment and Depressive Symptoms: Forgiveness of Self and Others as Moderators," *Personal Relationships*, 2015, 22(2), pp. 216-229.

⑥ Hankin, B. L., Kassel, J. D. & Abela, J. R., "Adult Attachment Dimensions and Specificity of Emotional Distress Symptoms: Prospective Investigations of Cognitive Risk and Interpersonal Stress Generation as Mediating Mechanisms," *Personality and Social Psychology Bulletin*, 2005, 31(1), pp. 136-151.

⑦ Shaver, P. R., Schachner, D. A. & Mikulincer, M., "Attachment Style, Excessive Reassurance Seeking, Relationship Processes, and Depression," Personality and Social Psychology Bulletin, 2005, 31(3), pp. 343-359.

⑧ Mikulincer, M. & Shaver, P. R., "The Attachment Behavioral System in Adulthood: Activation, Psychodynamics, and Interpersonal Processes," in M. P. Zanna (Ed.), *Advances in Experimental Social Psychology*(Vol. 35), San Diego, Elsevier Academic Press, 2003, pp. 53-152.

⑨ Mikulincer, M. & Shaver, P. R., "Boosting Attachment Security to Promote Mental Health, Prosocial Values, and Inter-Group Tolerance," *Psychological Inquiry*, 2007, 18(3), pp. 139-156.

⑩ Carr, S., Colthurst, K., Coyle, M. & Elliott, D., "Attachment Dimensions as Predictors of Mental Health and Psychosocial Well-Being in the Transition to University," *European Journal of Psychology of Education*, 2012, 28 (2), 157-172.

的心理健康结果。相反，依恋焦虑个体会对威胁有着较高水平的评价，并对压力事件有较高的反刍水平，这进而导致依恋焦虑与抑郁、焦虑等症状存在关联。① 也有研究者认为，情绪调节在依恋焦虑与心理健康之间发挥着中介作用，依恋焦虑个体所使用的过度激活策略是一种不适应的情绪调节策略，这会对心理健康产生消极影响。②③

然而，这些解释只是局限于个体层面，并没有考虑到亲密关系在其中的作用。研究者认为，依恋焦虑对亲密关系而言是一种破坏性因素。④ 相比于依恋回避的个体，依恋焦虑个体对于亲密有着更为强烈的愿望，然而这种"倾注"（preoccupation）反而会逐渐破坏他们的亲密关系。⑤ 研究发现，依恋焦虑个体会在亲密关系中体验到更多的冲突⑥，从冲突中感到更为强烈和持久的痛苦⑦⑧，并以更为消极的方式应对关系中的冲突。⑨⑩⑪ 因此，依恋焦虑很有可能通过亲

① Gallagher, H. C., Lusher, D., Gibbs, L., et al., "Dyadic Effects of Attachment on Mental Health: Couples in a Postdisaster Context," *Journal of Family Psychology*, 2017, 31(2), pp. 192-202.

② Malik, S., Wells, A. & Wittkowski, A., "Emotion Regulation as a Mediator in the Relationship between Attachment and Depressive Symptomatology: A Systematic Review," *Journal of Affective Disorders*, 2015 (172), pp. 428-444.

③ Mikulincer, M., Shaver, P. R. & Pereg, D., "Attachment Theory and Affect Regulation: The Dynamics, Development, and Cognitive Consequences of Attachment-Related Strategies," *Motivation and Emotion*, 2003, 27 (2), pp. 77-102.

④ Seedall, R. B. & Wampler, K. S, "Couple Emotional Experience: Effects of Attachment Anxiety in Low and High Structure Couple Interactions," *Journal of Family Therapy*, 2016, 38(3), pp. 340-363.

⑤ Jayamaha, S. D., Girme, Y. U. & Overall, N. C., "When Attachment Anxiety Impedes Support Provision: The Role of Feeling Unvalued and Unappreciated," *Journal of Family Psychology*, 2017, 31(2), pp. 181-191.

⑥ You, J., Huang, J. L., Ho, M. Y., et al., "Perceived Support and Relational Conflict as Mediators Linking Attachment Orientations with Depressive Symptoms: A Comparison of Dating Individuals from Hong Kong and the United States," *Personality and Individual Differences*, 2015(73), pp. 50-55.

⑦ Campbell, L., Simpson, J. A., Boldry, J., et al., "Perceptions of Conflict and Support in Romantic Relationships: The Role of Attachment Anxiety," *Journal of Personality and Social Psychology*, 2005, 88(3), pp. 510-531.

⑧ Overall, N. C., Girme, Y. U., Lemay, E. P., Jr., et al., "Attachment Anxiety and Reactions to Relationship Threat: the Benefits and Costs of Inducing Guilt in Romantic Partners," *Journal of Personality and Social Psychology*, 2014, 106(2), 235-256.

⑨ Bonache, H., Gonzalez-Mendez, R. & Krahe, B., "Romantic Attachment, Conflict Resolution Styles, and Teen Dating Violence Victimization," *Journal of Youth and Adolescence*, 2017, 46(9), pp. 1905-1917.

⑩ Jayamaha, S. D., Girme, Y. U., & Overall, N. C., "When Attachment Anxiety Impedes Support Provision: The Role of Feeling Unvalued and Unappreciated," *Journal of Family Psychology*, 2017, 31(2), pp. 181-191.

⑪ Tran, S. & Simpson, J. A., "Prorelationship Maintenance Behaviors: The Joint Roles of Attachment and Commitment," *Journal of Personality and Social Psychology*, 2009, 97(4), pp. 685-698.

密关系对心理健康产生影响。

有研究者认为，依恋焦虑是个体人际安全感（interpersonal security）的一项重要指标，依恋焦虑个体自身的原因导致了不安全感的持续。[①] 勒梅（Lemay）和克拉克（Clark）[②]认为，依恋焦虑个体会对对方表达出的注意和接受的真实性产生怀疑，这就导致了无论对方做什么都难以使依恋焦虑个体感到安全。勒梅认为，在依恋焦虑个体人际不安全感的持续上存在着"自我实现预言"（self-fulfillment prophecy）的效应，即依恋焦虑个体首先会产生对方认为自己的价值降低了这一没有事实根据的想法，这种知觉往往会使他们表现出一些令人厌恶的行为，这些行为最终引发了对方的拒绝或者逃离关系，从而证实了依恋焦虑个体对"贬值"（devaluation）的期望。以往研究结果表明，依恋焦虑个体往往较难拥有高质量的亲密关系[③][④]，与此同时，关系质量又对个体的心理健康具有重要意义。[⑤] 因此，我们假设，依恋焦虑可能正是通过关系质量对心理健康产生了影响，恋爱关系质量在依恋焦虑与心理健康之间发挥着中介作用。

然而，也有研究者指出，依恋焦虑个体并不是注定会在个人及关系层面获得坏的结果，如果他们的伴侣能够平息不安全依恋者的忧虑，那么依恋焦虑个体的破坏性反应就会得到削弱，并使关系满意度和安全感得到提高。根据这一观点，关系质量的高低往往取决于伴侣的调节过程。[⑥][⑦] 奥弗劳（Overall）和辛普

---

① Lemay, E. P., Jr., "Regulating Relationship Security of Chronically Insecure Partners," in P. J. Carroll, R. M. Arkin & A. L. Wichman (Eds.), *Handbook of Personal Security*, New York, Psychology Press, 2015, pp. 127-144.

② Lemay, E. P., Jr. & Clark, M. S., "Walking on Eggshells: How Expressing Relationship Insecurities Perpetuates Them," *Journal of Personality and Social Psychology*, 2008, 95(2), pp. 420-441.

③ Hadden, B. W., Smith, C. V. & Webster, G. D., "Relationship Duration Moderates Associations between Attachment and Relationship Quality: Meta-Analytic Support for the Temporal Adult Romantic Attachment Model," *Personality and Social Psychology Review*, 2014, 18(1), pp. 42-58.

④ Meyer, D. D., Jones, M., Rorer, A., et al., "Examining the Associations among Attachment, Affective State, and Romantic Relationship Quality," *The Family Journal*, 2014, 23(1), pp. 18-25.

⑤ Holt-Lunstad, J., Birmingham, W. & Jones, B. Q., "Is There Something Unique about Marriage? The Relative Impact of Marital Status, Relationship Quality, and Network Social Support on Ambulatory Blood Pressure and Mental Health," *Annals of Behavioral Medicine*, 2008, 35(2), pp. 239-244.

⑥ Overall, N. C. & Simpson, J. A., "Attachment and Dyadic Regulation Processes," *Current Opinion in Psychology*, 2015(1), pp. 61-66.

⑦ Simpson, J. A. & Overall, N. C., "Partner Buffering of Attachment Insecurity," *Current Directions in Psychological Science*, 2014, 23(1), pp. 54-59.

森（Simpson）提出的不安全依恋的二元调节（dyadic regulation of attachment insecurity）模型认为，不安全依恋与消极关系结果的关系会受到两个二元调节过程的影响。第一，在有威胁的互依情境中，伴侣能够减弱不安全依恋个体的破坏性反应；第二，在伴侣调节作用下产生的安全二元环境能够化解不安全依恋个体的消极预期。这两个调节过程能够在威胁情境下促进建设性反应的发生，提高关系幸福感，并促进个体的安全依恋。以往研究证实，伴侣行为能够缓解依恋焦虑个体的不安全感[1][2]，但关系质量的调节作用却较少涉及。我们假设，恋爱关系质量可能在依恋焦虑与心理健康之间发挥着调节作用，高质量的恋爱关系能够减弱依恋焦虑与心理健康之间的关联。

我们的研究假设是，恋爱关系质量在依恋焦虑与心理健康之间既发挥着中介作用，也发挥着调节作用。做出这样假设的根源在于如何看待依恋焦虑。一方面，很多研究者认为，依恋焦虑是一个较为稳定的个人特质[3][4]，个体的依恋风格随着时间的变化保持稳定。[5] 从这个角度看，依恋焦虑个体更容易拥有低质量的恋爱关系，进而导致较低的心理健康水平。另一方面，最近的一些研究认为，个体的依恋安全感也会发生变化[6]，在某些情况下，浪漫关系能够缓解依恋焦虑个体的不安全感并提升他们的安全感。[7][8] 对于依恋焦虑个体来说，如

---

① Lemay, E. P. , Jr. , & Dudley, K. L. , "Caution: Fragile! Regulating the Interpersonal Security of Chronically Insecure Partners," *Journal of Personality and Social Psychology*, 2011, 100(4), pp. 681-702.

② Tran, S. & Simpson, J. A. , "Prorelationship Maintenance Behaviors: The Joint Roles of Attachment and Commitment," *Journal of Personality and Social Psychology*, 2009, 97(4), pp. 685-698.

③ Bowlby, J. , *Attachment and loss*, *Vol.* 1: *Attachment*, New York, Basic Books, 1969.

④ Collins, N. L. & Feeney, B. C. , "Working Models of Attachment Shape Perceptions of Social Support: Evidence from Experimental and Observational Studies," *Journal of Personality and Social Psychology*, 2004, 87(3), pp. 363-383.

⑤ Scharfe, E. , "Stability and Change of Attachment Representations from Cradle to Grave," in S. M. Johnson & V. E. Whiffen (Eds.), *Attachment Processes in Couple and Family Therapy*, New York, Guilford Press, 2003, pp. 64-84.

⑥ Girme, Y. U. , Agnew, C. R. , Vanderdrift, L. E. , et al. , "The Ebbs and Flows of Attachment: Within-Person Variation in Attachment Undermine Secure Individuals' Relationship Wellbeing across Time," *Journal of Personality and Social Psychology*, 2018, 114(3), pp. 397-421.

⑦ Arriaga, X. B. , Kumashiro, M. , Simpson, J. A. , et al. , "Revising Working Models across Time: Relationship Situations that Enhance Attachment Security," *Personality and Social Psychology Review*, 2018, 22(1), pp. 71-96.

⑧ Bonache, H. , Gonzalez-Mendez, R. & Krahe, B. , "Romantic Attachment, Conflict Resolution Styles, and Teen Dating Violence Victimization, " *Journal of Youth and Adolescence*, 2017, 46(9), pp. 1905-1917.

果他们在恋爱关系中能够持续感到伴侣对自己的重视，则能够建立关于自我的安全模型，从而使安全感得到长期的提升。从这个角度看，高质量的恋爱关系能够提升依恋焦虑个体的安全感，进而在心理健康上获得好的结果。

另外，在对大学生依恋焦虑、恋爱关系质量和心理健康三者关系进行考查的过程中，我们将同时使用幸福感和抑郁量表作为大学生心理健康的指标，以体现心理健康的双因素视角，即同时从幸福感和精神病理学两个维度对心理健康进行界定。①② 在本研究中，我们将使用情绪幸福感、心理幸福感和社会幸福感作为幸福感的指标③④，既关注个体快乐论基础上的幸福感，也关注个体在个人实现和社会参与方面的最佳功能。这样，我们能够得到大学生依恋焦虑与心理健康关系的更为详细的图景。

一、研究方法

（一）被试

在北京、河北、吉林、江苏、山西、云南等省市共 10 所高校中选取正处于恋爱关系中的大学生填写问卷，发放并回收问卷 657 份，其中有效问卷 633 份，有效率为 96.35%。其中，河北 368 份，吉林 95 份，山西 84 份，江苏 34 份，北京 35 份，云南 17 份。平均年龄 20.02±1.75 岁。男生 249 人，女生 379 人，5 人未报告性别。平均关系长度为 16.49±16.17 个月。

---

① Greenspoon, P. J. & Saklofske, D. H., "Toward an Integration of Subjective Well-being and Psychopathology," *Social Indicators Research*, 2001, 54(1), pp. 81-108.

② Suldo, S. M. & Shaffer, E. J., "Looking Beyond Psychopathology: The Dual-Factor Model of Mental Health in Youth," *School Psychology Review*, 2008, 37(1), pp. 52-68.

③ Keyes, C. L. M. "Promoting and Protecting Mental Health as Flourishing: A Complementary Strategy for Improving National Mental Health," *American Psychologist*, 2007, 62(2), pp. 95-108.

④ Westerhof, G. J. & Keyes, C. L. M., "Mental Illness and Mental Health: The Two Continua Model across the Lifespan," *Journal of Adult Development*, 2010, 17(2), pp. 110-119.

(二) 测量工具

1. 亲密关系经历量表(Experiences in Close Relationships Inventory, ECR)

该量表由布伦南等人(Brennan et al.)[1]编制，李同归与加藤和生[2]对其中文版进行了修订。该量表共包含 36 个题目，用以测量个体在恋爱关系中的不安全依恋水平，可分为依恋焦虑和依恋回避两个维度。例如，"总的来说，我不喜欢让恋人知道自己内心深处的感觉"，"我担心恋人不会像我关心他那样地关心我"。本研究仅使用依恋焦虑分量表。

2. 简版心理健康连续体量表(MHC-SF)(成人版)

该量表由凯斯等人(Keyes et al.)[3]编制，尹可丽和何嘉梅[4]对其中文版进行了修订。该量表共包含 14 个题目，被试需回答在过去 2 周到 1 个月内一些陈述的发生频率，分别从情绪幸福感(如"生活有乐趣")、心理幸福感(如"我的生活有目标或有意义")和社会幸福感(如"对社会有贡献")3 个方面对幸福感进行测量。

3. 简版流调中心抑郁量表(CES-D-13)

流调中心抑郁量表由拉德洛夫(Radloff)[5]编制，张宝山和李娟[6]在国内成年人群中对其简版进行了修订。简版流调中心抑郁量表共包含 13 个题目，可分为躯体症状(如"我睡不安稳")、抑郁情绪(如"我觉得沮丧，就算有亲

---

① Brennan, K. A. , Clark, C. L. & Shaver, P. R. , "Self-Report Measurement of Adult Attachment：An Integrative Overview," in J. A. Simpson & W. S. Rholes (Eds.), *Attachment Theory and Close Relationships*, New York, Guilford Press, 1998, pp. 46-76.

② 李同归、加藤和生：《成人依恋的测量：亲密关系经历量表(ECR)(中文版)》，载《心理学报》，2006，38(3)。

③ Keyes, C. L. M. , Wissing, M. , Potgieter, J. P. , et al. , "Evaluation of the Mental Health Continuum-Short form (MHC-SF) in Setswana-Speaking South Africans," *Clinical Psychology & Psychotherapy*, 2008, 15(3), pp. 181-192.

④ 尹可丽、何嘉梅：《简版心理健康连续体量表(成人版)的信效度》，载《中国心理卫生杂志》，2012，26(5)。

⑤ Radloff, L. S. , "The CES-D scale：A Self-Report Depression Scale for Research in the General Population," *Applied Psychological Measurement*, 1977, 1(3), pp. 385-401.

⑥ 张宝山、李娟：《简版流调中心抑郁量表在全国成年人群中的信效度》，载《中国心理卫生杂志》，2011，25(7)。

友帮助也不管用")和积极情绪(如"我感到未来有希望")三个维度。为了计算抑郁总分,将积极情绪维度题目进行反向计分。因此,被试在该量表上得分越高,表明抑郁水平越高;在积极情绪维度得分越高,表明积极情绪水平越低。

4. 关系评估量表(The Relationship Assessment Scale,RAS)

该量表由亨德里克等人(Hendrick et al.)[1]编制,袁晓娇与方晓义[2]曾对这一量表进行修订,共包含7个题目,用以测量恋爱关系质量,具有良好的信效度。[3] 例如,"你的恋人能多好地满足你的需要"。被试需根据当前的恋爱关系回答这些题目。

(三)统计分析

使用 SPSS 20.0 进行统计分析。

二、研究结果

(一)共同方法偏差控制与检验

哈曼单因子检验(Harman One-factor Test)结果表明,特征根大于1的因子共有11个,第一个因子解释的变异为20.10%,小于40%的临界值,表明本研究中不存在明显的共同方法偏差。

(二)依恋焦虑、恋爱关系质量与心理健康的相关分析

如表23-1所示,相关分析结果表明,依恋焦虑与幸福感之间存在显著负相

---

[1] Hendrick, S. S., Dicke, A. & Hendrick, C., "The Relationship Assessment Scale," *Journal of Social and Personal Relationships*, 1998, 15(1), pp.137-142.

[2] 袁晓娇、方晓义:《中国夫妻的原生家庭支持及其与婚姻质量的关系》,载《中国临床心理学杂志》, 2016, 24(3)。

[3] Vaughn, M. J. & Baier, M. E. M., "Reliability and Validity of the Relationship Assessment Scale," *The American Journal of Family Therapy*, 1999, 27(2), pp.137-147.

关，与抑郁之间存在显著正相关，与恋爱关系质量之间存在显著负相关；恋爱关系质量与幸福感之间存在显著正相关，与抑郁之间存在显著负相关；幸福感与抑郁之间存在显著负相关。

表 23-1　依恋焦虑、恋爱关系质量、心理健康之间的相关系数

	依恋焦虑	恋爱关系质量	幸福感
恋爱关系质量	−0.21***	—	—
幸福感	−0.20***	0.27***	—
抑郁	0.30***	−0.30***	−0.46***

注：***p<0.001，下同。

（三）恋爱关系质量在依恋焦虑与心理健康之间的中介作用

对恋爱关系质量在依恋焦虑与幸福感之间的中介作用进行检验，结果表明，恋爱关系质量在依恋焦虑与幸福感之间发挥着部分中介作用，Bootstrap 检验表明，间接效应值为−0.05，95%的置信区间不包含 0（表 23-2、表 23-3）。这一结果表明，对当前处于恋爱关系中的大学生而言，依恋焦虑水平越高则恋爱关系质量就越差，进而导致幸福感水平较低。

表 23-2　恋爱关系质量在依恋焦虑与幸福感之间的中介作用

回归方程		整体拟合指数		回归系数显著性	
结果变量	预测变量	R^2	F	β	t
幸福感	依恋焦虑	0.04	25.56***	−0.20	−5.06***
恋爱关系质量	依恋焦虑	0.05	29.65***	−0.21	−5.45***
幸福感	恋爱关系质量	0.10	33.21***	0.24	6.27***
—	依恋焦虑	—	—	−0.15	−3.76***

表 23-3　恋爱关系质量在依恋焦虑与幸福感之间中介效应的 Bootstrap 检验

	间接效应值	Boot SE	Boot CI 下限	Boot CI 上限
恋爱关系质量	−0.05	0.01	−0.08	−0.03

对恋爱关系质量在依恋焦虑与抑郁之间的中介作用进行检验，结果表明，恋爱关系质量在依恋焦虑与抑郁之间发挥着部分中介作用；Bootstrap 检验表明，间接效应值为 0.03，95% 置信区间不包含 0（表 23-4、表 23-5）。这一结果表明，对当前处于恋爱关系中的大学生而言，依恋焦虑水平越高则恋爱关系质量就越差，进而导致抑郁水平较高。

表 23-4　恋爱关系质量在依恋焦虑与抑郁之间的中介作用

回归方程		整体拟合指数		回归系数显著性	
结果变量	预测变量	R^2	F	β	t
抑郁	依恋焦虑	0.09	62.49***	0.30	7.91***
恋爱关系质量	依恋焦虑	0.05	29.65***	−0.21	−5.45***
抑郁	恋爱关系质量	0.15	55.07***	−0.25	−6.59***
—	依恋焦虑	—	—	0.25	6.59***

表 23-5　恋爱关系质量在依恋焦虑与抑郁之间中介效应的 **Bootstrap** 检验

	间接效应值	Boot SE	Boot CI 下限	Boot CI 上限
恋爱关系质量	0.03	0.01	0.02	0.05

(四) 恋爱关系质量在依恋焦虑与心理健康之间的调节作用

调节效应检验结果表明，恋爱关系质量在依恋焦虑与幸福感之间的关系中发挥着调节作用（表 23-6、图 23-1）。当恋爱关系质量低于平均数 1 个标准差时，依恋焦虑对大学生幸福感的预测作用显著；当恋爱关系质量高于平均数 1 个标准差时，依恋焦虑对大学生幸福感的预测作用不显著（表 23-7）。这一结果表明，高水平的恋爱关系质量能够缓解依恋焦虑对幸福感的消极影响。

表 23-6 恋爱关系质量对依恋焦虑与幸福感关系的调节作用

结果变量	预测变量	整体拟合指数		回归系数显著性	
		R^2	F	β	t
幸福感	恋爱关系质量	0.10	23.55***	0.24	6.27***
—	依恋焦虑	—	—	-0.14	-3.71***
—	依恋焦虑×关系质量	—	—	0.07	1.98*

表 23-7 恋爱关系质量不同水平上依恋焦虑对幸福感的影响

恋爱关系质量	效应值	Boot SE	Boot CI 下限	Boot CI 上限
-1	-0.22	0.05	-0.32	-0.11
0	-0.14	0.04	-0.22	-0.07
1	-0.07	0.05	-0.18	0.04

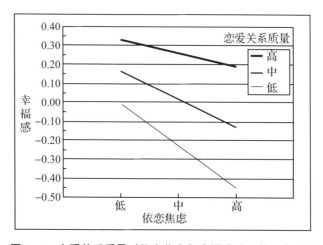

图 23-1 恋爱关系质量对依恋焦虑与幸福感关系的调节作用

调节效应检验结果表明，恋爱关系质量在依恋焦虑与抑郁之间的关系中发挥着调节作用（表 23-8、图 23-2）。与恋爱关系质量低于平均数 1 个标准差时相比，当恋爱关系质量高于平均数 1 个标准差时，依恋焦虑对大学生抑郁的预测作用更弱（表 23-9）。这一结果表明，高水平的恋爱关系质量能够缓解依恋焦虑对抑郁的消极作用。

表 23-8　恋爱关系质量对依恋焦虑与抑郁关系的调节作用

结果变量	预测变量	整体拟合指数		回归系数显著性	
		R^2	F	β	t
抑郁	恋爱关系质量	0.16	38.49 ***	−0.25	−6.60 ***
—	依恋焦虑	—	—	0.25	6.54 ***
—	依恋焦虑× 恋爱关系质量	—	—	−0.08	−2.17 *

注：＊表示 $p < 0.05$。

表 23-9　恋爱关系质量不同水平上依恋焦虑对抑郁的影响

关系质量	效应值	Boot SE	Boot CI 下限	Boot CI 上限
−1	0.32	0.05	0.22	0.42
0	0.25	0.04	0.17	0.32
1	0.17	0.05	0.06	0.27

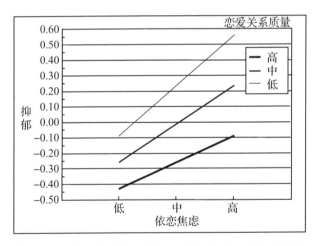

图 23-2　恋爱关系质量对依恋焦虑与抑郁关系的调节作用

三、分析与讨论

我们发现，大学生依恋焦虑与心理健康之间存在密切联系，这与以往研究结果一致。①② 与此同时我们发现，依恋焦虑与幸福感的相关系数为-0.20，与抑郁的相关系数为0.30，与抑郁的相关程度大于与幸福感的相关程度。从心理健康双因素的视角看③④，这一结果表明依恋焦虑与心理健康消极指标的关系更为密切。研究者认为，依恋焦虑对心理健康产生影响的原因是依恋焦虑个体有着关于自我的消极的工作模型和不适应的情绪调节策略，并会产生加剧消极情绪的认知反应⑤，因而依恋焦虑对个体抑郁的影响程度更大。实际上，在恋爱关系中存在着相互依赖的两难困境，即追求亲密的同时也会提高个体遭遇拒绝的痛苦。⑥ 对于依恋回避的个体而言，他们不去追求亲密，无法获得亲密所带来的幸福感，也就降低了带来痛苦的可能性；而对于依恋焦虑个体而言，他们希望能够从恋爱关系中获益，但是又害怕在恋爱关系中遭遇被抛弃的痛苦，这是他们会在恋爱关系中感到更多的消极情绪的原因。⑦

我们发现，恋爱关系质量与大学生心理健康之间存在密切关联。以往研究表明，处于恋爱中的大学生较单身大学生会有更高的心理健康水平⑧，这是由

---

① Cantazaro, A. & Wei, M., "Adult Attachment, Dependence, Self-Criticism, and Depressive Symptoms: A Test of a Mediational Model," *Journal of Personality*, 2010, 78(4), pp. 1135-1162.

② Liao, K. Y. & Wei, M., "Insecure Attachment and Depressive Symptoms: Forgiveness of Self and Others as Moderators," *Personal Relationships*, 2015, 22(2), pp. 216-229.

③ Keyes, C. L. M., "Mental Illness and/or Mental Health? Investigating Axioms of the Complete State Model of Health," *Journal of Consulting and Clinical Psychology*, 2005, 73(3), pp. 539-548.

④ Suldo, S. M. & Shaffer, E. J., "Looking Beyond Psychopathology: The Dual-Factor Model of Mental Health in Youth," *School Psychology Review*, 2008, 37(1), pp. 52-68.

⑤ Malik, S., Wells, A. & Wittkowski, A., "Emotion Regulation as a Mediator in the Relationship between Attachment and Depressive Symptomatology: A Systematic Review," *Journal of Affective Disorders*, 2015(172), pp. 428-444.

⑥ Murray, S. L., Holmes, J. G. & Collins, N. L., "Optimizing Assurance: The Risk Regulation System in Relationships," *Psychological Bulletin*, 2006, 132(5), pp. 641-666.

⑦ Mikulincer, M., Shaver, P. R. & Pereg, D., "Attachment Theory and Affect Regulation: The Dynamics, Development, and Cognitive Consequences of Attachment-Related Strategies," *Motivation and Emotion*, 2003, 27(2), pp. 77-102.

⑧ Braithwaite, S. R., Delevi, R. & Fincham, F. D., "Romantic Relationships and the Physical and Mental Health of College Students," *Personal Relationships*, 2010, 17(1), pp. 1-12.

于恋爱关系的存在增强了社会联系的广度和深度①，促进了个体的自我扩张。②然而，进入恋爱关系之中并不一定意味着心理健康水平的提高，恋爱中的个体较单身者也会体验到更多的伤害、争论和失望③，卷入低质量的关系之中反而会产生更为消极的结果。④本研究结果表明，对于正在恋爱中的大学生而言，恋爱关系质量对个体心理健康的影响是不可忽视的。

在大学生依恋焦虑、恋爱关系质量和心理健康三者的关系上，以往研究发现，依恋焦虑能够对恋爱关系质量产生显著的预测作用⑤⑥，也能够对心理健康产生显著的预测作用⑦⑧，与此同时，恋爱关系质量又对个体的心理健康具有重要意义。⑨本研究则证实了恋爱关系质量在大学生依恋焦虑与心理健康之间的中介作用，表明依恋焦虑对心理健康产生负面影响可能是由于依恋焦虑的个体难以获得较高的恋爱关系质量，并进而导致他们心理健康水平的降低。相比于

---

① Helliwell, J. F. & Putnam, R. D., "The Social Context of Well-Being, Philosophical Transactions of the Royal Society of London," *Series B.*, *Biological Sciences*, 2004, 359(1449), pp. 1435-1446.

② Aron, A., Lewandowski, G. W., Jr., Mashek, D., et al., "The Self-Expansion Model of Motivation and Cognition in Close Relationships," in J. A. Simpson & L. Campbell (Eds.), *The Oxford Handbook of Close Relationships*, New York, Oxford University Press, 2013, pp. 90-115.

③ Miller, R. S., "We Always Hurt the Ones We Love: Aversive Interactions in Close Relationships," in R. M. Kowalski (Ed.), *Aversive Interpersonal Behaviors*, New York, Plenum Press, 1997, pp. 11-29.

④ Holt-Lunstad, J., Birmingham, W. & Jones, B. Q., "Is There Something Unique about Marriage? The Relative Impact of Marital Status, Relationship Quality, and Network Social Support on Ambulatory Blood Pressure and Mental Health," *Annals of Behavioral Medicine*, 2008, 35(2), pp. 239-244.

⑤ Hadden, B. W., Smith, C. V. & Webster, G. D., "Relationship Duration Moderates Associations between Attachment and Relationship Quality: Meta-Analytic Support for the Temporal Adult Romantic Attachment Model," *Personality and Social Psychology Review*, 2014, 18(1), pp. 42-58.

⑥ Meyer, D. D., Jones, M., Rorer, A., et al., "Examining the Associations among Attachment, Affective State, and Romantic Relationship Quality," *The Family Journal*, 2014, 23(1), pp. 18-25.

⑦ Carr, S., Colthurst, K., Coyle, M. & Elliott, D., "Attachment Dimensions as Predictors of Mental Health and Psychosocial Well-Being in the Transition to University," *European Journal of Psychology of Education*, 2012, 28(2), pp. 157-172.

⑧ Malik, S., Wells, A. & Wittkowski, A., "Emotion Regulation as a Mediator in the Relationship between Attachment and Depressive Symptomatology: A Systematic Review," *Journal of Affective Disorders*, 2015(172), pp. 428-444.

⑨ Holt-Lunstad, J., Birmingham, W. & Jones, B. Q., "Is There Something Unique about Marriage? The Relative Impact of Marital Status, Relationship Quality, and Network Social Support on Ambulatory Blood Pressure and Mental Health," *Annals of Behavioral Medicine*, 2008, 35(2), pp. 239-244.

以往研究多是从个体层面对依恋焦虑与心理健康之间的关系进行解释①②，本研究的研究结果在关系层面上对二者关系进行了解答。

我们还发现，恋爱关系质量在依恋焦虑与心理健康的关系中还发挥着调节作用，对拥有较高质量恋爱关系的个体来说，依恋焦虑对心理健康将产生较小的影响。研究者认为，恋人之间形成的安全的二元环境将影响着依恋焦虑产生怎样的个体和关系后果③，高质量的恋爱关系有着更高的承诺水平、更高的满意度和更高的信任度④，这能够缓解依恋焦虑对心理健康的消极影响。我们的研究结果证实，较高的恋爱关系质量能够缓解依恋焦虑对心理健康的消极影响，表明当恋爱关系能够修正依恋焦虑个体的心理表征时，他们的安全感就会得到提升。⑤⑥

四、研究结论

第一，大学生依恋焦虑与恋爱关系质量和心理健康均存在负向关联；

第二，依恋焦虑能够通过恋爱关系质量的间接效应对心理健康产生影响；

第三，恋爱关系质量能够调节依恋焦虑与心理健康之间的关系，关系质量越高，依恋焦虑对心理健康的预测作用越弱。

---

① Malik, S., Wells, A. & Wittkowski, A., "Emotion Regulation as a Mediator in the Relationship between Attachment and Depressive Symptomatology: A Systematic Review," *Journal of Affective Disorders*, 2015(172), pp. 428-444.

② Mikulincer, M., Shaver, P. R. & Pereg, D., "Attachment Theory and Affect Regulation: The Dynamics, Development, and Cognitive Consequences of Attachment-Related Strategies," *Motivation and Emotion*, 2003, 27(2), pp. 77-102.

③ Simpson, J. A. & Overall, N. C., "Partner Buffering of Attachment Insecurity," *Current Directions in Psychological Science*, 2014, 23(1), pp. 54-59.

④ Rusbult, C. E., Martz, J. M. & Agnew, C. R., "The Investment Model Scale: Measuring Commitment Level, Satisfaction Level, Quality of Alternatives, and Investment Size," *Personal Relationships*, 1998, 5(4), pp. 357-391.

⑤ Arriaga, X. B., Kumashiro, M., Simpson, J. A., et al., "Revising Working Models across Time: Relationship Situations that Enhance Attachment Security," *Personality and Social Psychology Review*, 2018, 22(1), pp. 71-96.

⑥ Overall, N. C. & Simpson, J. A., "Attachment and Dyadic Regulation Processes," *Current Opinion in Psychology*, 2015(1), pp. 61-66.

第二十四章

大学生无聊倾向与认知失败的关系：意志控制的调节与中介作用

认知失败（cognitive failures）是指在日常活动过程中发生在记忆、注意和行为方面的微妙的和相对常见的失误。[1][2] 比如，有时候我们要去拿一样东西，但是突然又忘记要拿什么。此类现象广泛地存在于各类人群中，近年来在大学生群体中也表现得颇为普遍。[3][4][5] 正因如此，认知失败已被认知心理学、发展心理学、临床心理学、神经影像学等众多领域所关注。[6] 认知失败不仅会对大学生的学习效率、睡眠质量和心理和谐水平产生负面影响[7][8][9]，还会对大脑认知功能的协调与正常运转产生严重干扰，从而阻碍大学生正常的学习和生活。[10]

---

① Carrigan, N., Barkus, E., Ong, A., et al., "Do Complaints of Everyday Cognitive Failures in High Schizotypy Relate to Emotional Working Memory Deficits in the Lab?" *Comprehensive Psychiatry*, 2017(78), pp. 115-129.

② Weintraub, M. J., Brown, C. A. & Timpano, K. R., "The Relationship between Schizotypal Traits and Hoarding Symptoms: An Examination of Symptom Specificity and the Role of Perceived Cognitive Failures," *Journal of Affective Disorders*, 2018(237), pp. 10-17.

③ Bey, K., Montag, C., Reuter, M., et al., "Susceptibility to Everyday Cognitive Failure is Reflected in Functional Network Interactions in the Resting Brain," *Neuroimage*, 2015(121), pp. 1-9.

④ 胡月、黄海、张雨晴等：《大学生手机依赖与认知失败的关系：负性情绪的中介作用》，载《中国临床心理学杂志》，2017，25(6)。

⑤ Sandberg, K., Blicher, J. U., Dong, M. Y., et al., "Occipital GABA Correlates with Cognitive Failures in Daily Life," *Neuroimage*, 2014(87), pp. 55-60.

⑥ Unsworth, N., McMillan, B. D., Brewer, G. A., et al., "Everyday Attention Failures: An Individual Differences Investigation," *Journal of Experimental Psychology: Learning, Memory, and Cognition*, 2012, 38(6), pp. 1765-1772.

⑦ Hong, J. C., Hwang, M. Y., Szeto, E., et al., "Internet Cognitive Failure Relevant to Self-Efficacy, Learning Interest, and Satisfaction with Social Media Learning," *Computers in Human Behavior*, 2016(55), pp. 214-222.

⑧ Mecacci, L. & Righi, S., "Cognitive Failures, Metacognitive Beliefs and Aging," *Personality and Individual Differences*, 2006, 40(7), pp. 1453-1459.

⑨ Tirre, W. C., "Dimensionality and Determinants of Self-Reported Cognitive Failures," *International Journal of Psychological Research*, 2011, 11(1), pp. 9-18.

⑩ Carrigan, N. & Barkus, E., "A Systematic Review of Cognitive Failures in Daily Life: Healthy Populations," *Neuroscience & Biobehavioral Reviews*, 2016(63), pp. 29-42.

因此研究者很有必要探讨大学生认知失败行为的产生机制，进而为其预防控制提供解决思路。

无聊（boredom）亦是大学生中普遍而常见的一种现象①②，是指个体面对贫乏的外部刺激和内部刺激时，无法体验充分的需求满足，所感受到的无趣、空虚、无助等不愉悦的复合情绪体验③④，一般分为状态无聊和特质无聊。特质无聊又叫无聊倾向（boredom proneness），是指相对持久的人格特征中无聊情绪反应和行为上的稳定的个体差异。⑤ 研究表明，个体本身的无聊倾向是诱发认知失败的重要因素。⑥⑦⑧ 根据研究者⑨提出的认识失败整合模型，无聊倾向水平较高的个体自我损耗水平更高，这使个体的工作记忆、元认知策略、执行及注意等认知功能下降，进而使其在任务操作和情境活动中难以持续和有效地分配可利用的认知资源，导致认知失败现象频现。此外，实证研究也表明无聊倾向是认知失败的有效预测因子，较高的无聊水平不仅可以降低个体对刺激的感受性，还能使思维变得呆板而迟钝，因而大大增加了认知失败出现的可能性。虽然理论和实证研究均显示无聊倾向可以有效预测大学生认知失败，但对两者之

---

① Tze, V. M., Daniels, L. M. & Klassen, R. M., "Evaluating the Relationship between Boredom and Academic Outcomes: A Meta-Analysis,"*Educational Psychology Review*, 2016, 28(1), pp. 119-144.

② 张亚利、李森、俞国良：《大学生无聊倾向与认知失败的关系：手机成瘾倾向的中介作用及其在独生与非独生群体间的差异》，载《心理发展与教育》，2019，35(3)。

③ 刘勇、王云龙、赵建芳等：《大学生无聊倾向抵制效能感与烟酒使用行为的关系》，载《中国学校卫生》，2018，39(4)。

④ Struk, A. A., Carriere, J. S., Cheyne, J. A., et al., "A Short Boredom Proneness Scale: Development and Psychometric Properties,"*Assessment*, 2017, 24(3), pp. 346-359.

⑤ 张亚利、李森、俞国良：《大学生无聊倾向与认知失败的关系：手机成瘾倾向的中介作用及其在独生与非独生群体间的差异》，载《心理发展与教育》，2019，35(3)。

⑥ Skues, J., Williams, B., Oldmeadow, J., et al., "The Effects of Boredom, Loneliness, and Distress Tolerance on Problem Internet Use Among University Students,"*International Journal of Mental Health & Addiction*, 2016, 14 (2), pp. 167-180.

⑦ Wallace, J. C., Vodanovich, S. J. & Restino, B. M., "Predicting Cognitive Failures from Boredom Proneness and Daytime Sleepiness Scores: An Investigation within Military and Undergraduate Samples,"*Personality and Individual Differences*, 2003, 34(4), pp. 635-644.

⑧ 周扬、陈健芷、张辉等：《大学生核心自我评价对认知失败的影响：无聊倾向的中介作用》，载《中国临床心理学杂志》，2017，25(1)。

⑨ Carrigan, N. & Barkus, E., "A Systematic Review of Cognitive Failures in Daily Life: Healthy Populations,"*Neuroscience & Biobehavioral Reviews*, 2016(63), pp. 29-42.

间起作用的内部机制仍然缺乏探讨。因此，为了对大学生的认知失败行为进行有针对性的预防和干预，有必要探讨无聊倾向作用于认知失败的具体机制。

意志控制(effortful control)是指抑制优势反应、激活次优势反应及探测错误的能力。[1][2] 它是有机体内部自我调控系统中的重要成分[3]，是个体心理社会适应的一种重要保护因子。[4][5] 根据心理韧性理论和"风险缓冲模型"，危险因素并不必然导致个体发展或适应不良，关键在于个体是否拥有应对危险的保护性因素，保护因素往往能够在风险因素影响个体心理社会适应的过程中起到重要的缓冲作用。[6][7] 据此，本研究推测意志控制(保护因素)能够缓冲无聊(风险因素)对大学生认知失败的影响，高意志控制的个体可促进积极的，抑制消极的认知、情感和行为反应，并调控内隐的注意过程，使个体能自主地按活动需要集中或转移注意力[8][9]，即使存在较高的无聊倾向水平也能做到较好地应对，仍可较少出现认知失败行为。另外，自我调节的失败理论认为个体在受到风险因素(如无聊倾向)的影响时，对自身心理活动及行为的控制失调是导致非适应性行

① Sato, M., Fonagy, P. & Luyten, P., "Rejection Sensitivity and Borderline Personality Disorder Features: A Mediation Model of Effortful Control and Intolerance of Ambiguity," *Psychiatry Research*, 2018(269), pp. 50-55.

② Taylor, Z. E., Jones, B. L., Anaya, L. Y., et al., "Effortful Control as a Mediator between Contextual Stressors and Adjustment in Midwestern Latino Youth," *Journal of Latina/o Psychology*, 2018, 6(3), pp. 248-257.

③ Pace, U., D'Urso, G. & Zappulla, C., "Adolescent Effortful Control as Moderator of Father's Psychological Control in Externalizing Problems: A Longitudinal Study," *The Journal of Psychology*, 2018, 152(3), pp. 164-177.

④ Wang, L., Tao, T., Fan, C., et al., "The Association between Internet Addiction and Both Impulsivity and Effortful Control and Its Variation with Age," *Addiction Research & Theory*, 2017, 25(1), pp. 83-90.

⑤ 姚良爽、连帅磊、柴唤友等：《自我客体化对女大学生限制性饮食行为的影响：一个有调节的中介模型》，载《心理科学》，2018，41(3)。

⑥ Wang, P., Wang, X., Wu, Y., et al., "Social Networking Sites Addiction and Adolescent Depression: A Moderated Mediation Model of Rumination and Self-Esteem," *Personality and Individual Differences*, 2018(127), pp. 162-167.

⑦ 易娟、叶宝娟、刘明矾：《结交不良同伴对青少年烟酒使用的影响：意志控制的调节作用》，载《中国临床心理学杂志》，2016，24(3)。

⑧ Wang, M., Deng, X. & Du, X., "Harsh Parenting and Academic Achievement in Chinese Adolescents: Potential Mediating Roles of Effortful Control and Classroom Engagement," *Journal of School Psychology*, 2018(67), pp. 16-30.

⑨ 张良、陈亮、纪林芹等：《高中生学习成绩与抑郁症状的关系：一个有调节的中介模型》，载《中国临床心理学杂志》，2017，25(3)。

为(如认知失败)发生的重要原因。①②③ 最新研究也发现个体的自控能力显著地调节了无聊倾向和心智游离之间的关系，自我控制水平低的个体具有高水平的无聊倾向和自发性心智游离。④ 虽然已有不少研究检验了意志控制在风险因素(手机成瘾、结交不良同伴等)与大学生或儿童青少年行为问题(问题行为、拖延行为等)间的调节效应⑤⑥⑦⑧⑨⑩，但少有研究检验意志控制对无聊倾向与认知失败行为之间关系的调节作用。综上所述，本研究提出假设1：意志控制在无聊倾向对认知失败的影响过程中起调节作用；意志控制水平较高的个体，无聊倾向对其认知失败行为无显著影响。

然而，目前的研究大都将意志控制作为调节变量来探讨其对消极行为模式的缓冲作用。以往的理论和研究提示意志控制还可能在无聊倾向与认知失败行为的关系中起到中介作用。一方面，意志控制会受无聊倾向的影响。根据自我调节的损耗理论，消极情绪和心理压力均会损耗自我调控资源，对个体自我调

① Isacescu, J. & Danckert, J., "Exploring the Relationship between Boredom Proneness and Self-Control in Traumatic Brain Injury (TBI)," *Experimental Brain Research*, 2016, 234(5), pp. 1-13.

② Rebetez, M. M. L., Rochat, L., Barsics, C., et al., "Procrastination as a Self-Regulation Failure: The Role of Impulsivity and Intrusive Thoughts," *Psychological Reports*, 2018, 121(1), pp. 26-41.

③ Struk, A. A., Scholer, A. A., & Danckert, J. "A Self-Regulatory Approach to Understanding Boredom Proneness," *Cognition and Emotion*, 2016, 30(8), pp. 1388-1401.

④ Isacescu, J., Struk, A. A., Danckert, J., "Cognitive and Affective Predictors of Boredom Proneness," *Cognition and Emotion*, 2017, 31(8), pp. 1741-1748.

⑤ Diaz, A., Eisenberg, N., Valiente, C., et al., "Relations of Positive and Negative Expressivity and Effortful Control to Kindergarteners' Student-Teacher Relationship, Academic Engagement, and Externalizing Problems at School," *Journal of Research in Personality*, 2017(67), pp. 3-14.

⑥ Lian, S. L., Sun, X. J., Zhou, Z. K., et al., "Social Networking Site Addiction and Undergraduate Students' Irrational Procrastination: The Mediating Role of Social Networking Site Fatigue and the Moderating Role of Effortful Control," *PLoS One*, 2018, 13(12), e0208162.

⑦ 连帅磊、刘庆奇、孙晓军等：《手机成瘾与大学生拖延行为的关系：有调节的中介效应分析》，载《心理发展与教育》，2018，34(5)。

⑧ 罗金晶、董洪宁、丁晴雯：《累积生态风险对青少年网络成瘾的影响：意志控制的调节作用》，载《中国临床心理学杂志》，2017，25(5)。

⑨ Wang, P., Wang, X., Wu, Y., et al., "Social Networking Sites Addiction and Adolescent Depression: A Moderated Mediation Model of Rumination and Self-Esteem," *Personality and Individual Differences*, 2018(127), pp. 162-167.

⑩ 易娟、叶宝娟、刘明矾：《结交不良同伴对青少年烟酒使用的影响：意志控制的调节作用》，载《中国临床心理学杂志》，2016，24(3)。

控系统造成负面影响。①② 无聊倾向水平较高的个体更易感到无聊，而无聊作为一种负向情绪体验将对个体的自我调控能力造成严重损害。③ 针对大学生和中学生的实证研究均表明无聊倾向水平较高的个体的确会表现出较低的行为控制能力。④⑤ 另一方面，意志控制也能对认知失败产生影响。自我调控的执行功能理论指出，消极因素所引发的注意调节和抑制能力降低是导致个体任务完成不佳、行为出现失误的重要原因。⑥ 较好的意志控制能力有助于个体维持较清晰的意识状态和水平，让个体的注意力聚焦于当下的活动任务中，帮助个体利用元认知策略对自身的活动和行为进行更好的调节和控制⑦，从而在一定程度上抑制认知失败行为的发生。目前尚未有研究直接探讨意志控制在无聊倾向与认知失败间的中介作用，但已有研究发现意志控制能够在其他变量（如父母身体管教）与行为适应问题之间的关系中起到中介作用。⑧⑨ 例如，宋占美等人的研究表明，意志控制在父母身体管教与学前儿童外化问题行为间起到中介作用。由此，本研究提出假设2：意志控制在无聊倾向与认知失败间起中介作用。

综上所述，本研究基于心理韧性理论和自我调节的失败理论，拟考查意志控制在无聊倾向与认知失败行为间起到的调节作用，探讨这一机制有助于揭示无聊

① Baumeister, R. F., Vohs, K. D. & Tice, D. M., "The Strength Model of Self-Control," *Current Directions in Psychological Science*, 2007, 16(6), pp. 351-355.

② 潘斌、张良、张文新等：《青少年学业成绩不良、学业压力与意志控制的关系：一项交叉滞后研究》，载《心理发展与教育》，2016，32(6)。

③ 田志鹏、刘勇、杨坤等：《无聊与进食行为问题的关系：自我控制的中介作用》，载《中国临床心理学杂志》，2016，24(6)。

④ 李晓敏、辛铁钢、张琳钰等：《中学生无聊倾向自我控制与手机成瘾的关系》，载《中国学校卫生》，2016，37(10)。

⑤ 田志鹏、刘勇、杨坤等：《无聊与进食行为问题的关系：自我控制的中介作用》，载《中国临床心理学杂志》，2016，24(6)。

⑥ Fernie, B. A., McKenzie, A. M., Nikčević, A. V., et al., "The Contribution of Metacognitions and Attentional Control to Decisional Procrastination," *Journal of Rational-Emotive & Cognitive-Behavior Therapy*, 2016, 34(1), pp. 1-13.

⑦ 罗金晶、董洪宁、丁晴雯等：《累积生态风险对青少年网络成瘾的影响：意志控制的调节作用》，载《中国临床心理学杂志》，2017，25(5)。

⑧ Elizur, Y. & Somech, L. Y., "Callous-Unemotional Traits and Effortful Control Mediate the Effect of Parenting Intervention on Preschool Conduct Problems," *Journal of Abnormal Child Psychology*, 2018, pp. 1-12.

⑨ 宋占美、王芳、王美芳：《父亲和母亲的身体管教与学前儿童外化问题行为的关系：儿童意志控制的中介作用》，载《中国特殊教育》，2018(11)。

倾向对认知失败行为起作用的条件，可以回答无聊倾向"何时起作用"的问题；基于自我调节的损耗理论和自我调控的执行功能理论，拟考查意志控制在无聊倾向与认知失败行为间起到的中介作用，探讨这一机制将有助于揭示无聊倾向到认知失败行为的具体路径，可以回答无聊倾向"怎样起作用"的问题。同时探讨意志控制的调节和中介机制不仅有上述理论支持，统计专家①②也指出，的确存在一个变量同时起到调节和中介作用的情形。事实上，大量研究也探讨了诸多心理品质（如自我弹性、抵制效能感）在同一变量的关系间起到的双重作用③④⑤⑥。例如，刘丹霓和李董平的研究表明，自我弹性在专制型教养方式与青少年网络成瘾间既存在调节作用又存在中介作用。目前尚无研究直接验证意志控制在无聊倾向与认知失败间同时起到的调节和中介作用。本研究拟以大学生为被试，对意志控制的双重作用进行检验，其价值在于它可以弥补以往研究只关注中介或调节一个方面的缺陷，对已有结果进行扩展并综合评价无聊倾向、意志控制与认知失败行为的关系。同时，也为日后对认知失败行为开展科学有效的心理预防和干预，促进当代大学生身心健康发展和学习效率的改进与提升提供理论支持和实证依据。

一、研究方法

（一）被试

从河北、山东选取 4 所高校，分别在每个学校的每个年级选取 1~2 个班级发放问卷进行团体施测。采用不记名填写方式，要求被试真实、独立地作答，测试结束，当场统一回收。共发放问卷 557 份，最终剔除填答不完整（如漏答）、

---

① MacKinnon, D. P., *Introduction to Statistical Mediation Analysis*, New York, NY, Erlbaum, 2008.

② 温忠麟、刘红云、侯杰泰：《调节效应和中介效应分析》，89~102 页，北京，教育科学出版社，2012。

③ Attar-Schwartz & Shalhevet., "Emotional Closeness to Parents and Grandparents: A Moderated Mediation Model Predicting Adolescent Adjustment," *American Journal of Orthopsychiatry*, 2015, 85(5), pp. 495-503.

④ 范兴华、方晓义、黄月胜等：《父母关爱对农村留守儿童抑郁的影响机制：追踪研究》，载《心理学报》，2018, 50(9)。

⑤ 刘丹霓、李董平：《父母教养方式与青少年网络成瘾：自我弹性的中介和调节作用检验》，载《心理科学》，2017, 40(6)。

⑥ 王宏、张守臣、刘秀荣等：《青少年休闲无聊与烟酒使用行为的关系：抵制效能感的中介作用和调节作用》，载《中国临床心理学杂志》，2018, 26(4)。

规律性作答(如整个量表均填写同一个值)的无效问卷后，回收有效问卷 510 份，有效率为 91.6%。其中男生 232 名(45.5%)，女生 278 名(54.5%)；大一学生 111 名(21.8%)，大二学生 110 名(21.6%)，大三学生 123 名(24.1%)，大四学生 166 名(32.5%)。被试年龄为 17~26 岁，平均年龄为 21.60±1.59 岁。

(二)工具

1. 简版无聊倾向量表

采用李晓敏等[①]修订的简版无聊倾向量表(Boredom Proneness Scale-Short Form，BPS-SF)。由 12 个题目组成，有 6 道反向计分题，包括外部刺激，如"我总是感觉到周围的环境既单调又无聊"；内部刺激，如"我能从自己做的大多数事情中寻找到刺激"两个维度。采用 1~7 级评分(1~7 表示从"完全不同意"到"完全同意")。得分越高，表明无聊体验程度越高。本研究中该量表的 Cronbach's α 系数为 0.76，各因子间的信度在 0.68~0.79 之间；量表的结构效度较好($\chi^2/df =$ 3.13，GFI = 0.95，NFI = 0.93，IFI = 0.92，CFI = 0.92，RMSEA = 0.06)。

2. 意志控制问卷

采用叶宝娟、杨强和任皓[②]修订的意志控制问卷。共 16 个题目，包含激活控制，如"即使对某门课不感兴趣，我也会认真听讲"；注意调节，如"我很难专心做一件事"；抑制控制，如"我不能很好地抵制诱惑"三个因子。采用 1(完全不符合)~6(完全符合)级评分，分数越高表示意志控制能力越好。本研究中问卷的 Cronbach's α 系数 0.78，各维度间的信度为 0.68~0.81；结构效度较好($\chi^2/df =$ 3.25，GFI = 0.93，NFI = 0.90，IFI = 0.92，CFI = 0.92，RMSEA = 0.07)。

3. 认知失败问卷

采用章麟[③]编制的认知失败问卷(Cognitive Failure Questionnaire，CFQ)，共 18 个题目，包含注意失败，如"看书的时候容易走神"；行动机能失败，如"本

---

① 李晓敏、辛铁钢、尚文晶等：《简版无聊倾向量表在大学生群体中的试用》，载《中国临床心理学杂志》，2016，24(6)。
② 叶宝娟、杨强、任皓：《气质和教养方式对青少年攻击行为的交互效应检验》，载《中国临床心理学杂志》，2012，20(5)。
③ 章麟：《大学生认知失败问卷的编制》，硕士学位论文，西南大学，2013。

来打算洗完澡再洗衣服，结果并没有这么做"；记忆失败，如"记得去拿东西，到了那里却忘记要拿什么"三个维度。总分越高表明个体认知失败行为发生的频率越高。本研究中该量表的 Cronbach's α 系数为 0.83，各因子间的信度在 0.72 ~ 0.87 之间；问卷结构效度良好（$\chi^2/df = 3.21$，GFI = 0.94，NFI = 0.92，IFI = 0.91，CFI = 0.91，RMSEA = 0.07）。

(三) 统计分析

本研究使用 SPSS22.0 软件进行相关分析；在 Mplus7.4 软件中，采用潜调节结构方程法（LMS）检验意志控制的调节效应并采用海斯（Hayes）[1]开发的 PROCESS 宏程序 Johnson-Neyman 技术进行简单斜率检验；在 Mplus7.4 软件中采用偏差矫正的 Bootstrap 方法检验意志控制的中介效应。

(四) 共同方法偏差控制与检验

本研究在施测过程中对可能出现的共同方法偏差进行了程序控制，即采用班级形式统一施测问卷，强调测验的匿名性、保密性，并告知被试所得数据仅供研究使用。数据收集完成后，采用哈曼单因子检验进行共同方法偏差检验。结果显示，共有 11 个因子的特征根大于 1，且第一个因子解释的变异量只有 8.75%，低于临界值 40%。据此可以认为，本研究不存在严重的共同方法偏差问题。

二、研究结果

(一) 无聊倾向、意志控制与认知失败的相关

对各变量进行描述统计和皮尔逊相关分析。结果显示，无聊倾向得分与认知失败得分呈显著正相关，与意志控制得分呈显著负相关。意志控制得分与认知失败得分呈显著负相关。详见表 24-1。

---

① Hayes, A. F., *Introduction to Mediation, Moderation, and Conditional Process Analysis: A Regression-Based Approach*, New York, The Guilford Press, 2013, p. 288.

表 24-1 无聊倾向、意志控制与认知失败的相关（$N=510$）

变量	1	2	3	4	5	6	7	8	9	10	11	12	13
1 性别	—												
2 年龄	0.08	—											
3 无聊倾向	0.01	0.01	—										
4 内部刺激	0.01	0.02	0.89***	—									
5 外部刺激	0.00	0.02	0.91***	0.66***	—								
6 意志控制	−0.08	−0.08	−0.48***	−0.41***	−0.42***	—							
7 激活控制	−0.08	−0.06	−0.43***	−0.37***	−0.40***	0.89***	—						
8 抑制控制	−0.06	−0.08	−0.49***	−0.43***	−0.47***	0.85***	0.67***	—					
9 注意调节	−0.06	−0.07	−0.31***	−0.27***	−0.23***	0.85***	0.64***	0.54***	—				
10 认知失败	0.25***	0.07	0.30***	0.26***	0.29***	−0.42***	−0.36***	−0.39***	−0.33***	—			
11 注意失败	0.24***	0.12***	0.28***	0.23***	0.30***	−0.38***	−0.34***	−0.38***	−0.27***	0.88***	—		
12 记忆失败	0.24***	0.01	0.23***	0.21***	0.21***	−0.34***	−0.29***	−0.30***	−0.29***	0.89***	0.68***	—	
13 行动机能失败	0.20***	0.05	0.26***	0.24***	0.24***	−0.42***	−0.36***	−0.38***	−0.36***	0.90***	0.73***	0.73***	—
M	0.55	21.6	3.62	3.59	3.52	3.58	3.65	3.7	3.42	2.89	2.85	2.93	2.91
SD	0.50	1.59	0.72	0.90	0.78	0.55	0.65	0.68	0.60	0.53	0.61	0.58	0.61

注：性别变量进行了虚拟化处理，0＝男，1＝女，***$p<0.001$，下同。

（二）意志控制在无聊倾向与认知失败间的调节作用检验

按照温忠麟等人[①]的建议，调节变量的选择需满足的条件为：与自变量和因变量的相关显著或不显著均可。本研究中意志控制与自变量和因变量存在中低度的相关，符合调节效应检验的前提。根据本研究的理论假设，采用潜调节结构方程法（LMS）检验意志控制在无聊倾向与认知失败间的调节效应[②]，检验过程分为三步。首先，检验不含潜调节项的基准模型。结果发现，基准模型各拟合指标均符合测量学标准（$\chi^2/df = 3.16$，GFI = 0.97，TLI = 0.96，RMSEA = 0.07）。其次，检验包含潜调节项的调节模型。结果发现，相比于基准模型，包含潜调节项的调节模型的 AIC 值减少了 2.75（基准模型：AIC = 9638.616；潜调节模型：AIC = 9635.865）。这说明潜调节模型相比基准模型拟合更好，因此可以进行调节效应的分析。最后，对包含潜调节项的调节模型进行检验。结果发现，调节项对大学生认知失败行为的预测作用显著（$\beta = -0.09$，$p < 0.01$），见图 24-1。这说明意志控制能够调节无聊倾向与认知失败的关系。

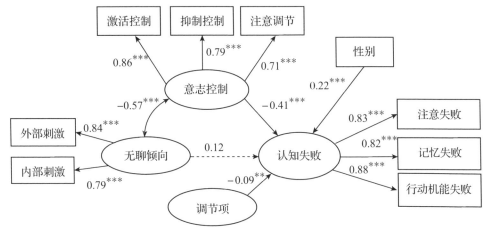

图 24-1 意志控制在无聊倾向与认知失败间的调节作用检验

① 温忠麟、刘红云、侯杰泰：《调节效应和中介效应分析》，89~102 页，北京，教育科学出版社，2012。
② 方杰、温忠麟：《基于结构方程模型的有调节的中介效应分析》，载《心理科学》，2018，41（2）。

为更直观地呈现意志控制的调节作用，采用撷点法（pick-a-point）选取调节变量和自变量平均数正负一个标准差时的值进行简单斜率检验，如图 24-2 所示。当意志控制水平较低时，无聊倾向对认知失败的预测作用显著（$b = 0.15$，$p < 0.001$，95% 的置信区间：$0.07 \sim 0.23$）；当意志控制水平较高时，无聊倾向对认知失败的预测作用不显著（$b = 0.06$，$p > 0.05$，95% 的置信区间：$-0.01 \sim 0.14$）。但由于撷点法不能恰当地解释调节效应的连续过程，[①] 因此，本研究使用 Johnson-Neyman 技术查看简单斜率的变化轨迹，见图 24-3。当意志控制原始得分低于 4.04 分时，无聊倾向对认知失败的预测作用显著；当意志控制高于 4.04 分时，无聊倾向对认知失败的预测作用不显著。这说明意志控制在无聊倾向预测认知失败的过程中起到缓冲作用，即随着意志控制水平的提高，无聊倾向对认知失败的预测力降低直至消失。进一步查看原始数据发现本研究中高于 4.04 分的人有 80 位，占总人数的比例为 15.7%。结合意志控制的平均水平来看，大部分大学生群体的意志控制水平较低，提升大学生意志品质十分必要。

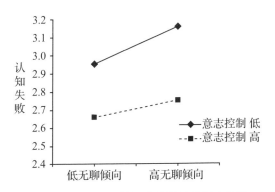

图 24-2　意志控制的调节作用简单斜率检验

① Hayes, A. F., *Introduction to Mediation, Moderation, and Conditional Process Analysis: A Regression-Based Approach*, New York, The Guilford Press, 2013, p. 288.

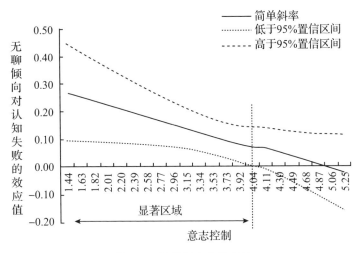

图 24-3　简单斜率变化轨迹

（三）意志控制在无聊倾向与认知失败间的中介作用检验

按照温忠麟等人[①]的建议，中介变量的选择需满足的条件为：与自变量和因变量的相关均显著。本研究中意志控制与自变量无聊倾向和认知失败的相关均显著，符合中介变量选择的要求。在 Mplus7.4 软件中采用偏差校正的非参数百分位 Bootstrap 方法重复抽样 1000 次，进行中介效应检验及置信区间的估计。结果表明，模型各拟合指数均在合理范围内（x^2/df = 3.18，GFI = 0.97，CFI = 0.97，NFI = 0.97，IFI = 0.96，TLI = 0.96，RMSEA = 0.07），各路径系数见图 24-4。无聊倾向对认知失败的间接效应显著，其 95% 的置信区间为［0.15，0.32］，不包含 0。无聊倾向对认知失败的直接效应不显著，其 95% 的置信区间为［-0.02，0.23］，包含 0。这说明意志控制在无聊倾向与认知失败的关系中存在完全中介效应。

---

① 温忠麟、刘红云、侯杰泰：《调节效应和中介效应分析》，89~102 页，北京，教育科学出版社，2012。

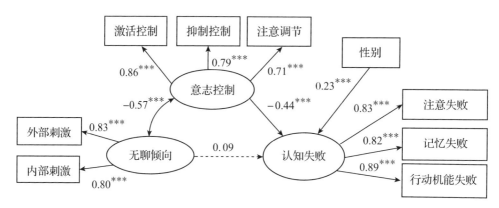

图 24-4　意志控制在大学生无聊倾向与认知失败间的中介模型

三、分析与讨论

以往研究表明，无聊倾向对大学生认知失败行为具有诱发作用，但其影响机制并未得以清晰地揭示。本研究引入意志控制这一变量，分别检验其在无聊与认知失败间起到的中介与调节作用，结果表明意志控制在两者之间既能够扮演中介角色也能够扮演调节角色。同一特质在两个变量间扮演两种角色并不冲突，大量研究表明，的确存在一个变量既能起调节作用也能起中介作用的情形①②③④⑤⑥，本研究进一步验证了此观点。意志控制的调节效应表明无聊倾向与认知失败行为的关系强度随大学生意志控制的水平强弱而有所差别；意志控

　　①　Attar-Schwartz & Shalhevet，"Emotional Closeness to Parents and Grandparents：A Moderated Mediation Model Predicting Adolescent Adjustment，"*American Journal of Orthopsychiatry*，2015，85（5），pp. 495-503.

　　②　范兴华、方晓义、黄月胜等：《父母关爱对农村留守儿童抑郁的影响机制：追踪研究》，载《心理学报》，2018，50（9）。

　　③　Kochanska，G. & Kim，S.，"A Complex Interplay among the Parent-Child Relationship，Effortful Control，and Internalized，Rule-Compatible Conduct in Young Children：Evidence from Two Studies，"*Developmental Psychology*，2014，50（1），pp. 8-21.

　　④　刘丹霓、李董平：《父母教养方式与青少年网络成瘾：自我弹性的中介和调节作用检验》，载《心理科学》，2017，40（6）。

　　⑤　彭顺、汪夏、张红坡等：《母亲外向性与青少年外向性的关系：中介与调节作用模型》，载《心理发展与教育》，2019，35（2）。

　　⑥　王宏、张守臣、刘秀荣等：《青少年休闲无聊与烟酒使用行为的关系：抵制效能感的中介作用和调节作用》，载《中国临床心理学杂志》，2018，26（4）。

制的中介效应表明无聊倾向与认知失败行为的关系是通过意志控制的间接作用实现的。该结果提示我们，依据不同的理论来看待意志控制起到的不同作用均是可行的；同时，该结果也整合了先前有关意志控制作为调节和中介变量影响发展结果的理论和研究，有助于解释认知失败行为形成的复杂过程和机制。

（一）无聊与认知失败的关系

本研究发现，无聊倾向与认知失败存在显著的正相关。这表明，大学生无聊倾向水平越高，则其认知失败发生的频率也会随之增加，这与以往的研究结果一致。[1][2][3] 阿什比（Ashby）等[4]提出的积极情绪的神经心理学理论认为情绪能够影响大脑功能的连通性，处于消极情绪下的个体多巴胺递质分泌减少，从而影响大脑的认知灵活性，损害注意力和记忆力。因此，无聊倾向水平较高的个体，不仅注意力难以集中，选择性注意的功能也存在一定程度的缺失[5]，完成简单任务的能力大大降低且更容易疏忽当下正在进行的任务，最终表现出更多的认知失败行为。[6][7] 本研究结果还验证了资源保存理论的观点[8][9]，即负性情

---

[1] Skues, J., Williams, B., Oldmeadow, J., et al., "The Effects of Boredom, Loneliness, and Distress Tolerance on Problem Internet Use among University Students,"*International Journal of Mental Health & Addiction*, 2016, 14 (2), pp. 167-180.

[2] Wallace, J. C., Vodanovich, S. J. & Restino, B. M., "Predicting Cognitive Failures from Boredom Proneness and Daytime Sleepiness Scores: An Investigation within Military and Undergraduate Samples,"*Personality and Individual Differences*, 2003, 34(4), pp. 635-644.

[3] 周扬、陈健芷、张辉等：《大学生核心自我评价对认知失败的影响：无聊倾向的中介作用》，载《中国临床心理学杂志》，2017，25(1)。

[4] Ashby, F. G., Isen, A. M. & Turken, A. U., "A Neuropsychological Theory of Positive Affect and its Influence on Cognition,"*Psychological Review*, 1999, 106(3), pp. 529-550.

[5] Hunter, A. & Eastwood, J. D., "Does State Boredom Cause Failures of Attention? Examining the Relations between Trait Boredom, State Boredom, and Sustained Attention,"*Experimental Brain Research*, 2016, 234(8), pp. 1-10.

[6] Danckert, J., Hammerschmidt, T., Marty-Dugas, J., et al., "Boredom: Under-Aroused and Restless,"*Consciousness & Cognition*, 2018, 61(4), pp. 24-27.

[7] 周扬、陈健芷、张辉等：《大学生核心自我评价对认知失败的影响：无聊倾向的中介作用》，载《中国临床心理学杂志》，2017，25(1)。

[8] Hobfoll, S. E., "The Influence of Culture, Community, and the Nested-self in the Stress Process: Advancing Conservation of Resources Theory,"*Applied Psychology*, 2001, 50(3), pp. 337-421.

[9] 周扬、陈健芷、张辉等：《大学生核心自我评价对认知失败的影响：无聊倾向的中介作用》，载《中国临床心理学杂志》，2017，25(1)。

绪的积聚会损耗个体的认知资源，容易催生一系列内化和外化问题。无聊倾向
水平较高的大学生更易感知到无聊情绪并且持续的时间更长。这种负性情绪的
积累，会使个体工作记忆、元认知策略、执行及注意等认知功能下降。由于多
种认知资源的耗损，使得个体在完成任务时难以分配和协调认知资源，在现实
情境中难以应对各项任务，因而认知失败发生的频率就会更高。[1] 此外，无聊
情绪的弥漫还降低了个体对外界刺激的感受性，使其思维变得呆板而迟钝[2]，
因而在活动中经常会出现一些小失误。例如，有研究表明，诸多交通事故频发
的导火索就是无聊所引发的认知失败。[3]

(二)意志控制在无聊倾向与认知失败间的调节效应

本研究发现意志控制能够调节无聊倾向与大学生认知失败的关系，即随着
大学生意志控制水平的提升和改善，无聊倾向对认知失败的预测作用逐渐降低，
并最终消失。这种调节的模式属于典型的"雪中送炭"模式[4]，意志控制的保护
作用在无聊倾向水平较高时更加明显。该结果不仅验证了本研究提出的假设1，
也支持、印证和扩充了"风险缓冲模型"[5][6]的观点，意志控制不仅可以作为风险
因素与成瘾行为、问题行为的缓冲因素，也可以在风险因素和认知失败行为间
起到有力的保护作用。按照自我调节失败理论的观点，个体产生非适应性行为
的原因在于无法对外在的风险因素产生有效的调节和控制。如果个体自身具备

---

[1] Carrigan, N. & Barkus, E., "A Systematic Review of Cognitive Failures in Daily Life: Healthy Populations," *Neuroscience & Biobehavioral Reviews*, 2016(63), pp. 29-42.

[2] Wallace, J. C., Vodanovich, S. J. & Restino, B. M., "Predicting Cognitive Failures from Boredom Proneness and Daytime Sleepiness Scores: An Investigation within Military and Undergraduate Samples," *Personality and Individual Differences*, 2003, 34(4), pp. 635-644.

[3] Larson, G. E., Alderton, D. L., Neideffer, M., et al., "Further Evidence on Dimensionality and Correlates of the Cognitive Failures Questionnaire," *British Journal of Psychology*, 2011, 88(1), pp. 29-38.

[4] 刘丹霓、李董平：《父母教养方式与青少年网络成瘾：自我弹性的中介和调节作用检验》，载《心理科学》，2017，40(6)。

[5] Wang, P., Wang, X., Wu, Y., et al., "Social Networking Sites Addiction and Adolescent Depression: A Moderated Mediation Model of Rumination and Self-Esteem," *Personality and Individual Differences*, 2018(127), pp. 162-167.

[6] 易娟、叶宝娟、刘明矾：《结交不良同伴对青少年烟酒使用的影响：意志控制的调节作用》，载《中国临床心理学杂志》，2016，24(3)。

对外在风险的应对和调控能力，个体仍能够获得良好的成长和发展。①②③ 意志控制水平较高的个体能够保持机体的警觉性，能够主动将自己的注意力从无聊的情绪中摆脱出来，以便投入并保持在某一项活动任务上④⑤⑥，因而思想不会"开小差"，所以认知失败会更少。而意志控制能力较差的个体只能任由无聊情绪泛滥，不会积极主动地采取应对策略，因而此种情况下无聊情绪对认知失败的影响会加剧。⑦⑧⑨ 此外，本研究运用 Johnson-Neyman 技术解释了调节机制变化的具体进程，即当个体的意志控制水平高于 4.04 分时，它才能充分地抵消掉无聊对认知失败的消极影响。据此，本研究统计发现，能够利用意志控制能力充分抵消掉无聊对认知失败不良影响的大学生占本研究调查总人数的比例不足20%。这意味着将来的高校心理健康工作可以将提升大学生意志控制水平作为重要任务之一，将部分大学生的意志控制能力提升到 4.04 分以上作为干预的参照标准。

(三) 意志控制在无聊倾向与认知失败间的中介效应

本研究还考查了意志控制在无聊倾向与认知失败间的中介作用。结果表明，

---

① Isacescu, J. & Danckert, J., "Exploring the Relationship between Boredom Proneness and Self-Control in Traumatic Brain Injury (TBI)," *Experimental Brain Research*, 2018, 236(9), pp. 2493-2505.

② Rebetez, M. M. L., Rochat, L., Barsics, C., et al., "Procrastination as a Self-Regulation Failure: The role of Impulsivity and Intrusive Thoughts," Psychological Reports, 2018, 121(1), pp. 26-41.

③ Struk, A. A., Scholer, A. A. & Danckert, J., "A Self-Regulatory Approach to Understanding Boredom Proneness," *Cognition and Emotion*, 2016, 30(8), pp. 1388-1401.

④ 赖雪芬、张卫、鲍振宙等：《父母心理控制与青少年抑郁的关系：一个有调节的中介模型》，载《心理发展与教育》，2014，30(3)。

⑤ Wang, M., Deng, X. & Du, X., "Harsh Parenting and Academic Achievement in Chinese Adolescents: Potential Mediating Roles of Effortful Control and Classroom Engagement," *Journal of School Psychology*, 2018(67), pp. 16-30.

⑥ 张良、陈亮、纪林芹等：《高中生学习成绩与抑郁症状的关系：一个有调节的中介模型》，载《中国临床心理学杂志》，2017，25(3)。

⑦ Eisenberg, N., "Emotion, Regulation, and Moral Development," *Annual Review of Psychology*, 2000, 51(1), pp. 665-697.

⑧ Xu, Y., Farver, J. A. M. & Zhang, Z., "Temperament, Harsh and Indulgent Parenting, and Chinese Children's Proactive and Reactive Aggression," *Child Development*, 2009, 80(1), pp. 244-258.

⑨ 张良、陈亮、纪林芹等：《高中生学习成绩与抑郁症状的关系：一个有调节的中介模型》，载《中国临床心理学杂志》，2017，25(3)。

无聊倾向能够通过降低个体的意志控制水平进而诱发认知失败，这验证了本研究提出的假设 2。以往的研究认为情绪对意志控制的影响可能是情绪对其他行为产生影响的基础①②，本研究进一步佐证了此观点。自我调节的执行控制功能理论认为，消极情绪会损耗个体的自我调节系统，如降低大脑激活水平、损害执行控制功能、分散注意力等③④。而自我调节功能的失效容易进一步导致个体出现非适应性行为。高无聊倾向的个体更易感受到无聊情绪，从而对意志控制水平产生负向影响进而引发一系列的认知失败行为。无聊倾向包含两大方面，其一是对外界的刺激的贫乏感知，即主观上判定外界刺激是缺乏的并且大都是无意义的。其二是对内部兴趣的生成缺乏，即难以为自己找点乐趣。⑤ 所以，当个体无聊倾向水平较高时，相伴而生的是无精打采、注意涣散、没兴趣、唤醒程度低等系列表现⑥，这会降低个体对目标刺激的唤醒和关注，即影响个体的激活控制和注意调节水平。不仅如此，备感无聊的个体还会降低活动的投入性与持续性，对当下枯燥的任务更容易分心，转而思考或关注更感兴趣的其他事物或活动⑦，即抑制控制能力不足。所以无聊情绪的弥漫会对意志控制产生消极的破坏作用，也就意味着个体注意调节、激活控制和抑制控制能力的全面下滑。注意调节和抑制控制等能力的降低不利于个体将清晰的意识水平和注意状态维持在当下的

---

① Ashby, F. G., Isen, A. M. & Turken, A. U., "A Neuropsychological Theory of Positive Affect and Its Influence on Cognition," *Psychological Review*, 1999, 106(3), pp. 529-550.

② Mitchell, R. L. C. & Phillips, L. H., "The Psychological, Neurochemical and Functional Neuroanatomical Mediators of the Effects of Positive and Negative Mood on Executive Functions," *Neuropsychologia*, 2007, 45(4), pp. 617-629.

③ Baumeister, R. F., Vohs, K. D. & Tice, D. M., "The strength model of self-control," *Current Directions in Psychological Science*, 2007, 16(6), pp. 351-355.

④ 潘斌、张良、张文新等:《青少年学业成绩不良、学业压力与意志控制的关系: 一项交叉滞后研究》,载《心理发展与教育》, 2016, 32(6)。

⑤ Struk, A. A., Scholer, A. A. & Danckert, J., "A Self-Regulatory Approach to Understanding Boredom Proneness," *Cognition and Emotion*, 2016, 30(8), pp. 1388-1401.

⑥ Malkovsky, E., Merrifield, C., Goldberg, Y., et al., "Exploring the Relationship between Boredom and Sustained Attention," *Experimental Brain Research*, 2012, 221(1), pp. 59-67.

⑦ Hunter, A. & Eastwood, J. D., "Does State Boredom Cause Failures of Attention? Examining the Relations between Trait Boredom, State Boredom, and Sustained Attention," *Experimental Brain Research*, 2016, 234(8), pp. 1-10.

活动中①②，容易受到外界因素的干扰，很难专注于手头的任务。③④⑤ 最终，导致个体任务完成不佳，注意、记忆和行为等方面频频出现失误。

（四）研究意义与研究局限

本研究基于风险缓冲模型和自我调节的失败理论，证明意志控制的调节作用是成立的，揭示了无聊倾向对认知失败行为起作用的条件；基于自我调控的执行功能理论，证明意志控制的中介作用也是成立的，揭示无聊倾向到认知失败行为的具体路径。从不同的视角来看待意志控制的角色，能够更加全面地对认知失败行为进行预防和干预。意志控制的调节作用表明未来应注重提升大学生的意志控制水平来帮助个体应对生活中的无聊情绪，而意志控制的中介作用表明未来应注重从源头上控制无聊水平，防治其引发连锁的负面效应。但无论如何，意志控制的双重作用说明，未来既要设法缓解个体的无聊水平，又要提升大学生的意志控制能力，双管齐下方能减少认知失败行为的发生。

首先，意志控制在无聊倾向与认知失败的关系中起着调节作用，因此，应加强对当代大学生意志品质的锻炼和提升。应该设置专门的教师和活动，在大学校园内开展积极心理健康教育，为大学生意志品质的培养提供合适的契机。此外，意志控制的培养与个人成长经历有着密不可分的联系，在童年期乃至青少年期加强意志品质的培养也是先见之举。其次，意志控制在无聊与认知失败的关系中起着中介作用，因此，应重视从源头上减少大学生无聊感。学校可以

---

① 罗金晶、董洪宁、丁晴雯等：《累积生态风险对青少年网络成瘾的影响：意志控制的调节作用》，载《中国临床心理学杂志》，2017，25(5)。

② 姚良爽、连帅磊、柴唤友等：《自我客体化对女大学生限制性饮食行为的影响：一个有调节的中介模型》，载《心理科学》，2018，41(3)。

③ Fernie, B. A., McKenzie, A. M., Nikčević, A. V., et al., "The Contribution of Metacognitions and Attentional Control to Decisional Procrastination," *Journal of Rational-Emotive & Cognitive-Behavior Therapy*, 2016, 34(1), pp. 1-13.

④ 田志鹏、刘勇、杨坤等：《无聊与进食行为问题的关系：自我控制的中介作用》，载《中国临床心理学杂志》，2016，24(6)。

⑤ 张亚利、李森、俞国良：《大学生无聊倾向与认知失败的关系：手机成瘾倾向的中介作用及其在独生与非独生群体间的差异》，载《心理发展与教育》，2019，35(3)。

通过有关活动和课程积极倡导和塑造学生的成长主动性，增强生命意义感和当代大学生的使命感，让学生挖掘自身的优点，积极投身于国家提升高等教育质量、建设教育强国的目标中和自我实现的人生历程中去，让生活更加精彩、有意义。这样不仅有利于阻断无聊情绪，也有利于大学生意志品质的提升，从而有效防止认知失败行为的发生。

本研究也存在一些局限，需要在以后的研究中加以改进。首先，尽管建立在理论基础之上的横断研究可提供有价值的信息，但横断研究不能确立因果关系，今后可采用追踪研究来检验本研究的结果。其次，本研究仅验证了意志控制在无聊倾向与认知失败间存在的调节和中介作用，未来在该模型的基础上加入其他变量再进行讨论意志控制的双重作用是否依旧存在，仍有待验证。

四、研究结论

第一，意志控制在无聊倾向与认知失败间起到显著的调节作用，在低意志控制水平下无聊倾向能够显著正向预测认知失败，而在高意志控制水平下无聊倾向对认知失败的预测作用不显著。

第二，无聊倾向不仅能够直接预测认知失败，还能够间接地通过意志控制对认知失败产生影响，意志控制起到显著的中介作用。

第二十五章

大学生无聊倾向与认知失败的关系：
手机成瘾倾向的中介作用及其差异

随着社会经济的发展和现代化水平的提高，国家的发展和进步越来越倚重高质量人才的培养和产出。在人才培养体系中，本科教育属于至关重要的阶段，然而研究却发现，当下我国大学生经常备感无聊、无所事事，学习状态堪忧，[①]且在互联网盛行的大背景下，不少大学生沉浸在手机游戏、线上社交等网络化产物中难以自拔。[②] 也正是此类不良习惯对大学生自身的生物节奏和规律产生了破坏性影响，致使大学生普遍出现了更多的认知失败行为。[③] 认知失败（cognitive failures）是指在日常活动过程中发生在记忆、注意力和行为方面的微妙的和相对常见的差错。[④][⑤] 例如，听课时，有些学生眼睛瞪着黑板但思绪已经飘走。认知失败会给大学生的生活和学业带来严重的负面影响，如引发学业倦怠、

---

① 黄时华、张卫、胡谏萍：《"无聊"的心理学研究述评》，载《华南师范大学学报（社会科学版）》，2011(4)。

② 中国互联网络信息中心：《2015 年中国青少年上网行为研究报告》，http://www.cnnic.net.cn/hlwfzyj/hlwxzbg/qsnbg/201608/P020160812393489128332.pdf。（访问日期：2020 年 4 月）

③ 胡月、黄海、张雨晴等：《大学生手机依赖与认知失败的关系：负性情绪的中介作用》，载《中国临床心理学杂志》，2017，25(6)。

④ Carrigan, N., Barkus, E., Ong, A., et al., "Do Complaints of Everyday Cognitive Failures in High Schizotypy Relate to Emotional Working Memory Deficits in the Lab?" *Comprehensive Psychiatry*, 2017, 78(6), pp. 115-129.

⑤ Weintraub, M. J., Brown, C. A. & Timpano, K. R., "The Relationship between Schizotypal Traits and Hoarding Symptoms: An Examination of Symptom Specificity and the Role of Perceived Cognitive Failures," *Journal of Affective Disorders*, 2018, 237(5), pp. 10-17.

导致学业不良、降低生活满意度，甚至催生自杀意念和自杀行为。①②③④ 正因如此，认知失败已然成为认知心理学、发展心理学、临床心理学等众多领域关注的重要议题。⑤ 然而，目前认知失败的生成机制尚不明晰，在对此类现象进行预防和干预时也收效甚微。⑥ 因此，对其发生机制进行探讨，不仅有助于有针对性地对认知失败开展预防和控制，还有助于促进大学生健康成长、塑造良好校园风貌、提升国家高等教育的质量。

无聊是人类普遍而常见的一种现象，是个人面对贫乏的外部刺激和内部刺激时，无法体验充分的需求满足，所感受到的无趣、空虚、无助等不愉悦的复合情绪体验。⑦⑧ 无聊可划分为状态无聊和特质无聊。前者由特定情境引发，持续时间较短；后者又称为无聊倾向是指相对持久的人格特征中无聊情绪反应和行为上的稳定的个体差异，一般包含两个基本成分：外部刺激，即对环境刺激的低感知性；内部刺激，即内生兴趣的匮乏性。⑨ 无聊不同于无意义感（meaninglessness），无意义感既是无聊倾向的根源也是其核心特征之一。人们如果长期生活在无意义之中，意义体验缺失及由此引发的反复、持续的无聊感会促使

---

① Carrigan, N. & Barkus, E., "A Systematic Review of Cognitive Failures in Daily Life: Healthy Populations," *Neuroscience & Biobehavioral Reviews*, 2016, 63(2), pp. 29-42.

② Hong, J. C., Hwang, M. Y., Szeto, E., et al., "Internet Cognitive Failure Relevant to Self-Efficacy, Learning Interest, and Satisfaction with Social Media Learning," *Computers in Human Behavior*, 2016(55), pp. 214-222.

③ 吴琼：《大五人格与大学生学业倦怠的关系：无聊倾向的中介作用》，硕士学位论文，鲁东大学，2017。

④ 赵鑫、李莹莹、金佳等：《大学生无聊倾向对学习倦怠的影响：情绪调节策略的中介作用》，载《中国临床心理学杂志》，2016，24(1)。

⑤ Unsworth, N., Brewer, G. A. & Spillers, G. J., "Variation in Cognitive Failures: an Individual Differences Investigation of Everyday Attention and Memory Failures," *Journal of Memory & Language*, 2012, 67(1), pp. 1-16.

⑥ Carrigan, N. & Barkus, E., "A Systematic Review of Cognitive Failures in Daily Life: Healthy Populations," *Neuroscience & Biobehavioral Reviews*, 2016, 63(2), pp. 29-42.

⑦ 黄时华、张卫、胡谏萍：《"无聊"的心理学研究述评》，载《华南师范大学学报（社会科学版）》，2011(4)。

⑧ 刘勇、王云龙、赵建芳等：《大学生无聊倾向抵制效能感与烟酒使用行为的关系》，载《中国学校卫生》，2018，39(4)。

⑨ 黄时华、吴广宁、钟泳如等：《高职新生无聊倾向性、时间管理倾向和学习适应的关系研究》，载《中国特殊教育》，2013(7)。

个体形成潜在的特质型无聊，即无聊倾向。① 研究表明，无聊倾向是诱发认知失败的重要因素。②③④ 认知失败整合模型⑤认为，处于无聊状态的个体，自我损耗水平更高，会引发心智游移，从而增加认知失败发生的概率。此外，资源保护（conservation of resource）理论认为，个体累积的负性情绪越多，消耗的认知资源也就越多，从而在完成任务时难以持续和有效地分配可利用的认知资源，出现更多的认知失败行为。⑥ 相关研究也表明，无聊倾向水平较高的个体，集中注意和完成简单任务的能力会降低且更容易疏忽当下正在进行的任务，从而引发更多的认知失败行为。⑦⑧⑨ 综上，本研究提出假设1：无聊倾向能够显著预测认知失败行为的发生。

然而，现有研究仅涉及无聊倾向与认知失败的直接关系，并未详细探讨无聊倾向如何具体对认知失败产生影响。基于文献回顾，本研究认为手机成瘾倾向是值得考虑的中介变量。大学生不仅是手机使用的重要群体，也是手机成瘾

① 周浩、王琦、董妍：《无聊：一个久远而又新兴的研究主题》，载《心理科学进展》，2012，20(1)。

② Skues, J., Williams, B., Oldmeadow, J., et al., "The Effects of Boredom, Loneliness, and Distress Tolerance on Problem Internet Use among University Students," *International Journal of Mental Health & Addiction*, 2016, 14 (2), pp. 167-180.

③ Wallace, J. C., Vodanovich, S. J. & Restino, B. M., "Predicting Cognitive Failures from Boredom Proneness and Daytime Sleepiness Scores: An Investigation within Military and Undergraduate Samples," *Personality & Individual Differences*, 2003, 34(4), pp. 635-644.

④ 周扬、陈健芷、张辉等：《大学生核心自我评价对认知失败的影响：无聊倾向的中介作用》，载《中国临床心理学杂志》，2017，25(1)。

⑤ Carrigan, N. & Barkus, E., "A Systematic Review of Cognitive Failures in Daily Life: Healthy Populations," *Neuroscience & Biobehavioral Reviews*, 2016, 63(2), pp. 29-42.

⑥ 周扬、陈健芷、张辉等：《大学生核心自我评价对认知失败的影响：无聊倾向的中介作用》，载《中国临床心理学杂志》，2017，25(1)。

⑦ Danckert, J., Hammerschmidt, T., Marty-Dugas, J., et al., "Boredom: Under-Aroused and Restless," *Consciousness & Cognition*, 2018, 61(4), pp. 24-27.

⑧ Hunter, A. & Eastwood, J. D., "Does State Boredom Cause Failures of Attention? Examining the Relations between Trait Boredom, State Boredom, and Sustained Attention," *Experimental Brain Research*, 2016, 234(8), pp. 1-10.

⑨ Wallace, J. C., Vodanovich, S. J. & Restino, B. M., "Predicting Cognitive Failures from Boredom Proneness and Daytime Sleepiness Scores: An Investigation within Military and Undergraduate Samples," *Personality & Individual Differences*, 2003, 34(4), pp. 635-644.

的高发群体。①② 一方面，手机成瘾水平受个体无聊水平影响。③ 感觉寻求理论④认为，个体不可能生存在"真空"状态之下，一定的刺激输入必不可少。个体如果想要健康生存就必须与外界各种各样的刺激进行适量接触，当个体无聊倾向水平较高时会倾向于寻找较为有意义的刺激，以保持机体各方面感官的兴奋水平。唤醒理论⑤⑥也表明，个体倾向于最佳的唤醒水平。当个体无聊时处于低唤醒状态，便会主动选择一些新奇性的刺激来提升唤醒水平。由于手机具有娱乐多样性和便携性等特点，于是成为大学生排遣无聊的重要媒介和工具，因而无聊水平高的个体对手机依赖的程度也会更高。⑦ 进一步的实证研究也表明，无聊倾向不仅与手机成瘾水平呈显著正相关，且前者能够显著预测后者。⑧⑨ 另一方面，大学生手机成瘾倾向又能够诱发认知失败。⑩ 根据注意的超载理论⑪，个体的认知资源是有限的，而作为移动互联网优良载体的手机，已经被人们当作信息获取（如浏览新闻资讯）、印象管理（如网络自我呈现）和人际交往（如熟

① 刘勤学、杨燕、林悦等：《智能手机成瘾：概念、测量及影响因素》，载《中国临床心理学杂志》，2017，25（1）。

② 中国互联网络信息中心：《2015 年中国青少年上网行为研究报告》，http://www.cnnic.net.cn/hlwfzyj/hlwxzbg/qsnbg/201608/P020160812393489128332.pdf。（访问日期：2020 年 4 月）

③ 姚梦萍、贾振彪、陈欣等：《大学生生命意义感在无聊感与手机依赖行为间中介作用》，载《中国学校卫生》，2016，37（3）。

④ Zuckerman, M., Eysenck, S. & Eysenck, H. J., "Sensation Seeking in England and America: Cross-Cultural, Age, and Sex Comparisons," Journal of Consulting and Clinical Psychology, 1978, 46(1), pp. 139-149.

⑤ De Chenne, T. K., "Boredom as a Clinical Issue," Psychotherapy Theory Research & Practice, 1988, 25(1), pp. 71–81.

⑥ Mercerlynn, K. B., Bar, R. J. & Eastwood, J. D., "Causes of Boredom: the Person, the Situation, or Both?" Personality & Individual Differences, 2014, 56(56), pp. 122-126.

⑦ Wegmann, E., Ostendorf, S. & Brand, M., "Is It Beneficial to Use Internet-Communication for Escaping from Boredom? Boredom Proneness Interacts with Cue-Induced Craving and Avoidance Expectancies in Explaining Symptoms of Internet-Communication Disorder," Plos One, 2018, 13(4), p. e0195742.

⑧ Chou, W. J., Chang, Y. P. & Yen, C. F., "Boredom Proneness and Its Correlation with Internet Addiction and Internet Activities in Adolescents with Attention-Deficit/Hyperactivity Disorder," Kaohsiung Journal of Medical Sciences, 2018, 34(1), pp. 1-8.

⑨ 李晓敏、辛铁钢、尚文晶等：《简版无聊倾向量表在大学生群体中的试用》，载《中国临床心理学杂志》，2016，24（6）。

⑩ 胡月、黄海、张雨晴等：《大学生手机依赖与认知失败的关系：负性情绪的中介作用》，载《中国临床心理学杂志》，2017，25（6）。

⑪ Head, J. & Helton, W. S., "Sustained Attention Failures are Primarily Due to Sustained Cognitive Load not Task Monotony," Acta Psychologica, 2014, 153(153), pp. 87-94.

人社交以及陌生人社交)的媒介，它以各种方式消耗着人们的认知资源①②，使得认知失败行为发生的可能性大大增加。相关研究发现，46.58%的大学生由于使用手机导致在参加活动或上课时注意力很难集中。③ 最新研究也直接表明，手机成瘾与认知失败间存在显著的正相关，并且前者能够显著预测后者。④ 综上所述，本研究提出假设2：手机成瘾倾向在无聊倾向与认知失败间起到中介作用。

此外，根据家庭系统理论，同胞关系属于家庭组织系统的重要组成部分⑤，是客观支持亦是心理支持的重要来源。⑥ 研究表明，这种社会支持是一种重要的保护因子，能够有效缓解风险因素对手机成瘾的影响。⑦ 与独生大学生相比，非独生大学生群体在成长环境中由于多了兄弟或姐妹的陪伴，能够与他们产生互动交流，社交技能或人际适应性能得到较好的锻炼⑧，因此能形成良好的社会支持。当内心无趣、备感无聊时，他们在同胞的帮助下有可能对事物重新产生热情和兴趣，因此，很少对手机等虚拟化网络工具产生严重依赖。独生子女则恰恰相反。他们在感无聊时，缺少了与同胞的倾诉机会⑨⑩，更可能借助手机等便捷的网络化工具来排遣心中的无聊，因而对手机的依赖程度也会更高。实

---

① Jun, S., "The Reciprocal Longitudinal Relationships between Mobile Phone Addiction and Depressive Symptoms among Korean Adolescents," *Computers in Human Behavior*, 2016(58), pp.179-186.

② 刘庆奇、周宗奎、牛更枫等：《手机成瘾与青少年睡眠质量：中介与调节作用分析》，载《心理学报》，2017，49(12)。

③ 熊婕、周宗奎、陈武等：《大学生手机成瘾倾向量表的编制》，载《中国心理卫生杂志》，2012，26(3)。

④ Hadlington, L. J., "Cognitive Failures in Daily Life: Exploring the Link with Internet Addiction and Problematic Mobile Phone Use," *Computers in Human Behavior*, 2015(51), pp.75-81.

⑤ Cox, M. J. & Paley, B., "Families as Systems," *Annual Review of Psychology*, 1997, 48(1), pp.243-267.

⑥ 赵凤青、俞国良：《同胞关系及其与儿童青少年社会性发展的关系》，载《心理科学进展》，2017，25(5)。

⑦ 魏华、周宗奎、张永欣等：《压力与网络成瘾的关系：家庭支持和朋友支持的调节作用》，载《心理与行为研究》，2018，16(2)。

⑧ 肖雪、刘丽莎、徐良苑等：《父母冲突、亲子关系与青少年抑郁的关系：独生与非独生的调节作用》，载《心理发展与教育》，2017，33(4)。

⑨ 吴琼：《大五人格与大学生学业倦怠的关系：无聊倾向的中介作用》，硕士学位论文，鲁东大学，2017。

⑩ 余皖婉、汪凯、梁振：《医科大学生共情能力与父母教养方式的关联探究》，载《中国学校卫生》，2012，33(1)。

证研究也显示独生大学生的成瘾水平显著高于非独生大学生①②，表明独生大学生群体更易受风险因素的影响而对手机产生依赖。因此，本研究提出假设3：独生与否在无聊与手机成瘾倾向的关系中起到调节作用，无聊倾向水平较高时，独生大学生群体更易成瘾。

综上，本研究基于认知失败的整合模型、感觉寻求理论、注意的超载理论和家庭系统理论，以大学生为被试，考查无聊倾向对认知失败的预测作用（假设1）、手机成瘾倾向在其中的中介作用（假设2），以及该中介作用是否受到独生状况的调节（假设3）。探讨大学生认知失败的影响机制，有两方面的意义。理论方面，有助于认知失败行为理论的完善和发展，为认知失败整合模型增加新的视角和元素，也为未来对认知失败行为的进一步研究打下良好的基础；现实方面，能为独生和非独生大学生群体预防和控制认知失败行为提供行之有效的干预思路。

一、研究方法

（一）被试

采用方便取样从河北省选取3所高校，分别在每个学校的每个年级随机选取1~2个班级发放问卷进行团体施测，采用不记名填写方式，要求被试真实、独立地作答，测试结束，当场统一回收。共发放问卷550份，回收有效问卷522份，有效率为94.9%。其中男生238名（45.6%），女生284名（54.4%）；大一学生156名（29.9%），大二学生132名（25.3%），大三学生154名（29.5%），大四学生80名（15.3%）；独生学生274名（52.5%），非独生学生248名（47.5%），被试年龄在17~27岁，平均年龄为21.62±1.58岁。

---

①　侯日莹、杨蕊、胡洁蔓等：《长春市大学生手机成瘾倾向与述情障碍的关系》，载《中国学校卫生》，2016，37(3)。

②　王相英：《大学生手机成瘾与孤独感、人格特质的关系研究》，载《中国特殊教育》，2012(12)。

(二) 工具

1. 简版无聊倾向量表

采用李晓敏等[①]修订的简版无聊倾向量表(Boredom Proneness Scale-Short Form，BPS-SF)。该量表由 12 个题目组成，包括外部刺激和内部刺激两个因子。外部刺激指的是对环境刺激的低感知性，如"我需要做的都是些重复单调的事情"；内部刺激指的是内生兴趣的匮乏性，如"任何情况下我总能找到事情做，而且能找到并保持自己的兴趣"。问卷采用 1~7 级评分(1~7 表示从"完全不同意"到"完全同意")。总分越高，代表无聊倾向水平越高。本研究中该量表的 Cronbach's α 系数为 0.87，问卷的结构效度尚可($\chi^2/df = 3.12$，GFI = 0.95，NFI = 0.86，IFI = 0.88，CFI = 0.88，RMSEA = 0.06)。本研究沿用已有研究的思路，将无聊倾向两因子作为预测变量，讨论其对其他变量的作用机制。

2. 手机成瘾倾向量表

采用熊婕等[②]编制的手机成瘾倾向量表(Mobile Phone Addiction Tendency Scale，MPATS)。该量表共 16 个题目，包含戒断症状、突显行为、社交抚慰和心境改变四个维度。采用 1(非常不符)~5(非常符合)5 级计分，得分越高表明个体手机成瘾倾向越明显。本研究中该量表的 Cronbach's α 系数为 0.87；问卷的效度指标拟合良好($\chi^2/df = 2.34$，GFI = 1.00，NFI = 0.98，IFI = 0.99，CFI = 0.99，RMSEA = 0.03)。

3. 认知失败问卷

采用章麟[③]编制的认知失败问卷(Cognitive Failure Questionnaire，CFQ)。该问卷共 18 个题目，包含注意失败，如"走路时注意不到路标"；记忆失败，如"忘记为什么要从房间这边走到那边"；行动机能失败，如"经常不经意间撞到

---

① 李晓敏、辛铁钢、尚文晶等：《简版无聊倾向量表在大学生群体中的试用》，载《中国临床心理学杂志》，2016，24(6)。

② 熊婕、周宗奎、陈武等：《大学生手机成瘾倾向量表的编制》，载《中国心理卫生杂志》，2012，26(3)。

③ 章麟：《大学生认知失败问卷的编制》，硕士学位论文，西南大学，2013。

别人"三个维度。采用 0(从不)~4(总是)5 级计分，得分越高表明个体认知失败发生的频率越高。本研究中该量表的 Cronbach's α 系数为 0.82；问卷的效度指标拟合良好($\chi^2/df = 3.37$，GFI = 0.96，NFI = 0.94，IFI = 0.91，CFI = 0.91，RMSEA = 0.07)。

(三)统计分析

采用 SPSS22.0 对数据进行录入、整理和相关分析。使用 AMOS21.0 进行验证性因子分析、共同方法偏差检验、中介模型分析、非参数百分位 Bootstrap 检验以及多群组比较分析。

(四)共同方法偏差检验

本研究在测量过程中进行了程序控制，如强调测验的匿名性、保密性。数据收集完成后，采用单一方法潜因子途径进行共同方法偏差的检验。[①] 分别建立没有共同方法偏差的模型(M_1)，有共同方法偏差因子(com)的模型(M_2)，结果后者模型拟合效果变差。据此可以认为，本研究不存在严重的共同方法偏差。

二、研究结果

(一)无聊倾向、手机成瘾倾向与认知失败的相关

对各变量进行皮尔逊相关分析。结果显示，无聊倾向总分与手机成瘾倾向总分及各维度得分呈显著正相关，与认知失败总分及各维度得分呈显著正相关。手机成瘾倾向总分与认知失败总分及各维度得分呈显著正相关。详见表 25-1。

---

① 熊红星、张璟、叶宝娟等：《共同方法变异的影响及其统计控制途径的模型分析》，载《心理科学进展》，2012，20(5)。

表 25-1　无聊倾向、手机成瘾倾向与认知失败的相关（N=522）

	M±SD	1	2	3	4	5	6	7	8	9	10	11
1 BPS	3.63±0.72											
2 内部刺激	3.84±0.86	0.71***										
3 外部刺激	3.43±1.03	0.80***	0.14**									
4 MPATS	2.78±0.64	0.32***	0.13**	0.34***								
5 戒断症状	2.93±0.75	0.25***	0.11*	0.26***	0.90***							
6 突显行为	2.65±0.78	0.25***	0.08	0.28***	0.85***	0.65***						
7 社交抚慰	2.70±0.84	0.28***	0.12**	0.29***	0.70***	0.49***	0.48***					
8 心境改变	2.72±0.76	0.31***	0.11*	0.33***	0.80***	0.63***	0.63***	0.44***				
9 CFQ	2.89±0.53	0.28***	0.07	0.34***	0.42***	0.29***	0.47***	0.28***	0.36***			
10 注意失败	3.11±0.61	0.19***	0.03	0.24***	0.32***	0.24***	0.37***	0.19***	0.27***	0.80***		
11 记忆失败	2.64±0.65	0.32***	0.10*	0.36***	0.39***	0.26***	0.43***	0.28***	0.34***	0.85***	0.46***	
12 行动机能失败	2.91±0.61	0.20***	0.04	0.25***	0.35***	0.23***	0.39***	0.25***	0.31***	0.88***	0.58***	0.66***

注：*$p<0.05$，**$p<0.01$，***$p<0.001$，BPS 为无聊倾向，MPATS 为手机成瘾倾向，CFQ 为认知失败。

(二)中介模型检验

以无聊倾向的两个因子为预测变量,手机成瘾倾向为中介变量,认知失败为因变量,建立结构方程模型。结果显示,模型各拟合指数均符合测量学标准($X^2/df = 3.48$, GFI = 0.97, CFI = 0.96, NFI = 0.95, IFI = 0.96, TLI = 0.94, RMSEA = 0.07)。各路径系数如图 25-1 所示。采用偏差校正的非参数百分位 Bootstrap 方法重复抽样 1000 次,进行中介效应检验及置信区间的估计。结果表明,外部刺激对认知失败的中介效应和直接效应均显著,其 95% 的置信区间分别为[0.11, 0.25][0.09, 0.31],均不包含 0;但内部刺激对认知失败的中介效应和直接效应均不显著,其 95% 的置信区间分别为[-0.01, 0.08][-0.10, 0.09],均包含 0。这说明,无聊倾向两大因子作用于手机成瘾倾向和认知失败的机制是存在差异的。

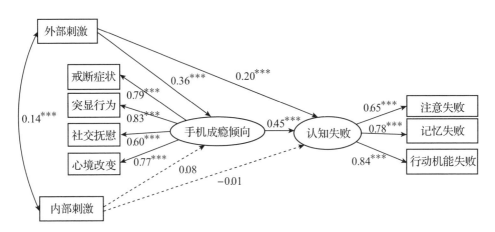

图 25-1 手机成瘾倾向在大学生无聊倾向与认知失败间的中介模型

(三)中介模型在独生与非独生群体间的跨组比较

本研究基于独生和非独生群体,将该模型进行了多群组路径分析。结果表明,模型在独生和非独生群体间差异显著。进一步分析表明,独生群体和非独生群体仅在内部刺激到手机成瘾倾向这条路径上存在差异,路径系数分别为

0.196($p<0.001$)和-0.02($p>0.05$)，参数间差异的临界比值(Critical Ratios for Differences between Parameters)为-2.314，其绝对值大于1.96(如表25-2)。这说明独生与否在内部刺激到手机成瘾倾向这条路径上存在调节作用，仅在独生群体间，内部刺激才能显著预测手机成瘾倾向。就中介模型整体而言，在独生群体中，手机成瘾在外部刺激对认知失败间起到部分中介作用，在内部刺激对认知失败间起完全中介作用；在非独生群体中，手机成瘾仅在外部刺激对认知失败间起部分中介作用。

表 25-2　中介模型在独生与非独生群体间的路径系数差异比较

通径	独生		非独生		比较结果
	β	p	β	p	
外部刺激→认知失败	0.195	0.004	0.167	0.011	-0.622
内部刺激→认知失败	-0.045	0.483	0.002	0.977	0.545
外部刺激→手机成瘾倾向	0.296	0.000	0.433	0.751	1.404
内部刺激→手机成瘾倾向	0.196	0.002	-0.02	0.000	-2.314
手机成瘾倾向→认知失败	0.361	0.000	0.583	0.000	1.540

三、分析与讨论

本研究以大学生为对象，将无聊倾向分为内部刺激和外部刺激两个方面，更加丰富细致地揭示它们对手机成瘾和认知失败作用机制；同时本研究还发现，在独生群体中，无聊倾向两因子均能够通过作用于手机成瘾倾向进而影响认知失败；在非独生群体中，仅是无聊倾向外部刺激因子通过手机成瘾倾向的中介对认知失败起作用。这既是对认知失败整合模型的验证，也是对该模型的进一步丰富和完善。该结果还能为认知失败的干预提供建设性思路。首先，家庭和学校等教育主体可以降低学生的无聊水平，进而减少认知失败。学校可以培养大学生的成长主动性，增强当代大学生的生命意义感和使命感；还可以改善校园氛围，增强环境吸引力。一方面，建设优美的客观环境；另一方面，建设积极的心理环境。其次，学校和社会相关媒体要倡导手机使用适度，严防过度沉溺，大学生理性、合理地使用手机将有助于减少认知失败行为发生。最后，对于独生大学生群体而言，尤其要注意培养良性的亲子互动关系。一方面，帮助子女找到自身的兴趣点；另一方面，当子女无聊时，家长应充当子女坚强的后盾，及时给予合理的建议。对于非独生大学生群体来讲，同胞关系是社会支持的重要来源，当无聊情绪积聚时可以与兄弟姐妹一起做一些健康有意义的活动，这也有助于减少手机依赖和认知失败。

（一）无聊倾向对认知失败的预测作用

本研究结果表明，无聊倾向与认知失败之间存在显著的正相关。这表明无聊倾向水平越高，个体认知失败行为发生的风险越高。这与以往的研究结果是一致的。[1][2][3] 在结构方程模型中，本研究和国内研究一致，[4][5] 同样发现了内外刺激作用的分离现象。本研究仅发现无聊倾向外部刺激因子能够预测认知失败，这也部分验证了假设 1。个体对刺激的低度感知说明了对刺激加工的不充分性。[6] 此时，自身的生理唤醒水平也较低，[7] 此类个体的注意管理功能往往也存在缺陷，因而在完成任务时会出现注意力分散、注意的容量不足和选择性注意

---

[1] Carriere, J. S., Cheyne, J. A. & Smilek, D., "Everyday Attention Lapses and Memory Failures: The Affective Consequences of Mindlessness," *Consciousness & Cognition*, 2008, 17(3), pp. 835-847.

[2] Hunter, A. & Eastwood, J. D., "Does State Boredom Cause Failures of Attention? Examining the Relations between Trait Boredom, State Boredom, and Sustained Attention," *Experimental Brain Research*, 2016, 234(8), pp. 1-10.

[3] Wallace, J. C., Vodanovich, S. J. & Restino, B. M., "Predicting Cognitive Failures from Boredom Proneness and Daytime Sleepiness Scores: An Investigation within Military and Undergraduate Samples," *Personality & Individual Differences*, 2003, 34(4), pp. 635-644.

[4] 陈慧：《述情障碍与焦虑、抑郁的关系：无聊倾向性的中介作用》，载《中国临床心理学杂志》，2016，24(4)。

[5] 吴琼：《大五人格与大学生学业倦怠的关系：无聊倾向的中介作用》，硕士学位论文，鲁东大学，2017。

[6] 黄时华、吴广宁、钟泳如等：《高职新生无聊倾向性、时间管理倾向和学习适应的关系研究》，载《中国特殊教育》，2013(7)。

[7] Hunter, A. & Eastwood, J. D., "Does State Boredom Cause Failures of Attention? Examining the Relations between Trait Boredom, State Boredom, and Sustained Attention," *Experimental Brain Research*, 2016, 234(8), pp. 1-10.

缺失等情况，在完成任务时表现更差，认知失败发生的频率也更高。[1][2] 无聊倾向内部刺激因子不能显著预测认知失败。内部刺激反映的是内部兴趣的生成缺乏，即难以为自己找点乐趣；它会严重影响个体开展活动的主动性和积极性。相关研究也表明，无聊倾向内部刺激因子得分较低时个体会有更多的倦怠感和拖延行为。[3][4] 所以，当个体难以开展或很少开展活动任务时，也谈不上会发生认知失败。因此，这种内在根源性的特点与认知失败行为并不能产生直接关联，但可能会通过一些间接因素影响认知失败行为。

(二) 手机成瘾倾向在无聊倾向与认知失败间的中介效应讨论

本研究运用结构方程模型考查手机成瘾倾向在无聊倾向与认知失败之间的中介作用。结果表明，无聊倾向的两个因子通过手机成瘾倾向作用于认知失败的中介机制并不相同，该结果和陈慧[5]的研究结果较为类似。本研究中外部刺激因子能够通过手机成瘾倾向作用于认知失败，而内部刺激因子通过手机成瘾倾向作用于认知失败的中介路径不显著。这验证了假设 2，同时也是对认知失败整合模型的进一步验证和补充。外部刺激影射的是个体与环境的关系，即主观上判定外界刺激是缺乏的并且大都是无意义的。根据感觉寻求理论[6]，人们不可能生存在"真空"状态之下，一定的刺激输入是必不可少的，个体如果想要健康生存就必须与外界进行一定量的各种各样的刺激接触，以保持机体各方面

---

① Danckert, J., Hammerschmidt, T., Marty-Dugas, J., et al., "Boredom: Under-Aroused and Restless," *Consciousness & Cognition*, 2018, 61(4), pp. 24-27.

② Isacescu, J. & Danckert, J., "Exploring the Relationship between Boredom Proneness and Self-Control in Traumatic Brain Injury (TBI)," *Experimental Brain Research*, 2016, 234(5), pp. 1-13.

③ 任小芳、张晓贤：《大学生无聊倾向与学业拖延：学业自我效能感的中介作用》，载《杭州师范大学学报（自然科学版）》，2017，16(4)。

④ 赵鑫、李莹莹、金佳等：《大学生无聊倾向对学习倦怠的影响：情绪调节策略的中介作用》，载《中国临床心理学杂志》，2016，24(1)。

⑤ 陈慧：《述情障碍与焦虑、抑郁的关系：无聊倾向性的中介作用》，载《中国临床心理学杂志》，2016，24(4)。

⑥ Zuckerman, M., Eysenck, S. & Eysenck, H. J., "Sensation Seeking in England and America: Cross-Cultural, Age, and Sex Comparisons," *Journal of Consulting and Clinical Psychology*, 1978, 46(1), pp. 139-149.

感官的兴奋水平。① 当个体认为外部环境无法给自身提供丰富且充沛的刺激时，便会寻求其他形式的满足，以达到最佳的唤醒状态和水平。② 值得注意的是，这种刺激可以是现实的，如聚会、运动等；也可以是虚拟的，如网络游戏、网络直播等。在互联网盛行的当下，使用手机客户端寻求精彩有趣的刺激便成为当代大学生的便利选择。③④ 一旦个体对其产生依赖便会将大量的精力和注意花费在网络世界里，结果如同物质依赖一样，会产生严重的戒断症状并对个体的生理和心理功能产生相应的损害，如减少注意的认知资源，降低工作记忆的容量和持续性注意的时间。⑤⑥ 因而个体在现实生活中从事活动时，所利用的认知资源就会相应地减少⑦，在行动中难以对外界的事物做出准确的反应，最终导致认识失败。内部刺激不像外部刺激一样能够通过手机依赖对认知失败产生预测作用。内部刺激反映的是内部兴趣生成的匮乏性，它显然不同于外部刺激。当对外部刺激感知度低时，个体可以借助相应的媒介进一步获得满足，而当个体本身缺乏生成有意义的兴趣点的时候，不一定会借助网络化工具寻求心理满足，提高唤醒水平。因而内部刺激不会通过手机成瘾影响认知失败。

(三)中介模型在独生和非独生群体间的跨组比较讨论

多群组路径分析发现，独生与非独生群体仅在内部刺激到手机成瘾倾向这

---

① 刘勇、王云龙、赵建芳等：《大学生无聊倾向抵制效能感与烟酒使用行为的关系》，载《中国学校卫生》，2018，39(4)。

② Biolcati, R., Mancini, G. & Trombini, E., "Proneness to Boredom and Risk Behaviors during Adolescents' Free Time," *Psychological Reports*, 2018, 121(2), pp. 303-323.

③ Hadlington, L. J., "Cognitive Failures in Daily Life: Exploring the Link with Internet Addiction and Problematic Mobile Phone Use," *Computers in Human Behavior*, 2015(51), pp. 75-81.

④ 刘勤学、杨燕、林悦：《智能手机成瘾：概念、测量及影响因素》，载《中国临床心理学杂志》，2017，25(1)。

⑤ Carriere, J.S., Cheyne, J. A. & Smilek, D., "Everyday Attention Lapses and Memory Failures: The Affective Consequences of Mindlessness," *Consciousness & Cognition*, 2008, 17(3), pp. 835-847.

⑥ Hunter, A. & Eastwood, J. D., "Does State Boredom Cause Failures of Attention? Examining the Relations between Trait Boredom, State Boredom, and Sustained Attention," *Experimental Brain Research*, 2016, 234(8), pp. 1-10.

⑦ 胡月、黄海、张雨晴等：《大学生手机依赖与认知失败的关系：负性情绪的中介作用》，载《中国临床心理学杂志》，2017，25(6)。

一路径上存在调节作用，这部分验证了假设 3。这说明无聊倾向通过手机成瘾倾向作用于认知失败的机制在独生与非独生群体间存在差异，内部刺激对手机成瘾倾向的预测作用仅在独生群体间成立。究其原因，大学生中非独生群体在成长环境中由于多了兄弟或姐妹的陪伴，社交技能或人际适应性能得到较好的锻炼。[①] 当内心无趣、备感无聊时，能够与自己的兄弟姐妹沟通，疏解内心的困惑与不良情绪，对当下任务重新产生热情和兴趣。[②] 因此，对手机等虚拟化网络工具产生的依赖程度较低。独生子女由于在生长过程中，接受了来自父母甚至祖辈过多的关心和照顾，甚至是溺爱，导致社交技能以及共情能力较差，社交技能未得到很好的锻炼[③]，当被无聊情绪困扰时，不能获得来自同胞的社会支持，而大学生此时一般将家长排斥在"心灵"之外，即家长很难在沟通中走入学生的内心。因此，个体会自己摸索、寻找其他的途径来应对无聊[④]，而手机又是其唾手可得的，因而手机成瘾程度也会有所提高。该结果也为当下我国生育政策的调整提供了数据上的支持，即二孩政策的放开对于儿童的成长未尝不是一件好事，同胞之间在发展过程中也许能够为彼此带来一些乐趣，从而降低无聊水平，使成长变得更加有意义。

(四) 研究局限与展望

本研究存在几点不足，未来仍可完善。第一，为方便取样仅局限于河北省，结论的推广有一定的限制性，未来仍可采用更科学的手段在此基础上开展更广泛的验证性研究，为后续的元分析提供文献支持；第二，本研究采用的是横断研究，无法推得无聊倾向对认知失败的因果关系，未来可结合追踪研究或实验

---

① 肖雪、刘丽莎、徐良苑等：《父母冲突、亲子关系与青少年抑郁的关系：独生与非独生的调节作用》，载《心理发展与教育》，2017，33(4)。
② 吴琼：《大五人格与大学生学业倦怠的关系：无聊倾向的中介作用》，硕士学位论文，鲁东大学，2017。
③ 余皖婉、汪凯、梁振：《医科大学生共情能力与父母教养方式的关联探究》，载《中国学校卫生》，2012，33(1)。
④ 刘勇、王云龙、赵建芳等：《大学生无聊倾向抵制效能感与烟酒使用行为的关系》，载《中国学校卫生》，2018，39(4)。

法来揭示因果效应；第三，在无聊倾向对大学生认知失败的机制中，除手机成瘾外是否还存在其他的中介或调节机制，亟待未来研究补充。

四、研究结论

第一，在无聊倾向中，外部刺激因子对大学生认知失败有显著的正向预测作用，内部刺激因子无预测作用。

第二，手机成瘾倾向在无聊倾向的外部刺激因子与认知失败的关系中起部分中介作用，而在无聊倾向内部刺激因子与认知失败的关系中不起中介作用。

第三，中介模型内部刺激因子到手机成瘾倾向这一路径受家庭结构调节，仅在独生群体间显著。

附录

————

作者心理健康教育著译一览（2000 年至今）

1. 心理自测文库（10 册），俞国良主编，台北：台湾国际少年村出版社，2000。

2. 小学心理健康教育教师指导手册（上、下册），俞国良、陈虹主编，北京：开明出版社，2001。

3. 中学心理健康教育教师指导手册（上、下册），俞国良、陈虹主编，北京：开明出版社，2001。

4. 课外心理（6 册），林崇德、俞国良主编，沈阳：辽宁人民出版社，2001。

5. 心理健康教育（24 册），俞国良主编，北京：中国和平出版社，2002。

6. 心理健康教育教程（上、下册），俞国良副主编，北京：人民教育出版社，2004。

7. 心理健康教育（学生用书，教师用书），俞国良主编，北京：高等教育出版社，2005。

8. 现代心理健康教育，俞国良主编，北京：人民教育出版社，2007。

9. 心理健康教育读本（24 册），俞国良主编，北京：北京师范大学出版社，2008。

10. 现代教师心理健康教育，俞国良、宋振韶著，北京：教育科学出版社，2008。

11. 心理健康（中职国家规划教材），俞国良主编，北京：高等教育出版社，2009。

12. 心理健康教学参考书，俞国良、李媛主编，北京：高等教育出版社，2009。

13. 心理健康自测与指导，俞国良主编，北京：高等教育出版社，2009。

14. 心理健康教育案例集，俞国良、文书锋主编，北京：高等教育出版社，2009。

15. 生涯自测与指导，俞国良著，北京：高等教育出版社，2009。

16. 大学生心理健康通识，文书锋、胡邓、俞国良主编，北京：中国人民大学出版社，2010。

17. 心理健康经典导读（上、下册），俞国良、雷雳主编，北京：开明出版社，2012。

18.《中小学心理健康教育指导纲要》解读，林崇德、俞国良主编，北京：北京师范大学出版社，2013。

19. 心理健康（24册，国家纲要课程教材），俞国良主编，北京：北京师范大学出版社，2013。

20. 健康与幸福（上、中、下册），俞国良、雷雳等译校，杭州：浙江教育出版社，2013。

21. 心理学大师心理健康经典论著通识丛书（17册），俞国良主编，杭州：浙江教育出版社，2013。

22. 心理健康（中职国家规划教材，修订版），俞国良主编，北京：高等教育出版社，2013。

23. 心理健康自测与指导（修订版），俞国良著，北京：高等教育出版社，2013。

24. 大学生心理健康通识（第2版），文书锋、胡邓、俞国良主编，北京：中国人民大学出版社，2013。

25. 心理健康教学参考书（修订版），俞国良、李媛主编，北京：高等教育出版社，2018。

26. 心理健康教育（24册），俞国良主编，合肥：安徽大学出版社，2013。

27. 健康与幸福（12 册），俞国良、雷雳等译校，杭州：浙江教育出版社，2014。

28. 心理健康教学设计选，俞国良主编，北京：高等教育出版社，2014。

29. 成长不困惑，俞国良等译校，北京：中国人民大学出版社，2014。

30. 心理健康教育(十二五高职教材)，俞国良主编，北京：人民教育出版社，2014。

31. 中等职业学校心理健康教育培训教程，俞国良主编，北京：高等教育出版社，2016。

32. 心理健康教育教学参考(小学)，俞国良主编，北京：北京师范大学出版社，2017。

33. 心理健康教育教学参考(初中)，俞国良主编，北京：北京师范大学出版社，2017。

34. 心理健康教育教学参考(高中)，俞国良主编，北京：北京师范大学出版社，2017。

35. 20 世纪最具影响的心理健康大师，俞国良著，北京：商务印书馆，2017。

36. 社会转型：心理健康教育报告，俞国良著，北京：北京师范大学出版社，2017。

37. 大学生心理健康，俞国良主编，北京：北京师范大学出版社，2018。

38. 心理健康(中职国家规划教材，第三版)，俞国良主编，北京：高等教育出版社，2018。

39. 心理健康教学参考书(第三版)，俞国良、李媛主编，北京：高等教育出版社，2018。

40. 心理健康自测与指导(第三版)，俞国良著，北京：高等教育出版社，2018。

41. 心理健康大师：认知与评价，俞国良等著，北京：开明出版社，2019。

42. 心理健康（中职国家规划教材，第四版），俞国良主编，北京：高等教育出版社，2019。

43. 中小学心理健康教育书系（14 册），俞国良主编，北京：开明出版社，2019。

44. 中小学校心理健康教育研究，俞国良著，北京：北京师范大学出版社，2019。

45. 心理健康经典导读，俞国良、雷雳等著，北京：北京师范大学出版社，2019。

45. 高等院校心理健康教育研究，俞国良著，北京：北京师范大学出版社，2020。

46. 心理健康教育理论政策研究，俞国良著，北京：北京师范大学出版社，2020。

47. 心理健康教育学科融合研究，俞国良著，北京：北京师范大学出版社，2021。

图书在版编目(CIP)数据

心理健康教育前沿问题研究 / 俞国良著 . —北京：北京师范
大学出版社，2021.4（2022.2 重印）
ISBN 978-7-303-26565-7

Ⅰ. ①心… Ⅱ. ①俞… Ⅲ. ①心理健康—健康教育—教学
研究 Ⅳ. ①G444

中国版本图书馆 CIP 数据核字（2020）第 251193 号

营 销 中 心 电 话 010-58807651
北师大出版社高等教育分社微信公众号 新外大街拾玖号

XINLI JIANKANG JIAOYU QIANYAN WENTI YANJIU
出版发行：北京师范大学出版社 www.bnup.com
 北京市西城区新街口外大街 12-3 号
 邮政编码：100088
印 刷：北京盛通印刷股份有限公司
经 销：全国新华书店
开 本：710 mm×1000 mm 1/16
印 张：26.875
字 数：414 千字
版 次：2021 年 4 月第 1 版
印 次：2022 年 2 月第 2 次印刷
定 价：88.00 元

策划编辑：周雪梅 责任编辑：梁宏宇 朱冉冉
美术编辑：王齐云 装帧设计：邓 聪
责任校对：康 悦 责任印制：马 洁

版权所有 侵权必究
反盗版、侵权举报电话：010-58800697
北京读者服务部电话：010-58808104
外埠邮购电话：010-58808083
本书如有印装质量问题，请与印制管理部联系调换。
印制管理部电话：010-58805079